高等职业教育规划教材

化工市场营销实务

第二版

HUAGONG SHICHANG YINGXIAO SHIWU

童孟良　陈　辉　主编

化学工业出版社

·北京·

内 容 提 要

《化工市场营销实务》从化工企业产品营销岗位和化工专业学生的需要出发,围绕高职毕业生在不同类型化工企业从事营销工作的要求编写,介绍化工产品、化工产品与市场营销、化工产品市场开发实务、化工产品市场营销组合策略、化工产品推销实战等相关知识。依据化工营销相关岗位国家职业标准,密切结合企业生产运营实际,注重基本知识的讲解,训练学生分析和解决企业化工产品营销问题的基本能力。

本书可作为高职高专院校化工类专业的教学用书,以及其他专业学生和企业营销人员的培训教材,同时也可以供有兴趣进行化工产品营销的读者参阅。

图书在版编目(CIP)数据

化工市场营销实务/童孟良,陈辉主编. —2版. —北京:化学工业出版社,2020.8(2023.9重印)
高等职业教育规划教材
ISBN 978-7-122-36834-8

Ⅰ.①化… Ⅱ.①童…②陈… Ⅲ.①化工产品-市场营销学-高等职业教育-教材 Ⅳ.①F767

中国版本图书馆CIP数据核字(2020)第080148号

责任编辑:旷英姿　王　可　　　　　装帧设计:王晓宇
责任校对:刘曦阳

出版发行:化学工业出版社(北京市东城区青年湖南街13号　邮政编码100011)
印　　刷:北京云浩印刷有限责任公司
装　　订:三河市振勇印装有限公司
787mm×1092mm　1/16　印张14¾　字数392千字　2023年9月北京第2版第3次印刷

购书咨询:010-64518888　　　　　　　售后服务:010-64518899
网　　址:http://www.cip.com.cn

凡购买本书,如有缺损质量问题,本社销售中心负责调换。

定　价:39.00元　　　　　　　　　　　　　　　　　　　　版权所有　违者必究

前言

化学工业又称为化学加工工业，泛指生产过程中化学方法占主要地位的过程工业。化学工业技术的不断进步，不仅改善了各行业的生产条件，提高了人们的生活质量，而且也推动了其他工业的快速发展。化学工业是向人们提供衣食住行各种产品最多的产业，是知识和资金密集型行业。现代社会市场营销是用人单位和求职者最青睐的职业之一，化学工业不仅需要一批业务扎实的专业工程师，更迫切需要合格的化工产品营销人才。优秀的营销人员不仅要掌握过硬的专业知识，还要熟悉产品性能，了解产品用途，能解答用户的问题，并善于发现新的市场机会。作为培养复合型技术技能型人才的高等职业院校，市场营销学是管理类和经济类专业必修课，同时也是很多非经济类院校和专业的热门课程。

化工市场营销是一门操作性、实践性很强的课程，编者入职高职院校之前曾从事过多年的化工产品营销工作，并获取了国家高级营销师职业资格证书。本教材依据现代营销岗位的实际工作内容，从化工企业产品营销岗位的需要出发，围绕高职毕业生在不同类型化工企业从事营销工作的要求，介绍化工产品、化工产品与市场营销、化工产品市场开发实务、化工产品市场营销组合策略、化工产品推销实战等相关知识。本书立足于化工营销相关岗位国家职业标准，密切结合企业生产运营实际，注重基本知识的讲解，从满足化工专业学生的需要出发，注重学生职业素质、营销技能和创业能力培养。教材中给出了大量化工产品营销案例及实训，从理论和实践两方面训练学生化工产品营销技能，对接企业岗位需求，实践育人。

本教材由湖南化工职业技术学院童孟良、陈辉主编，王罗强、唐淑贞、廖红光参加编写。本教材可作为高职高专院校化工类专业的教学用书，也可作为其他专业学生和企业营销人员的培训教材，对于社会中有志于创业的读者也有参考价值。

本教材在编写过程中，学习参考了一些国内外同类教材和专家学者的研究成果，在此谨向各位作者致谢！尽管我们始终致力于探索高职高专院校工学结合的人才培养模式，并以此来设计教材内容，但限于编者的水平和能力，教材中还存在许多不足之处，恳请读者批评指正。

编 者
2020 年 3 月

第一版前言

化学工业随着人们的生活和生产的需求而日益发展，化学工业技术的不断进步，不仅改善了生产条件，提高了人类的生活质量，而且也推动了其他工业的快速发展。化学工业是向人们提供衣食住行各种产品最多的产业。可以说没有化学工业的发展就没有其他工业的技术进步，也没有人们多姿多彩的幸福生活。化学工业不仅需要一批业务扎实的化学工程师，更要求有一大批合格的产品营销人才，他们除具有过硬的专业知识外，还要熟悉产品的性能，了解产品的用途，能解答用户的问题，善于发现新的市场机会。市场经济呼唤更多的复合型人才，市场营销人才越来越为社会所重视，营销是用人单位和求职者最青睐的职业之一，作为培养复合型技术技能型人才的高等职业院校，不但经济类院校和专业把市场营销学作为必修课，而且很多非经济类院校和专业也都开设了市场营销课程，市场营销已成为高职院校热门课程之一。

化工市场营销是一门操作性、实践性很强的课程，编者入职高职院校之前曾从事过多年的化工产品营销工作，并获取了国家高级营销师职业资格证书。本教材依据现代营销岗位的实际工作内容，着眼于培养学生的职业素质、营销技能和创业能力。从化工企业产品营销岗位的需要出发，围绕高职毕业生在不同类化工企业从事营销工作的要求编写，介绍化工产品概述、化工产品与市场营销、化工产品市场开发实务、化工产品市场营销组合策略、化工产品推销实战等相关知识，依据化工营销相关岗位国家职业标准，密切结合企业生产运营实际，注重基本知识的讲解，从满足化工专业学生的需要出发，突出基础知识和基本概念的讲解，帮助学生建立相关意识和理念。根据化工专业课的课时安排，对教材内容进行合理配置，既保证知识的系统性，又避免面面俱到，尽量用通俗的文字讲解复杂的理论和方法。

本书由湖南化工职业技术学院童孟良主编，王罗强、唐淑贞、廖红光参加编写。本书可作为高职高专院校化工类专业的教学用书，也可作为其他专业学生和企业营销人员的培训教材，同时也可以供有兴趣进行化工产品营销的读者参阅。

本教材在编写过程中，参考了大量国内外同类教材和专家学者的研究成果，恕不能一一列出，在此谨向各位作者致谢！尽管我们始终致力于探索高职高专院校工学结合的人才培养模式，并以此来设计教材内容。但限于编者的水平和能力，本教材还存在许多不足之处，恳请读者批评指正。

编者
2015 年 3 月

目录

第一章 化工产品概述 001

第一节 化学工业与化工产品 / 001
一、化学工业在国民经济中的地位与作用 / 001
二、化学工业的分类与特点 / 001
三、化工产品的特点及其商品特性 / 003

第二节 化工原材料 / 006
一、无机化工原料 / 006
二、有机化工原料 / 018

第三节 精细化工产品 / 026
一、表面活性剂 / 027
二、涂料 / 032
三、胶黏剂 / 038
四、食品添加剂 / 043
五、农药 / 047

第四节 高分子材料 / 050
一、高分子材料基础 / 050
二、合成树脂与塑料 / 052
三、合成橡胶及其制品 / 057
四、合成纤维 / 063

第五节 化学危险品 / 067
一、自燃与易燃性商品 / 068
二、氧化剂、压缩气体和液化气体 / 070
三、爆炸性物品 / 072
四、毒性、腐蚀性与放射性化学品 / 074

第二章 化工产品与市场营销 077

第一节 市场与市场营销 / 078
一、市场的内涵 / 078
二、市场的类型及特征 / 078

三、市场营销的核心概念 / 079
　　四、市场营销观念 / 081
　　五、市场营销组织与市场营销计划 / 082
第二节　市场调研 / 084
　　一、制定调研计划 / 085
　　二、设计问卷调查表 / 087
　　三、抽样调查 / 089
　　四、资料的收集、整理与分析 / 090
　　五、撰写市场调研报告 / 091
第三节　化工产品市场营销 / 091
　　一、化工市场的概念 / 091
　　二、化工市场的基本类型 / 092
　　三、化工产品的市场营销调研 / 092
　　四、化工产品的需求分析 / 093
　　五、化工产品的市场预测 / 094

第三章
化工产品市场开发实务　096

第一节　市场营销环境 / 097
　　一、宏观环境 / 097
　　二、微观环境 / 099
　　三、市场营销环境对企业营销的影响 / 101
　　四、化工产品市场营销环境分析 / 102
第二节　消费者市场分析 / 104
　　一、消费者市场特征分析 / 105
　　二、消费者购买行为模式分析 / 106
　　三、消费者购买行为类型分析 / 107
　　四、消费者购买决策过程分析 / 107
　　五、影响消费者购买行为的主要因素 / 109
第三节　组织市场分析 / 111
　　一、产业市场与消费者市场的区别 / 111
　　二、产业市场购买行为分析 / 112
　　三、中间商购买行为分析 / 114
　　四、政府市场购买行为分析 / 116
　　五、化工组织市场的界定及其市场特征 / 117
　　六、不同类型化工产品的营销差异分析 / 119
第四节　目标市场选择与定位 / 122
　　一、市场细分 / 123
　　二、目标市场选择 / 126

三、目标市场定位 / 129
　　四、化工产品市场细分与定位 / 132

第四章 化工产品市场营销组合策略　　136

第一节　化工产品发展策略 / 137
　　一、产品组合 / 137
　　二、产品生命周期 / 140
　　三、化工新产品开发 / 143
　　四、化工企业产品组合发展战略 / 146

第二节　价格策略 / 148
　　一、企业定价目标 / 148
　　二、影响定价的因素 / 149
　　三、产品定价策略 / 150
　　四、产品定价方法 / 153
　　五、价格调整策略 / 155
　　六、影响化工产品定价的因素 / 156

第三节　分销渠道策略 / 158
　　一、影响分销渠道的因素 / 158
　　二、分销渠道的功能 / 160
　　三、分销渠道的类型 / 160
　　四、分销渠道策略 / 162
　　五、分销渠道管理 / 164
　　六、化工产品营销渠道控制 / 165

第四节　促销策略 / 167
　　一、促销的概念及其作用 / 167
　　二、促销组合 / 168
　　三、化工产品的推介形式 / 170

第五章 化工产品推销实战　　173

第一节　推销准备 / 173
　　一、熟悉公司业务 / 174
　　二、寻找潜在客户 / 175
　　三、客户选择概述 / 175
　　四、顾客的基本条件 / 181
　　五、制定推销计划 / 183
　　六、拜访准备 / 186

第二节 推销洽谈与成交 / 187
- 一、推销洽谈的任务 / 187
- 二、推销洽谈的内容 / 190
- 三、推销洽谈的原则 / 190
- 四、推销洽谈的程序 / 193
- 五、推销洽谈的策略 / 198
- 六、推销洽谈的方法 / 204
- 七、推销洽谈的技巧 / 209
- 八、成交与签订销售合同 / 213

第三节 售后管理与服务 / 215
- 一、货款回收 / 216
- 二、建立客情关系 / 218
- 三、顾客异议及处理 / 219

第四节 化工网络营销 / 221
- 一、化工行业企业网络营销开展情况分析 / 221
- 二、当前化工产品网络营销存在的问题 / 222
- 三、化工企业网络营销的发展措施 / 223

参考文献 —— 228

第一章　化工产品概述

第一节　化学工业与化工产品

一、化学工业在国民经济中的地位与作用

化学工业是指以化学方法为主要手段，将原料转化为化学产品的工业。化学工业随着人们的生活和生产的需求而日益发展，化学工业技术的不断进步，不仅改善了生产条件，提高了人类的生活质量，而且也推动了其他工业的快速发展。可以说没有化学工业的发展就没有其他工业的技术进步，也没有人们多姿多彩的幸福生活。所以，化学工业是我国工业的基础，是国民经济发展的支柱产业。

化工产品种类繁多、数量巨大、用途广泛，与国民经济各部门、各行业都存在着千丝万缕的联系，在国民经济建设中具有十分重要的地位。化学工业是国民经济的基础产业，为其他工业、农业、交通运输业、国防军事、航空航天和信息技术等领域提供了丰富的基础材料、结构材料及功能材料、能源和丰富的必需化学品，保证并促进了这些工业门类的发展和技术进步。化学工业又与人类的生活息息相关，无论是衣、食、住、行、医疗、教育等物质生活，还是文化艺术等精神生活都离不开化工产品，化学工业是国民经济的支柱产业。

化学工业是一个技术、资本、人才密集型的工业体系，劳动生产率高、经济效益显著，已初步实现了集约化、连续化、大型化、自动化、智能化。化学工业可以充分地利用资源和能源，实现循环经济，走可持续发展道路，不再是往日那种有毒、有害、污染严重的工业代名词，它已经是可以实现零排放的绿色工业。人们的就业观念已经悄悄地发生了变化，化工行业成为人们向往的行业之一。在20世纪60~70年代，美、日、德、英、法及苏联等发达国家的化学工业迅猛发展，而我国的化学工业直到20世纪80年代才得到了迅速的发展。经过近30年的努力，我国化学工业发展突飞猛进，已处于世界前列。目前，石油化工是我国优先发展的支柱产业之一，精细化工、农用化学品，特别是生物化工已经成为我国化学工业发展的重点。21世纪初，纳米材料、生物化工的兴起为石油化工、新型合成材料、精细化工、橡胶加工业、化工环保业注入了新的活力。化学工业在我国国民经济建设和提高人民物质文化生活方面，已经发挥了越来越重要的作用，显现出无限的生机与活力。

二、化学工业的分类与特点

1. 化学工业的分类

化学工业既是原材料工业，又是加工工业；既有生产资料的生产，又有生活资料的生产，所以化学工业的范围很广，通常所说的化学工业就是指基础原料、基本原料或中间产物经化学合成、物理分离或化学的、物理的复配得到化工产品的工业。这些化工产品可以是其他工业的原

料，如冶金、建材、造纸、食品等工业，也可能是最终的化工产品，如肥料、农药、染料、涂料、各种助剂或添加剂等。

(1) 按产品的结构和性质分类　按产品结构和性质不同将化学工业分为无机化学工业和有机化学工业。其中无机化学工业可分为酸、碱、盐以及无机肥料等；有机化学工业可分为基本有机化学工业、精细有机化学工业、高分子有机化学工业等。

(2) 按起始原料分类　按起始原料不同化学工业可分为煤化工、天然气化工、石油化工、盐化工和生物质化工等；煤化工早期是以煤焦油生产芳烃、萘、蒽等化工原料和产品，后来又用电石法生产乙炔，由乙炔生产化工产品，所以也叫做乙炔化工；近期由煤或天然气蒸气转化生产合成气，合成气可以生产氨、甲醇等一系列化工产品。石油化工是原油经一次加工和二次加工后，生产一系列的化工产品。盐化工是以电解食盐水溶液生产烧碱、盐酸，以联碱法生产纯碱、氯化铵等化工产品；盐化工与乙炔化工结合生产氯乙烯、聚氯乙烯等重要化工产品。传统的生物化工就是利用生物发酵技术通过发酵的方法，将植物的秸秆、籽粒、下脚料用来生产化工产品。

(3) 按产品的用途分类　按产品用途不同可分为化学肥料工业、染料工业、农药工业等；按生产规模或加工深度不同又可分为大化工、精细化工等。

在我国，按照国家统计局对工业部门的分类，将化学工业分为基本化学原料、化学肥料、化学农药、有机化工、日用化学品、合成化学材料、医药工业、化学纤维、橡胶制品、塑料制品、化学试剂等。

2. 现代化学工业的特点

现代化学工业有很多区别于其他工业部门的特点，主要体现在以下几个方面。

(1) 化学工业生产的复杂性　化学工业生产的复杂性主要体现在：用同一种原料可以制造多种不同用途的化工产品，即虽然原料相同，但生产方法、生产工艺不同可以生产出不同的化工产品，这叫做不同的生产路线。如天然气既可以生产合成氨，也可以生产甲醇。同一种产品可采用不同的原料、不同方法和不同的工艺路线来生产，即可以采用不同的原料路线、不同的生产路线生产出同一种产品，如生产甲醇产品，既可以采用煤作为原料，也可以采用天然气作为原料。采用煤作为原料时就利用煤气化技术生产合成气，在催化剂的作用下合成甲醇；采用天然气为原料，就是在催化剂的作用下利用天然气蒸气转化生产合成气，再进一步合成甲醇。同一种原料可以通过不同生产方法和技术路线生产同一种产品，如乙烯氧化生产乙醛，乙醛氧化生产醋酸；乙烯水合生产乙醇，乙醇氧化生产乙醛，乙醛氧化生产醋酸。同一种产品可以有不同的用途，而不同的产品又可能会有相同用途。由于这些多方案性，化学工业能够为人类提供越来越多的新物质、新材料和新能源。同时，由于它的复杂性，多数化工产品的生产过程是多步骤的，有的步骤及其影响因素很复杂，生产装备和过程控制技术也很复杂。

(2) 生产过程综合化　坚持走可持续发展、科学发展，循环经济的路子，化工产品生产过程的综合化、产品的网络化是化工生产发展的必由之路。生产过程的综合化、产品的网络化既可以使资源和能源得到充分合理的利用，就地将副产物和"废料"转化成有用产品；这样就可以降低物耗、能耗，减少"三废"排放。例如，用煤生产合成气，合成气可以作为合成氨的原料，也可作为合成甲醇的原料；合成氨可以生产氮肥、复合肥；甲醇可以作为二甲醚、甲醛、甲酸、二甲基甲酰胺的原料。经过综合化的利用，将合成氨生产过程中必须作为有害物质脱除的一氧化碳，通过联醇法生产甲醇，变废为宝，综合利用，大大提高了企业的经济效益。

(3) 装置规模大型化　装置规模的大型化，使装置的有效容积在单位时间内的产出率随之显著增大，有利于提高原料的综合利用率和能量的有效综合利用，降低产品生产成本和能量消耗。例如，在我国改革开放之初，引进的乙烯装置均为 30 万吨/年，目前我国现有乙烯装置的生产能力有的已经达到 100 万吨/年。装置规模的大型化虽然对生产成本的降低是有利的，但是，考虑到设计、仓储、安装、维修和安全等诸多因素的制约，装置规模的增大也应有度。

(4) 化工产品精细化 精细化是提高化学工业经济效益的重要途径，这主要体现在它的附加值高。精细化工产品不仅品种多，相对于大化工规模小，而更主要的是生产技术含量高，如何开发出具有优异性能或功能，并能适应快速变化的市场需求的产品，是精细化学品工业能否快速发展的关键所在。除此之外，在化学工艺和化学工程上也更趋于精细化，人们已能在原子水平上进行化学品的合成，使化工生产更加高效、节能和环保。

(5) 技术、资金和人才的密集性 高度自动化和机械化的现代化学工业，正朝着智能化方向发展。它越来越多地依靠高新技术并迅速将科研成果转化为生产力，如生物与化学工程、微电子与化学、材料与化工等不同学科的相互结合，可创造出更多优良的新物质和新材料；计算机技术的发展，已经使化工生产实现了自动化和智能化的 DCS 控制，也将给化学合成提供强有力的智能化工具，由于可以准确地进行新分子、新材料的设计与合成，节省了大量的人力、物力和实验时间。现代化学工业装备复杂，生产流程长，技术要求高，建设投资大，因此化学工业是技术和资金密集型行业，更是人才密集型行业。在化工产品的开发和生产过程中不仅需要大批具有高水平、创造性和具有开拓能力的多种学科、不同专业的科学家和工程技术专家，同时又需要更多的受过技能训练、懂得生产技术和管理的技术技能型人才。

(6) 注重能量合理利用，积极采用节能技术和催化技术 化工生产过程不仅是将原料经由化学过程和物理过程转化为满足人们需求的化工产品，同时在生产过程中伴随有能量的传递和转换，如何节能降耗显得尤为重要。在生产过程中，力求采用新工艺、新技术、新方法，淘汰落后的工艺、技术和方法，关键是要开发出新型高效的催化剂。例如，合成甲醇工艺，原来采用锌铬基催化剂，压力在 30~35MPa，温度在 340~420℃；采用新型的铜基催化剂后，压力在 5MPa，温度在 175℃。由于新型催化剂的采用，压力和温度都大大降低，设备投资费用和能量消耗都明显下降。所以化工生产的核心技术就是催化剂技术，它是一个国家化学工业是否具有核心竞争力的重要标志。

(7) 安全生产要求严格 化工生产的特点是具有易燃、易爆、有毒、有害、高温（或低温）、高压（负压）、腐蚀性强等特点；另外，工艺过程多变，不安全因素很多，如不严格按工艺规程生产，就容易发生事故。但只要采用安全的生产工艺，有可靠的安全技术保障、严格的规章制度及监督机构，事故是在可控范围内的，甚至是完全可以避免的。尤其是连续性的大型化工装置，要想发挥现代化生产的优越性，保证高效、经济的生产，就必须高度重视安全，确保装置长期、连续地安全运行，安全生产就是经济效益。同时采用无毒无害的清洁生产方法和工艺过程，生产环境友好的产品，创建清洁生产环境，大力发展绿色化工，是化学工业赖以持续发展的关键之一。

三、化工产品的特点及其商品特性

1. 化工产品的概念

化工产品的概念如图 1-1 所示。

(1) 核心产品 核心产品是消费者购买产品时所追求的利益，是顾客真正要买的东西。这是产品的第一层次，是产品整体概念中最基本、最主要的部分。对于一个企业来说，产品核心层次是产品的实质，没有这一层次，就没有人去花钱购买它，产品也就丧失了交换的价值。

(2) 形式产品 形式产品即有形产品，是指由营销者提供的、消费者获得的可识别的有形商品。它主要表现在五个方面：品质、特色、式样、品牌及包装，形式产品向用户展示的是产品的

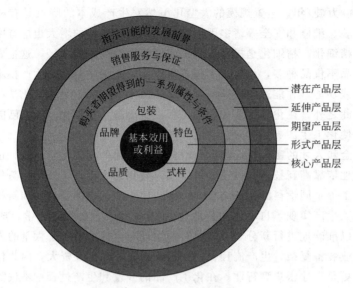

图 1-1 化工产品的概念

外部特征，它能够满足同类用户的不同需求。用户购买产品时，除了选择其效能外，还要考虑产品的质量、造型等因素。形式产品是企业在市场竞争中吸引消费者购买的一个重要方面。

(3) 期望产品 期望产品是指购买者购买某种产品通常所希望和默认的一组产品属性和条件。一般情况下，顾客在购买某种产品时，往往会根据以往的消费经验和企业的营销宣传，对所欲购买的产品形成一种期望，如对于旅店的客人，期望的是干净的床、香皂、毛巾、热水、电话和相对安静的环境等。顾客所得到的，是购买产品所应该得到的，也是企业在提供产品时应该提供给顾客的，对于顾客来讲，在得到这些产品基本属性时，并没有太多的偏好，但是如果顾客没有得到这些，就会非常不满意，因为顾客没得到他应该得到的东西，即顾客所期望的一整套产品属性和条件。

(4) 延伸产品 延伸产品是顾客购买产品时享受到的附加服务或利益，是顾客购买有形产品时获得的全部附加服务和利益，包括提供信贷、免费送货、质量保证、安装、售后服务等。附加产品的概念来源于对市场需要的深入认识。顾客往往希望一次购买能满足某些方面的全部需要。

(5) 潜在产品 潜在产品是指一个产品最终可能实现的全部附加部分和新增加的功能。许多企业通过对现有产品的附加与扩展，不断提供潜在产品，所给予顾客的就不仅仅是满意，还能是顾客在获得这些新功能的时候感到喜悦。所以潜在产品指出了产品可能的演变，也使顾客对于产品的期望越来越高。潜在产品要求企业不断寻求满足顾客的新方法，不断将潜在产品变成现实的产品，这样才能使顾客得到更多的意外惊喜，更好地满足顾客的需要。

2. 化工产品的特点

化学工业为农业提供化肥、农药、塑料薄膜等生产资料；为轻纺、建材、冶金、国防军工以及其他工业提供各种原材料；为微电子、通信信息、生物、航空航天等高技术产业提供新型化工材料和各种助剂；为人们的衣食住行，以及为提高人们的生活效率和水平提供各种化工产品。根据生产过程的差别可以将化工企业分为生产基本化工产品的企业和以化学方法为主进行产品加工的企业。

(1) 产品的功能性和专用性 化工产品的特点，主要表现在其具有某种特定的化学作用、物理作用和生物活性。如在一定条件或环境下的染色、去污、增稠、阻燃、聚合等化学作用，同时也可伴有物理作用，如耐高温、绝缘、半导、超导、透光、吸热、吸声等，也有的表现为压电、热电、光电、激光、磁性等物理效应，有的还同时伴有化学作用；具有增进或赋予生物体某种生理活性的特定功能，如酶制品的新陈代谢能力，生长激素的刺激生长作用，杀菌剂、防腐剂的抵抗能力等。

(2) 化工产品多品种和关联性 人们对物质和文化生活需求的多样性，带来化工产品的多样性，故其类别复杂、品种众多。有的功能虽相同或相近，但应用对象不同，品种多种多样。如针对洗涤对象不同，有餐具洗涤剂、金属洗涤剂、衣物洗涤剂等，而因纺织品不同，又有各种各样的衣物洗涤剂。从生产过程以及用户使用消费的角度来说，其关联性表现为有些产品是起始原料，有的属于基本原料，有些属于中间产品，某些产品则是终端产品。如水、空气、石油、化学矿物、农林副产品等一般都只能作为从事化工生产的起始原料；"三酸两碱""三烯三苯""一炔一萘"等产品多用作化工生产过程或其他化工产品的基本原料；各类无机盐、烃类、醇、醛、酮、酸、有机胺等通常是中间产品；而各种精细化学品，如医药、染料、农药、塑料、合成纤维、合成橡胶、胶黏剂、涂料等则是不同用户直接使用、消费的终端产品。

(3) 技术密集，大量采用复配技术 化工产品经研发、生产后进入市场，涉及多学科、多领域的知识和技术。通常包括产品的分子筛选与分子设计、合成路线及方法的研究、应用性能的研究与开发、工业生产技术的开发、应用技术研究和服务等。分子筛选与分子设计是研究分子化学结构与其应用性能的关系。合成路线及方法的研究是寻找具有工业生产价值的合成路线以及高选择性、高收率、低成本和可操作的合成方法。应用性能的研发是根据市场对产品性能的要求，进行的剂型配方改进和强化。工业生产技术开发是为提高产品质量、降低消耗以及适应环保要求，大量采用高新技术的工业技术开发。产品应用技术研究和技术应用服务是为进一步开发市场而进行的。因此，化工产品的知识、技术密集度很高。

化工产品的技术密集性表现在生产工序多，工艺流程长，涉及单元反应多，原料复杂，中间控制严格，产品纯度要求高，纯化技术复杂等方面。为使化工产品增效、改性或扩大应用范围，以满足各种专门要求，许多产品采用了复配技术。如按照一定配方，将多种组分配合，而后加工制成粉剂、粒剂、化妆品、胶黏剂、涂料、农药等，通常是由十几种组分复合配制而成。

(4) 商业性强 化工产品用来满足用户特定功能和专门用途。用户对化工产品的选择性很强，对其质量和品种不断地提出新的要求，使其市场寿命较短、更新换代很快，化工产品的技术密集、高附加价值和高利润，使其技术保密性、专利垄断性较强，因而导致产品市场竞争激烈。提高化工产品市场竞争性，需要产品质量作为保证。因此，以市场为导向研发新品种，加强应用技术研究、推广和服务，不断开拓市场，提高市场信誉是增强产品商业竞争性的有力举措。

化工产品的特点要求化工产品的营销人员既要有一定的专业技术知识，也要有一定的营销知识。只有掌握化工产品的配方、生产工艺、生产流程，才能更好地了解产品的性能、功能、特色，更好地做好技术售后服务工作。

3. 化工产品的商品特性与市场特性

由于化工产品的生产存在原料和生产工艺路线的多样性，各种原料之间、产品之间具有一定的相互替换和互补性。如生产醋酸，除了以农林产品发酵得到外，还可以通过甲醇羰基化，或者乙炔水合获得，还可以将乙醇、乙烯氧化得到乙醛再进一步氧化成为醋酸，也可以通过丁烷氧化得到，也就是说，生产醋酸可以从上述六种原料中进行选择和替换。

化工产品的第二个商品特性是有些产品对某种原料存在依赖性，如乙酰水杨酸对醋酸具有依赖性，从化学合成工艺路线来看，没有醋酸就不能生产出乙酰水杨酸。

化工产品的另一个特性是其增值性，初级产品的价值普遍低于后续产品，一方面是由于增加了工艺成本，反应转化率、目的产物的选择性、精制过程的收率等远小于100%，另一重要的因素是后续产品的功能和应用价值得到扩展，因而其商品价格大大提升。如石蜡油生产丙烯，再聚合得到聚丙烯，然后接枝改性制得改性聚丙烯，每一步加工都使产品得到了增值。

除了洗涤剂、化妆品、香水、医药等产品属于生活资料，是个人与家庭消费品外，大部分化工产品都是生产资料，它们的购买群体是生产企业。化工产品的顾客具有相应的专业知识，不易受别的消费者诱导，其消费是一种理性消费。这类客户行业分布相对集中，对质量的敏感度较高。化工产品的基本功能有：①满足人们生活中的某些需要；②作为某种生产过程的必需原料；③使用它能方便、快速地实施某个生产过程，提高效率；④赋予下游产品以某些特殊功能。

市场对化工产品的要求有以下4个方面。①功能：产品的性能、效率。②质量：符合相应的技术标准、质量指标，安全可靠。③服务：售前售后服务、交货期、付款方式、产品声誉。④价格：与产品匮乏时期不同，化工产品的价格不完全取决于社会的必要劳动量，而往往取决于产品的功能和提供的服务，同一种产品在市场上的售价可能存在很大的差异。

从普遍意义上来说，生产资料的交易双方都要考虑各自的投入产出比。用户通过能从产品中得到的满意程度来衡量价格，功能与价格能否平衡是用户决定是否购买的关键。购买者对化工产品的要求包括技术上先进、品种规格多、功能可靠、标准化程度高、价格合理、产品更新换代快、跟踪采用新的工艺技术、适应性强；在生产技术上体现高度专业化，生产设备有较大的通用性，质量控制监测要求及时、严格。

第二节　化工原材料

认识化工原材料是对目前市场流通中最基本、最重要而又具有代表性的化工原料的识别、生产原理、品种规格、质量标准、物流技术、销售、储运等知识的了解。既要了解化工原料的自身属性、技术应用，又要了解它们的商品属性，经营管理。实现这些化工原料、化工材料及其制品的使用价值，创造较好的社会效益和经济效益，促进国民经济的和谐发展。

化工原材料包括两方面。

① 无机化工原料　它是以"三酸"（硫酸、硝酸、盐酸）、"两碱"（烧碱、纯碱）以及无机盐为主的一类无机原料。

② 有机化工原料　它是以"三苯"（苯、甲苯、二甲苯）、萘为主的一类基本有机化工原料以及醇、醛、酮、苯酚等重要有机化工原料。

一、无机化工原料

基本无机化工原料商品约三千多种。按其性质、来源和用途可分为无机酸类、无机碱类、无机盐类、氧化剂和还原剂、气体、单质和其他无机化工原料商品，最常见的数"三酸""两碱"。

（一）硫酸、硝酸、盐酸

硫酸、硝酸、盐酸三大无机强酸在市场流通中称为"三酸"。

酸在水溶液中能解离出氢离子，因此，酸类（包括三酸）具有相似的性质：能和指示剂起反应，使橙色pH试纸和无色石蕊试纸变红。另外，酸能和金属氧化物起反应生成盐和水，在冶炼、钢铁及电镀工业中可以去除铁锈，酸还能与碱起中和反应，与盐起置换反应，与活泼金属反应生成氢气等。

1. 硫酸（sulphuric acid）

分子式：H_2SO_4。学名、商品名：硫酸。别名：磺镪水、硫镪水、绿矾油。无机酸性腐蚀品。

(1) 硫酸的识别

① 物理方法　纯硫酸是无色透明黏稠液体。工业硫酸因含有杂质，颜色从无色、黄色至棕黄色或浅褐色，不易挥发，纯硫酸在20℃的相对密度：1.8305。

② 与试纸的反应　稀硫酸能使蓝色石蕊试纸变红，无色酚酞不变色，使甲基橙变橙红色。

③ 化学方法　硫酸与氯化钡溶液反应，立刻产生硫酸钡白色沉淀，且不溶于盐酸。化学反应式为：

$$H_2SO_4 + BaCl_2 = BaSO_4\downarrow + 2HCl$$

(2) 硫酸的品种、规格　硫酸品种按用途分为工业硫酸、蓄电池硫酸、试剂硫酸三种。市场中流通较多的是工业硫酸。

工业硫酸可分为：稀硫酸（浓度在75%左右），浓硫酸（常用浓度为98.0%和92.5%两种），发烟硫酸（主要规格有20%、40%、65%，含游离三氧化硫）三种。目前，市场上在实际工作中对硫酸浓度的表示有以下几种：一是以质量分数表示，如98.0%、92.5%；二是以波美度（°Be）表示，如98%硫酸，波美度为66°Be；三是以相对密度表示，如98.0%酸相对密度为1.8361，浓度很低的废酸常以每升所含的硫酸的克数（g/L）来表示。此外，习惯上把90.0%~99.0%浓度范围内的称为浓硫酸，把78%以下浓度的称为稀硫酸。实际工作中常把质量分数为98.0%的硫酸简称为"98酸"，同理92.5%的硫酸称"92.5酸"，75%的硫酸称"75酸"。而20%的发烟硫酸又称"104.5酸"或"105酸"。另有一种是蓄电池硫酸，浓度92%，杂质含量小，纯度比工业硫酸高，常用于国防、电镀等。

(3) 硫酸的特性　硫酸是一种无机强酸，具有酸类的一般通性，由于浓度的不同，浓硫酸和稀硫酸在化学性质上存在差异。稀硫酸以一般酸性为主，浓硫酸除具有一般酸类性质外，还具有强氧化性、吸水性、脱水性和磺化性。

浓硫酸是一种强氧化剂，它能与金属活泼顺序表中位于氢后面的金属（如铜、汞、银等）起反应。这类金属溶解于热浓硫酸中，被浓硫酸氧化为金属氧化物，浓硫酸被还原成二氧化硫。浓硫酸在常温下与铁、铝两种金属接触时，立刻在金属表面产生一层非常致密的氧化膜，保护内层金属不再受酸的侵蚀。因此，浓硫酸的包装容器应用铁制品（如铁槽罐、铁桶、铁槽车等，一般都用钢材制作）。

硫酸能与水任意混合成各种不同浓度的溶液，并放出强热。故在硫酸配制操作中，必须把硫酸慢慢倾入水中，并加以搅拌，而绝对不可把水注入浓硫酸中，否则浓硫酸具有极强的吸水性，遇水放出强热，一部分水迅速沸腾，使酸液飞溅伤人，甚至引起爆炸。另一方面，在储存时，应注意包装要严密，否则，吸收空气中的水分，会使硫酸的浓度下降变质，影响使用；如果是铁或铝做容器，浓度变稀还会腐蚀容器。

(4) 硫酸的应用　硫酸是重要的基本化工原料，应用范围广，数量大。其应用的主要行业是化肥工业，其次是冶金工业、轻工业和化学工业等。

① 用于化肥工业　目前，我国60%的硫酸用于化肥生产，由于磷酸是生产高浓度磷肥和含磷复合肥的基础原料，而硫酸又是用来分解磷矿石生产磷酸的基本原料，所以，含磷复合肥的发展将需要更多的硫酸。化肥行业硫酸主要用于生产硫酸铵、过磷酸钙、磷酸铵复合肥等。

② 用于轻纺工业　用于化学纤维的生产。化学纤维的许多品种在生产过程中都需用硫酸，如生产较早的黏胶纤维，它是用天然纤维素（棉秆、麦秆、蔗渣、木材等）为原料，经一系列机械加工与化学处理后制成黏胶溶液，然后经硫酸、硫酸锌、硫酸钠混合液的酸浴凝固抽丝成为黏胶纤维。

一般生产1t黏胶纤维需消耗硫酸1.2～1.5t。另外在生产维尼龙、卡普纶等合成纤维的生产中也需消耗大量的硫酸。

在纤维工业中，硫酸除用于化学纤维的生产外，在印染工业中起酸洗、显色褪染、中和等作用。

用于生产洗涤剂。市售合成洗涤剂主要成分为烷基苯磺酸钠，工业上生产烷基苯磺酸钠一般是以十二烷基苯与发烟硫酸（或浓硫酸）起磺化反应，生成对十二烷基苯磺酸，再与烧碱或纯碱发生中和反应，生成对十二烷基苯磺酸钠。

生产合成脂肪酸。合成脂肪酸可以代替动植物油脂作为生产合成肥皂的主要原料，而硫酸主要用于合成脂肪酸的净化工序。粗脂肪酸里加入烧碱生产脂肪酸钠（即粗肥皂），硫酸再与生成的脂肪酸钠反应，即生成脂肪酸，便可用于生产合成肥皂。

③ 用于冶金工业　硫酸在冶金工业中主要用于钢材酸洗和金属冶炼。

钢材酸洗。利用硫酸能与金属氧化物反应的原理，在钢铁工业中进行冲压、冷轧、电镀加工之前，都必须清除钢铁表面的氧化铁皮（主要成分是Fe_2O_3、FeO等），即进行酸洗除锈处理，硫酸是常用的酸洗剂，钢材酸洗的硫酸浓度达15%便可，对硫酸质量没什么要求，下脚硫酸也可。

用于金属的冶炼与精制。在电解法精炼铜、锌、镍、铬时，电解液均采用硫酸。从钛铁矿中提取钛，从白钨精矿中提取钨，从锂辉石中提取锂，铀矿石中提取铀以及贵金属的精制等都要使用大量的硫酸。

④ 用于化学工业　硫酸是生产多种化工原料的基本原料。除大量用于化肥生产之外，还广泛用于涂料、颜料、染料、农药、医药、塑料以及无机和有机化工产品等的生产。

用于颜料工业。硫酸主要用于生产钛白粉和立德粉，它们是市场上流通较多的两种化工原料。

钛白粉（TiO_2）：硫酸主要用于分解钛铁矿，从而把钛从矿石中提取出来，成为可溶性的钛盐，再经水解、煅烧而成。

钛白粉主要用于颜料、涂料、纸、橡胶、塑料、合成纤维等行业，是一种用途极广的化工原料。

立德粉：（$ZnS \cdot BaSO_4$），又名锌钡白，是硫化锌和硫酸钡的混合物，白色晶状粉末。

立德粉的生产是先以硫酸分解锌矿渣，制得半成品硫酸锌。再用$BaSO_4$与煤粉按一定比例混合，磨细煅烧制成硫化钡溶液，然后将制成品硫化钡与硫酸锌混合，反应生成锌钡白，经焙烧、磨细等一系列工序后制得成品立德粉。

立德粉为白色晶状粉末，主要用于涂料、造纸、橡胶、皮革、搪瓷、油墨等行业。

用于生产多种化工原料。硫酸广泛用于生产各种无机酸、无机盐、有机酸、有机酯和高分子化合物等。可以生产无机酸，如磷酸、硝酸、氢氟酸、硼酸、铬酸等。也可用于生产无机盐如硫酸铜、硫酸锌、硫酸铁、硫酸亚铁、硫酸铝、硫酸镍等。

还可用于生产有机产品：利用硫酸具有吸水性、酸化、磺化、催化等性能生产各种有机酸、有机酯和酚类等有机化工产品，如草酸、甲酸、柠檬酸、硫酸甲酯、醋酸乙酯、醋酸丁酯、苯酚、对苯二酚等化工原料。

此外，还可用于生产高分子化合物中的有机玻璃、环氧树脂、聚硫酸酯等。

⑤ 硫酸用于其他行业　在染料工业中，硫酸主要和硝酸混合用于生产染料中间体，如硝基苯、苯胺、对硝基氯化苯、邻硝基甲苯等。

在农药工业中主要用于生产敌百虫、滴滴涕等。

在国防工业中硫酸用于铀的提取和制造炸药。

在石油工业中用于精制石油。硫酸能除去石油中不饱和的烃类、硫醚、二硫化物等，使之从油品中分离出来，从而得到纯净的石油产品。

2. 硝酸（nitric acid）

分子式：HNO_3。学名、商品名：硝酸、氮酸。别名：硝镪水。化工危险品中属无机酸性腐蚀品。

(1) 硝酸的识别与性能

① 物理方法　纯硝酸是无色发烟液体，烟具有刺激性，能损伤黏膜和呼吸道。硝酸在常温下遇光或热，易分解放出二氧化氮，二氧化氮是红棕色，工业硝酸为微黄色液体。

② 化学方法　在硝酸中放入铜片或铜条均可，生成红棕色的二氧化氮气体，反应式为：

$$Cu + 4HNO_3(浓) == Cu(NO_3)_2 + 2NO_2\uparrow + 2H_2O$$

硝酸具有不稳定性和强氧化性，硝酸很不稳定，见光或受热容易分解成氮的氧化物、水和氧气。反应式为：

$$4HNO_3 == 2H_2O + 4NO_2\uparrow + O_2\uparrow$$

据此特性，在硝酸储存时应将容器放在阴暗处，实验室中应用棕色瓶子存放硝酸。

浓硝酸具有强氧化性。除金、铂以外，它几乎能与所有金属反应，生成硝酸盐。但是硝酸与铝反应会钝化，生成一层致密的氧化膜，阻止铝进一步被氧化，因此可用铝制容器装运硝酸。

浓硝酸具有强烈的腐蚀性，浓硝酸触及皮肤即会灼伤，其与蛋白质相遇，即生成一种鲜明的黄蛋白酸黄色物质，难以治愈。触及衣物即被腐蚀。因此，工作人员应穿工作服、橡皮围裙、橡皮长筒靴、橡皮手套，戴防护眼镜、口罩。

硝酸具有硝化作用，硝酸对许多有机化合物有硝化作用。所谓硝化，就是在有机化合物分子中引入硝基（—NO_2）而生成硝基化合物的反应。常用的硝化剂是浓硝酸或浓硝酸和浓硫酸的混合酸。硝化是生产染料、炸药、药物的一个重要过程。如浓硝酸使甲苯、苯酚硝化，分别生TNT（三硝基甲苯）、苦味酸（三硝基苯酚）等烈性炸药。

(2) 硝酸的应用　硝酸是一种用途很广的化工基本原料。主要用于生产硝酸铵炸药、染料等工业。

① 硝酸用于硝酸铵的生产　硝酸铵是由稀硝酸吸收氨进行中和反应制成的。硝酸铵在工业上用来生产铵梯炸药；农业上用作化肥。

② 硝酸用于生产各种炸药　硝酸具有硝化作用，借此在浓硫酸作用下，分别与甲苯、苯酚、甘油、乌洛托品等反应，可以生产炸药，在国防工业和民用建设中起着很大的作用。例如，TNT炸药是民用爆破、定向爆破常用的器材。它是由甲苯与浓硝酸（浓硫酸存在下）作用生成的 2,4,6-三硝基甲苯。

③ 硝酸用于生产染料和染料中间体　生产染料是硝酸的第二大用途。硝酸是染料工业不可缺少的原料，主要用于生产硝基苯、二硝基苯、二硝基氯苯、对硝基氯苯、邻硝基甲苯等。

④ 浓硝酸应用于高科技　浓硝酸是价格低的强氧化剂，很适合生产火箭燃料的氧化剂，同时可以较长期地储于火箭推进箱里。用浓硝酸生产四硝基甲烷，它是火箭燃料的氧化剂。

硝酸还广泛用于化纤工业、冶金工业、医药工业、照相软片、涂料、医药、有机合成等。

3. 盐酸（hydrochloric acid）

分子式：HCl。学名：氢氯酸。商品名：盐酸。别名：盐镪水、焊锡药水。在化工危险品中属无机酸性腐蚀品。

(1) 盐酸的识别与性能

① 物理方法　盐酸是氯化氢的水溶液,纯盐酸无色,工业用常含杂质呈黄色发烟液体。烟有刺激性氯化氢气味。盐酸能使蓝色的石蕊试纸变红,使甲基橙变红。

② 化学方法　盐酸中加入硝酸银反应,即有白色氯化银沉淀生成,这种沉淀能溶于氨水。化学反应式为:

$$HCl + AgNO_3 =\!=\!= AgCl\downarrow + HNO_3$$

盐酸是发烟酸,具有很强的腐蚀性,盐酸是强酸,一般含氯化氢28%～32%,工业用盐酸含氯化氢32%,浓盐酸含氯化氢38%,有氯化氢的特殊臭味。盐酸挥发出氯化氢气体与空气中的水分形成酸雾,能腐蚀金属、纤维、皮肤、农作物和建筑物。氯化氢有刺激性、有毒,中毒浓度为0.004%,对人的黏膜、气管、眼、鼻有强烈刺激和毒害作用。因此盐酸在储运时应包装完好,并应用耐酸材料密封盖口。工作人员应穿工作服、橡皮围裙、戴橡皮手套、口罩、风镜。盐酸具有一般无机酸类的通性,除了和铂、金之类的贵金属不发生作用外,一般金属都能溶解。且盐酸和硝酸配成的王水,就连金、铂也可以溶解。盐酸也能与碱性氧化物、碱、盐等反应,生成盐酸盐。

(2) 盐酸的应用　盐酸具有一般典型无机酸的一切通性,且制法简单,价格便宜,广泛用于冶金、皮革、印染、食品、化学等行业。

① 盐酸用于钢材酸洗　利用盐酸能与金属氧化物反应的性能,在工业上可用盐酸代替硫酸去除钢材表面的铁锈(金属氧化物),用盐酸除锈比硫酸酸洗质量更好。因为盐酸比硫酸酸性略弱,不易发生过酸洗现象;酸洗过程平稳,酸洗后的钢材表面平整、光滑。

② 盐酸用于阳离子交换树脂的再生　在水质净化过程中,采用阳离子交换树脂(或磺化煤),与水中的钙、镁或其他阳离子交换,使水质得以净化。当交换达饱和以后,树脂必须再生,以恢复净水能力。盐酸就是一种常用的阳离子再生剂,当盐酸遇到吸附大量杂质阳离子的离子交换树脂时,会发生再生。经再生处理后的阳离子交换树脂又恢复到原来状态,可供重新使用。

③ 盐酸用于化学工业　盐酸是化学工业里用来生产多种盐酸盐的重要原料,如六水氯化铝、氯化镉、氯化钴、氯化镍等。

以盐酸生产氯化镍为例:氧化镍(或碳酸镍)与盐酸反应可生成氯化镍,反应式为:

$$NiO + 2HCl =\!=\!= NiCl_2 + H_2O$$
$$NiCO_3 + 2HCl =\!=\!= NiCl_2 + CO_2\uparrow + H_2O$$

有机化学工业中,在重要的染料中间体苯胺的生产中,盐酸作为酸性介质。

④ 盐酸用于冶金工业　金属的湿法冶炼是以盐酸作为浸取剂。将矿石浸入盐酸中,盐酸把金属离子与矿石杂质分开。另外冶金工业中的有色金属铅、锌的精制及电镀工艺中电解液的配制均需使用盐酸。

⑤ 盐酸用于其他行业　食品工业利用盐酸水解淀粉生产葡萄糖,还用来生产味精、酱油等调味品;在制革工业中盐酸用作鞣革和皮革染色助剂;在医药工业中用于制药;还可利用其酸性去除污垢等。

(二) 烧碱、纯碱

1. 烧碱(sodium hydroxide)

分子式:NaOH。学名:氢氧化钠。商品名:烧碱。别名:苛性钠、火碱、苛性碱。化工危险品分类中属碱性腐蚀品。

(1) 烧碱的识别

① 物理方法　纯净的氢氧化钠是无色透明的晶体。工业用烧碱因含有少量的氯化钠和碳酸

钠呈白色不透明体。状态有粒、片、棒、块等形状。易溶于水，并放出大量的热，水溶液有滑腻的感觉，呈强碱性。烧碱有两种状态：固体烧碱（市场上统称固碱）、液体烧碱（又称液碱）。能使红色石蕊试纸变蓝，使无色酚酞变红，使甲基橙变橙黄。

② 化学方法　烧碱水溶液加入硝酸银，生成棕色的氧化银沉淀。化学反应式为：

$$2AgNO_3 + 2NaOH = Ag_2O\downarrow + 2NaNO_3 + H_2O$$

(2) 烧碱的品种、规格　烧碱的品种按状态可分为液碱和固碱两种；常见的工业液碱浓度为30%左右和45%。工业固碱一般浓度为95%以上。

按生产方法可分为：隔膜碱、苛化碱（化学碱）、离子膜碱。

(3) 烧碱的特性　烧碱是一种无机强碱，烧碱具有强烈的腐蚀性，对皮肤及有机物有强烈腐蚀作用，浓度越高，灼伤腐蚀作用越强。

固体烧碱的溶解、液体烧碱的稀释都会放出大量的热，烧碱越浓放出热量越多，所以在储运烧碱时应避免与水接触；固碱吸收潮湿空气会"发汗"（潮解），同时产生热量。

烧碱易与非金属氧化物反应，烧碱与非金属氧化物反应生成盐和水。

烧碱能与许多金属单质反应生成含氧酸的盐和氢气。

金属铁、镍和银具有较强的抗碱性。尤其是铁在常温下不与烧碱反应，但在高温下（400℃）发生剧烈反应。因此，常用铁作为烧碱的容器、包装、槽罐或蒸发液体烧碱。

(4) 烧碱的应用

① 用于造纸工业　目前用于造纸的原料，主要是麦秆、稻草、蔗渣、芦苇、棉秆等含有纤维素和半纤维素的植物性原料。这些原料中的纤维素和半纤维素是制造纸浆的基本成分，另含有木质素和杂质，在制浆过程中必须除去。

烧碱（有的还有硫化碱）的主要作用是作为蒸煮剂，去除木质素和杂质，提取纤维素和半纤维素制作纸浆。造纸工业中使用的烧碱浓度较稀，大约为8%左右，对烧碱质量没有什么特殊要求。因此，可用印染厂丝光车间的下脚废碱液或纺织厂废碱液等。

② 烧碱用于纺织和印染工业　烧碱是生产黏胶纤维的重要化工原料。黏胶纤维是世界上产量较大的一种人造纤维。制造黏胶纤维的原料，同造纸原料一样，是用烧碱处理天然纤维材料（棉秆、蔗渣、木材等），不同的是黏胶纤维生产时只需要原料中的纤维素，而半纤维素在这里将作为杂质同木素一起被除去。烧碱将纤维素提炼出来成为黏胶纤维的原料——纤维素浆粕。烧碱的第二个作用是碱化纤维素浆粕制备出碱纤维素，再进行磺化反应生成纤维素磺酸酯。烧碱的第三个作用是溶解纤维素磺酸酯制成可以进行纺丝的黏胶液，然后形成黏胶纤维。生产黏胶纤维所用的烧碱，在质量上有较高的要求，对氯化钠和 Fe^{2+}、Fe^{3+} 的含量都有一定的要求，否则对产品质量、成品、色泽和工艺操作都会带来不利影响。

烧碱在棉纤维的纺织和印染中，用于退浆、煮练、丝光处理等工序。在印染工业里，烧碱常作为多种染料染色的助剂。

③ 烧碱用于肥皂和合成洗涤剂的生产　烧碱与油脂能起皂化反应，所以烧碱是生产肥皂的重要化工原料。日常生活中使用的肥皂有两种：一种是钠肥皂（普通肥皂），它的化学成分为脂肪酸钠盐，是由烧碱与油脂起皂化反应生成脂肪酸钠和甘油制得；另一种是合成皂，是由净化的脂肪酸与烧碱（或纯碱）反应制得合成肥皂。

制皂工业对烧碱质量无特殊要求，一般使用30%隔膜液碱即可。

烧碱用于洗涤剂活性物——烷基苯磺酸钠生产中，起中和磺基苯磺酸的作用，由于它是一种强酸，不适宜作为洗涤剂用，因此工业上采用烧碱中和，生成它的钠盐为洗涤剂活性物。

④ 烧碱用于生产多种化工原料　烧碱是生产多种化工原料的母体原料。大量用于生产无机

化工原料（如磷酸三钠、氯化钠、硼砂等），有机化工原料（如苯酚、苯甲酸、甲酸、乙二醇等），高分子化合物（如聚氯乙烯、环氧树脂、离子交换树脂等），如烧碱与一氧化碳合成得甲酸钠。在磷酸三钠的生产中，纯碱中和磷酸生成磷酸氢二钠，再用烧碱中和磷酸氢二钠，制成磷酸三钠。

⑤ 烧碱用于其他行业　大量烧碱还用于医药、农药、染料、石油、冶金等工业生产中，如医学工业中烧碱用于生产各种抗生素（四环素、土霉素、金霉素、安乃近、磺胺等），农药工业中用于生产敌百虫、敌敌畏、乐果、五氯酚钠等，石油工业中用于石油的精制，冶金工业制铝等。

2. 纯碱（sodium carbonate）

分子式：Na_2CO_3。学名：碳酸钠。商品名：纯碱。别名：苏打、面碱、洗粉。属非危险品。纯碱是由金属离子（Na^+）和酸根（CO_3^{2-}）组成的盐。由于它的水溶液具有较强的碱性，加之它的工业品纯度较高（含碳酸钠98%以上），所以习惯上称它为纯碱。

(1) 纯碱的识别

① 物理方法　纯碱是白色粉末或细粒结晶。无臭。味苦而涩。易吸收水分结块。易溶于水，溶液呈碱性。能使橙色pH试纸呈蓝色，不溶于丙酮，纯碱溶液与红色的石蕊试纸反应变蓝，无色酚酞变红，甲基橙变黄。

② 化学方法　纯碱和盐酸反应，有二氧化碳气体生成，将这种气体通入澄清的石灰水中，产生白色沉淀，证实为纯碱。化学反应式为：

$$Na_2CO_3+2HCl = 2NaCl+CO_2\uparrow+H_2O$$
$$CO_2+Ca(OH)_2 = CaCO_3\downarrow+H_2O$$

(2) 纯碱品种　纯碱按其生产时密度大小不同，可分轻质纯碱、重质纯碱两种。我国生产的纯碱绝大部分为轻质纯碱，已开始投入重质纯碱的生产（近万吨），并大力开展优质重质纯碱、超重质纯碱、超轻质纯碱的新品种研究开发工作。发达国家重质纯碱是主要生产品种，如美国重质纯碱占80%以上。重质纯碱是我国发展的方向，重质纯碱密度大，碱粉不易飞扬，不易结块，使用安全方便。

工业纯碱分为以下3种类型。

第一类为特种工业用重质碳酸钠。适用于制造显像管玻壳、浮法玻璃、光学玻璃等。

第二类为工业盐及天然碱为原料生产的工业碳酸钠，包括轻质碳酸钠和重质碳酸钠。

第三类为硫酸钠型卤水盐为原料联碱法生产的工业碳酸钠，包括轻质碳酸钠和重质碳酸钠。

(3) 纯碱的特性　纯碱在化工原料中虽属非危险品，但它是强碱弱酸盐，可溶于水，并产生一定热量。同时纯碱可以发生水解，溶液呈碱性，溶液的强碱性，可以灼伤皮肤，腐蚀织物、物品等，所以纯碱遇水仍是危险的。

纯碱长期置于空气中，尤其是在潮湿的库房中，容易结块，发生质变，纯碱变成了碳酸氢钠，它的变化与湿度、温度有关，温度越高，纯碱的变化越大。空气中的水分和二氧化碳均是客观存在的，故纯碱不宜长期储存，一般以6～12个月为宜。

纯碱是碳酸盐，与任何酸反应生成新的盐和碳酸。碳酸易分解为二氧化碳和水。工业上常利用纯碱进行酸碱中和反应。

纯碱是强碱弱酸盐，与铵盐易发生反应，生成两种新的盐，并分解出氨气、二氧化碳和水。

(4) 纯碱的应用　纯碱是基本化工原料之一，广泛用于化工、冶金、轻工、建材、农业、纺织、国防、食品等行业。其消费量较大，属于大宗化工产品。

① 玻璃工业和水玻璃生产　玻璃工业是纯碱的最大用户，生产每吨玻璃需用纯碱约0.2t，

每年消耗在玻璃生产中的纯碱，一般占纯碱总量的30%左右。

纯碱在生产玻璃中的作用，一是作为原料，提供氧化钠；二是起助熔作用，降低石英砂的熔点。石英砂熔点一般为1700℃。加入纯碱后，玻璃熔体的熔融温度降至1400～1500℃。

生产玻璃对纯碱质量有一定要求。纯碱中Fe^{2+}的存在会使玻璃带绿色，Fe^{3+}会使玻璃带上棕褐色。氯化钠含量过高，在高温下会使玻璃带上气泡。因此生产玻璃的纯碱对氯化钠、Fe^{2+}、Fe^{3+}的含量有特殊要求。

纯碱在水玻璃生产中起的作用与在玻璃生产中作用相同。在高温下纯碱分解生成氧化钠，氧化钠再与二氧化硅作用生成硅酸钠（即水玻璃）。水玻璃应用广泛，主要用作胶黏剂、清洗剂、填充剂、水的软化剂等。

② 纯碱用于冶金工业　纯碱大量用于电解法炼铝和生产氟化盐。用低品位铝土矿（$Al_2O_3 \cdot SiO_2$）原料与一定量的纯碱、石灰石混合烧结，铝土矿中的氧化铝与纯碱生成可溶的偏铝酸钠。偏铝酸钠经碳酸化得到氢氧化铝沉淀，再经煅烧制成氧化铝。可用烧结法炼铝中得到的氢氧化铝生产氟化铝、冰晶石、氟化钠等。在炼钢、炼铁的黑色冶金中，纯碱还可起到脱磷硫的作用，同时还可以作为助熔剂。

③ 纯碱用于化学工业生产各种钠盐　用纯碱吸收NO、NO_2，生成硝酸钠和亚硝酸钠，再根据它们在不同温度下溶解度的不同将其分开。

将纯碱溶解于水。除去不溶于水的杂质，再用CO_2碳酸化制得碳酸氢钠（小苏打）。

此外，纯碱还用于生产硼砂（$Na_2B_4O_7 \cdot 10H_2O$）、氰化钠（NaCN）、磷酸三钠（Na_3PO_4）等。

④ 纯碱用于轻纺工业　生产合成洗涤剂的助洗剂——磷酸五钠，磷酸五钠在合成洗涤剂中起着去污去油脂，提高洗涤效果的作用。

纯碱与精制的合成脂肪酸作用，生产合成皂。

纯碱除在纺织印染工业中作为水的软化剂外，还可除去毛织物、棉、麻、丝上的油脂、杂质。

⑤ 民用市场及其他的消费　纯碱直接用于人民日常生活：直接用于洗涤、去污。食品行业：中和食品发酵所产生的酸，同时还有发泡作用，所以俗称"面碱"，如做馒头、包子、面包、糕点、面条、酱油、味精等的精制。

纯碱的水溶液呈碱性，产物主要是烧碱，纯碱在高温下能分解出氧化钠（碱性氧化物），相对应的水化物是烧碱，纯碱和酸反应能起中和作用，生成的是碳酸，即纯碱可以代替烧碱进行中和反应。

纯碱还用于制革脱毛、石油精制和军事工业中提取并分离得到浓缩铀。

(三) 常用的几种盐类化工原料

1. 硝酸钠（sodium nitrate）

分子式：$NaNO_3$。学名、商品名：硝酸钠、硝钠。别名：盐硝、发蓝粉、钠硝石。

(1) 硝酸钠的识别与性能

① 物理方法　纯净硝酸钠为无色透明结晶或粉末，工业品硝酸钠为灰黄色，味咸而苦，易潮解。

② 化学方法　取1mL硝酸钠溶液，然后滴入3mL新制备的硫酸亚铁溶液，充分振荡，再把试管倾斜，沿管壁注入3mL浓硫酸（切勿振荡），即见两层液体接触面上出现"棕色环"，此现象证明是硝酸盐。

硝酸钠是一级无机氧化剂。在高温下不稳定，加热至380℃时能够分解生成亚硝酸钠和氧气，高温下硝酸钠是强氧化剂，而在水溶液中几乎没有氧化性。

硝酸钠受潮易结块，硝酸钠具有潮解性。

(2) 硝酸钠的应用 硝酸钠主要用于生产日用玻璃及制品，还用于生产搪瓷制品及硝酸钾，也用于金属热处理作为发蓝剂。

① 用于生产日用玻璃和搪瓷制品　玻璃和搪瓷同属于硅酸盐系列。因而，硝酸钠在玻璃和搪瓷工业中的作用也是类似的，即都是利用硝酸钠具有较低熔点（308℃）、较强氧化性和在高温下能分解得到氧化钠（Na_2O）并放出氧气的特性，常代替纯碱用于玻璃和搪瓷工业。它所起的作用如下。

原料与助熔。高温下硝酸钠能分解出生产玻璃所需的原料氧化钠，且硝酸钠的熔点比石英低得多，高温下产生的氧化钠能与石英砂结合生成硅酸钠，从而降低玻璃的熔融温度，起到助熔作用。

a. 作为澄清剂　硝酸钠在高温下分解放出氧气，可以使玻璃熔体中一些气体（特别是氯化钠产生的气泡）被氧气吸收，一起脱离玻璃熔体，从而减少玻璃制品中的气泡，达到澄清的作用。

b. 作为消色剂　硝酸钠是氧化剂，能使混在玻璃中的Fe^{2+}氧化成Fe^{3+}，从而消除了Fe^{2+}带给玻璃和搪瓷的青色，而Fe^{3+}使玻璃和搪瓷制品带上微棕色，增强了制品的透明度和洁白度。

c. 搪瓷制品的光泽剂　因为硝酸钠是强氧化剂，能将瓷釉中的金属锑（Sb）从三价锑氧化成五价锑，而五价锑能赋予搪瓷较好的光泽。另外，瓷釉中的钛（Ti），只有以二氧化钛（TiO_2）形式存在时才能使瓷釉保持光泽洁白，在瓷釉的熔制过程中加入硝酸钠，能使锑和钛保持高价氧化态Sb^{5+}、Ti^{4+}，从而使搪瓷制品保持良好的光洁度和白度。

② 用于安全炸药硝酸钾的生产　硝酸钠亦称安全炸药，用它又可以生产多种炸药。如黑火药、黑索金炸药、土炸药、烟火、鞭炮等。硝酸钾在工业上由硝酸钠和氯化钾经复分解反应制得。

③ 用作金属热处理发蓝剂　利用硝酸钠的氧化性作用，在钢体表面镀上一层结构致密的四氧化三铁薄层，使制件表面呈乌蓝色的光泽，不仅增加制品的美观，同时提高钢体的防腐能力。

④ 硝酸钠还可用于农业上作为氮肥，或生产氮钾复合肥，食品工业用于腌肉和肉制类罐头。

2. 亚硝酸钠（sodium nitrite）

分子式：$NaNO_2$。学名、商品名：亚硝酸钠。又名：亚钠。化工危险品中属氧化剂。

(1) 亚硝酸钠的识别与性能

① 物理方法　亚硝酸钠为白色或微黄斜方晶体，味略苦，能溶于水，易潮解，溶液呈碱性。

② 化学方法　在亚硝酸钠溶液中倒入碘化钾淀粉溶液，碘化钾中的碘被氧化成单质碘，呈蓝色反应，由此可以鉴别亚硝酸盐。

亚硝酸钠既有氧化性又有还原性。它与强还原剂（如碘化钠）相遇时表现出氧化性，自身被还原成一氧化氮，与强氧化剂相遇时表现出还原性，自身被氧化成硝酸钠。亚硝酸钠露置于空气中，将逐渐被氧气所氧化，变成硝酸钠。

亚硝酸钠有毒，是致癌物质。误吸2g能使人致死，溶液接触皮肤的极限浓度为1.5%。若与皮肤接触将产生斑疹。

(2) 亚硝酸钠的应用 亚硝酸钠主要应用于印染、医药和金属的热处理等行业。

① 纺织印染工业　在纺织工业中利用亚硝酸钠的氧化性，对丝、麻、亚麻等进行漂白。

生产合成己内酰胺的原料。使用亚硝酸钠生产己内酰胺的方法称"环己烷空气氧化法"。生产原料主要是纯苯、空气、亚硝酸钠、氨水、二氧化硫、发烟硫酸等。亚硝酸钠的作用是用于生产己内酰胺的中间体硫酸羟胺。

亚硝酸钠作为多种染料染色和印花的助染剂或媒染剂。

亚硝酸钠用于生产多种染料，如硫化染料、冰染染料、酸性染料、分散染料、偶氮染料等。

② 冶金工业　冶金工业的热处理工艺利用亚硝酸钠的氧化性和浓碱的碱性，对碳素钢和低合金工具钢制件的处理，使其钢件的表面生成一层致密的四氧化三铁氧化膜，氧化膜可呈现亮而蓝色或亮而黑色，保护钢件表面，既美观又防锈。冶金工业的电镀工业中亚硝酸钠作为缓蚀剂。

③ 医药工业及其他　亚硝酸钠大量用于医药工业。例如，生产维生素 B_{12}、安乃近、氨基比林、吡唑酮、咖啡因、氨茶碱、扑热息痛等。还用于生产硝基化合物、亚硝酸钾和冬季施工时的防冻剂等。

3. 氰化钠（sodium cyanide）

分子式：NaCN。学名、商品名称：氰化钠。别名：山奈、山奈钠。化工危险品中属毒害品。

(1) 氰化钠的识别与性能

① 物理方法　氰化钠为白色立方晶体。易溶于水，溶液呈碱性。有微弱的苦杏仁味。

② 化学方法　取氰化钠试液少许，用 NaOH 溶液碱化，加硫酸亚铁数滴、氯化铁 2~3 滴，最后加入少许盐酸，产生普鲁士蓝沉淀，证明含 CN^-。

氰化钠易与酸类反应。甚至很弱的酸均能与氰化钠反应，分解放出有剧毒的氰化氢气体。

氰化钠为剧毒品，致死量为 0.02mg。当人误服氰化钠后，氰化钠与胃酸反应，迅速分解放出氰化氢气体。氰化氢立即与血中的铁发生反应，生成铁的配合物，数分钟便可致人死亡。

氰化钠易潮解。氰化钠吸收空气中的水分和二氧化碳后，分解放出氰化氢气体。

(2) 氰化钠的应用　氰化钠主要应用于化学工业、冶金、医药、纺织等行业。

① 化学工业　生产各种无机氰化物。例如氰化锌、氰化镍等。氰化钠溶液能溶解金属铁、锌、镍、铜、钴、银和镉，生成相应的氰化物，在氧参与下，还能溶解黄金。例如，氰化钠与锌反应，化学反应式为：

$$Zn + 2NaCN + 2H_2O \Longrightarrow 2NaOH + Zn(CN)_2 + H_2 \uparrow$$

生产高分子材料。例如丙烯腈的生产是利用氰化钠与酸反应生成氰化氢，再与乙炔作用生成丙烯腈。丙烯腈除可生产丁腈橡胶（丁二烯和丙烯腈聚合）、腈纶（聚丙烯腈纤维）外，还可以生产丙烯腈-苯乙烯塑料（AS 塑料）和 ABS 塑料等。

② 冶金工业　氰化钠在冶金工业中有多方面应用。如钢材的氰化、电镀和选矿等。

钢材的氰化是钢材化学热处理的一种方法。它是在钢材的表面渗碳和氮的工艺，以提高钢材的表面硬度和耐磨性能。

氰化的基本原理是由氰化钠及其他的盐（如碳酸钠、氯化钠等）组成盐浴。钢材在高温下浸入盐浴。氰化钠在高温、氧及其他盐的作用下分解出活性碳原子和活性氮原子，这些活性碳、氮原子渗入钢材的表面，完成钢材的氰化。

电镀是在钢材的表面镀金、银、铜、锌、镉等金属或金属合金。

氰离子极易与金属形成配合物。配合物在溶液中存在着解离平衡。电镀时，加入氰化钠，即形成配合物，随电镀的进行，配合物缓慢解离，使电镀层细致、均镀好、结合牢固。但含氰化钠的电镀液剧毒，在生产过程中易逸出有毒的气体，对工人健康有害，因此必须采用良好的通风设备，废水排放前应严格进行处理，应大力推广无氰电镀以减少对工人身体的损害和环境的污染。

氰化钠溶液对金属具有优良的溶解特性。因此常用氰化钠从矿石中提炼有色金属，尤其是金、银等贵金属。氰化钠与金属反应生成相应的金属配合物，然后用锌粉还原出贵金属。例如提炼金矿。化学反应式为：

$$4Au+8NaCN+O_2+2H_2O = 4Na[Au(CN)_2]+4NaOH$$
$$2Na[Au(CN)_2]+Zn = 2Au+Na_2[Zn(CN)_4]$$

③ 医药工业及其他　氰化钠在医药工业中用于生产维生素 B_6、B_{12} 等。

（四）常用的其他无机化工原料

1. 液氯（chlorine liquid）

分子式：Cl_2。学名：氯。商品名称：氯气、液氯。化工危险品中属压缩和液化气。

(1) 液氯的识别

① 物理方法　氯气是黄绿色的气体，有剧毒！具有使人窒息的强烈刺激性，空气中的中毒浓度为 0.1%，比空气重，可助燃。

② 化学方法　将蘸有品红溶液的试纸伸入黄绿色有刺激味的气体中，品红褪色；将湿润的淀粉碘化钾试纸伸入黄绿色有刺激味的气体中，置换出的碘与淀粉反应，淀粉遇碘变蓝，因而试纸变蓝。

(2) 液氯的性能　氯气在元素周期表中位于第Ⅶ主族、第二周期是非金属性很强的元素。氯气是易液化的气体，有剧毒！在常温下，加压便可液化。液氯为黄绿色的液体，储存在耐压钢瓶中。氯气能溶于水，但溶解度不大。

氯气几乎能与所有的金属、氮、氧和碳以外的非金属反应。很多金属与非金属还能在氯气中燃烧，生成卤化物。

氯气是很强的氧化剂，很活泼的元素。与易燃气体混合易发生燃烧和爆炸。

氯气不仅能溶解于水，生成氯水。氯水中的氯气还会逐渐与水分子反应，生成盐酸和次氯酸。生成的次氯酸很不稳定，在水中分解，生成原子氧和一氧化二氯，它们都是很强的氧化剂，很多有色物因氧化而褪色，具有漂白作用和很强的氧化作用，可腐蚀金属，如钢铁容器，所以储存氯气必须干燥脱水后才能用钢瓶包装，否则，潮湿的氯气会腐蚀设备和包装。

(3) 液氯的应用　液氯主要应用于纺织、造纸工业作为漂白剂，自来水厂作为消毒、净化剂。随着石油工业和有机氯工业的发展，液氯将大量应用于有机合成工业和生产各种氯化物。

① 漂白、消毒　利用氯气与水的反应，生成氧化性很强的次氯酸和一氧化二氯，直接用于纺织行业的漂白，造纸工业纸浆的漂白和自来水厂的净化和消毒杀菌。

氯气有毒，运输、使用尤其是小量使用都有一定的困难，因此，一般利用氯气生产漂白粉。石灰乳吸收氯气后生成漂白粉（次氯酸钙和氯化钙），漂白粉是一个多组成的混合物，其中有效成分是次氯酸钙。

② 生产盐酸，无机氯化物　氢气在氯气中燃烧生成氯化氢气体。氯化氢气体被水吸收制得合成盐酸，一般浓度为 31% 左右。

氯气与金属、非金属反应生成各种无机氯化物。如三氯化铝、四氯化钛、三氯化磷、五氯化磷等。

氯气易与金属反应，生成氯化物，氯化物一般溶于水，可提炼金属。尤其是对用其他方法不易提炼的矿（如从矿中提取金、银等贵金属），氯法冶炼均能奏效。

③ 合成有机氯化物　有机氯工业随着我国石油工业的发展而发展较快，它品种多，产量大，耗氯量多，是今后液氯应用的主要市场。

氯气用于合成洗涤剂活化剂中间体烷基苯的生产。正构烷在紫外线（或热）的作用下与氯气发生取代反应，生成卤代正构烷，卤代正构烷再与苯在催化剂作用下，发生烷基化反应，生成烷基苯。

氯气用于合成有机氯农药,有机氯农药的品种很多,耗氯量也大。常用品种如滴滴涕、甲基1605、乐果、敌百虫和敌敌畏等。

以生产三氯乙醛为例,将氯气通入乙醇中发生氯化反应,生成混合物氯油,氯油再与浓硫酸反应,生产得到三氯乙醛。三氯乙醛也是敌百虫、敌敌畏的中间体。

纯苯与氯气在氯化铁作用下发生取代反应,生成氯化苯和副产盐酸。氯化苯再与三氯乙醛反应,在发烟硫酸作用下生成滴滴涕。

④ 生产高分子材料　以氯气为原料生产的高分子材料品种较多。例如:聚氯乙烯,过氯乙烯塑料,氯丁橡胶,氯纶纤维等。随着新材料的开发,将有更多的氯下游产品。

⑤ 其他有机氯产品　例如,以氯气生产的氯甲烷、二氯甲烷、三氯甲烷、四氯化碳、氯乙烷、二氯二氟甲烷、三氯三氟乙烷等。

液氯还用于军工生产,如军用烟幕弹等。

液氯是电解法生产烧碱的联产品,烧碱与液氯的生产相互制约,因此应当做好氯碱平衡发展烧碱和氯气。应大力发展氯产品的生产,以满足市场对烧碱的要求。

2. 钛白粉 (titanium dioxide)

分子式:TiO_2。学名:二氧化钛。商品名称:钛白粉、钛白。

(1) 钛白粉的识别

① 物理方法　颜色洁白的粉末,遮盖力和着色力强,无毒,不溶于水、有机酸和稀的无机酸,能溶于浓硫酸或氢氟酸,长时间煮沸下才能完全溶解,微溶于碱液。怕潮湿,折射率很高。

② 化学方法　取钛白粉溶于浓硫酸中,后经稀释加入过氧化氢(H_2O_2)溶液,立即显现深橘黄色。此方法为钛的特征反应。

(2) 钛白粉的品种　钛白粉按其性质、用途不同分为以下几个品种。

① 按性质不同分类　工业品按晶形不同主要分锐钛矿型钛白粉(又称 A 型)和金红石型钛白粉(又称 R 型)。

a. 锐钛矿型　相对密度为 3.84。折射率为 2.55。耐光性差,容易泛黄,不耐风化,但白度较好。

b. 金红石型　相对密度为 4.26。折射率为 2.72,具有较好的耐候性、耐水性和不易变黄等特点,但白度较差。

② 按用途不同分类　颜料用、电容器用、搪瓷用、电焊条用等。

(3) 钛白粉的应用　钛白粉因其品种不同,其应用范围也不同。

① 颜料用锐钛矿型钛白粉　主要应用于涂料工业生产白色和浅色室内涂料。也可以用作高级纸张、橡胶、塑料、印刷油墨、印染色浆、皮革涂料等工业的着色剂和填充剂。还可作为人造纤维的消光剂及化妆品的填料。

② 颜料用金红石型钛白粉　主要应用于涂料工业生产室外涂料。用于高级轿车、汽车、船舶、醇酸磁漆等。

③ 电容器用钛白粉　主要应用于陶瓷行业生产无线电用陶瓷材料。钛陶瓷具有高介电系数、良好的介电性能,可生产低频和高频用钛瓷产品。

④ 搪瓷用钛白粉　主要应用于搪瓷的瓷釉的乳浊剂,可使搪瓷制品具有强乳浊度和不透明性。同时使搪瓷表面光滑,并有强耐酸性。

⑤ 电焊条用钛白粉　主要应用于电焊条药条中的造渣剂、黏塑剂。钛白粉在焊药中使焊接工艺稳定,电弧不发生爆溅,加工后焊缝美观,力学性能好。一般生产的焊条为钛型、钛钙型。

3. 氧化锌 (zinc oxide)

分子式：ZnO。学名：氧化锌。别名：锌氧粉、锌白粉、锌华。

(1) 氧化锌的识别

① 物理方法　白色极细粉末，无毒，无味。不溶于水，能溶于稀酸和碱，是一种两性氧化物，受潮结块变质，受高温时变黄，冷后恢复白色。

② 化学方法　取氧化锌溶于稀盐酸中，然后加入亚铁氰化钾溶液，即生成不溶于盐酸的白色沉淀 $\{K_2Zn_3[Fe(CN)_6]_2\}$。

(2) 氧化锌的应用　氧化锌以它的两性（酸、碱性），不溶于水，无臭，无毒，质细（一般氧化锌的粒径为 $0.5\mu m$，活性氧化锌的粒径为 $0.05\mu m$ 左右），富有着色力和遮盖力而广泛应用于橡胶、塑料、涂料、医药等行业。

① 橡胶、塑料行业　氧化锌在橡胶行业中又称橡胶辅料（即配合剂），是生产橡胶制品不可缺少的辅料，其作用是天然橡胶、合成橡胶、乳胶的硫化活化剂和补强剂，白色胶的着色剂和填充剂，在氯丁橡胶中亦可作为硫化剂和增加导热性能的配合剂。

活性氧化锌的微粒细小，在塑料工业中可作为聚烯烃（聚乙烯、聚丙烯、聚苯乙烯等）和聚氯乙烯塑料的光稳定剂。

② 涂料行业　氧化锌在涂料、油墨、油布中作为着色剂、防腐剂。但其着色力和遮盖力比钛白粉弱。

③ 医药及其他　在医药上是生产橡胶软膏的原料，有止血收敛、拔毒、生肌的功效。在火柴生产中中和皮胶的酸性。在染料工业中作为助染剂。在化学工业中生产各种锌盐，如氯化锌、硝酸锌、硫酸锌等，还可以用于玻璃、搪瓷和化妆品行业。

二、有机化工原料

在化学组成中含有碳元素的化合物（一氧化碳、二氧化碳、碳酸及其盐等除外）是有机化合物。例如，甲烷（CH_4）、苯（C_6H_6）、甲醇（CH_3OH）、氯甲烷（CH_3Cl）、苯胺（$C_6H_5NH_2$）等。有机化合物中，除了碳和氢外，常见的元素还有氧、氮、磷、硫和卤素。有些简单的碳化合物，如二氧化碳、一氧化碳、碳酸盐等同典型的无机化合物性质相近，所以仍归为无机化合物。有机化合物与无机化合物在性质上有明显的差异。

有机化合物一般都易燃烧，而大多数无机化合物却不易燃烧。

有机化合物通常不易溶解于水，多数为非极性分子，易溶于有机溶剂，无机化合物则易溶于水。

有机化合物挥发性大，熔点、沸点较低，通常是以气体、液体或低熔点固体形式存在，且多数固体有机化合物的熔点在室温～400℃。

有机化合物反应慢，需要很长时间才能达到平衡，且比较复杂。一般需加热或催化剂来加速反应，并且常有副反应发生，所以通常控制反应条件来促使主产物的生成。无机化合物的反应则可以在瞬间完成。

有机化合物一般不导电，如橡胶、塑料是良好的绝缘材料。

有机化合物存在同分异构现象，经常是同一个分子式可代表几种性质不同的化合物。如乙醇和甲醚的分子式都是 C_2H_6O，而结构不同则性质相差甚大，所以有机化合物一般常用结构式表示。

以上所谈有机化合物与无机化合物性质上的差异主要是一般有机化合物以共价键结合，而典型的无机化合物则是用离子键结合。

有机化合物种类很多。"三苯一萘"在有机化工原料中应用较广。

(一)"三苯"(苯 benzene、甲苯 toluene、二甲苯 xylene)

1. "三苯"的识别

"三苯"均属于单环芳烃（即分子中只含有一个苯环）。因此它们既有共性又因苯环上所含—CH_3（甲基）数目和位置的不同，而有差异性。前者可以用来识别"三苯"与其他液体有机化合物，如乙醇、乙醚、丙酮等，后者用于"三苯"之间的识别。

2. "三苯"的共性

"三苯"从外观上看均是无色液体，具有特殊芳香味，蒸气有毒。

相对密度均小于1，一般均在0.86～0.9，比水轻，均不溶于水中，因此识别时可看见在试管中水与"三苯"分为两层。"三苯"之间由于碳原子数的不同或结构的不同，在性质上有一定的差异性，首先，表现在物理常数的差异，利用物理常数的差异，可以识别"三苯"，如含有相同碳原子数的二甲苯异构体，其沸点相差不大；而结构对称的对二甲苯具有较高的熔点。其次，三苯之间具有不同的相对密度，利用相对密度也可识别三苯。

用火点燃时，在燃烧过程中都发出黄色亮光及黑浓烟。这是由于"三苯"都具有苯环，碳含量比较高的缘故。

在化学性质上，"三苯"均易起取代反应，这是由于苯环的特殊结构，具有较高的稳定性，在一定的条件下才能起加成反应和氧化反应。

3. "三苯"的性能

"三苯"是基本有机化工原料，广泛用于各行各业，了解"三苯"的性能是十分重要的。

(1) "三苯"的燃烧性 "三苯"都是易燃液体，极易着火燃烧，且不易扑救。因此，严禁"三苯"与火种、热源接触，严禁在日光下曝晒。

(2) "三苯"的麻醉性和毒性 苯渗入皮肤或苯蒸气通过呼吸道进入体内能引起中毒。急性中毒能产生头痛、头晕、嗜睡、无力、抽搐、昏迷、死亡，慢性中毒能对神经系统和造血器官造成损害。如在生产、使用和储运苯的环境中出现上述症状，应迅速离开工作环境至空气新鲜处，重症者用含二氧化碳5%的氧气帮助呼吸，并送医院救治。甲苯、二甲苯的麻醉性和毒性比纯苯小。值得注意的是很多含有苯环的化合物都是致癌物质，能在体内诱发病变，所以应用中应注意空气畅通，并采用相应的安全措施。

(3) "三苯"的挥发性 "三苯"极易挥发，其蒸气与空气混合能发生爆炸。

(4) "三苯"的溶解性 "三苯"不溶于水，易溶于乙醚、乙醇等有机溶剂，并能溶解很多有机物。

4. "三苯"的应用

(1) 苯的应用

① 用于有机合成工业 苯易发生取代反应，通过卤化、硝化、磺化等途径分别可以得到氯苯、硝基苯、苯磺酸、苯胺、苯酚等，广泛用于医药、染料、农药、炸药等中间体的生产。

② 用于高分子化合物合成 在催化剂无水三氯化铝的作用下，苯与乙烯可生成乙苯，乙苯经催化脱氢生成苯乙烯，苯乙烯是生产聚苯乙烯、丁苯橡胶、ABS树脂等多种高分子材料的单体。

③ 用作溶剂 苯具有良好的溶解性，除用作化工原料外，还广泛用作溶剂。

利用苯良好的溶解性，常用于橡胶、涂料等的生产。苯能使胶料和织物有良好的黏合性，能使各组分均匀分布。

利用不同物质在苯中的溶解度不同，在混合物中加入苯。溶解度大的物质则较多地溶解于苯中，溶解度小的物质则较少或很少溶解于苯中，从而能将混合物中的不同物质分离开，得到比较纯的物质。

苯对油脂类物质有良好的溶解性，因此某些被油脂污染的物品可用苯来洗涤去污。

④ 用作反应的介质　为使化学反应能良好进行，常使参加反应的物质溶解在某种不参与反应的溶剂中进行反应，如聚丁二烯橡胶的溶液聚合反应中常用苯作为反应介质。

苯在其他方面的应用也不少，如用于生产环己烷、异丙苯、顺丁烯二酸酐等。

(2) 甲苯的应用　甲苯用作燃料，大量用来提高汽油的辛烷值，以提高汽油的质量。

利用甲苯良好的溶解性，在涂料、农药的生产中广泛用作溶剂。

甲苯是有机工业的重要原料。可生产医药、染料、炸药的中间体，如以甲苯、浓硝酸为原料，浓硫酸作为催化剂，进行硝化反应，可制取三硝基甲苯（TNT）。甲苯氧化可生成苯甲酸，而苯甲酸是生产染料、医药、香料的中间体。甲苯还可用于生产许多化工原料。例如苯、二甲苯、氯化甲苯、苯酚、二硝基甲苯、邻甲苯胺等。这些原料可以进一步用于医药、炸药、纤维、农药、染料等行业的生产。

(3) 二甲苯的应用　在聚酯纤维的生产中，以对二甲苯为原料进行氧化生成对苯二甲酸。将对苯二甲酸与甲醇在一定条件下酯化，即可生成对苯二甲酸二甲酯，它是生产聚酯纤维和聚酯薄膜的重要原料。

在增塑剂的生产中，用邻二甲苯氧化可生成邻苯二甲酸酐。邻苯二甲酸酐简称苯酐，可用于生产邻苯二甲酸二甲酯、邻苯二甲酸二乙酯、邻苯二甲酸二辛酯、混合酯等，在塑料工业中有着广泛的用途。苯酐还用于涂料、染料、橡胶等工业。

二甲苯同样具有良好的溶解性，其中间二甲苯主要用作溶剂，还可作为抗氧剂、环氧树脂固化剂、聚酯树脂稳定剂等。

实际生产中，"三苯"的生产与需求是不平衡的，无论焦化"三苯"或石油"三苯"，由于方法、煤质、油质的不同，所获得的"三苯"产量比例也不相同。社会需求"三苯"的比例与生产比例不相适应。一般苯的需求大于甲苯、二甲苯，而三种二甲苯之间供需也极不平衡。为解决供需矛盾，可以利用甲苯、二甲苯在化学结构上和性能上的相似，用甲苯、二甲苯代替苯做溶剂使用。还可以利用"三苯"不同的物理常数，将混合苯中的纯苯提纯，以增加纯苯的产量。混合二甲苯中，利用邻、间、对二甲苯的沸点、熔点将三者分开。"三苯"间通过化学工业加工转化，也是解决供需矛盾常用的方法之一。如甲苯在催化剂作用下可反应生成苯及二甲苯之间异构化等。

(二) 萘 (naphthalene)

萘是基本有机化工原料又是重要的稠环芳烃。稠环芳烃是指分子中含有两个或两个以上的苯环，且各个苯环彼此间至少共用两个碳原子的芳烃。萘的分子式为 $C_{10}H_8$。学名：萘。别名：并苯、洋樟脑、煤焦油脑。化工危险品中属二级易燃固体，其结构式为：

1. 萘的识别与性能

萘从外观上看，纯品为白色结晶或白色片状，粗萘因含有不纯物呈灰棕色，有极强的樟脑味。萘易升华，能点燃，火焰呈黄色，光弱烟多。萘不溶于水，能溶于苯、乙醇及乙醚等有机溶剂。由于萘极易升华、挥发，在流通过程中极易发生损耗。萘有樟脑味，通过呼吸道进入体内有麻醉性，接触皮肤有刺激性痛痒。萘在空气中的允许含量为 $10×10^{-6}$，吸入过多萘蒸气会引起头昏、恶心等症状。

2. 萘的来源

萘是煤焦油中含量最多的化合物。因此主要途径是从煤焦油中提取。也可以用石油作为原料，通过芳构化生成萘和多烃基萘，再经分馏加氢去烃而获得。萘从煤焦油中及重油中结晶途径取得产品。如萘油经结晶、热压榨得压榨萘。压榨萘经熔融、酸碱洗、精馏成型制得精萘。萘油经脱水、酸碱洗涤、蒸馏、结晶得工业萘。

3. 萘的应用

萘的应用途径很广，主要用作制造萘的衍生物以及生产染料、塑料、医药、农药、香药、橡胶防老剂的中间体，还可压成樟脑丸（卫生球）用来驱虫，保护纺织物等。

在邻苯二甲酸酐（简称苯酐）生产中，液萘气化后与空气混合，在催化剂五氧化二钒的存在下催化氧化生成苯酐气体，经冷却、减压、蒸馏而制得成品。邻苯二甲酸酐简称苯酐，是白色或淡黄色鳞片状或粉末状固体。稍溶于水，易溶于酒精、苯、氯仿、醚。苯酐大量用于生产各种增塑剂，如苯二甲酸二辛酯、苯二甲酸二丁酯等。苯酐还用于生产醇酸树脂，常用于制涂料、油墨的原料。苯酐还用于生产对苯二甲酸、染料、颜料、红汞、酚酞等。

萘应用于生产橡胶防老剂、染料、农药、医药、香料的中间体。

萘还用于生产炭黑（炭黑是橡胶的补强剂），油墨涂料中的黑颜料，塑料中的黑填料等。萘在农业上可用于杀虫剂、驱蛾剂，也可用作皮革、木材的保护剂和石油的去泡剂。

有机化合物结构复杂、品种繁多，除"三苯"和萘外，有必要对有机化工原料进行系统的分类，官能团能反映出某类有机化合物的特性，习惯上按照官能团分类能更直观地识别和了解一些有机化合物的性质。按照官能团分类，重要有机化工原料分为：醇类有机化合物（在分子结构中含有羟基类的化合物，羟基与苯环直接相连除外，都统称为醇，醇类有一元醇、二元醇、三元醇和多元醇之分）；醛酮类有机化合物（在分子结构中含有羰基的有机化合物，称为醛或酮，二者的区别在于，醛类化合物的羰基碳原子上至少连有一个氢原子，酮类化合物的羰基碳原子上不连氢原子，而是都和烃基相连）；羧酸类有机化合物［在分子结构中含有羧基的化合物，羧酸（甲酸除外）都可视为烃分子中的氢原子被羧基取代形成的化合物］；氰基类有机化合物（在分子结构中含有氰基的化合物，如丙烯腈）；硝基类有机化合物（在分子结构中含有硝基的化合物，如硝基苯）；磺酸基类有机化合物（在分子结构中含有磺酸基的化合物，如苯磺酸）。

（三）甲醇（methyl alcohol）、丁醇（butyl alcohol）

醇在人们的生活中经常遇到，在经济中起着非常重要的作用，醇类广泛地用作溶剂、抗冻溶液以及作为化学中间体等。醇可以看作是脂肪烃、脂环烃类分子中的氢原子以及芳烃侧链上的氢原子被羟基（—OH）取代后的产物。醇的通式为R—OH，其中羟基（—OH）是醇类的官能团，各种醇类都具有相似的性质。

常用的醇类化工原料有甲醇、丁醇。它们被广泛用于化学工业、塑料工业以及医药、涂料、香料等。

1. 醇类的识别

醇的种类很多，可从以下几个方面来识别它。

① 从分子结构上看。凡是有机醇均含有羟基（—OH）官能团。但羟基不直接与苯环相接。

② $C_1 \sim C_{11}$ 碳原子的直链饱和一元醇都为无色透明液体。C_3 以下的醇具有醇香味（酒味），C_4 以上的醇有令人不愉快的气味，C_{12} 以上饱和一元醇为蜡状固体。

③ 低级醇都能着火燃烧。含碳少的呈蓝色的火焰，含碳多的呈黄色火焰。

④ 低级醇易溶于水，高级醇难溶于水，所有脂肪族一元醇的相对密度均小于1，芳香醇的相对密度大于1。

⑤ 醇分子中都含有羟基官能团（—OH）。在化学反应时—OH易反应，因此在醇中加入酸（如醋酸）即发生酯化反应，生成具有酯香味的酯类物质，此法可识别醇。

2. 甲醇的性能与应用

分子式：CH_3OH。学名：甲醇。别名：木精、木酒精、甲烷醇。甲醇为无色透明、易挥发、易流动、具有醇香味的易燃液体。

甲醇有剧毒，突出的是对视神经的伤害，眼睛接触可导致失明；误饮6～10mL会引起急性中毒，导致双目失明，饮入30mL则中毒死亡。甲醇蒸气也有同样的危害性，空气中的允许最高浓度为0.5mL/L。

甲醇的沸点较低，为64.5℃，常温下有极强的挥发性。

甲醇闪点低（16℃），极易着火燃烧，甲醇蒸气与空气混合的爆炸极限为6%～36.5%（体积）。因此，应用过程中应注意隔绝火种热源，不得使用任何发火工具。

甲醇广泛用于生产甲醛、高分子材料及农药中间体，还用作有机溶剂。

目前甲醇主要用于生产甲醛，根据甲醇极易氧化脱氢的化学性质，在一定温度和催化剂的作用下生产甲醛。因为甲醛是合成多种高分子材料的主要原料，甲醇用于生产甲醛，其用量占甲醇总产量的60%以上。

以甲醇为原料还可制成亚磷酸二甲酯、亚磷酸三甲酯等有机磷农药中间体。其中，亚磷酸三甲酯可用于生产磷胺、速灭磷、百治磷等农药。

甲醇极易燃烧，燃烧时无烟、无污染的特点突出。随着甲醇工业生产技术的日益完善，产量的日益提高，生产成本的不断降低，甲醇成为比较理想的汽油替代品。在汽油中加入一定比例的甲醇，用以提高汽油的辛烷值，降低和消除铅污染，也可用甲醇完全代替汽油，未来甲醇将成为新型能源资源。

甲醇与汽油混合后，其混合物的熔点可达－45℃，使汽油产生良好的抗冻性，增大汽油的使用温度范围。

甲醇是重要的有机合成原料，在化学工业中可制造聚乙烯醇、聚酯树脂、有机玻璃等。在医药工业中是用于制取甲醇钠、糖精、氯霉素、硫酸二甲酯、磺胺等药物的原料。作为有机溶剂，甲醇还常用于涂料行业。

3. 正丁醇的性能与应用

正丁醇分子式：C_4H_9OH。结构简式：$CH_3(CH_2)_3OH$。在化工危险品中属二级易燃液体。

正丁醇用于生产增塑剂：以苯酐和正丁醇为原料，经反应提纯等过程可制得苯二甲酸二丁酯（DBP）。苯二甲酸二丁酯（DBP）为无色或微黄色透明油状液体，具有芳香气味，能与大多数有机溶剂混溶。主要用作聚氯乙烯的增塑剂，也可用作硝基纤维、聚醋酸乙烯、氯丁橡胶等的增塑剂。该产品还广泛用于涂料、润滑剂、乳化剂、油用溶剂、定香剂等工业生产中。

正丁醇用于生产醋酸丁酯：由醋酸和丁醇在硫酸催化下酯化，经进一步加工处理可制得醋酸丁酯，醋酸丁酯为无色透明、具有水果香味的液体，易燃烧，微溶于水，易溶于有机溶剂，同时可溶解油脂、樟脑、树胶、氯化橡胶、松香等。作为溶剂广泛用于火棉胶、硝化纤维、清漆、人造革、医药、染料、香料等工业中，并可用作萃取剂和脱水剂。

正丁醇还用于生产二元酸酯类和磷酸酯类增塑剂。在医药工业中，用于制造抗生素、激素和维生素等。在涂料工业中，用于制造环氧清漆、硝基漆、氨基漆、醇酸树脂涂料的稀释剂等，正丁醇还应用于生产三聚氰胺树脂、丙烯酸树脂。也是制造丁醛、丁酸、丁胺乳酸、丁酯等的原料。

（四）甲醛（formaldehyde）、丙酮（acetone）

1. 醛、酮的识别

醛和酮均含有羰基官能团，因此在性质上有很多相似的地方，然而羰基官能团键上所连接的原子不同，在性质上又有所差异。

羰基至少同一个氢原子相连的化合物叫醛，其结构简式为RCHO。

羰基同两个烃基相连的化合物叫做酮。其结构简式为RCOR′，如丙酮CH_3COCH_3。

醛和酮的结构不同，它们的性质也有一定的差异，表现在氧化性能上的不同。醛比酮容易氧化，利用此差异可识别醛和酮。见表1-1。

表1-1 醛和酮的识别

试剂＼名称	醛	酮	反应方程
多伦试剂（硝酸银的氨溶液）	把醛氧化成羧酸，本身还原出金属银，称为银镜反应	一般条件下不发生反应	$AgNO_3+3NH_3 \cdot H_2O \longrightarrow Ag(NH_3)_2OH+NH_4NO_3+2H_2O$ $RCHO+2Ag(NH_3)_2OH \longrightarrow RCOONH_4+2Ag\downarrow+3NH_3+H_2O$
斐林试剂（硫酸铜、酒石酸钾钠混合液）	醛氧化成羧酸，二价铜离子被还原成红色氧化亚铜沉淀	不发生反应	$RCHO+2Cu(OH)_2+NaOH \longrightarrow RCOONa+Cu_2O\downarrow+3H_2O$
希夫试剂（品红试剂）	从无色变为紫红色	不变色	

2. 甲醛的性能与应用

（1）甲醛的性能 甲醛分子式：CH_2O。结构简式：HCHO。别名：蚁醛。市售甲醛是37%～40%甲醛水溶液，又称福尔马林、福尔美林。化工危险品中属有机腐蚀品。

甲醛蒸气能刺激眼睛和呼吸道黏膜，会引起鼻炎、支气管炎、皮炎等。所以要严格控制甲醛蒸气在空气中的浓度，一般应小于0.005mL/L。而福尔马林也有较强的腐蚀性，能造成皮肤腐烂和硬化。

福尔马林中的单体甲醛，在15℃以下极易聚合成三聚甲醛、多聚甲醛的浑浊物，最后形成白色薄浆。为防止聚合，可适量加入甲醇。一般情况下，如有少量聚合物，只要无锈斑，就不会影响福尔马林的使用。但为了保持福尔马林的性质，在储运过程中不宜太冷、太热久存，以防止聚合，过度聚合也会影响质量。

甲醛性质活泼，易发生聚合、氧化、缩聚、加成、卤化等反应，致使它有广泛的用途。在塑料工业中生产多种合成树脂、化学工业中生产多种化工原料和医药用品以及消毒、杀菌等。

（2）甲醛的应用

① 生产各种合成树脂 酚醛树脂是由甲醛和苯酚通过缩聚反应而制得。脲醛树脂是由甲醛和尿素为原料缩聚反应而制得。

② 生产聚甲醛 甲醛具有极易聚合的性能，随聚合时条件的不同，而生成各种聚合物。

首先甲醛气体在常温下自动聚合成三聚甲醛，经精制后在催化剂的存在下合成聚甲醛。

聚甲醛是一种具有优良综合性能的热塑性工程塑料，是塑料中接近金属机械强度的一种材料。

③ 生产乌洛托品　根据甲醛能与氨形成环状化合物的特性，化学工业中常用甲醛来生产乌洛托品。

乌洛托品学名为六亚甲基四胺，工业生产一般是以福尔马林（甲醛水溶液）和氨水为原料，在碱性溶液中经缩合反应而制得。乌洛托品在塑料工业中是酚醛塑料的固化剂，氨基塑料的催化剂。在橡胶工业中乌洛托品通称促进剂 H，是做橡胶硫化的促进剂、发孔剂。在医药工业中称乌洛托品，是利尿剂的原料，乌洛托品在国防上还是生产黑索金炸药的原料。

④ 其他　甲醛具有缩醛化反应性质，合成纤维工业中，常用甲醛作为维尼纶生产的后处理工序。维尼纶的主要成分是聚乙烯醇，在其分子结构中含有许多羟基（—OH），所以耐水性差，在 80～90℃ 的热水中缩水率高达 10%～12%，为克服此弊病，合成纤维工业上利用甲醛和聚乙烯醇纤维进行缩醛化反应，减少高聚物分子中的羟基数目，以增强纤维的耐热水性能。

甲醛用于医药工业中生产多种药物，如氨基比林、安乃近、依他尼酸等。

甲醛具有很强的杀菌力，常用于病室、仓库、养蚕室、农业种子的消毒杀菌。也用作浸泡动物标本的防腐剂。

3. 丙酮的性能与应用

丙酮分子式：C_3H_6O。结构简式：CH_3COCH_3。别名：木酮、二甲酮、醋酮、阿西通。属于易燃液体。

(1) 丙酮的性能　丙酮为无色透明、易流动、易挥发、具有芳香气味的液体。丙酮能与水和各种有机溶剂混溶，同时又能溶解许多有机物，如聚氯乙烯树脂、醋酸纤维、乙炔等，丙酮挥发性极强，其蒸气与空气混合后，能形成爆炸性气体，爆炸极限为 2.89%～12.85%（体积）。

丙酮有麻醉性和毒性，吸入体内易引起中毒反应。当吸入浓度达 1mL/L 时，对眼、鼻、喉均有刺激；当吸入浓度达 2mL/L 时，即产生急性中毒，头痛、恶心、无力、呕吐，甚至昏迷。

取少量次碘酸钠（$NaIO$）加入适量的丙酮中，即可产生黄色三碘甲烷沉淀，并伴有特殊臭味。

(2) 丙酮的应用　丙酮既是重要的有机化工原料，用于有机合成，又是良好的溶剂，广泛用作有机溶剂。

① 用作有机溶剂　丙酮能溶解高分子材料，如聚氯乙烯树脂、醋酸纤维、过氧乙烯树脂等，将树脂或纤维制成溶剂状态后，用于各种制品加工。

丙酮还能溶解乙炔气体，在乙炔压缩装瓶中，使用丙酮作为溶剂才能保证压缩气体使用的安全性。

在涂料工业中，因丙酮的溶解性和挥发性，广泛用作溶剂、稀释剂、脱漆剂。在纺织工业中，常用作羊毛脱脂剂、蚕丝去胶剂、纺织物去胶剂。

② 用于生产有机玻璃单体——甲基丙烯酸甲酯　有机玻璃是一种透光性良好的特种塑料，主要用于汽车、飞机、船舶的门窗玻璃，还可以制绝缘材料、各种透明制品、仪器、仪表零配件、光学制品和日用品等。有机玻璃是由单体聚合而成，甲基丙烯酸甲酯则是以丙酮、氢氰酸、甲醇等为原料，经生产加工制得。

③ 用于生产中间体　双酚 A 是以丙酮和苯酚为原料，经缩合反应制得。双酚 A 再经缩聚反应，即可制得环氧树脂（万能胶）。环氧树脂可作为强力胶黏剂，用于各种高级涂料，用作增强塑料、聚氯乙烯树脂的稳定剂，在建筑上可加固地基，也可用作玻璃钢、管道、模型、容器等。

④ 用于其他　在有机合成工业中，是制取醋酐、二丙酮醇、聚异戊二烯橡胶、甲基异丁基

甲酮等的原料。在医药工业中，用作各种维生素、激素的萃取剂。

(五) 醋酸 (acetic acid)

1. 有机羧酸类的识别

醋酸属于有机羧酸类化工原料。凡是分子结构中含有羧基（—COOH）官能团的有机化合物叫做羧酸。例如醋酸、苯甲酸等。

羧酸通式为 RCOOH（除甲酸 HCOOH 外）。羧基（—COOH）可看作是由羰基和羟基组成的。它们之间不是两者相加，而是相互联系和制约的，羰基的存在使羧基中的羟基具有醇类化合物所没有的酸性；又由于羟基的存在而使羰基的特性减弱，不发生典型的加成反应。然而，在某些条件下又保留有原来基团的性质，可以利用这些相互关系和基团性质来识别它们。

羧酸随着碳原子数的递增，显示不同的状态和气味。$C_1 \sim C_3$ 为具有醋酸味的无色液体；$C_4 \sim C_9$ 为具有腐败味的油状液体；C_{10} 以上为无气味的蜡状固体。

脂肪二元羧酸和芳香羧酸均为固体。

羧酸具有酸性，可用 pH 试纸测试。

羧酸能和醇进行酯化反应，生产具有一定气味或颜色的酯。

$C_1 \sim C_3$ 的羧酸能溶于水，$C_4 \sim C_9$ 则微溶于水，C_{10} 以上羧酸不溶于水。芳香族羧酸（如苯甲酸、苯乙酸）大都难溶于水。

2. 醋酸的识别

醋酸分子式：$C_2H_4O_2$；结构简式：CH_3COOH。学名：乙酸。别名：冰醋酸。属有机腐蚀品。

醋酸为无色透明、有强烈刺激性醋味的液体，其蒸气易燃烧。醋酸能与水按任意比例混溶，也溶于部分有机溶剂，如乙醇、丙酮等。醋酸在 16.75℃ 以下能结冰，形成醋酸晶体。

醋酸稀释成 50% 的溶液后加几滴硫酸，加少许醇，加热后即生成醋酸乙酯，具有芳香味，区别于其他羧酸。

醋酸稀释后，加三氯化铁试液少许，即呈深红色反应，加热后形成红棕色沉淀，加盐酸溶解，呈黄色溶液。

3. 醋酸的应用

醋酸是重要的有机化工原料，主要用于生产合成纤维、化学工业生产各种醋酸酯、醋酸酐、醋酸盐及香料、染料、医药的原料。

(1) 用于生产醋酸乙烯 醋酸乙烯的工业生产一般常用醋酸和乙炔为原料，在催化剂醋酸锌作用下制得。醋酸乙烯在室温下为液体，是合成聚乙烯醇树脂（合成纤维）的主要原料。

(2) 用于生产多种醋酸酯 利用醋酸和醇类反应生成酯的性质，工业上常用来生产多种醋酸酯，例如：醋酸与乙醇反应制得醋酸乙酯，醋酸与丁醇反应制得醋酸丁酯，醋酸与戊醇反应制得醋酸戊酯。

(3) 用于生产醋酸酐 醋酸酐为无色液体，具有较强的刺激性臭味和很强的腐蚀性。醋酸酐用于医药工业生产氯霉素、合霉素、阿司匹林、强力松等多种药物。还用于生产醋酸纤维素、香料、染料等。工业上生产醋酸酐主要有两种方法：一是在以乙醛为原料生产醋酸的同时，可得到醋酸酐；二是以乙烯酮与醋酸反应制得醋酸酐。

醋酸还可生产多种醋酸盐，如醋酸锌、醋酸钴、醋酸铬等，用作天然橡胶乳汁的凝固剂、电镀工业缓冲剂、印染工业助染剂等。

（六）苯酚（phynol）

苯酚属酚类化工原料。酚是芳烃中苯环上的氢原子为羟基（—OH）所取代生成的化合物。酚的种类较多，由于羟基取代苯环上氢原子数目不同而分为一元酚、二元酚、三元酚或多元酚，最常见的是苯酚。苯酚分子式：C_6H_5OH；结构式：（苯环上连接OH）。学名：苯酚；别名：石炭酸、工业酚。属毒害品。

1. 苯酚的识别

纯苯酚为无色或白色结晶，有特殊的酚臭气味。有毒，暴露于空气中遇光即变为淡红色，甚至红色，同时能吸收空气中的水分而自行溶化，发出强烈的特殊性臭味。苯酚在室温下稍溶于水，在65℃以上时，能与水混溶，水溶液呈酸性。易溶于乙醇、乙醚、氯仿、甘油、二硫化碳、挥发油、碱类等，不溶于石油醚。苯酚有较强的腐蚀性，能破坏动植物机体。苯酚有毒，常通过皮肤接触中毒，酚蒸气和酚粉尘由呼吸道进入体内能引起中毒。

在苯酚水溶液（1:100）中，滴加三氯化铁试液少许，就会产生紫色配合物$H_3[Fe(OC_6H_5)_6]$，使溶液呈紫色。

$$6C_6H_5OH + FeCl_3 = H_3[Fe(OC_6H_5)_6] + 3HCl$$

在苯酚水溶液中，加入溴试液，即产生瞬时即失的白色沉淀，但当溴试液加入过量时，则生成持久的2,4,6-三溴苯酚白色沉淀。

2. 苯酚的应用

苯酚广泛用于塑料、染料、医药、炸药等的生产，也常用作杀菌剂。

（1）苯酚用于生产酚醛树脂 酚醛树脂是由酚类化合物与醛类化合物经缩聚反应而生成的高分子化合物。工业上一般用苯酚与甲醛作为原料，分别在酸性或碱性条件下进行生产，可分别制得热固性和热塑性酚醛树脂。酚醛树脂有广泛的用途：如市场供应的电木粉（也称酚醛塑料粉），就是由酚醛树脂和各种填料（例如云母、木粉、石棉、石英等）、固化剂（乌洛托品）、润滑剂、着色剂等复合加工而得。

（2）生产工程塑料 工程塑料尼龙66和尼龙6都可用苯酚为基本原料加工生产制得。尼龙66和尼龙6除可以代替金属生产各种机械零件外，还可以用于包装材料、合成纤维、胶黏剂的生产，在医疗器械、体育用品和日用品上也有广泛的应用。

（3）其他应用 苯酚是生产染料、农药、炸药、医药的中间体。在染料工业中生产硫化蓝BRN，农药中生产除草醚，炸药中生产苦味酸（2,4,6-三硝基苯酚），医药中生产阿司匹林等。

苯酚是生产环氧树脂——双酚A以及酚醛清漆、二苯醚、水杨酸、水杨醛等的中间体。

苯酚还用于作为消毒、杀菌、防腐剂。

第三节 精细化工产品

精细化工是精细化学品工业（fine chemical industry）的简称。精细化工具有投资效益高，利润率高，附加值率高等特点，精细化工产品具有特定的功能性和专用性，精细化工在促进工农业发展，提高人民生活水平方面，有着重大作用。精细化工已成为当今世界各国发展化学工业的战略重点，而精细化率（精细化工产品产值率的简称，是指精细化工产品产值占化工总产值的百分率）也在一定程度上反映着一个国家的发达水平、综合技术水平和化学工业集约化的程度。

什么是精细化学品（fine chemicals）？到目前为止，对精细化学品还没有一个公认的、比较严格的定义。国际上，基本上有两种意见：一种是20世纪70年代日本提出的把那些具有专门功能，在研究、开发、制造及应用过程中技术密集度高，配方技术能决定产品性能，附加价值高、收益大、小批量、多品种的化工商品称为精细化学品；另一种是美国C. H. Kline博士提出的，以专用化学品来代替精细化学品。所谓专用化学品是指那些对产品功能和性能都有全面要求的化学品。在我国，将精细化学品定义为：凡能增进或赋予一种产品以特定功能，或本身拥有特定功能的小批量、纯度高的化工产品称为精细化学品，有时也称为专用化学品。

每种精细化学品都因其有特定的功能、专用性质和独特的应用范围，以满足不同的使用要求，因而它们不可能像基本化工产品那样采用大批量的生产方法。就精细化学品本身的用量而言，相对来讲不是很大，对每一个具体品种来说，年产量从几百千克到上千吨或者更多不等。精细化工产品与大化工产品性能不同的是，精细化学品更着重于产品所具有的特定功能，因而产品具有应用范围比较窄，专用性能，而通用性弱的特点。大多数精细化学品的特定功能经常与消费者直接相关，因而产品的功能能否满足消费者的要求就显得格外重要。如家庭用的液体洗涤剂就是利用表面活性剂复配而成的，若用于洗衣服，则要求在自动洗衣机所规定的洗涤时间内必须有良好的洗涤效果；若用于清洗餐具，就要求具有较强的去油污能力，无毒且对皮肤无刺激。

精细化工产品品种繁多，所包括的范围很广。各国精细化工的范围是根据本国化工生产技术水平和生活水平等综合因素而确定的，不完全相同，而且随着科学技术的发展不断加以调整。我国将精细化学品分为12大类，即化学农药、涂料、油墨、颜料、染料、化学试剂及各种助剂、专项化学品、信息化学品、放射化学品、食品和饲料添加剂、日用化学品、化学药品，其中各种助剂包括催化剂、塑料助剂、橡胶助剂、印染助剂等；专项化学品系指水处理化学品、造纸化学品、皮革化学品、油田化学品、工业用表面活性剂、碳纤维、化学陶瓷纤维、胶黏剂及功能高分子化工产品等。

一、表面活性剂

表面活性剂是一类具有两亲性结构的有机化合物，至少含有两种极性与亲液性迥然不同的基团部分；目前，表面活性剂的应用已渗透到很多行业。有"工业味精"之美称。在人类日常生活中，表面活性剂的制品也已成为必需消费品。它是精细化工产品中产量较大的主要门类之一。

（一）表面活性剂的分类

表面活性剂按照溶解性分类，有水溶性和油溶性两大类。油溶性表面活性剂种类及应用少，而水溶性表面活性剂按照其是否解离又可分为离子型和非离子型两大类，离子型可在水中解离成离子，非离子型在水中不能解离。离子型表面活性剂根据其活性部分的离子类型又分为阴离子、阳离子和两性离子3大类。

1. 阴离子表面活性剂

阴离子表面活性剂的特点是在水溶液中会解离开来，其活性部分为阴离子或称负离子。阴离子表面活性剂按照其亲水基不同主要有四大类，包括羧酸盐型（R—COONa）、硫酸酯盐型（R—OSO_3Na）、磺酸盐型（R—SO_3Na）和磷酸酯盐型（R—OPO_3Na_2）。此外，凡是活性部分能够解离并呈负离子态的表面活性剂都是阴离子表面活性剂。

（1）羧酸盐型阴离子表面活性剂　羧酸盐型阴离子表面活性剂俗称皂类，是使用最多的表面活性剂之一。肥皂是高级脂肪酸的碱金属盐类，用作洗涤品、化妆品等。此外，钙、铅、锰、铝等金属皂多不溶于水，而溶于溶剂，常用作涂料催干剂、防结块剂、塑料稳定剂等工业助剂。还有多羧酸皂、松香皂、N-酰基氨基羧酸皂，多用作乳化剂、洗净剂等。

（2）磺酸盐型阴离子表面活性剂 磺酸盐由于磺基硫原子与碳原子直接相连，较硫酸酯盐更稳定，在酸性溶液中不发生水解，加热时也不易分解。广泛应用于洗涤、染色、纺织行业，也常用作渗透剂、润湿剂、防锈剂等工业助剂。

① 烷基苯磺酸盐 烷基苯磺酸盐是阴离子表面活性剂中最重要的一个品种，产品占阴离子表面活性剂生产总量的90%左右。其中烷基苯磺酸钠是我国洗涤剂活性物的主要成分，洗涤性能优良，去污力强，泡沫稳定性及起泡性能良好。

② 烷基磺酸盐 烷基磺酸盐（SAS）表面活性与烷基苯磺酸钠相近，它在碱性、中性和弱酸性溶液中较为稳定，在硬水中具有良好的润湿、乳化、分散和去污能力，易于生物降解。

③ α-烯烃磺酸盐 α-烯烃磺酸盐（AOS）生物降解性好，对皮肤的刺激性小，去污力好，泡沫细腻、丰富而持久，因而被广泛地用来制取液体洗涤剂，如餐具洗涤剂、洗发香波等。AOS在较大的pH范围内较为稳定，因此广泛用作香波的基本原料。

2. 阳离子表面活性剂

阳离子表面活性剂在水溶液中解离后，其活性部分为阳离子或称正离子。目前应用较多的有胺盐和季铵盐两大类，胺盐类又包括伯胺盐（R—NH_2HCl）、仲胺盐[R—NH(CH_3)HCl]和叔胺盐[R—N(CH_3)$_2$HCl]。

除直链含氮的阳离子表面活性剂外，还有含氮原子环以及硫、砷、磷等形成化合物均可在水中解离成阳离子，所以都能成为阳离子表面活性剂。常见的阳离子表面活性剂见表1-2。

表1-2 常见的阳离子表面活性剂

类别	表面活性剂名称	结构式	用途
1. 脂肪胺及盐类	伯胺	RNH_2 R中的C的原子个数为8~18	金属酸洗的钝化剂、防锈剂、矿物浮选剂，还可作为其他阳离子表面活性剂的原料、汽油添加剂
	仲胺	R_2NH R中的C的原子个数为10~18	防锈剂，可作为季铵盐的原料
	伯胺醋酸盐	$RNH_2 \cdot HAc$	采矿浮选剂，肥料防固化剂，沥青乳化剂
	伯胺盐酸盐	$RNH \cdot HCl$	采矿浮选剂，肥料防固化剂
	伯胺磷酸盐	$RNH_2 \cdot H_3PO_4$	汽油添加剂
	烷基亚丙基二胺	$RNHCH_2CH_2CH_2NH_2$	汽油添加剂、沥青乳化剂
	多乙氨基脂肪酰胺	R—CONH(CH_2CH_2NH)$_n$H R中的C的原子个数为8~16, n=1~4	纤维与纸张助剂
	多烷基多胺衍生物		其抗菌性和杀菌性强，用作乳化剂、纤维处理剂、抗静电剂、防腐剂、洗净剂、柔软剂
2. 季铵盐	烷基三甲胺氯化物	[R—N(CH_3)$_3$]$^+$Cl$^-$	纤维的染色助剂和干洗剂，染料的固色剂，颜料的分散剂
	二烷基二甲胺氯化物	$\left[\begin{array}{c}R\\R\end{array}\!\!N(CH_3)_2\right]^+ Cl^-$	纤维柔软剂；软发剂
	二甲基烷基苄基铵氯化物	$\left[R-N\begin{array}{c}CH_3\\CH_3\\CH_2-C_6H_5\end{array}\right]^+ Cl^-$	杀菌剂、消毒剂
	烷基吡啶盐	[R—NC$_5$H$_5$]$^+$ X$^-$ （X代表氯化物或溴化物）	染料固色剂

3. 两性离子表面活性剂

两性离子表面活性剂，在分子结构上既不同于阳离子表面活性剂，也不同于阴离子表面活性剂，两性离子表面活性剂的亲水基是由带有正电荷和负电荷的两部分有机地结合起来而构成的。因此具有很多优异的性能：良好的去污、起泡和乳化能力，耐硬水性好，对酸碱和各种金属离子都比较稳定，毒性和皮肤刺激性低，生物降解性好，并具有抗静电和杀菌等特殊性能。因此其应用范围正在不断扩大，特别是在抗静电、纤维柔软、特种洗涤剂以及化妆品等领域。

两性离子呈现的离子性视溶液的pH值而定。也会随着介质不同显示不同的活性，在碱性溶液中呈阴离子活性，在酸性溶液中呈阳离子活性，在中性溶液中呈两性活性。主要包括两类，氨基酸型和甜菜碱型。

甜菜碱型和氨基酸型两性离子表面活性剂的阳离子部分，分别是季铵盐和胺盐，阴离子部分都是羧酸盐。实际上，前述阴离子表面活性剂中的硫酸酯盐、磺酸盐等均可成为两性离子表面活性剂亲水基的阴离子部分，从而形成两性离子表面活性剂的新品种。

4. 非离子表面活性剂

非离子表面活性剂在水中不会解离成离子，但同样具有亲油基和亲水基。按照其亲水基结构的不同分为聚乙二醇型和多元醇型。聚乙二醇型也称为聚氧乙烯型或聚环氧乙烷型。它是由环氧乙烷的聚合链来作为亲水基。而多元醇型则是靠多元醇的多个羟基与水的亲和力来实现亲水。

不同类型的表面活性剂具有不同的特性和应用范围，有的可以混用，有的不能混用。所以，遇到一种表面活性剂，应当首先分清它是哪一种类型的，应用时也应首先弄清该用哪一种类型的表面活性剂。

（二）表面活性剂的作用性能

表面活性剂由于其独特的两亲性结构而具有降低表面张力、产生正吸附现象等诸多功能，因而，在应用上可发挥特别的作用。最主要的包括发泡、消泡、乳化、分散、增溶、洗涤、润湿、渗透。

1. 润湿和渗透作用

固体表面和液体接触时，原来的固-气界面消失，形成新的固-液界面，这种现象称为润湿。当用水润湿及渗透某种固体时，若在水中加入少量表面活性剂，则润湿及渗透就较容易，此现象称为润湿作用；而使某物体润湿或加速润湿的表面活性剂称为润湿剂。同样借助表面活性剂来增大液体渗透至物体内部的作用称为渗透作用，所用的表面活性剂称为渗透剂。润湿和渗透是使液体迅速均匀地浸湿固体的表面或内部，润湿及渗透作用实质上都是水溶液表面张力下降的结果，实际上两者所使用的表面活性剂基本相同。润湿剂、渗透剂广泛应用于纺织印染工业，使织物润湿易于染色；在农药中可增强农药对植物或虫体的润湿性，以提高杀虫效力。

2. 乳化和分散作用

使非水溶性物质在水中呈均匀乳化或分散状态的现象称为乳化作用或分散作用。乳化是加入第三种成分，使两互不相溶的液体形成乳液，并具有一定稳定性的过程。分散是使固体粒子集合体以微小单个粒子状态分散于液体中的过程。能使一种液体均匀分散在另一液体中的物质称为乳化剂；能使一种固体呈微粒均匀分散在一种液体中的物质称为分散剂。这些都可视作是一相在另一相的分散，由于表面张力的存在，都是不稳定的，而表面活性剂通过在两相界面形成单或双分子膜的方法，使这些体系趋于稳定。

油与水的乳化形式有两种：一种是水包油型（O/W），水是连续相，油是分散相；另一种是油包水型（W/O），油是连续相，水是分散相。

分散剂的分散作用在于分子的亲水基一端伸在水中，疏水基一端吸附在固体粒子表面，从而在固体表面形成了亲水性吸附层；分散剂的润湿作用破坏了固体微粒间的内聚力，使分散剂有可能进入固体微粒中，使固体微粒变成微小质点而分散于水中。

3. 发泡和消泡作用

在气液相界面间形成由液体膜包围的泡孔结构，从而使气液相界面间表面张力下降的现象称为发泡作用。发泡和消泡作用是同一过程的两个方面，能降低溶液和悬浮液表面张力，防止泡沫形成或使原有泡沫减少或消失的表面活性剂称为消泡剂。

利用表面活性剂的发泡作用可用来制灭火剂。消泡剂广泛用于纤维、涂料、金属、无机药品及发酵等工业。

4. 增溶作用

表面活性剂在水溶液中形成胶束后，能使不溶或微溶于水的有机化合物的溶解度显著增大，使溶液呈透明状，表面活性剂的这种作用称为增溶作用。增溶是由于胶束的存在而使物质溶解度增加的现象，能产生增溶作用的表面活性剂称为增溶剂。

5. 洗涤作用

从固体表面除掉污物的过程称为洗涤。来自生活环境的污垢通常有油污、固体污垢及其他污垢（如奶渍、血渍、汗渍等）。洗涤去污作用，是上述乳化、分散、增溶、润湿等作用的综合结果。把有污垢的物质放入洗涤剂溶液中，在表面活性剂的作用下，污垢物质先被洗涤剂充分润湿、渗透，使溶液进入被沾污物的内部，使污垢易脱落，洗涤剂再把脱落下来的污垢进行乳化而分散于溶液中，经清水漂洗而达到洗涤效果。去污作用与表面活性剂的综合性能有关，一个去污能力好的表面活性剂，不一定其各种性能都好，只能说是上述各种性能协同配合的结果。

正是由于表面活性剂的这些作用性能，使其成为几乎各工业行业均使用的助剂。

（三）表面活性剂性质的应用

表面活性剂的用途有两类：一类是利用与表面活性剂物性直接相关的基本性质；另一类是利用与表面活性剂物性虽无直接关系但却有间接关系的性质。

1. 润湿剂、渗透剂

润湿剂和渗透剂所用的表面活性剂基本相同。

（1）溶液的性质与渗透剂的种类　当被渗透的溶液种类不同时，所用的渗透剂也不相同。多数情况下，溶液的pH值对选择渗透剂影响较大。如强碱性溶液的渗透剂，不能有酯键（—COOR），因为酯键会被碱皂化分解。强酸性溶液的渗透剂，不能用硫酸酯盐型的表面活性剂，因其会使渗透剂分解。对含大量无机盐的溶液，因渗透剂难溶于其中，必须用特别易溶的渗透剂。对含氧化剂的溶液，应选择耐氧化性的渗透剂。

（2）中性溶液的渗透剂　在弱酸至弱碱性范围内使用的渗透剂称为普通渗透剂。在阴离子系列中，渗透剂OT、十二烷基苯磺酸钠、月桂基硫酸酯钠、油酸丁酯的硫酸化物等都是常用的渗透剂。特别是渗透剂OT，它是最富有渗透性的产品。

（3）特殊渗透剂　对于高浓度盐类溶液、强碱性溶液、强氧化剂溶液，由于渗透剂易在溶液中分解或难于溶解，因此要采用特殊渗透剂。

特殊渗透剂有：聚乙二醇醚型、磺酸盐、硫酸酯盐、HLB值高的聚乙烯醇型等，可用作纤维处理渗透剂。

2. 乳化剂、分散剂、增溶剂

乳化剂、分散剂和增溶剂的应用范围十分广泛，主要有以下几个方面。

(1) 在纤维工业中　乳化剂、分散剂在纤维工业方面的应用很广，如纺织油剂、柔软整理剂、疏水剂等，乳液制品中几乎都使用乳化剂、分散剂。另外在染色方面也需要乳化剂、分散剂，如染料、颜料的分散剂，载体的乳化剂，增溶剂等。在纤维工业方面也常需要对各种树脂、香料、杀菌剂等进行乳化分散，以便对织物进行处理。

(2) 在合成树脂工业中　乳化剂、分散剂在乳液聚合及悬浮聚合工艺中占有重要地位。阴离子表面活性剂适于得到细粒子的乳液，主要有脂肪酸皂、十二烷基苯磺酸钠、高级烷基醚硫酸盐等；而非离子表面活性剂适于得到粗粒子的乳液，主要有烷基酚环氧乙烷加成物、高级醇环氧乙烷加成物、聚丙二醇环氧乙烷加成物等。

3. 发泡剂与消泡剂

(1) 发泡剂与泡沫稳定剂　阴离子表面活性剂发泡能力大，聚乙二醇醚型非离子表面活性剂居中，脂肪酸酯型非离子表面活性剂发泡能力最小。所谓发泡剂只是意味着搅拌时能产生大量的泡，而泡沫存在时间长短无关紧要。能够较长时间保持泡沫的表面活性剂或添加剂称为泡沫稳定剂。例如，月桂酸二乙醇酰胺它不仅是泡沫稳定剂，同时也是优良的洗涤剂，其应用广泛。

(2) 消泡剂　工业生产上有时遇到如何防止发泡的问题，这就需要使用消泡剂。其中，低级醇系消泡剂只有暂时破泡性；聚硅氧烷系消泡剂无论是破泡性还是抑泡性都很好，在纤维、涂料、发酵等行业中起着重要的作用；有机极性化合物系消泡剂，广泛用于纤维、涂料、金属、无机药品、发酵等工业，其消泡效果会因使用领域不同而有所差异。

4. 洗涤剂

洗涤剂的应用十分广泛，在家庭及工业方面的应用主要有以下几个方面。

(1) 纤维工业用洗涤剂　纤维工业用洗涤剂主要用在以下几个方面。

① 原毛洗涤（洗毛）　附着在原毛上的污物大部分是羊毛脂，这种污物中含有相当多的酸性物质和可以用碱皂化的成分，常用的洗涤剂有非离子型、高级醇硫酸酯钠盐或十二烷基苯磺酸钠等；

② 羊毛织物的洗涤（洗绒）　洗绒即洗涤毛织物成品，常用的洗涤剂为高级醇硫酸酯盐、非离子型洗涤剂；

③ 丝的精制　生丝上黏附有丝胶和其他污物，除去这些污物常用肥皂和以碱为主的洗涤剂，但肥皂受水质的影响较大，故常与耐硬水的高级醇硫酸酯盐和非离子型洗涤剂合用。

(2) 家庭用洗涤剂　家庭用洗涤剂主要有纺织品洗涤剂，其中有重垢型洗涤剂、轻垢型洗涤剂及干洗剂；厨房用洗涤剂中有餐具、炊具、灶具、厨房设备、瓜果、蔬菜、鱼类等专用洗涤剂；居室用洗涤剂中有地板、地毯、玻璃、家具、器皿、居室装饰物品、文化娱乐用品及办公设备等专用洗涤剂；浴室和卫生间设备用洗涤剂及其他洗涤剂，如个人用品、冰箱、冰柜、除水垢、皮革制品、运动用品等洗涤剂。洗涤剂的配方根据具体用途不同而不同。

(3) 除纤维工业之外的其他工业用洗涤剂　纤维工业以外的各种工业中都使用着各自独特的洗涤剂。作为洗涤剂基本要求的性能差别不大，只是对污垢的种类、使用条件、洗涤效果等有不同的特殊要求，因而洗涤剂的种类十分繁多。

5. 匀染剂

在印染工业中常使用一种以达到均匀染色为目的的表面活性剂，即匀染剂。要达到匀染，必须降低染色速度,使染料分子缓慢地与纤维接触;而将已发生不匀染织物的深色部分的染料分子向浅色部分迁移者,称为移染。按以上匀染条件,匀染剂一般分为两类。

(1) 亲纤维匀染剂　此类表面活性剂与纤维的吸附亲和性要比染料大,染色时染料只能跟在匀染剂后面追踪,从而延长了染色时间,使纤维均匀染色。

(2) 亲染料匀染剂　该类表面活性剂因与染料有较大的亲和力,故在染色过程中会拉住染料,从而延长了染色时间而达到缓染效果,且对已上染纤维的染料有拉力。若发生不匀染现象时,它可将深色处染料拉回染浴中,再上染到浅色处,即所谓移染。这类匀染剂有聚乙二醇类非离子表面活性剂,如平平加。

二、涂料

(一) 涂料的定义、作用和组成

涂料是涂覆于底材表面并形成坚韧连续涂膜(漆膜)的液体或固体高分子材料。俗称油漆、漆。主要用来对被涂表面起到装饰与保护作用。

石油化工和有机合成工业的发展,为涂料工业提供了新的原料来源,使许多新型涂料不再使用植物油脂,这样一来,"油漆"俗称就显得不够贴切,而代之以"涂料"这个新的名词。根据涂料的特征对涂料下一个定义:涂料是一种可借特定的施工方法涂覆在物体表面上,经固化形成连续性涂膜的材料,通过它可以对被涂物体进行保护、装饰和其他特殊的作用。

涂料的作用大致如下。

(1) 保护作用　金属、木材等材料长期暴露在空气中,会受到水分、气体、微生物、紫外线的侵蚀,涂上涂料就能延长其使用期限,因为涂料漆膜能防止材料磨损以及隔绝外界的有害影响。有些涂料还能对金属起缓蚀作用,例如磷化底漆可使金属表面钝化。一座钢铁结构桥梁,如果不用涂料仅有几年寿命;如果用涂料保护并维护得当,则可以有百年以上的寿命。

(2) 装饰作用　房屋、家具、日常用品涂上涂料给人以良好的视觉感受。

(3) 色彩标志　应用涂料作为标志的色彩在国际上已逐渐标准化,各种化学品、危险品的容器可利用涂料的颜色作为标志;各种管道、机械设备也可以用各种颜色的涂料作为标志;道路画线、交通运输也需要用不同色彩的涂料来表示警告、危险、停止、前进等信号。

(4) 特殊用途　涂料的特殊用途日益广泛,船底被海洋生物附着后就会影响航行速度,用船底防污漆就可使海生物不再附着;导电的涂料可移去静电;空间计划中需要能吸收或反射辐射的涂料,导弹外壳的涂料在其进入大气层时能消耗掉自身同时也能使摩擦生成的强热消散,从而保护了导弹外壳;吸收声音的涂料可使潜艇增加下潜深度。

涂料一般由成膜物质和挥发分两部分组成。它在物体表面上涂布后,其挥发分逐渐挥发逸去,留下不挥发分干后成膜,成膜物质又可以分为主要、次要、辅助成膜物质三类。主要成膜物质可以单独成膜,也可以与黏结颜料等次要成膜物质共同成膜。它是涂料组成的基础,简称为基料。涂料的各组分可由多种原材料组成,见表1-3。

由低黏度的液体树脂作为基料,不加入挥发稀释剂的称为无溶剂涂料;基料呈粉状而又不加入溶剂的称为粉末涂料;一般用有机溶剂作为稀释剂的称溶剂型涂料;而水作为稀释剂的则称水性涂料。

(二) 涂料的分类及命名

1. 涂料的分类

涂料有各种分类方法。按成膜物质分类见表1-4。

表 1-3 涂料的组成

组成		原料
主要成膜物质	油料	动物油:鲨鱼肝油、带鱼油、牛油等 植物油:桐油、豆油、蓖麻油等
	树脂	天然树脂:虫胶、松香、天然沥青等 合成树脂:酚醛、醇酸、氨基、丙烯酸、环氧、聚氨酯、有机硅等
次要成膜物质	颜料	无机颜料:钛白、氧化锌、铬黄、铁蓝、铁绿、氧化铁红、炭黑等 有机颜料:甲苯胺红、酞菁蓝、耐晒黄等 防锈颜料:红丹、锌铬黄、偏硼酸钡等
	优质颜料	滑石粉、碳酸钙、硫酸钡等
辅助成膜物质	助剂	增塑剂、催干剂、固化剂、稳定剂、防霉剂、防污剂、乳化剂、润湿剂、防结皮剂、引发剂等
挥发物质	稀释剂	石油溶剂(如 200 号油漆溶剂油)、苯、甲苯、二甲苯、氯苯、松节油、环戊二烯、醋酸丁酯、醋酸乙酯、丙酮、环己酮、丁醇、乙醇等

表 1-4 涂料的分类

序号	代号(汉语拼音)	成膜物质类别	主要成膜物质
1	Y	油性漆类	天然动植物油,清油(熟油),合成油
2	T	天然树脂漆类	松香及其衍生物、虫胶、乳酪素、动物胶、大漆及其衍生物
3	F	酚醛树脂漆类	改性酚醛树脂、纯酚醛树脂、二甲苯树脂
4	L	沥青漆类	天然沥青、石油沥青、煤焦沥青、硬质酸沥青
5	C	醇酸树脂漆类	甘油醇酸树脂、季戊四醇醇酸树脂、其他改性醇酸树脂
6	A	氨基树脂漆类	脲醛树脂、三聚氰胺甲醛树脂
7	Q	硝基漆类	硝基纤维素、改性硝基纤维素
8	M	纤维素漆类	乙基纤维、苄基纤维、羟甲基纤维、醋酸纤维、醋酸丁酯纤维等
9	G	氯氯乙烯漆类	过氯乙烯树脂、改性过氯乙烯树脂
10	X	乙烯漆类	氯乙烯共聚、聚醋酸乙烯及共聚物、聚乙烯醇缩醛、含氟树脂等
11	B	丙烯酸漆类	丙烯酸酯、丙烯酸共聚物及其改性树脂
12	Z	聚酯漆类	饱和聚酯、不饱和聚酯树脂
13	H	环氧树脂漆类	环氧树脂、改性环氧树脂
14	S	聚氨酯漆类	聚氨基甲酸酯
15	W	元素有机漆类	有机硅、有机钛、有机铝等元素有机聚合物
16	J	橡胶漆类	天然橡胶及其衍生物、合成橡胶及其衍生物
17	E	其他漆类	无机高分子材料,聚酰亚胺树脂等
18		辅助材料	稀释剂、防潮剂、催干剂、脱漆剂、固化剂

按用途可分为建筑、车辆、船舶、家具、标志、导电、电绝缘、防蚀、耐热、防火、示温、发光、杀虫等专用的系列漆种。按施工方法可分为刷漆、喷漆、烘漆、电泳漆等。按涂料的作用可分为打底漆、防锈漆、防火漆、防腐漆等。按漆膜外观可分为大红漆、有光漆、无光漆、半光漆、皱纹漆等。

2. 涂料的命名法

中华人民共和国国家标准对涂料命名有如下原则规定。

(1) 命名原则 涂料全名＝颜色或颜料名称＋成膜物质名称＋基本名称

例如,红醇酸磁漆、白硝基磁漆。

对某些有专门用途和特性的产品,必要时可以在成膜物质后面加以说明。例如,醇酸导电磁漆。关于基本名称及其编号见表 1-5。

表 1-5 基本名称编号表

代号	代表名称	代号	代表名称	代号	代表名称
00	清油	23	罐头漆	55	耐水漆
01	清漆	30	(浸渍)绝缘漆	60	防火漆
02	原漆	31	(覆盖)绝缘漆	61	耐热漆
03	调和漆	32	绝缘(磁,烘)漆	62	变色漆
04	磁漆	33	黏合绝缘漆	63	涂布漆
05	粉末涂料	34	漆包线漆	64	可剥漆
06	底漆	35	硅钢片漆	66	感光涂料
07	腻子	36	电容器漆	67	隔热涂料
09	大漆	37	电阻漆、电位器漆	80	地板漆
11	电泳漆	38	半导体漆	81	渔网漆
12	乳胶漆	40	防污漆,防蛆漆	82	锅炉漆
13	其他水溶性漆	41	水域漆	83	烟囱漆
14	透明漆	42	甲板漆,甲板防滑漆	84	黑板漆
15	斑纹漆	43	船壳漆	85	调色漆
16	锤纹漆	50	耐酸漆	86	标志漆,路线漆
18	裂纹漆	51	耐碱漆	98	胶液
19	晶纹漆	52	防腐漆	99	其他
20	铅笔漆	53	防锈漆		
22	木器漆	54	耐油漆		

(2) 涂料的型号 涂料的型号分三部分：第一部分是成膜物质，第二部分是基本名称，第三部分是序号，以表示同类品种间的组成、配比或用途不同。例如，A04-2，A 代表成膜物质是氨基树脂，04 代表磁漆，2 是序号。

(3) 辅助材料型号 辅助材料型号分两部分：第一部分是种类，第二部分是序号。表 1-6 为辅助材料代号表。例如 X-2，X 为稀释剂，2 为序号。

表 1-6 辅助材料代号表

序号	代号	名称	序号	代号	名称
1	X	稀释剂	4	T	脱漆剂
2	F	防潮剂	5	H	固化剂
3	G	催干剂			

3. 按剂型分类的重要涂料

(1) 溶剂性涂料 商业上的溶剂性涂料包含颜料、高聚物和溶于溶剂中的添加剂。涂料工业是溶剂的最大用户，有一半以上是烃类，其余是酮、醇、乙二醇醚、酯、硝基直链烃以及少量的其他物质。溶剂有利于薄膜生成，当溶剂蒸发时，高聚物就互相结合，形成平滑和连续的薄膜。

挥发性漆所用溶剂可以分为三类：①真溶剂，是有溶解此类涂料所用高聚物能力的溶剂；②助溶剂，可与真溶剂混合使用，并有一定的溶解能力，还可影响涂料的其他性能；③稀释剂，无溶解高聚物性能，也不能助溶，但它价格较低，它和真溶剂、助溶剂混合使用可降低成本。这种分类是相对的，三种溶剂必须搭配合适，在整个过程中要求挥发率均匀又有适当溶解能力。

真溶剂中，醋酸乙酯、丙酮、甲乙酮属于挥发性快的溶剂；醋酸丁酯属于中等挥发性溶剂；醋酯戊酯、环己酮等属于挥发慢的溶剂。

助溶剂一般是乙醇或丁醇，乙醇有亲水性，用量过大，易导致漆膜泛白。丁醇挥发性较慢，适于后期进行黏度调节。

(2) 水性涂料 水性涂料是一种极有发展前景的新型涂料，以水为溶剂或分散介质的涂料，称为水性涂料。水性涂料发展速度非常快，已形成多品种、多功能、多用途的庞大体系，由于这种涂料对环境的相容性和保护性，使水性涂料的市场占有率迅速提高。

水性涂料可以根据下面几个方面来划分类型：①胶黏剂的类型；②干燥方法；③应用领域。一般水性涂料常按其胶黏剂与水相的关系分为溶液涂料、胶体溶液涂料和乳液涂料三种。

水性涂料中所含的胶黏剂分为两种情况：一种是其结构具有强极性，结构的特点使其能够溶于水或在水中溶胀；另一种情况是通过化学反应，生成胶黏剂的盐而变成水溶状态。常用的单体：丙烯酸酯、甲基丙烯酸酯、苯乙烯、醋酸乙烯酯、乙烯、丁二烯、氯乙烯及其他乙烯酯等。

水性涂料相对于溶剂性涂料，具有以下特点。

① 以水作为溶剂，水来源方便，易于净化，节省大量其他资源；消除了施工时火灾危险性；降低了对大气的污染；仅采用少量低毒性醇醚类有机溶剂，改善了作业环境条件。

② 水性涂料在湿表面和潮湿环境中可以直接涂覆施工；对材质表面适应性好，涂层附着力强。

③ 涂刷工具可用水清洗，大大减少清洗溶剂的消耗。

④ 电泳涂膜均匀、平整、展平性好；内腔、焊缝、棱角、棱边部位都能涂上一定厚度的涂膜，有很好的防护性；电泳涂膜有很好的耐腐蚀性，厚膜阴极电泳涂层的耐盐雾性高达1200h。

此外，水性涂料具有无色、无味、无毒、低黏度、快干性、丰满度好、高固含量、成本低、来源广、无有机挥发物、硬度高、可用水稀释和清洗，对操作要求相对较宽等特点。这些是其他溶剂型涂料所无法相比的。

4. 按成膜物质分类的重要涂料

(1) 醇酸树脂涂料 自发明醇酸树脂以来，涂料工业开始摆脱了以干性油与天然树脂并合熬炼制漆的传统旧法而真正成为化学工业的一个部门。它所用的原料简单、生产工艺简便，性能大大提高，因而得到了飞速的发展。

醇酸树脂是由多元醇、多元酸和其他单元酸通过酯化作用缩聚而得，也可称为聚酯树脂。其中多元醇常用的是甘油、季戊四醇，其次为三羟甲基丙烷、山梨醇等；多元酸常用邻苯二甲酸酐，其次为间苯二甲酸、对苯二甲酸、顺丁烯二酸酐等；单元酸常用植物油脂肪酸、合成脂肪酸、松香酸，其中以油的形式存在的如桐油、亚麻仁油、脱水蓖麻油等干性油，豆油等半干性油和椰子油、蓖麻油等不干性油；以酸的形式存在的混合脂肪酸和饱和合成脂肪酸、十一烯酸、苯甲酸及其衍生物等。

醇酸树脂按油品种不同分类，分为干性油醇酸树脂（由不饱和脂肪酸或碘值在125~135或更高的干性油、半干性油为主改性制得的树脂），不干性油醇酸树脂（由饱和脂肪酸或碘值低于125~135的不干性油为主改性制得的醇酸树脂，不能在室温下固化成膜，需与其他树脂发生交联反应才能固化成膜）。

根据醇酸树脂中油脂（或脂肪酸）含量多少或含苯二甲酸酐多少，可以分成长、中、短油度三种：长油度为含油量60%~70%（或苯二甲酸酐20%~30%）；中油度为含油量45%~60%（或苯二甲酸酐30%~35%）；短油度为含油量35%~45%（或苯二甲酸酐>35%）；还有一种超长油（油度在70%以上或含苯二甲酸酐<20%）和超短油（含油量在35%以下）。醇酸树脂按含油量不同分类，分为短油度醇酸树脂、中油度醇酸树脂、长油度醇酸树脂、超长油度醇酸树脂。

醇酸树脂涂料油度越高，涂膜表现出油的特性越多，比较柔韧耐久，漆膜富有弹性，适用于涂装室外用品，长中油度树脂溶于脂肪烃、芳香烃和松节油中。油度越短，涂膜表现出树脂的特性越多，比较硬而脆，光泽、保色、抗摩擦性能较好，易打磨，但不耐久，适用于室内用品的涂装。

涂料用合成树脂中，醇酸树脂的产量最大，品种最多，用途最广，有醇酸树脂清漆、醇酸树脂色漆，醇酸树脂色漆中产量最大的是中油度醇酸树脂磁漆，它具有干燥快、光泽好、附着力强，漆膜坚硬、耐油、耐候等优点，可在常温下干燥，也可烘干。主要用于机械部件、卡车、农机、钢铁设备等。醇酸树脂约占世界涂料用合成树脂总产量的15%左右。我国醇酸树脂涂料产量占涂料总量的25%左右。

(2) 丙烯酸树脂涂料 丙烯酸树脂涂料是由丙烯酸酯或甲基丙烯酸酯的聚合物制成的涂料，这类产品的原料是由石油化工生产的，其价格低廉，资源丰富。为了改进性能和降低成本，往往还采用一定比例的烯烃单体与之共聚，如丙烯腈、丙烯酰胺、醋酸乙烯、苯乙烯等。

丙烯酸酯涂料性能优良，广泛用于汽车装饰和维修、家用电器、钢制家具、铝制品、卷材、机械、仪表电器、建筑、木材、造纸、胶黏剂和皮革等生产领域。其应用面广，是一种比较新型的优质涂料。

热塑性丙烯酸树脂漆是依靠溶剂挥发干燥成膜。漆的组成除丙烯酸树脂外，还有溶剂、增塑剂、颜料等，有时也和其他能相互混溶的树脂并用以改性。因此热塑性树脂作为成膜物，由于树脂本身不再交联，因此用它制成的漆若不采用接枝共聚或互穿网络聚合，其性能如附着力、柔韧性、抗冲击性、耐腐蚀性、耐热性和电性能等就不如热固性树脂。

热塑性丙烯酸树脂漆可以制成清漆、磁漆和底漆出厂。

以丙烯酸树脂作为主要成膜物质，加入适量的其他树脂和助剂，可配制丙烯酸树脂清漆。热塑性丙烯酸树脂清漆干燥快（1h可实干），漆膜无色透明，耐水性强于醇酸清漆，在户外使用耐光耐候性比一般季戊四醇醇酸清漆好，但由于是热塑性，耐热性差，受热易发黏，同时不易制成高固含量的涂料，喷涂时溶剂消耗量大。

由丙烯酸树脂加入溶剂、助剂与颜料碾磨可制得丙烯酸树脂磁漆。丙烯酸底漆常温干燥快、附着力好，特别适用于与各种挥发性漆配套做底漆。丙烯酸底漆对金属底材附着力很好，尤其是浸水后仍能保持良好的附着力，这是它突出的优点。一般常温干燥，如经过100~120℃烘干后，其性能可进一步提高。

热固性丙烯酸涂料是树脂溶液的溶剂挥发后，通过加热（即烘烤），或与其他官能团（如异氰酸酯）反应才能固化成膜，这类树脂的分子链上必须含有能进一步反应而使分子链节增长的官能团数。

一类树脂是需在一定温度下加热（有时还需加催化剂），使侧链活性官能团之间发生交联反应，形成网状结构；另一类树脂则必须加入交联剂才能使之固化。交联剂可以在制漆时加入，也可在施工应用前加入（双组分包装），改变交联剂可制得不同性能的涂料。

除交联剂外，热固性丙烯酸树脂中还要加入溶剂、颜料、增塑剂等。

(3) 环氧树脂涂料 环氧树脂可作为胶黏剂，也可作为涂料。由于其具有很多独特的性能，因而发展较快，产量也较大。随着特种用途环氧树脂的品种不断出现，其产量正在稳步上升，应用范围日益扩大。在实际生产中，为了更好地改善性能、降低成本，还常常使其与其他树脂交联改性。大多数环氧树脂是由环氧氯丙烷和二酚基丙烷在碱作用下缩聚而成的高聚物，根据配比和工艺条件的变化，其平均相对分子质量一般在300~700。将其与固化剂或植物油脂肪酸反应，交联成网状结构的大分子，才能显示出各种优良的性能。

环氧树脂涂料的优点大致概括如下。

① 漆膜具有优良的附着力，特别是对金属表面的附着力更强。环氧树脂涂料结构中含有脂肪族羟基、醚基和很活泼的环氧基，由于羟基和醚基的极性使环氧树脂分子和相邻表面之间产生

引力，而且环氧基能和含活泼氢的金属表面形成化学键，所以大大提高了其附着力。

② 环氧树脂涂料在苯环上的羟基能形成醚键，漆膜保色性、耐化学药品及耐溶剂性能都好；此外，环氧树脂涂料结构中还含有脂肪族的羟基，与碱不起作用，因而耐碱性也好。环氧树脂漆耐碱性明显优于酚醛树脂和聚酯树脂。

③ 环氧树脂有较好的热稳定性和电绝缘性。

环氧树脂也有一些缺点：耐候性差、易粉化、涂膜丰满度不好，不适用于户外高装饰性涂料；环氧树脂中具有羟基，涂膜耐水性差；环氧树脂固化后，涂层坚硬，用它制成的底漆和腻子不易打磨。

环氧树脂根据用途可分为建筑涂料、汽车涂料、舰船涂料、木器涂料、机器涂料、标志涂料、电气绝缘涂料、导电及半导体涂料、耐药品性涂料、防腐蚀涂料、耐热涂料、防火涂料、示温涂料、润滑涂料、食品罐头涂料和阻燃涂料等。

环氧树脂涂料应用于石油化工、食品加工、钢铁、机械、交通运输、电子和船舶工业等，发展迅速，这些行业大量使用环氧树脂涂料。

用环氧树脂配制的水性电泳涂料有独特的性能，涂层不但有良好的防腐蚀性，而且有一定的装饰性和保色性，电泳涂料除去在汽车工业上应用外，还用于医疗器械、电器和轻工产品等领域。

(4) 聚氨酯涂料 聚氨酯涂料均含有异氰酸酯或其反应产物。其漆膜中含有氨酯键—NH—COO—。它是由羟基—OH 和异氰酸酯基—NCO 反应生成的。分子结构中除氨酯键外，还可含有许多酯键、醚键、脲键、脲基甲酸酯键等，习惯上总称为聚氨酯涂料。同时，还可以通过改变多羟基化合物的结构、相对分子质量等调节聚氨酯的性能，使其在塑料、橡胶、涂料、胶黏剂和合成纤维中得到广泛的应用。

聚氨酯涂料的固化温度范围宽，有在 0℃下能正常固化的室温固化涂料，也有在高温下固化的烘干涂料。其形成的漆膜附着力强、耐磨性、耐高低温性能均较好，具有良好的装饰性。

此外，聚氨酯与其他树脂的共混性好，可与多种树脂并用，制备适应不同要求的涂料新品种。由于聚氨酯漆膜具有较全面的耐化学药品性，能耐多种酸、碱和石油制品等，所以可用作化工厂的维护涂料。

聚氨酯涂料的分类是根据成膜物质聚氨酯的化学组成与固化机理不同而分的，生产上有单包装和多包装两种。

① 聚氨酯改性涂料（单包装） 此涂料又称氨酯油。先将干性油与多元醇进行酯交换，再与二异氰酸酯反应而成。它的干燥是在空气中通过双键氧化而进行的。由于酰胺基的存在而增加了其耐磨、耐碱和耐油性，适用于室内、木材、水泥的表面涂覆；但流平性差，易泛黄，色漆易粉化。

② 湿固化型聚氨酯涂料（单包装） 此涂料是端基含有—NCO 的分子结构，能在湿度较大的空气中与其水分反应，生成脲键而固化成膜。它是一种使用方便的自干性涂料，漆膜坚硬强韧、致密、耐磨、耐化学腐蚀，并有良好的抗污染性和耐特种润滑油。可用于原子反应堆临界区域的地面、墙壁和机械设备的核辐射保护涂层，可制成清漆或色漆。

③ 封闭型聚氨酯涂料（单包装） 所谓封闭型，是将二异氰酸酯的游离—NCO 用苯酚等含活泼 H 原子的化合物暂时封闭起来，这样可以和带有羟基的聚酯或聚醚等配合后单包装，在室温下不反应，而在使用时，漆膜烘烤到 150℃苯酚挥发，使游离出来—NCO 与—OH 反应而固化成膜。主要用作电绝缘涂料，具有优良的绝缘性、耐水性、耐溶剂和耐磨性。

④ 羟基固化型聚氨酯涂料（多包装） 一般为双组分涂料，一个组分是带—OH 的聚酯等，

另一个组分是带异氰酸—NCO 的加成物。使用时按比例配合，由—NCO 基和—OH 反应而使漆膜固化。可分为清漆、磁漆和底漆。它是聚氨酯涂料中品种最多的一类，可以制造从柔软到坚硬、具有光亮漆膜的涂料。可用于金属、水泥、木材及橡胶、皮革等材料的涂布。

聚氨酯涂料漆膜坚硬耐磨，漆膜光亮丰富，漆膜具有优异的耐化学腐蚀性能，漆膜的弹性及其成分配比可以据需要而调节，具有良好的耐热性和附着力，利用游离异氰酸基可以对醇酸、环氧、酚醛、丙烯酸、不饱和聚酯等树脂改性，制得多种性能优异的涂料。

三、胶黏剂

胶黏剂本身是使物质与物质粘接成为一体的媒介，是赋予各物质单独存在时所不具有的功能的材料。胶黏剂简称胶，为一类重要的精细化工产品，胶黏剂在工业上的重要性以及胶黏剂工业在短短的几十年内迅速崛起，是由于胶接方式与其他的连接方法相比有如下优点。

薄膜、纤维和小颗粒不能或根本不能很好地用其他方法连接，但很容易用胶黏剂粘接。例如，玻璃纤维绝缘材料和玻璃纤维织物的复合材料、贴面家具等。

应力分布广，比采用机械连接易得到更轻、更牢的组件。例如，可以用夹芯板（由蜂窝芯和薄的铝或镁面板构成）制造飞机的机翼、尾翼和机身，从而降低了疲劳破坏的可能性。

通过交叉粘接能使各向异性材料的强度、质量比及尺寸稳定性得到改善。例如，木材本身不均一且对水敏感，经交叉粘接后可变成不翘曲且耐水的层压板。

对电容器、印刷线路、电动机、电阻器等的黏合面具有电绝缘性能。

可黏合异种材料，如铝-纸、钢-铜。若两种金属黏合在一起，胶层将它们分开，从而可防止腐蚀。若两种热膨胀系数相差显著的材料黏合在一起，柔性的胶层能降低因温度变化所产生的应力。

1. 胶黏剂的组成

胶黏剂通常是一种混合料，由基料、固化剂、填料、增韧剂、稀释剂以及其他辅料配合而成。

(1) 基料 亦称黏料，是构成胶黏剂的主要成分。常用的基料有：天然聚合物，合成聚合物和无机化合物三大类。其中常用的合成聚合物有合成树脂（如环氧树脂、酚醛树脂、聚酯树脂、聚氨酯、硅树脂等）及合成橡胶（如氯丁橡胶、丁腈橡胶和聚硫橡胶等）；常用的无机化合物有硅酸盐类、磷酸盐类等。

(2) 固化剂 亦称硬化剂。其作用是使低分子聚合物或单体化合物经化学反应生成高分子化合物；或使线型高分子化合物交联成体型高分子化合物，从而使粘接具有一定的机械强度和稳定性。固化剂的种类和用量对胶黏剂的性能及工艺性有直接影响。固化剂随基料品种不同而不同。例如，脲醛胶黏剂选用乌洛托品或苯磺酸；环氧树脂胶黏剂选用胺、酸酐或咪唑类等。

(3) 填料 填料是为了改善胶黏剂的某些性能，如提高弹性模量、冲击韧性和耐热性，降低线膨胀系数和收缩率，同时又可降低成本的一类固体状态的配合剂。常用的有金属、金属氧化物、矿物粉末和纤维。例如，石棉纤维、玻璃纤维、铝粉及云母等填料可提高胶黏剂的耐冲击强度；石英粉、瓷粉、铁粉等填料可提高硬度和抗压性；为提高耐热性，可加入石棉；为提高抗磨性，可加入石墨粉或二硫化钼；为提高黏结力，可加入氧化铝粉、钛白粉；为增加导热性，则可加入铝粉、铜粉或铁粉等。

(4) 增韧剂 增韧剂为能提高胶黏剂的柔韧性，改善胶层抗冲击性的物质。通常增韧剂是一种单官能团或多官能团的物质，能与胶料反应，成为固化体系的一部分结构。随着增韧剂用量的增加，胶的耐热性、机械强度和耐溶剂性均会相应下降。

(5) 稀释剂 稀释剂是一种能降低胶黏剂黏度的易流动的液体，加入它可以使胶黏剂有好的浸透力，改善胶黏剂的工艺性能。稀释剂可分为活性与非活性稀释剂两类。前者参与固化反应，如环氧树脂中加入二缩水甘油醚、环氧丙烷丁基醚等。此类稀释剂多用于环氧型胶黏剂中。其他常用稀释剂有环氧丙烷、环氧氯丙烷、苯基环氧乙烷、乙二醇二缩水甘油醚、二环丁二烯等。非活性稀释剂不参与反应，仅只达到机械混合和减低黏度的目的，如丙酮、丁醇、环己酮、甲苯、二甲苯等。它们在胶黏剂固化时有气体逸出，会增加胶层收缩率，对力学性能、热变形温度等都有影响。

(6) 偶联剂 偶联剂是一种既能与被粘材料表面发生化学反应形成化学键，又能与胶黏剂反应提高胶接接头界面结合力的一类配合剂。常用的偶联剂有：硅烷偶联剂、钛酸酯偶联剂等。在胶黏剂中加入偶联剂，可增加胶层与胶接表面抗脱落和抗剥离性，提高接头的耐环境性能。

(7) 触变剂 触变剂是利用触变效应，使胶液静态时有较大的黏度，从而防止胶液流挂的一类配合剂。常用的触变剂是白炭黑（气相二氧化硅）。

(8) 增塑剂 增塑剂具有在胶黏剂中能提高胶黏剂弹性和改进耐寒性的功能。与胶黏树脂混合时是不活泼的，可以认为它是一种惰性的树脂状或单体状的"填料"，一般不能与树脂很好地混溶。它能使胶黏剂的刚性下降。增塑剂通常为沸点高的、较难挥发的液体和低熔点固体。

除了上述几种组成外，胶黏剂中有时还加有引发剂、促进剂、乳化剂、增稠剂、防老剂、阻聚剂、阻燃剂以及稳定剂等。

2. 胶黏剂的分类

胶黏剂的分类方法很多，说法不一，迄今国内外还没有一个统一的分类方法。目前常用的分类方法如下。

(1) 按基料分类 以无机化合物为基料的称无机胶黏剂，它包括硅酸盐、磷酸盐、氧化铅、硫黄等。以聚合物为基料的称有机胶黏剂，有机胶黏剂又分为天然胶黏剂与合成胶黏剂两大类。有关胶黏剂的具体分类见表 1-7。天然胶黏剂来源丰富，价格低廉，毒性低，在家具、装订、包装和工艺品加工中广泛应用。合成胶黏剂一般有良好的电绝缘性、隔热性、抗震性、耐腐蚀性。

表 1-7 胶黏剂分类

无机胶黏剂	硅酸盐、磷酸盐、氧化铅、硫黄、水玻璃、水泥、无机-有机聚合物等			
有机胶黏剂	天然胶黏剂	动物胶		皮胶、骨胶、虫胶、酪素胶、血蛋白胶、鱼胶等
		植物胶		淀粉、糊精、松香、阿拉伯树胶、天然树脂胶、天然橡胶等
		矿物胶		矿物蜡、沥青等
	合成胶黏剂	合成树脂型	热塑性	纤维素酯、烯类聚合物（聚醋酸乙烯酯、聚乙烯醇等）、聚酯、聚醚、聚酰胺、聚丙烯酸酯、聚乙烯醇缩醛、乙烯-醋酸乙烯共聚物等
			热固性	环氧树脂、酚醛树脂、脲醛树脂、三聚氰胺-甲醛树脂、有机硅树脂、呋喃树脂、不饱和聚酯、丙烯酸树脂、聚酰亚胺、聚苯并咪唑、酚醛-聚乙烯醇缩醛、酚醛-聚酰胺、酚醛-环氧树脂、环氧-聚酰胺等
		合成橡胶型		氯丁橡胶、丁苯橡胶、丁基橡胶、丁腈橡胶、聚硫橡胶、聚氨酯橡胶、硅橡胶等
		橡胶树脂型		酚醛-丁腈胶、酚醛-氯丁胶、酚醛-聚氨酯胶、环氧丁腈胶、环氧-聚硫胶等

(2) 按物理形态分类 由于市场上销售的胶黏剂外观不同，人们常将胶黏剂分为以下 5 种

类型。

① 溶液型 合成树脂或橡胶在适当的溶剂中配成有一定黏度的溶液，所用的合成树脂可以是热固性的，也可以是热塑性的。所用的橡胶可以是天然橡胶，也可以是合成橡胶。

② 乳液型 合成树脂或橡胶分散于水中，形成水溶液或乳液。如木材用乳白胶（聚醋酸乙烯乳液）、脲醛胶，此外还有氯丁橡胶乳液、丁苯橡胶乳液和天然橡胶乳液等均属此类。

③ 膏状或糊状型 合成树脂或橡胶配成易挥发的高黏度的胶黏剂。主要用于密封和嵌缝等方面。

④ 固体型 将热塑性合成树脂或橡胶制成粒状、块状或带状形式，加热时熔融可以涂布，冷却后即固化，也称热熔胶。这类胶黏剂的应用范围颇为广泛，常用于道路标志。

⑤ 膜状型 将胶黏剂涂布于各种基材（纸、布、玻璃布等）上，呈薄膜状胶带；或直接将合成树脂或橡胶制成薄膜使用。

(3) 按固化方式分类 胶黏剂在胶接过程中一般均要求固化，方能使胶接件具有足够的强度，按其固化方式一般分为5种。

① 水基蒸发型 如聚乙烯醇水溶液和乙烯-醋酸乙烯（EVA）共聚乳液型胶黏剂。

② 溶剂挥发型 如氯丁橡胶胶黏剂。

③ 热熔型 如棒状、粒状与带状的乙烯-醋酸乙烯热熔胶。

④ 化学反应型 如丙烯酸双酯厌氧胶和酚醛-丁腈胶等。

⑤ 压敏型 受指压即粘接，不固化的胶黏剂，俗称不干胶。如橡胶或聚丙烯酸酯型的溶液或乳液，涂布于各种基材上，可制成各种材质的压敏胶带。

3. 胶黏剂的应用

合成胶黏剂既能很好连接各种金属和非金属材料，又能对性能相差悬殊的基材，如金属和塑料、水泥和木材、橡胶和帆布等，实现良好的连接。其效果是铆接、焊接所不及的，并且工艺简单、生产效率高，致使合成胶黏剂的应用遍及各个工业部门。从应用的角度统计，木材加工业、建筑和包装行业仍为胶黏剂的主要消费行业，其用量接近90%。其次是纺织、密封、腻子、汽车、航天、航空、民用制品（制鞋、服装、地毯）等，各国的消费结构不尽相同。另外，胶黏剂在机械维修和磨损部件尺寸修复方面也发挥着很大的作用。

胶黏剂最早应用于木材加工。木材有一个很重要的特性，即沿木纹的纵向强度要比横向强度大好几倍，如将木材切成薄片，按纹理的纵横交错黏结起来做成胶合板，可以提高木材性能，增加其应用范围。利用胶黏剂还可将木材加工中的下脚料（如刨花、木屑等）压制成各种纤维板。合成胶黏剂为木材资源的综合利用开辟了新途径。常用的木材胶黏剂有：脲醛树脂、酚醛树脂、三聚氰胺、聚醋酸乙烯酯乳液、氯丁胶等。

在建筑方面，胶黏剂的消耗量主要用于室内装饰和密封两个方面。例如大理石、瓷砖、天花板、塑料护墙板等都可以根据不同的材质选用聚醋酸乙烯酯、聚丙烯酸酯、环氧、聚酯等胶黏剂。另外，预构件之间的密封、地下建筑的防水密封都需要大量的胶黏剂。

在轻工行业，快速自动包装机的使用必须有快速固化的胶黏剂相配合；日益增加的塑料包装箱、包装袋的使用，也要求更多的合成胶黏剂。包装用胶黏剂主要是用于以纸、布、木材、塑料、金属、复合材料等做包装容器的黏结。发展较快的是以橡胶、聚丙烯酸酯为基料的压敏胶和以低相对分子质量的聚乙烯、乙烯-醋酸乙烯（EVA）等为基料的热熔胶。此外，在制鞋和皮革工业中也可以用黏合代替缝合，其常用的胶黏剂有氯丁橡胶浆、聚氨酯胶等。在体育用具、文具、日用百货、文物的修复和古迹的保护中，合成胶黏剂的使用也是十分普遍的。

在航空工业、航天工业的发展过程中，胶黏剂的使用也很常见，胶接已经成为整个设计的基础。例如，飞机的胶黏面积占全部连接面积的67%；一架B-58超音速轰炸机用400kg胶黏剂代替了15万只铆钉；人造地球卫星、载人宇宙飞船的发射和返回，壳体穿过大气层时表面温度高达上千度，需耐高温的烧蚀材料同金属壳体之间的连接，用铆和焊是无法办到的，只有靠胶。

在医学上，合成胶黏剂也展示出了十分诱人的前景。用合成胶黏剂作为填充料预防和治疗龋齿，用黏结法代替传统补牙已十分普遍；用胶黏剂黏合皮肤、血管、骨骼和人工关节等也在推广应用。

在电子工业和仪器仪表的制造中，除了一般性的胶接、定位使用胶黏剂外，还使用了许多具有特殊性的胶黏剂。例如，用导电胶可以代替原来的锡焊连接；在光学仪器中，透镜和元件之间的组合用一定折射率的透明胶黏合，可以达到折射率匹配，降低因界面反射所引起的能量损失；在真空系统中，已广泛采用真空密封胶来密封和堵漏。

4. 常用合成胶黏剂

(1) 树脂型胶黏剂 热固性树脂型胶黏剂是在热与催化剂的作用下形成化学键，树脂固化，把黏结物黏结在一起。具有较高的胶接强度、耐热、耐寒、耐辐射、耐化学腐蚀、抗蠕变性能好，其中多数是性能优良的结构型胶黏剂，其缺点是起始黏结力小，固化时易产生体积收缩和内应力。

① 酚醛树脂胶黏剂 酚醛树脂胶黏剂是最早出现的合成树脂胶黏剂。广泛用于木材加工、家具行业、建筑业及铸造业等。其特点是黏结强度高、耐热、耐老化。酚醛树脂胶黏剂常与其他胶黏剂复合应用，以提高抗水性、黏着性。

② 环氧树脂胶黏剂 含有环氧基团的高分子化合物统称为环氧树脂。它具有胶黏性能好、耐腐蚀、耐酸碱、机械强度高、电绝缘性能好、耐油、耐有机溶剂的优点；其缺点是耐水性差、韧性差。环氧树脂在未固化之前是线型结构的热塑性树脂，固化后成为热固性树脂。环氧树脂胶黏剂与许多材料均有良好的黏结性，有万能胶之称，可用来黏结金属、陶瓷、玻璃、木材和大部分塑料制品，使之在航空、航天、汽车、造船、电子、轻工、建筑等行业得到广泛应用。

③ 聚氨酯胶黏剂 凡主键上含有—NHCOO—重复基团的树脂称为聚氨基甲酸酯，简称聚氨酯。聚氨酯胶黏剂具有耐水、耐油、耐溶剂、耐臭氧的特点，尤其是耐低温性能突出，可耐−250℃低温；但其耐热性一般较差。聚氨酯胶黏剂按组成可分为两类：多异氰酸酯类和预聚体型类。多异氰酸酯类胶黏剂以原料多异氰酸酯为主体，常用的多异氰酸酯主要有甲苯二异氰酸酯(TDI)、二苯基甲烷二异氰酸酯(MDI)和三苯基甲烷三异氰酸酯(PAPI)等。预聚体型类聚氨酯胶黏剂是聚氨酯胶黏剂中最重要的一种，它是由多异氰酸酯和多羟基化合物反应生成的端羟基或端异氰酸酯基预聚体。聚氨酯胶黏剂黏结范围广，目前主要用于纺织、汽车、建筑、包装、皮革、飞机制造、制鞋、家具等行业中。

④ 有机硅胶黏剂 有机硅胶黏剂的主体材料是以硅氧键为主链的一类聚合物。具有耐紫外光，耐臭氧，耐高、低温，化学性能稳定，耐老化等优良性能。有机硅胶黏剂按其结构可分为：有机硅树脂胶黏剂和有机硅橡胶胶黏剂。有机硅胶黏剂一般作为非结构黏结胶黏剂，主要用于电子元器件、航空、航天以及汽车、建筑等方面。

⑤ 氨基树脂胶黏剂 氨基树脂是指由尿素、三聚氰胺等氨基化合物与甲醛反应所生成的树脂的总称。脲醛树脂胶黏剂是以脲醛树脂为主体，加入固化剂及其他助剂配制而成的。脲醛树脂胶黏剂具有生产简单、使用方便、成本低、公害小、胶接强度高、不污染木制品，有一定的耐热性、耐水性和抗腐蚀性等优点；但制品中一般含有少量游离甲醛，对操作者有一定刺激性，且耐湿热老化性较差。

热塑性树脂型胶黏剂是以线型聚合物为主体材料，受热时会熔化、溶解和软化，在压力下会蠕变。与热固性胶黏剂不同，它在使用过程中并不生成新的化学键。热塑性树脂胶黏剂柔韧性、耐冲击性优良，具有良好的初始黏结力，具有性能稳定等许多特点。其缺点是耐热性、耐溶剂性较差，黏结强度相对较低。热塑性树脂胶黏剂包括聚醋酸乙烯酯系、聚丙烯酸系、热塑性聚酰胺、聚氯乙烯及其共聚物、聚酯、聚氨酯等胶黏剂。

聚醋酸乙烯酯及其共聚物在热塑性树脂胶黏剂中占有很重要的地位。聚醋酸乙烯酯胶黏剂一般用乳液聚合法制取，得到的产物称为聚醋酸乙烯乳液胶黏剂，简称"白乳胶"或"白胶"。聚醋酸乙烯酯胶黏剂主要用于木制品加工方面，还可用于纸张、纤维制品、布、皮革、陶瓷、混凝土等多孔材料的黏结。也可用作建筑涂料或设备、管道防腐涂层等。

由聚醋酸乙烯酯水解可得到聚乙烯醇。聚乙烯醇胶黏剂通常以水溶液形式使用，用于黏结纸张、织物、皮革，也可作为其他胶黏剂的配合剂。聚乙烯醇在酸性催化剂存在下与醛类反应生成聚乙烯醇缩醛。聚乙烯醇缩甲醛或缩丁醛胶黏剂可用于黏结玻璃、纸张、纤维织品、皮革、木材、部分塑料、壁纸、水泥地面、硬石膏、混凝土等。

丙烯酸酯系胶黏剂是以各种类型的丙烯酸酯为主体而配成的胶黏剂。其特点是固化迅速，黏结强度较高，适用于多种材料的黏结。丙烯酸酯系胶黏剂品种很多，性能各异。主要有：丙烯酸乳液胶黏剂，氰基丙烯酸酯胶黏剂，厌氧胶黏剂。

(2) 橡胶型胶黏剂 橡胶型胶黏剂又称为弹性体胶黏剂，是以橡胶或弹性体为主体材料，加入适当的助剂、溶剂等配制而成。橡胶型胶黏剂具有优良的弹性，较好的耐冲击与耐振动能力，特别适合线膨胀系数相差悬殊的材料的黏结。适用于在动态条件下工作的材料之黏结，在航空、交通、建筑、轻工、机械等工业中广泛应用。常用的橡胶型胶黏剂有氯丁橡胶胶黏剂、天然橡胶胶黏剂、丁基橡胶胶黏剂、丁苯橡胶胶黏剂等。

氯丁橡胶胶黏剂是以氯丁橡胶为主体材料加入交联剂、防老剂、填充剂等助剂配制而成的。氯丁橡胶胶黏剂具有初始黏结力大，胶接强度高，耐久性、防燃性、耐光性、抗臭氧性、耐冲击与振动能力、耐油、耐酸碱、耐溶剂性能优良及使用方便、价格低廉的特点，适用于多种材料的黏结。其缺点是耐热性和耐寒性较差。氯丁胶黏剂可黏结橡胶、皮革、人造革、织物、木材、石棉等。氯丁胶黏剂是一种通用性很强的胶黏剂，广泛应用于国民经济各个部门，特别在制鞋工业和汽车制造工业上用量最大。

天然橡胶是把橡胶树分泌的白色胶乳经过凝固、干燥等加工得到的顺式聚异戊二烯的弹性固体。未硫化橡胶（又称生橡胶），溶于适当的溶剂便成为生橡胶胶黏剂，也就是修补内胎的胶水。未经硫化的天然橡胶，虽然初黏力较大，具有良好的弹性和优异的电性能，但是黏结强度不大，耐热性差，只能用于天然橡胶、织物、绝缘纸的黏结，不能用于黏结金属。硫化的天然橡胶胶黏剂比未硫化的天然橡胶胶黏剂，其粘接强度、弹性、抗蠕变性和耐老化性能都有提高。天然橡胶若经过适当的改性，如氯化天然橡胶胶黏剂，不仅增加了对天然橡胶制品的黏结力，而且也能用于黏结金属。

丁腈橡胶胶黏剂是以丁腈橡胶为主体，加入增黏剂、增塑剂、防老剂、溶剂等配制而成的15%~30%的胶液。丁腈胶黏剂具有优异的耐油性、较高的黏结强度、优异的耐水性、良好的耐热、耐磨、耐化学介质和耐老化性。但初黏力不够大，耐寒性、耐臭氧性和电绝缘性较差，在光和热的作用下容易变色。

(3) 复合型结构胶黏剂 聚合物复合型结构胶黏剂是由两类主体高分子材料所组成：一类是可起交联作用的热固性树脂，如酚醛树脂、环氧树脂等；另一类是具有可挠性和柔性的聚合物（如高相对分子质量的热塑性聚合物）和橡胶弹性体。这类含有两种组分的聚合物复合型体系，兼备了两种组分所固有的高强度、耐热、耐介质、抗蠕变、高剥离强度、抗弯曲、抗冲击、耐疲劳等优良性能。常见的复合型结构胶黏剂有酚醛-缩醛型、酚醛-丁腈型、酚醛-环氧型、改性环氧型等。该类胶黏剂主要用于航空和宇航工业中的超音速飞机、导弹、卫星和飞船等结构中的胶接。

酚醛-聚乙烯醇缩醛结构胶黏剂是发展较早的复合型结构胶黏剂，目前已发展成为一种通用的航空结构胶，同时也应用于金属与金属、金属与塑料、金属与木材、汽车刹车及印刷电路等的胶接上。这类胶黏剂的抗剪切强度、剥离强度、耐水、耐湿热老化、耐曝晒、耐介质性、抗震动和耐疲劳等性能均优良。

酚醛-丁腈结构胶黏剂是由酚醛树脂和丁腈橡胶所组成。由于酚醛树脂和丁腈橡胶之间在受热时会发生化学反应，生成交联产物，故酚醛-丁腈结构胶黏剂既具有酚醛树脂的耐热性，又兼有丁腈橡胶的弹性。常以高抗剪切强度、剥离强度和耐热而著称，酚醛-丁腈型胶黏剂广泛应用于要求结构稳定、使用温度范围广、耐湿热老化、耐化学介质、耐油、抗震动、耐疲劳的场合。如航空、航天工业中常用作钣金、蜂窝构件的胶接；汽车工业中用于制动材料与制动蹄铁的胶接；纺织工业中用于耐磨硬质合金与钢的黏结；在仪表、轻工、造船工业中也有广泛应用。

四、食品添加剂

食品添加剂（food additive）在国外已成为食品生产中最有创造力的领域，其发展非常迅速。近年来随着我国人民生活水平的不断提高，生活节奏的加快，食品消费结构的变化，促进了我国食品工业的快速发展，要求食品多样化、营养化、风味化和高级化。面临人们食品消费结构变化和食品消费层次提高的挑战，研究开发新型加工食品，扩大方便食品的产量，充分利用食物资源，离不开食品添加剂的发展。

为改善食品品质和色香味以及防腐和加工工艺的需要而加入食品中的天然或者化学合成物质统称为食品添加剂。食品添加剂按其原料和生产方法可分为化学合成添加剂和天然食品添加剂。天然食品添加剂主要来自植物、动物、酶法生产和微生物菌体生产。

食品添加剂按用途分类，可分为三大类：①生产过程中使用的添加剂；②提高食品品质用的添加剂；③特定食品生产用的添加剂。其中包括防腐剂、抗氧化剂、发色剂、漂白剂、酸味剂、凝固剂、疏松剂、增稠剂、消泡剂、甜味剂、乳化剂、品质改良剂、抗结块剂、香料、着色剂等。

1. 食品生产过程中使用的添加剂

(1) 乳化剂 在食品生产过程中，用乳化剂使油脂与水乳化分散，改进食品组织结构、外观、口感，提高食品质量和保存性，由于乳化剂还有发泡、消泡、润湿、防脂肪凝聚、防粘、防老化等作用。在食品添加剂中乳化剂是用量较大的一类，广泛用于面包、糕点、糖果、饮料、豆制品、果酱、果冻等食品中。

① 脂肪酸甘油酯 在食品添加剂中作为乳化剂使用的有：单硬脂酸甘油酯、单油酸甘油酯、单月桂酸甘油酯等，统称"单甘酯"。甘油酯是我国产量最大、使用量最多的乳化剂。我国生产的甘油酯大多是单双混合酯，其使用效果较差，但价格便宜。脂肪酸甘油酯的性质随脂肪酸的种类不同而异，一般为白色至淡黄色粉末，片状或蜡状半流体和黏稠液体。脂肪酸甘油酯主要用于面包、饼干、糖果、冰淇淋和乳化香精等行业。

② 脂肪酸蔗糖酯（SE） 脂肪酸蔗糖酯一般为白色粉末，也可能是块状或蜡状固体，或树脂状液体，其应用广泛，能改进食品的多种性能。可作为面包、糕点等制品的防老剂，冰淇淋和蛋糕的发泡剂，巧克力的黏度调节剂，奶制品的乳化稳定剂，速溶粉状食品的润湿与分散剂，糖果和酥脆饼干的改良剂等。

③ 山梨糖醇脂肪酸酯　山梨糖醇脂肪酸酯乳化效率高，主要有两类：一类是脂肪酸山梨醇酐酯，商品名斯盘（Span）；另一类是聚氧乙烯山梨糖醇酐脂肪酸酯，商品名吐温（Tween）。斯盘可作为乳化剂、消泡剂、稳定剂，用于面包、蛋糕、冰淇淋、巧克力和蛋黄酱等的生产中；吐温主要用于蛋糕、冰淇淋等的生产，二者与其他乳化剂配合使用效果更好。

④ 大豆磷脂　大豆磷脂是制造大豆油的副产品，是食品工业中用得最多的天然食品乳化剂。其主要成分是卵磷脂（24%）、脑磷脂（25%）和肌醇磷脂（33%）。大豆磷脂为淡黄色至褐色、透明或半透明黏稠液体，具有乳化性、抗氧化性、分散性和保湿性，广泛用于人造奶油、冰淇淋、糖果、巧克力、饼干、面包等的乳化。由于其具有生化功能，可增加磷酸胆碱、胆胺、肌醇和有机磷以补充人体营养需要，因而广泛应用于儿童和老年人的营养食品和保健食品。

(2) 增稠剂　增稠剂也称为增黏剂。它能改善食品物性，增加食品黏度，赋予食品以黏滑的口感，改变或稳定食品的稠度、保持食物水分；同时也可作为乳化剂的稳定剂。增稠剂主要有天然和合成两大类。天然品大多是由含有多糖类的植物或海藻类制得，如淀粉、果胶、琼脂、海藻酸等；也有从含蛋白质的动物原料制取的，如酪蛋白和明胶；合成品种有羧甲基纤维素 CMC、改性淀粉、聚丙烯酸钠等。

① 明胶　明胶主要成分为蛋白质，动物的皮、骨、软骨、韧带、肌膜等物质所含的胶原蛋白，经部分水解后制得。明胶为白色或淡黄色的半透明薄片或粉粒；具有很强的亲水性及胶冻力，其制品弹性好、熔点低，广泛用于糖果、糕点、冷饮、罐头等生产中，也可以作为酒类、果汁的澄清剂。明胶中含有十八种氨基酸，营养价值很高，多应用于一些疗效食品中。

② 果胶　果胶是一种相对分子质量在 23000～71000 的线型多聚糖，其广泛存在于水果、蔬菜等植物中。可以从苹果渣、柑橘皮等中提取。商品果胶可分为两类：一类是高甲氧基果胶（HM）；另一类是低甲氧基果胶（LM）。果胶可用于果酱、果冻、巧克力、糖果等的生产中。

③ 海藻胶　海藻胶是从褐色藻类体中提取的一种胶。包括水溶性海藻酸钠盐、钾盐、铵盐及非水溶性的海藻酸钙盐、铁盐等。其中最常用的海藻酸钠为白色或淡黄色粉末，易溶于水，可用作面制品、罐头、果酱、冰淇淋等的增稠剂。

④ 羧甲基纤维素（CMC）　羧甲基纤维素作为食品添加剂使用时，具有增稠、悬浮、稳定、乳化和分散等作用，一般以羧甲基纤维素钠的形式应用。羧甲基纤维素钠为白色粉末、粒状或纤维状，易溶于水，广泛用于乳制饮料、果酱、果冻、冰制品、调味剂、罐头和酒类的生产中。

⑤ 淀粉及改性淀粉　淀粉存在于植物的根、茎和果实中，是一种广泛使用的增稠剂。淀粉为白色粉末，溶于水。它的使用范围甚广，可用于生产冷饮乳制品、软糖、罐头制品和饼干等。由于天然淀粉的物理化学性质有一定的局限性，不能满足现代食品工业及其他工业的要求，需要对其进行深加工，改变其结构可以得到"改性淀粉"。改性淀粉是对原淀粉进行物理、化学、酶改性后淀粉衍生物的总称。如氧化淀粉、酸化淀粉、交联淀粉、淀粉酯类、淀粉醚类等。改性淀粉主要在冰淇淋、饮料、方便食品生产中作为增稠剂使用。

(3) 膨松剂　能在食品内部形成多孔性膨松组织的物质称为膨松剂。在保证安全性的前提下，用作食品添加剂使用的膨松剂，对它的基本要求是发气量多而均匀，分解后的残余物及气体不影响食品的质量和口味。常用的膨松剂为碳酸盐（碳酸氢钠、碳酸氢铵）和以明矾为主要成分的复盐。

2. 提高食品品质的添加剂

(1) 防腐剂　防腐剂是抑制微生物活动，使食品在生产、运输、储藏和销售过程中减少腐败的添加剂。防腐剂分无机防腐剂和有机防腐剂两类。常用的有机防腐剂有苯甲酸及其盐类、山梨酸及其盐类、丙酸及其盐类和对羟基苯甲酸酯类四大类。常用的无机防腐剂有硝酸盐、亚硝酸盐及二氧化硫等。防腐剂广泛用于饮料、果汁、酱油、葡萄酒、糕点、罐头、糖果、蜜饯、酱菜等食品中。

① 苯甲酸及其钠盐　苯甲酸及其钠盐是使用量较大的一类防腐剂，主要用于饮料、酱油、果酱和果子露。苯甲酸又名安息香酸，具有杀菌作用，其杀菌力与介质的pH值有关。在pH值低的条件下，苯甲酸对微生物具有杀菌作用，但对产酸菌作用弱。在pH值大于5.5时，其对很多霉菌和酵母没有什么效果。其抑菌的最佳pH值范围为2.5～4.0，其完全抑制一般微生物的最小浓度为0.05%～0.1%。苯甲酸钠又称安息香酸钠，在使用中，钠盐转化为苯甲酸。苯甲酸及其钠盐的优点是成本低，在酸性食品中使用效果好，属于酸性防腐剂。缺点是毒性较大，且防腐效果受pH值影响大。

② 山梨酸及其钾盐　山梨酸学名2,4-己二烯酸，是目前工业化生产的毒性最低的一种防腐剂，是国际公认的最好的食品防腐剂。山梨酸属于酸性防腐剂。pH值越低，防腐能力越强，使用范围为pH<6。对霉菌、酵母、细菌等均有抗菌作用，且抑菌作用比杀菌作用强。它的防腐机制是通过与微生物酶中的巯基结合，从而破坏许多重要酶系，达到抑制微生物繁殖及防腐的目的。山梨酸之所以对人体无害是因为它能参与人体代谢，氧化成二氧化碳和水。山梨酸钾具有很强的抑制腐败菌和霉菌的作用，在酸性条件下其防腐作用好，中性条件下作用差些。

③ 对羟基苯甲酸酯类　对羟基苯甲酸酯类（乙酯、丙酯、异丙酯等）商品名为尼泊金酯，对霉菌、酵母菌、革兰氏阳性杆菌作用较强，而对细菌中的革兰氏阴性杆菌及乳酸菌作用较差。抗菌作用随烷基（—R）的增长而增强。抗菌力比苯甲酸、山梨酸强，且抗菌效果不像酸性防腐剂那样随pH值而变化，适用于弱酸或弱碱性食品，其使用范围为pH=4～8，与淀粉共存时会影响抗菌效果。对羟基苯甲酸酯类是国外应用较多的一类防腐剂，主要用于脂肪制品、饮料、乳制品、高脂肪含量的面包和糖果等，其优点是毒性较低，能在非酸性条件下使用。

(2) 抗氧化剂　能阻止、抑制或延迟食品的氧化，提高食品稳定性和延长食品储存期的添加剂，称为抗氧化剂。氧化不仅使食品中的油脂变质，还使食品发生褪色、褐变和破坏维生素，使食品的味道变坏，从而降低食品的质量和营养价值，有时还会产生有害物质，引起食物中毒。

抗氧化剂的作用是抑制食品的氧化反应，并不是抑制细菌。它是一类很重要的食品添加剂，按其溶解性能可分为油溶性和水溶性两类；按其来源可分为天然和合成两类。常用的油溶性抗氧化剂有2,6-二叔丁基对甲苯酚（BHT）、叔丁基对羟基茴香醚（BHA）、维生素E、没食子酸丙酯（PG）等；水溶性抗氧化剂主要是维生素C系列产品。

① 2,6-二叔丁基对甲苯酚（BHT）　BHT为白色结晶性粉末，具有抗氧化性强、热稳定性好、无异味、价格低廉的优点，但其毒性相对高些。在国际上，BHT广泛用于水产加工；而在我国，主要用于油脂、油炸食品、干水产品、饼干、干制食品中，是主要使用的食品抗氧化剂。在植物油中通常将BHT与BHA并用，并以柠檬酸或其他有机酸为增效剂，其抗氧化效果显著提高。

② 叔丁基对羟基茴香醚（BHA）　BHA为无色至黄褐色结晶或块状物，是目前广泛使用的抗氧化剂，除有抗氧化性外，还有较强的抗菌力，但BHA价格较贵，主要用于油炸食品、油脂、干鱼制品、饼干、罐头及腌腊肉食品中。

③ 维生素E　维生素E即生育酚，是由一系列生育酚的化合物组成，天然维生素E也称生育酚混合浓缩物，是目前国际上唯一大量生产的天然抗氧化剂。广泛用于乳制品、营养食品和疗效食品中，其对动物油脂的抗氧化效果比对植物油的好，世界上合成维生素E主要用于医药、饲料添加剂、食品添加剂。

④ 抗坏血酸及其钠盐　抗坏血酸即维生素C，是常用的水溶性、无毒无害的抗氧化剂。广

泛用作饮料、果蔬制品、肉制品的抗氧化剂，可防止食品变色、变味、变质。抗坏血酸及其钠盐还可用于不适于添加酸性物质的食品，在肉类制品中还有阻止产生亚硝胺的作用，可防止有致癌作用的二甲基亚硝胺生成。维生素C及其钠盐是目前世界上耗量最大的抗氧化剂。

(3) 调味剂 调味剂主要包括甜味剂、增味剂、酸味剂、咸味剂和辛辣剂等。其作用不仅是增进食品对味觉的刺激以增进食欲，而且部分调味剂还有一定的营养价值和药理作用，成为人们日常生活的必需品。

① 甜味剂 甜味剂是指那些能提供甜味的物质。甜味剂包括天然甜味剂和人工合成甜味剂两类。天然甜味剂包括糖类（蔗糖、果糖、麦芽糖、木糖等）、糖醇类（山梨糖醇、木糖醇、麦芽糖醇、甘露糖醇等）和天然物（甜叶菊、甘草甜素等），合成甜味剂包括糖精、甜蜜素、天门冬酰苯丙氨酸甲酯、乙酰磺胺酸钾等，它们都具有低热量、高甜度的特点。也有将甜味剂按营养性分类的，分成营养型和非营养型两类。营养型甜味剂是指参与机体代谢并能产生能量的甜味物质，如糖类、糖醇类；非营养型甜味剂是指不参与机体代谢，不产生能量的甜味剂。如糖精、甜蜜素等。非营养型甜味剂和部分营养型甜味剂（如糖醇、木糖等）因在体内的代谢与胰岛素无关，不致增高血糖，故适用于糖尿病患者。

② 酸味剂 赋予食品酸味的食品添加剂总称为酸味剂。酸味给味觉以爽快的感觉，具有增进食欲的作用。酸还有一定的防腐作用，并有助于溶解纤维素、钙、磷等物质，可以促进消化吸收。目前作为酸味剂的主要是有机酸，常用于饮料、果酱、糖类、酒类及冰淇淋中。

柠檬酸是广泛应用的酸味剂，用于清凉饮料、糖果、罐头、酒类的调味；也可作为番茄等蔬菜罐头的pH调节剂；还可用作抗氧化剂的增效剂。

苹果酸是国外产量较大的酸味剂品种之一，广泛用于食品和饮料中，具有酸味浓，口感接近天然果汁，有天然水果香味等优点。

酒石酸为稍有涩味、爽口的酸味剂。酸味为柠檬酸的1.3倍。作为酸味剂主要用于清凉饮料、果汁、果酱、糖果等食品中，大多与柠檬酸、苹果酸混合使用。

食品级磷酸为无色、无嗅的透明浆状液体，有强烈的收敛味与涩味。磷酸在饮料中可代替柠檬酸和苹果酸，特别是用于不宜使用柠檬酸的非水果型（如可乐型风味）饮料中作为酸味剂。

③ 增味剂 增味剂又称味道增强剂，主要品种为谷氨酸钠，即味精。味精广泛用于食物烹调、食品、饮料、医药等方面。

谷氨酸钠（味精）具有强烈的肉类鲜味。谷氨酸钠共有三种旋光异构体，只有左旋L-谷氨酸钠有鲜味，即市场出售的味精。其右旋和外消旋体均为无味化合物。味精在120℃失去结晶水，在高温下变成焦谷氨酸，鲜味效力下降。因此烹调时不宜在高温下长期加热。

核苷酸类是近年来发展起来的增味剂，其中包括肌苷酸、乌苷酸、胞苷酸、尿苷酸及其各种盐类。例如，肌苷酸钠为无色至白色结晶或粉末，有强烈的鲜味。热稳定性好，为安全性高的增味剂。其效果相当于味精的10~20倍，一般多与味精混合使用。

(4) 食用色素 用于食品着色的添加剂称为食用色素。食用色素可以改善食品色泽，让食品美观以增进食欲。食用色素分天然色素和合成色素两大类。天然色素的着色力和稳定性不如合成色素，且成本较高，资源也有限。与天然色素相比，人工合成食用色素的色彩鲜艳，性质稳定，着色力强而牢固，能任意调色，成本低，使用方便。很多合成色素是以煤焦油为原料合成的染料类物质，多数既无营养价值又对人体有害，所以合成色素的安全性问题一直是人们关注的焦点。

① 天然色素 天然色素主要来自动、植物组织，用溶剂萃取而制得。天然色素不仅对人体安全性高，而且有的还具有维生素活性或某种药理功能。天然色素一般难溶于水，着色不方便、也不均匀，在不同酸度下呈现不同色调，有的会在食品加工过程中变色。常用的天然色素有：

β-胡萝卜素（为暗红或紫红色结晶性粉末，其色调随浓度而不同，可由黄色到橙红色，主要用于奶油、人造奶油、糖果的着色），红花黄（溶于水，不溶于油脂，对酸性基料呈黄色，对碱性则呈红色，常用于糖果、糕点、饮料、酒类着色），红曲色素（是红曲霉菌丝分泌的色素，含有红色素、黄色素及紫色素，以红色素为主，主要用于豆腐乳、酱鸡、鸭类、肉类及食酱中），姜黄素（是橙黄色粉末，辛香，稍有苦味，广泛用于咖喱粉、萝卜干等的着色，也用于罐头和饮料的调色），紫胶色素（是紫胶虫所分泌的紫胶原胶中的一种色素成分，主要用于饮料、酒、糕点、水果糖及糖浆等中）。

② 合成色素　合成色素实际上是食用合成染料，我国已批准的食用合成色素有8种，即苋菜红、胭脂红、柠檬黄、日落黄、赤藓红、新红、靛蓝和亮蓝，主要用于糕点、饮料、酒类、农畜水产加工、医药及化妆品中。

(5) 营养强化剂　补充和增强食品营养成分的食品添加剂称为营养强化剂。营养强化剂可以补充食品中某些氨基酸类、维生素类、矿物质类和微量元素等的不足，对促进人类的身体健康，满足机体代谢需要具有很大作用，是一类很有发展前途的产品。近年来，营养强化剂的开发和研制取得了一定成就，研制出了用维生素、氨基酸和微量元素强化的多种新型食品；同时还开发出了一些既有强化作用又有疗效作用的新型强化剂，如蛋白质类、有机锗强化剂。

营养强化剂的应用范围极广，可用于主食的强化，如面粉、面包、大米等；副食的强化，如鱼类、肉类、罐头、人造奶油、食盐、汤料等；婴儿食品的强化，如奶粉、炼乳、婴儿粉等。

在我国营养强化剂分四类：维生素类、氨基酸类、微量元素和蛋白质类强化剂。维生素类主要有维生素A醋酸酯、核黄素、硫胺素及其衍生物等；氨基酸类主要有谷氨酸、赖氨酸、胱氨酸、半胱氨酸等；微量元素主要有钾、钠、钙、镁等金属离子，无机酸离子和有机酸离子等；蛋白质类强化剂主要有豆类蛋白、乳蛋白、酵母蛋白、水解蛋白和禽血蛋白等。

五、农药

农药，是指用于预防、消灭或者控制危害农业、林业的病、虫、草和其他有害生物以及有目的地调节植物、昆虫生长的化学合成或者来源于生物、其他天然物质的一种物质或者几种物质的混合物及其制剂。

近年来中国农药工业发展十分迅速，农药品种成倍增长。农药的使用是农业增产的重要因素，是解决世界上60亿人口温饱问题的有力措施。农药制造行业是关系到农业生产的重要农资产品制造行业，在化工行业中占据重要地位。

农药的生产、销售和使用必须有农药登记证、生产许可证、农药标准三证。农药商品有原药、制剂（单剂）和复配制剂（两种以上有效成分）3种类型。原药一般不能直接使用，需要加工成制剂——单剂或复配制剂才能供农业使用。

1. 农药的分类

按照农药的作用，可分为杀虫剂、杀菌剂、除草剂、熏蒸剂、杀鼠剂、植物生长调节剂、家庭卫生用药（主要防治蚊、蝇和蟑螂等）。

(1) 杀虫剂　杀虫剂的品种最多，按化学结构分为：有机氯杀虫剂、有机磷杀虫剂、氨基甲酸酯类杀虫剂、除虫菊酯杀虫剂、杀螨剂、无机杀虫剂和特异性杀虫剂等。按毒害昆虫的作用可分为：胃毒剂（即昆虫吃农作物的茎叶时，连农药一起吃进胃肠，使之中毒死亡），触杀剂（即昆虫接触农药后，能从接触的表皮部分，进入昆虫体内，能对昆虫的神经系统起抑制作用，使之死亡），内吸剂（即施在植物表面上，立即被植物表面吸收，并运行到植物各个部位，害虫食用植物的任何部位，都会中毒死亡）。

(2) 杀菌剂 杀菌剂是对植物病原菌具有毒杀或抑制生长作用的农药。专用于杀灭细菌的称杀细菌剂；只对病原菌的生长起抑制作用的特称抑菌剂；防止农产品、食品变腐和轻工业品发霉的分别称为防腐剂和防霉剂。杀菌剂按化学成分分为无机杀菌剂和有机杀菌剂，无机杀菌剂有硫素、铜素和汞素杀菌剂3类；有机杀菌剂分有机硫类、三氯甲硫基羰酰亚胺类、金属元素有机化合物类、甲酰替苯胺类等；内吸性有机杀菌剂有苯并咪唑类、有机磷化合物类、三唑类和嘧啶类等。此外还有从微生物的次生代谢物中分离或人工模拟合成的抗生素类杀菌剂。

(3) 除草剂 除草剂是指可使杂草彻底地或选择地发生枯死的药剂。氯酸钠、硼砂、三氯醋酸对于任何种类的植物都有枯死的作用，但由于这些均具有残留影响，所以不能应用于田地中。硝基苯酚、氯苯酚、氨基甲酸的衍生物为选择性除草剂，具有生长素作用的除草剂最著名的是2,4-D，认为它能打乱植物体内的激素平衡，使生理失调，对禾本科以外的植物是一种很有效的除草剂。化学除草剂，都是按杂草生长特点来研制的，针对性很强，选择性也很高，大体上可分为旱田除草剂和水田除草剂两大类。

(4) 熏蒸剂 熏蒸剂在稍高于正常温度下，就挥发成气体，弥漫在密闭的粮仓中，渗透到成堆的粮食里，消灭粮食蛀虫。熏蒸是利用一些药剂在常温下容易气化的农药，或一些农药施于土壤后，产生具有杀虫、杀菌或除草作用的气体，在密闭空间防治病虫草害的方法。熏蒸效果通常与温度成正相关，温度越高，效果越好。如果延长熏蒸处理时间，较低的浓度也可能获得较好的防治效果。当前主要有仓库熏蒸法、帐幕熏蒸法、减压熏蒸法和土壤熏蒸法这四种熏蒸方法。在农业上使用较多是仓库熏蒸和土壤熏蒸，仓库熏蒸用于作物收获后的处理，而土壤熏蒸用于作物种植前的处理。熏蒸剂根据化学结构可分为：①卤代烷类，如四氯化碳、二氯乙烷、二溴乙烷、甲基溴、二氯丙烷、二溴氯丙烷等；②硫化物，如二硫化碳、硫酰氟等；③磷化物，如磷化铝等；④氰化物，如氢氰酸、氰化钙等；⑤环氧化物，如环氧丙烷、环氧乙烷等；⑥烯类，如丙烯腈、甲基烯丙氯等；⑦苯类，如邻二氯苯、对二氯苯、偶氮苯等。由于一些熏蒸剂的毒性、安全性或环保问题，现已禁用或即将淘汰。几十年来，虽然熏蒸剂的研究进展较慢，但是熏蒸剂是一种防治有害生物极为有效的手段，很难用其他方法替代。

(5) 杀鼠剂 狭义的杀鼠剂仅指具有毒杀作用的化学药剂，广义的杀鼠剂还包括能熏杀鼠类的熏蒸剂、防止鼠类损坏物品的驱鼠剂、使鼠类失去繁殖能力的不育剂、能提高其他化学药剂灭鼠效率的增效剂等。

杀鼠剂按杀鼠作用的速度可分为速效性和缓效性两大类。速效性杀鼠剂或称急性单剂量杀鼠剂，如磷化锌、安妥等。其特点是作用快，鼠类取食后即可致死。缺点是毒性高，对人畜不安全，并可产生第二次中毒，鼠类取食一次后若不能致死，易产生拒食性。缓效性杀鼠剂或称慢性多剂量杀鼠剂，如杀鼠灵、敌鼠钠、鼠得克等。其特点是药剂在鼠体内排泄慢，鼠类连续取食数次，药剂蓄积到一定剂量方可使鼠中毒致死，对人畜危险性较小。按来源可分为3类：①无机杀鼠剂有黄磷、白砒等；②植物性杀鼠剂，有马前子、红海葱等；③有机合成杀鼠剂，有杀鼠灵、敌鼠钠等。

(6) 植物生长调节剂 植物生长调节剂是专门用来调节植物生长、发育的药剂，如赤霉素(920)、萘乙酸等农药。这类农药具有与植物激素相类似的效应，可以促进或抑制植物的生长、发育。

(7) 家庭卫生用药 主要是选用对人体无毒的杀虫剂来消灭蚊、蝇、蟑螂等常见害虫。目前用量较大是对人体安全的菊酯杀虫剂。

2. 农药的重要质量指标

农药的质量如何，要从两个方面去观察：一是有效成分含量是否与标明的含量相符；二是其物理化学性状是否符合规定标准的要求，如细度、乳化性能、悬浮性、润湿性、pH 值等。

农药产品的有效成分是保证药剂具有使用效果的基础物质。农药产品的有效成分含量必须与标明的含量相符，其他物理、化学性状也符合标准规定要求。判断农药的优劣，首先要进行定性分析，看商品农药的有效成分与标识上标明的是否一致，一致则是真农药，不一致则是假农药；其次要进行定量分析，看商品农药的有效成分含量与标识上标明的是否一致，不符合成药产品质量标准（或标识标明的含量）的为劣农药。农药乳剂稳定性是保证有效成分充分发挥作用的重要物理指标。要求乳油用水稀释后在一定时间内应呈稳定性的乳浊液，应上无浮油，下无沉油或沉淀出现。

3. 常用农药的性质、鉴别及用途

(1) 敌百虫原粉 化学名 O,O-二甲基-(2,2,2-三氯-1-羟基乙基)磷酸酯，分子式 $C_4H_8O_4PCl_3$。

纯品为白色结晶固体，工业品为白色或浅黄色固体，是一种有机磷杀虫剂。有氯醛的特殊气味。易吸潮，溶于水、苯、乙醚，微溶于煤油、汽油。在酸性和中性介质中相当稳定，在水溶液中易分解，水溶液长期存放转为酸性。在碱性溶液中加入硝酸银，能生成白色氯化银沉淀。用于防治棉叶跳虫、果蝇、菜青虫和象鼻虫等。还用于畜牧业的一种多效驱虫剂，也可用于治疗血吸虫病。

(2) 磷化锌 磷化锌分子式为 Zn_3P_2，灰色粉末，是一种杀鼠剂。在常温下发出磷臭味，在空气中不燃烧，也不易溶化，溶于酸类时放出磷化氢气体易着火，有毒，与浓硝酸和王水作用能发生爆炸。配制成含量为 2%～3% 的毒饵使用，是比较理想的杀鼠药。

(3) 除草醚 除草醚化学名为 2,4-二氯-4-硝基二苯醚，结构式 Cl-⟨⟩-O-⟨⟩-NO₂（含Cl），分子式 $C_{12}H_7Cl_2NO_3$。

将二氯苯酚、氢氧化钾、烧碱和对硝基氯苯共同加热，经缩合制得除草醚粗品，用水洗去粗品中氯化钾及未起反应的酚盐，得除草醚精品。除草醚为黄色至褐色片状或块状固体，不溶于水，溶于乙醇等有机溶剂。除草醚是一种适用作物范围比较广的具有触杀作用的除草剂。商品为 25% 可湿性粉剂，呈棕色，有特殊气味，一般情况下可储藏两年左右。

除草醚用于各种土质和气温的稻田除草。对一些阔叶杂草较有效，但对多年生杂草效果很差。它的特点是在土表形成药层，杂草幼芽接触到药层，见光后就发挥杀草作用，对已成苗的杂草杀伤力小。因此一般应做杂草芽前处理，施药后不宜动土，以免破坏药层，降低药效。在气温较低时，它的效果较差。

(4) 草甘膦 草甘膦化学名为 N-(膦酸甲基)甘氨酸，别名农达、镇草宁，结构式

$$HO-\overset{O}{\overset{\|}{C}}-CH_2-NH-CH_2-\overset{O}{\overset{\|}{P}}-OH$$
$$\underset{OH}{|}$$

，分子式为 $C_3H_8NO_5P$。

草甘膦纯品为非挥发性白色固体，大约在 230℃ 左右熔化并伴随分解，25℃ 时在水中溶解度为 1.2%，不溶于一般有机溶剂，化学性质稳定，不燃、不爆，是一种茎叶内吸的非选择性除草剂，商品为 10% 水剂，棕色。

草甘膦是一种非选择性、高效、低毒、内吸性广谱除草剂，可用于茶园、果园、橡胶园、玉米、甘蔗及森林等作物杂草的防除。草甘膦在土易分解，对没有萌发的杂草种子没有杀伤作用，宜采用苗后茎叶处理。它对作物选择性较差，但可用于苗圃、林地等定向喷雾，主要防除香附子、白茅、芦苇等多年生恶性杂草。茎叶喷雾后，它可被杂草叶片吸收，通过输导组织，把药剂传导到地下根茎，干扰和阻碍蛋白质的代谢活动，使杂草茎叶逐渐枯死，地下根茎的生长点停

止生长而死亡。

(5) 甲胺磷 甲胺磷化学名为 O,S-二甲基氨基硫代磷酸酯，别名克螨隆、多灭灵，结构式

$$\begin{array}{c} CH_3O \\ \diagdown\!\!\!\! \\ CH_3S \diagup P \diagdown NH_2 \end{array}$$，分子式 $C_2H_8NO_2PS$。

甲胺磷纯品为白色针状结晶，纯品熔点为 42.8～43.5℃，易溶于水、甲醇、二氯乙烷等，在强碱性溶液中易水解。工业品为淡黄色黏稠油状液体，有强烈的臭味，甲胺磷在常温下较稳定，长期在高温下也会分解。铁会加快其分解，此农药对金属有腐蚀作用。

甲胺磷杀虫范围广，对粮食、棉花等作物的多种害虫，如蚜虫、稻花虱、叶蝉和红蜘蛛等均有良好的效果，亦可用于防止金针虫等地下害虫，宜喷雾或浇灌，甲胺磷属于高毒农药，禁止在茶叶、果树、蔬菜、烟草、中药材等作物上使用；不宜进行超低量喷雾；不能与碱性药剂混用。

(6) 其他常见农药

① 敌敌畏原油及乳油 外观为浅黄色至棕黄色透明液体，具有芳香气味，挥发性强，可用于空仓熏蒸杀虫，室温下在水中溶解度约为1%，易溶于醇、酮、醚等有机溶剂中，对铁和软钢有腐蚀性，对不锈钢、铝、镍无腐蚀性。敌敌畏乳油可以长期存放不分解，但加水稀释后，缓慢分解，在沸水或碱性物介质中分解较快，成为无效物质。

② 乐果原油及乳油 原油外观为黄色黏稠状液体，乳油为淡黄或淡棕色单相透明液体，带有大蒜臭味，易溶于水及多种有机溶剂，对日光稳定，但受热、受潮后能引起分解，在酸性溶液中相当稳定，遇碱溶液迅速分解。

③ 代森锌原粉和可湿性粉剂 原粉为灰白色或浅黄色粉状物，可湿性粉剂为灰白色或浅黄色粉末，稍带有臭鸡蛋味，难溶于水，但可悬浮在水中。在日光照射和吸潮后可分解出二硫化碳而失效。鉴别时可在代森锌的酸性溶液中加入氢氧化钠，先看到溶液中产生白色沉淀，继续加氢氧化钠溶液，可以见到沉淀消失，变成清亮溶液。

④ 波尔多液 波尔多液是防治果树、园林花卉等植物病害的重要杀菌剂。波尔多液一般自行配制。喷洒的植物种类及杀菌要求不同，原料配比也有差异。以石灰用量为单位，有倍量式、半量式、等量式等。配制方法是取两只容器，将硫酸铜液倒入石灰乳中，边倒边用棍棒搅拌，即成为天蓝色的波尔多液。波尔多液是较优良的保护性杀菌剂，对于花卉上的白粉病、灰霉病、斑点病、黑斑病、锈病等多种病害均有防治效果。随配随用，不可储存；按使用浓度配制，一次配好，配好的药液不能再加水稀释；不能与石硫剂、石油乳剂等混用。

第四节　高分子材料

高分子材料由高分子化合物所组成。高分子化合物又称高聚物或聚合物，主要包括塑料、橡胶、纤维。有机高分子材料包括：天然高分子材料和合成高分子材料。前者如天然橡胶、天然纤维等；后者如合成树脂、合成橡胶、合成纤维等。众所周知，三大合成材料——塑料、合成橡胶和合成纤维，都是人工合成的高分子化合物。这些高分子材料在工农业生产和人民生活各方面得到广泛的应用，已经渗透到国民经济各个部门，包括人们的衣、食、住、行、工业、农业、医药卫生、科研和国防等。

一、高分子材料基础

高分子化合物的相对分子质量很大，一般把相对分子质量低于1000的化合物称为低分子化

合物，相对分子质量在 10000 以上的称为高分子化合物，高分子化合物是由一种或几种简单的低分子化合物以共价键连接的大分子化合物。高分子化合物相对分子质量很大，是由结构单元以重复的方式连接的。例如应用很广的高分子化合物聚氯乙烯分子是由许多氯乙烯这样的简单结构单元重复连接而成的。用来合成高聚物的低分子化合物称为单体，如氯乙烯，组成高分子的重复结构单元称为链节。

1. 高分子化合物的分类

可以从不同角度对聚合物进行分类，如从单体来源、合成方法、用途、加热行为、聚合物的结构等进行分类。

(1) 按来源分类 高分子化合物按来源可分为两大类。即天然高聚物，如淀粉、纤维素、天然橡胶等；合成高聚物，如三大合成材料等。

(2) 按合成方法分类 高分子化合物按合成方法可分为两类。即加聚反应得到的高聚物，如聚氯乙烯；用缩聚反应得到的高聚物，如聚酰胺树脂。

(3) 按聚合物的用途分类 高分子化合物按其用途一般分为六类。即塑料，如聚乙烯；橡胶，如聚丁苯橡胶；纤维，如维尼纶；涂料，如聚氨酯；胶黏剂，如环氧树脂；功能材料，如聚酰胺-1010 等。

(4) 根据分子的空间结构分类 高分子化合物按分子的空间结构可分为两类。即线型结构（包括带有支链），如聚乙烯；体型结构（或网状结构），它是单体带有 3 个或 3 个以上官能团，长链的链与链之间通过共价键"交联"起来成为空间结构，如酚醛树脂等。

(5) 根据对热作用的性质分类 热塑性树脂（即线型结构树脂），聚合物加热软化，冷却后凝固，再加热又变软，可以重塑，如聚乙烯。热固性树脂（即体型结构树脂），加热时在链与链之间发生交联，失去塑性，如酚醛树脂（电木）等。

(6) 从高分子化学角度分类 一般应以有机化合物分类为基础，根据主链结构，可以将聚合物分成碳链、杂链和元素有机聚合物三类。碳链聚合物大分子主链完全由碳原子组成，如聚乙烯；杂链聚合物大分子主链除碳原子外，还有氧、氮、硫等原子，如聚酰胺树脂等；元素有机聚合物大分子主链中没有碳原子，主要由硅、硼、铝和氧、氮、硫、磷等原子组成，但侧链由有机基团组成，如有机硅橡胶。

2. 高分子化合物的命名

高分子化合物的系统命名法比较复杂，实际上很少使用。通常按制备方法与原料名称来命名它们，如用加聚反应制得的高聚物，往往在原料单体名称前面加"聚"字，如聚氯乙烯、聚甲基丙烯酸甲酯分别是氯乙烯和甲基丙烯酸甲酯单体的聚合物。如用缩聚反应制得的高聚物，则大多数在原料单体名称后面加上"树脂"二字来命名，如酚醛树脂、脲醛树脂分别是苯酚和甲醛、尿素和甲醛的单体缩聚而成的聚合物。

也有的以聚合物的结构特征来命名。如聚酰胺，是由乙二胺和乙二酸缩聚而得的，可称聚己二酰己二胺，这样命名太长而不方便，往往采用商品名称，如锦纶代表聚酰胺纤维，涤纶代表聚酯纤维，腈纶代表聚丙烯纤维。

由于高聚物已广泛使用，商品流通中为了简便、通俗，常用习惯名或商品名或英文缩写，甚至简称、代称、译音，但一般以商品名、习惯名为多用，常见的聚合物见表 1-8。

3. 高分子化合物的性能

从低分子化合物到高分子化合物，由于相对分子质量的巨大改变而引起质的变化，使高分子化合物具有不同于低分子化合物的性能。

表 1-8 常见的聚合物

高聚物化学组成	习惯名或商品名	英文缩写代号
聚甲基丙烯酸甲酯	有机玻璃	PMMA
聚己内酰胺	聚酰胺6或尼龙6	PA-6
丙烯腈-丁二烯-苯乙烯共聚物	ABS树脂	ABS
聚对苯二甲酸乙二酯	涤纶树脂	DETP
酚醛树脂	片木粉或胶木粉	PF

（1）不完全结晶性 由于高分子化合物分子链很长，要使分子链间每一个部分都有序排列成非常规整的结晶很困难，因此高聚物从来不会完全结晶，除结晶区域外还存在非结晶区域。结晶区域所占的百分数称为高聚物的结晶度。高聚物的结晶度越大，机械强度越高，熔点越高，溶解和溶胀趋向越小。

（2）高聚物的弹性 高分子材料具有高弹性。弹性就是指在外力作用下变形，去掉外力后又恢复成原状的特性。线型高聚物的分子是一个又细又长的直链分子。不难想象这样一个既细又长的分子链，不可能保持直线形状，一定是弯曲成团。因分子内的各个链节在不断运动，化学键和原子也在不停转动和振动，分子链非常柔顺。结果这种长链分子往往卷曲成无规则的、乱如麻的线团，当受到外力作用而被拉伸时，分子链就被拉直，外力消失后，分子链因链节间的相互运动又卷曲收缩回来，因此表现出弹性。

（3）高聚物的力学性能 高聚物具有良好的力学性能。因为一般低分子化合物分子间的作用力较小，而高分子化合物是由成千上万个原子组成，分子之间的作用力很大，所以高聚物具有良好的力学性能。高聚物力学性能如抗拉、抗压、抗冲击、抗弯等的好坏，还取决于它的平均聚合度、结晶度和分子间的作用力：聚合度越大，分子之间作用力越大，高聚物力学性能越好，但聚合度增到一定程度时，影响就不十分大了，此时高聚物的力学性能更大程度上受其他因素的影响；高聚物结晶程度越大，分子排列越整齐，分子间的作用力增强，力学性能好。

（4）高聚物的化学稳定性 高聚物一般具有稳定的化学性质，因为高聚物的分子链很长，彼此纠缠在一起，许多分子链的基团都被困在里面，即使接触到能与某基团起反应的试剂，也只有露在外面的基团才能较缓慢地与试剂起反应，而被包围在里面的基团只能从外到里逐层起反应。另一方面，高聚物所含的C—C键、C—H键、C—O键都是由牢固的共价键结合而成的，键能很大，这使高聚物不容易与其他介质发生反应。因此高分子材料是一种化学稳定性好、耐酸耐碱、耐腐蚀的优良材料。

（5）高聚物的老化 高聚物的老化就是高分子材料在储存和使用过程中，由于受到空气中的氧、光、热及微生物等的长期作用，使高聚物的物理性能、化学性质发生变化：变硬、变脆、龟裂、强度下降，或是变软、变黏、失去弹性等，这种现象统称为老化。在日常生活中橡胶制品发生龟裂、变黏、变脆、失去弹性，塑料雨衣的变脆、开裂等便是老化的例子。

二、合成树脂与塑料

合成树脂是一种有机高分子化合物，是塑料的主要原料和主要成分。合成树脂决定塑料的重要性能，也是塑料全部组分的胶黏剂，其含量为40%～100%。常见的合成树脂有聚氯乙烯、聚乙烯、ABS树脂、聚甲醛、环氧树脂等。塑料是具有可塑性高分子材料的总称，是指以合成树脂为主要成分、在一定温度和压力下塑制成型且在常温下保持形状不变的材料。它可分为单一组分和多组分。单一组分的塑料，是由一种单一的合成树脂组成（其中也含有极少量的染料、润滑剂等），属于这一类的有聚苯乙烯、聚乙烯塑料、聚丙烯塑料、有机玻璃等。多组分的塑料，除了合成树脂外，尚含有其他辅助材料（如增塑剂、稳定剂、填料等），属于这一类的有聚氯乙烯塑料、酚醛塑料、氨基塑料等。不管单组分或多组分塑料，合成树脂是它们的主要原料，因此塑料的名称是与该塑料所含有的主体原料树脂的名称一致的。

1. 塑料的分类及品种

塑料的品种很多，分类方法各异。下面介绍两种常用的分类方法。

（1）按塑料的热性能分为热塑性塑料和热固性塑料两大类 热固性塑料大多是以缩聚法制成的塑料，如酚醛树脂、氨基树脂、环氧树脂、不饱和树脂和有机硅树脂、蜜胺树脂等。它们在加热受压条件下，先行软化，然后内部发生变化——缩聚反应继续进行，由线型或支链型分子结构逐渐转化为网型或体型结构，最后硬结成型。

热塑性塑料主要是以加聚法制成的塑料，如聚乙烯、聚氯乙烯、聚丙烯、聚苯乙烯、ABS树脂、聚甲醛、有机玻璃、聚酰胺及聚碳酸酯等。它们在加热受压条件下，软化熔融，冷却后即硬结成型，可反复多次回收利用，进行再次加工，所以热塑性塑料又称为"可塑塑料"。

（2）按塑料的使用范围可分为通用塑料、工程塑料和特种塑料三大类

① 通用塑料 一般指产量大、用途广、价格低的一类塑料。主要包括聚乙烯、聚氯乙烯、聚丙烯、聚苯乙烯、酚醛塑料和氨基塑料。其产量占整个塑料的3/4以上，是构成塑料工业的主体。

② 工程塑料 通常指机械强度好，刚性强，适用于工程结构、机械零部件及化工设备，可代替金属作为某些机械部件的一类塑料。主要品种有聚甲醛、ABS树脂、尼龙1010、聚碳酸酯等。

③ 特种塑料 通常把某些具有特殊性能和用途且不易划分的塑料都列入此类。主要包括：有机玻璃、聚四氟乙烯、环氧树脂、聚苯醚、聚酰胺树脂、聚对苯二甲酸丁二醇酯等。

2. 通用塑料

（1）聚乙烯（polyethylene）

① 聚乙烯的性能 聚乙烯简称PE，结构式为$\text{+CH}_2\text{—CH}_2\text{+}_n$，属于热塑性塑料，聚乙烯为无臭、无毒的白色或乳白色半透明的颗粒状固体，手摸有石蜡滑腻感，容易燃烧，离火后继续燃烧，火焰分两层，上层为黄色，下层为蓝色，燃烧时熔化滴落，且发出石蜡燃烧时的气味。聚乙烯是由单体乙烯聚合而成，根据聚合反应条件不同可分为高压法、中压法和低压法。目前以高压法为多，低压法次之。高压法生产的聚乙烯又称为低密度聚乙烯，低压法生产的聚乙烯又称为高密度聚乙烯。低密度聚乙烯（LDPE）具有透明度好、柔软性好、韧性强、耐冲击、易成型等优点。高密度聚乙烯（HDPE），大分子链上无支链或支链很小，因此容易紧密排列，且易于结晶。

② 聚乙烯的应用 用聚乙烯制成的薄膜具有良好的透明性，质轻，易清洗，有一定的抗张强度。可广泛用作各种工业品、仪表、医药、机械零件、日用品的包装。又因它具有特殊的透气性（不透水蒸气而透O_2、N_2、CO_2），可被大量用于食品包装和农用薄膜；聚乙烯具有优良的介电性及耐化学腐蚀性、高度的耐水性、耐水蒸气性和较宽的适用温度，高频率装置广泛用于作为绝缘材料；如雷达设备、电视设备和电气工程中电线电缆的绝缘层，可制作电话、信号装置，尤其是适合作为海底电缆。因低压聚乙烯具有较高的机械强度和抗溶剂性，可用于制作各种中空管道，输送各种介质（酸、碱、盐、油和水等），还可生产瓶、桶、大型储槽等，也可用于化工、医药等行业。此外，聚乙烯可拉制成单丝，用来制作渔网、渔业用具。

(2) 聚丙烯 (polypropylene)

① 聚丙烯的性能　聚丙烯简称 PP，结构式 $-\!\!\!-\!\!\mathrm{CH}\!\!-\!\!\mathrm{CH}_2\!\!-\!\!\!-_n$，$|$ CH_3，属于热塑性塑料，相对分子质量为 10 万～50 万。聚丙烯的外观是无臭、无毒、无味的白色或乳白色颗粒，手摸有润滑感。不溶于水，在沸水中不发黏（可区别于聚乙烯），是最轻的塑料。易燃烧，离火后能继续燃烧，有微烟，火焰分两层，上层呈黄色，下层呈蓝色，燃烧时熔化滴落，具有石油味。聚丙烯是由单体丙烯（由石油裂解得到）在一定温度、压力和有催化剂存在的条件下聚合而成。丙烯聚合时，由于所用催化剂的不同，所制得的聚丙烯的分子结构也不相同。聚丙烯的线型分子中有大量的侧链（—CH_3），根据分子结构的不同，通常有以下三种结构：无规聚丙烯（侧链甲基沿着主链无规排列）、间规聚丙烯（侧链甲基沿着主链交替排列在主链两侧）、等规结构（侧链结构沿着主链排列在主链同一侧）。以上三种结构中等规结构结晶度高，所以强度好，耐溶性好，用途广。

② 聚丙烯的应用　聚丙烯强度好，耐腐蚀，可制作管材，用来输送酸、碱、盐溶剂及作为化工储槽、化工设备衬里等。聚丙烯耐高温且无毒，可用于医疗器械蒸汽消毒，以及食品、药品的包装袋和家用电器、日用杂货、水管、水槽等。聚丙烯可生产聚丙烯纤维，因其质轻、浮力大、无吸湿性，可拉制成丝，用于制作渔网、绳缆、工作服、蚊帐、防水布、运动用品，还可制成编织袋和打包绳等。

(3) 聚氯乙烯 (polyvinyl chloride)

① 聚氯乙烯的性能　聚氯乙烯简称 PVC，结构式为 $-\!\!\!-\!\!\mathrm{CH}_2\!\!-\!\!\mathrm{CH}\!\!-\!\!\!-_n$，$|$ Cl，属于热塑性塑料，相对分子质量为 5 万～16 万。聚氯乙烯是无臭、无毒的白色粉末，手摸有润滑感。不溶于水，在水中下沉（可区别于聚乙烯和聚丙烯），不易燃烧，离火后即熄灭，具有难燃自熄的特性。燃烧时火焰上端呈黄色，下端呈绿色，有白色烟（熄后白烟更明显），燃烧时软化，具有刺激性酸味。聚氯乙烯是由单体氯乙烯经聚合而制得，聚氯乙烯由于单体氯乙烯的聚合方法不同，其性能与用途也不同，工业上生产聚氯乙烯的方法主要是采用悬浮聚合与乳液聚合两种：悬浮法聚氯乙烯树脂为白色无定形粉末，相对分子质量 5 万～10 万，不溶于水、酒精、汽油。在醚、丙酮、环己酮和芳香烃中能溶胀和溶解。在常温下，可耐任何浓度的盐酸、90% 以下的硫酸、50%～60% 的硝酸、20% 以下的烧碱溶液，对盐类相当稳定，在 80～85℃ 开始软化，具有良好的绝缘性能，可与硬橡胶相比。乳液法聚氯乙烯树脂，白色糊状、无嗅、无毒，常温下对酸、碱和盐类稳定，可与增塑剂和其他添加剂调配成糊料，相溶性好，吸油（增塑剂）量低，在室温下搁置增稠缓慢，无沉析现象。与悬浮法聚氯乙烯相比较，含有杂质较多，其绝缘性、热稳定性、色泽、透明度等均稍差，其吸水性亦较高，但树脂细，易连续生产，其物理性能与悬浮法聚氯乙烯相同。

② 聚氯乙烯的应用　聚氯乙烯加入不同数量的增塑剂可制得软质制品和硬质制品。软质聚氯乙烯一般加 30%～40% 的增塑剂，硬质聚氯乙烯可加 10% 以下或不加增塑剂。硬质悬浮法聚氯乙烯应用在机械、冶金、化学工业，用它代替金属制成各种型材、管件、机械零件、绝缘板、印刷板、防腐材料、家用电器外壳及儿童玩具等，即"以塑代木""以塑代钢"。软质悬浮法聚氯乙烯在电器工业中用作电线、电缆的绝缘层；轻工业中用作塑料薄膜，制作雨衣、台布、各种包装材料"以塑代纸"；农业上作为塑料地膜；还可用来生产凉鞋、录音材料、运动器材等。乳液法聚氯乙烯广泛用于生产各种人造革（如透气泡沫、人造革、地面革、乱面革、载体泡沫人造革等）、塑料窗纱、绝缘漆管、防护手套、农田防水袜和雨鞋、工业用布、金属防酸外膜、玩具、各种瓶盖等。

(4) 聚苯乙烯 (polystyrene)

① 聚苯乙烯的性能　聚苯乙烯简称 PS，结构式：$+CH-CH_2+_n$（苯环取代），属于热塑性塑料，相对分子质量 20 万左右。聚苯乙烯树脂常见的状态有两种：一种是无色、无味、无毒、有光泽、透明的固体截断型颗粒；另一种是浅黄色、无味、无毒、不透明的方形颗粒。质地坚硬，树脂粒子落在玻璃台板上，具有"叮呤"的清脆声。易燃烧，且离火后能继续燃烧，火焰为橙黄色，有浓黑烟，树脂粒子软化无滴落现象，具有苯乙烯的气味。聚苯乙烯树脂是由单体苯乙烯经聚合反应而制得。

② 聚苯乙烯的应用　聚苯乙烯树脂被广泛应用于仪表、仪器、制件、日用和塑料制品工业，可采用注塑、挤出、吹塑等加工法制作光学仪器仪表零件、无线电、电视、雷达的绝缘材料和日常用品（牙刷、梳子、肥皂盒、纽扣等）。此外还可用作硬质聚苯乙烯泡沫塑料，用作隔热、防震的包装材料。

3. 工程塑料

工程塑料是指具有较高的机械强度、耐磨性，尺寸稳定，可以代替部分金属制作机械零件和工程材料的一类塑料。如 ABS 树脂、聚酰胺塑料、聚甲醛、聚碳酸酯、聚苯醚等。

(1) ABS 树脂　ABS 树脂是改性聚苯乙烯，因具有"韧、刚、硬"的特性而发展迅速。学名：丙烯腈-丁二烯-苯乙烯合成树脂，属于热塑性树脂。结构式如下：

$$\cdots +CH_2-CH+_x (CH_2-CH=CH-CH_2)_y (CH_2-CH)_z +_n$$
（其中第一段带 CN 基，第三段带苯基）

ABS 树脂是无毒、无味、不透明、呈微黄色的小方形粒状固体，可燃，燃烧缓慢，离火后能继续燃烧，火焰呈黄色，有浓烟，燃烧时塑料软化成焦，无滴落现象，有特殊气味。ABS 树脂的性能是三个单体性能的综合：丙烯腈可使树脂具有较高的强度、耐油性、耐热性和耐腐蚀性；丁二烯可使树脂获得弹性和良好的冲击强度；而苯乙烯则赋予它良好的加工性能和着色性能。因此，三种成分的配比组成使 ABS 树脂既具有塑料相又具有橡胶相，成为坚韧、质硬、刚性好的工程塑料。

ABS 树脂在机械工业上用于制造齿轮、泵叶轮轴承、把手、管道；在电器工业上用于制造电视机、录音机等的外壳；在化学工业上用于制造各种管道、板、片及内衬；在国防尖端科学上用于制造火箭壳、小型船壳；在汽车工业上用于制造小轿车车身、挡泥板、扶手、加热器等汽车零件。还可用于制作体育用具、玩具、乐器、家具、包装容器等。经表面处理的 ABS 树脂，常作为金属的代用品，如制铭牌、装饰件等。

(2) 尼龙 1010　聚酰胺树脂是具有许多重复的酰胺基团的线型热塑性树脂的总称，主要是由二元酸和二元胺或由氨基酸经缩聚而得，聚酰胺链段中有极性酰胺基团，能够形成氢键，结晶度高，力学性能优异，坚韧、耐磨、耐溶剂、耐油，能在 $-40 \sim 100 ℃$ 下使用。缺点是吸水性较大，影响尺寸稳定性。尼龙 1010 是聚酰胺塑料中的一种，学名为癸二胺癸二酸塑料，通常称它为尼龙，在用作纤维时，我国称为锦纶，它是最早的工程塑料。其结构式为：

$$+NH+CH_2+_{10}NH-CO+CH_2+_8 CO+_n$$

尼龙 1010 是无毒、半透明、轻而硬、表面光亮的坚韧固体。霉菌、细菌、酶、蛀虫对它不起作用。自润滑性和耐油性良好，具有高度的耐磨性和高度的延展性。

尼龙 1010 最大的用途是代替铜和其他金属。如尼龙 1010 的单管、管缆、管件用来代替铜管、铜管缆和铜管件。可代替紫铜管应用在机床液压系统作为油管,可作为高压釜的密封圈,可制作电机上应用的接线罩和螺帽(代铅)。加石墨的尼龙1010,制成单相电镀表上的宝石螺帽(代黄铜),制成摇臂钻床上部和下部管体及螺母,做电钻上的代铅材料,电焊机上的控制阀座(代铜)等。用玻璃纤维增强后,尼龙1010可制成水泵叶轮、叶片,代替不锈钢、青铜、铸钢等金属材料。

(3) 聚甲醛(polyformaldehyde) 聚甲醛(POM),分子式为$[CH_2O]_n$,属于热塑性工程塑料。结构式为:

$$[(CH_2-O-CH_2-O-CH_2)_y(CH_2-O)_x]_n$$

聚甲醛树脂为白色粉末或不透明的乳白色小颗粒,易燃烧,火焰上端呈黄色,下端呈蓝色,燃烧时熔融滴落,有强烈的刺激性气味(鱼腥臭)。聚甲醛具有优良的综合力学性能,良好的抗冲击强度,较高的热变形温度,良好的耐溶剂性(特别是耐有机溶剂),突出的回弹能力,较好的电绝缘性能,是接近金属机械强度的一种塑料。

聚甲醛分为均聚甲醛和共聚甲醛两种。均聚甲醛是由甲醛一种单体聚合而成的聚甲醛。共聚甲醛是由甲醛和少量的二氧戊环共聚而成的聚甲醛。我国生产的聚甲醛大部分是共聚甲醛。聚甲醛可"以塑代钢"使用,因此被广泛用于机电工业、精密仪器工业、化学工业、纺织工业、农业等部门。聚甲醛用来制造各种结构件和摩擦件,如轴承、齿轮、滚轮、凸轮、辊子、阀门、输送带、垫圈、螺帽、泵叶轮、鼓风机叶片、汽车底盘小部件、汽车仪表板等,还可用来制造配电盘、线圈座、输油管、输气管和自来水管。

4. 特种塑料

(1) 聚四氟乙烯(polytetrafluoroethylene) 聚四氟乙烯(PTFE),别名塑料王。结构式:$[CF_2-CF_2]_n$,属于热塑性塑料。

聚四氟乙烯是氟塑料(含氟塑料)中最重要的一个品种,具有高度的化学稳定性,电绝缘性、润滑性和耐大气老化性能;良好的不燃性和较好的机械强度。强酸强碱、强氧化剂、有机溶剂等对它均不起作用;即使是"王水"和氢氟酸也不能腐蚀它。因此其耐腐蚀性超过贵金属。

氟塑料是聚合物结构中含有氟原子的塑料产品的总称。其主要品种有聚四氟乙烯、聚三氟氯乙烯、聚偏氟乙烯等十余个品种,其中聚四氟乙烯是目前氟塑料中性能最佳,产量最大,应用最广的一个品种。

聚四氟乙烯被广泛应用于各行业。在国防军事工业中用作雷达、火箭、导弹、宇宙飞船等的材料;在电气工业中可作为电绝缘材料,用于电线电缆、高精度电容器、电子管座、接线柱等;在机械工业中用于轴承、活塞环、导轨等的制造,特别是在无润滑油时作用很大;在纺织、造纸工业中用于做抗粘滚筒,还可做长网机过滤吸水箱顶盖;在食品工业中用作糖果、糕点模型的脱模涂层;在炊具上涂以聚四氟乙烯可以不沾油;在化学工业中用于管道、阀门、泵、搅拌器、密封件等,代替了大量耐腐蚀的贵金属;在医学上可用作人造血管、人工心肺装置、消毒保护器等;在建筑工业可用于制作桥梁、隧道、钢结构屋架等。

(2) 有机玻璃(polymethyl methacrylate) 有机玻璃(PMMA),学名为聚甲基丙烯酸甲酯,属于热塑性特种塑料,相对分子质量为50万~100万。有机玻璃是透明性最好的塑料之一,具有优良的光学性能,高度的透明率,为其他塑料所不及,是目前最优秀的有机透明材料。透光率可达90%~92%,透紫外光达77%,而普通玻璃只能透过87%~89%的光线。有机玻璃质轻而坚韧,相对密度为1.18,只有普通玻璃的一半,坚固抗碎裂能力是普通玻璃的10倍。有机玻璃的电性能亦很优良,介电强度很高,遇有电流通过其表面时,不会炭化,因为分解放出大量气体而把电弧熄灭,所以是很好的绝缘材料。有机玻璃的力学性能也较好,它比无机玻璃高7～18倍。有机玻璃具有优良的抗老化性、易加工性和着色性。有机玻璃制品长期放在室外,经受风吹、雨淋、日晒,各项性能仍然很好。有机玻璃的棒材和板材可以进行车、锯、刨、钻等机械加工,加入着色剂使其成为鲜艳美丽的透明或不透明的各种制品。有机玻璃还可抵抗许多稀酸和弱碱的腐蚀。

有机玻璃适用于交通运输工业,制作汽车、飞机的玻璃窗和风挡,可防止噪声且不易震碎。在有机玻璃中加入珍珠粉,可制得珠光有机玻璃。珠光有机玻璃可制成纽扣、台灯、别针等;在医疗工业中用于制作假牙、假肢、齿托等;有机玻璃还用于制造光学仪器、透明模型、标本、广告名牌等。

(3) 合成树脂及塑料新材料 合成树脂及塑料商品,还有丙烯酸系、聚酰胺类、氟塑料、酚醛树脂及塑料、环氧树脂、氨基塑料、聚氨酯塑料、纤维素塑料等。

酚醛树脂是合成树脂中发现得最早并最先实现工业化生产的一个品种,它是由苯酚和甲醛经缩聚反应制成的。包括两类:一类是热固性酚醛树脂,采用碱,如氢氧化钠或氢氧化铵作为催化剂;另一类是线型热塑性酚醛树脂,采用酸,如盐酸或草酸作为催化剂。

氨基塑料是由含有氨基或酰胺基的一些单体与甲醛反应生成的热固性树脂。它具有坚硬、耐刮痕、无色、半透明等特点。它无毒、无臭、耐油、不受弱碱和有机溶剂的影响(但不耐酸)。

以糠醛或糠醇为主要原料生产的树脂都含有呋喃结构,因此人们把它统称为呋喃树脂,它是热固性树脂,能耐强酸、强碱和有机溶剂的腐蚀,耐热温度高。

环氧树脂是大分子主链上有醚键和仲醇基,同时两端含有环氧基团的一类聚合物的总称。它是环氧氯丙烷与双酚A或多元醇的缩聚产物。由于环氧基的化学活性,可用多种含有活泼氢的化合物使其开环,固化交联生成网状结构,因此它是一种热固性树脂。它具有优良的粘接性、电绝缘性、耐热性和化学稳定性,收缩率和吸水率小,机械强度好。

在聚合物的主链上含有—NHCOO—基团的,统称聚氨酯。它是由有机异氰酸酯与聚酯或聚醚型多元醇等反应制得。聚氨酯塑料具有许多独特的性能,以能耗较低和节能显著而著称。

三、合成橡胶及其制品

橡胶是一类具有高弹性有机高分子化合物的总称。它的相对分子质量一般都在几十万以上,有的甚至达到100万左右。构成这种大分子的原子通常排列成柔性的直链或支链,由于原子的不断旋转和振动,分子链呈卷缩状态。由于橡胶相对分子质量大且结构特殊,使这类材料具有其他材料不可比拟的特殊性能,橡胶区别于其他工业材料的主要标志,是它在很广的温度(-50～+150℃)范围内具有优越的弹性,因而使橡胶能够有其他任何材料所没有的伸缩性能,即在较小的负荷作用下能发生很大的变形,而去掉负荷后又能很快地自己恢复到原来状态。良好的柔顺性、易变性和复原性是橡胶的最大特点。橡胶还有良好的扯断强力、定伸应力、撕裂强力和耐疲劳强力,保证其在多次弯曲、拉伸、压缩、剪切等过程中不受到损坏。这种良好的综合物理机械性能,使橡胶成为重要的工业材料,在国民经济的各个方面、国防、科技尖端领域及日常生活中,都起着其他材料不能替代的重要作用,因此,世界各国都把它列为重要的战略物资。

1. 橡胶的分子结构与性能

橡胶的性能和它的分子结构密切相关,要了解橡胶的化学、物理性能、力学性能和工艺性能,必须了解橡胶的分子结构。

(1) 橡胶的结构 橡胶的结构是柔如丝、乱如麻的分子链与立体网状结构。柔如丝、乱如麻的链状分子,它们很长又很细,有的长度为其直径的5万倍。这相当于直径1mm、长度为50m

的一根"钢丝"。不难想象,这样的"钢丝"不可能保持直线形状,一定要弯曲成团,像这样结构的橡胶分子,我们称之为线型结构。橡胶的长链分子不是钢丝,它分子内的各个"环节"在不断运动,化学键和原子也在不停地转动和振动,长链的橡胶分子往往卷曲成无规则的、乱如麻的线团,而且某些线型结构的分子还像一棵树那样"节上生枝",称为支链型结构。线型的支链型分子在一定条件下相互作用,交叉连接成网,就变成立体网状结构,称之为体型结构(或立体网状结构)。综上所述,橡胶的分子结构有线型、支链型和体型,它们靠分子间力作用而连成一块。生胶、乳胶是线型或含有支链型的结构;轮胎、胶鞋等制品(硫化胶)则是体型结构。

(2) 橡胶的主要性能 橡胶之所以成为现代科学技术上不可缺少的材料,这是因为它具有弹性、气密性、耐油性以及对化学药品的稳定性等性能。

① 弹性 橡胶在外力作用下发生形变,外力除去后它又恢复原状的性能。橡胶弹性的大小一般以下列指标来衡量。

② 回弹性(回弹率) 用悬挂在一定高度的摆锤自由落下,打击橡胶样品后弹回去,以打击前后摆锤的高度比(%)来表示,这个百分数值越大,表示回弹力越大,橡胶的弹性也越高。

③ 相对伸长率和永久变形 不断用力拉橡胶,它会断,扯断时增加的长度与橡胶原来长度之百分比,称为相对伸长率。橡胶被拉伸后,不能完全恢复原有的长度,总是比原来长度略微长些,该伸长的长度与原长度之百分比,称为永久变形。对橡胶的使用性能来说,相对伸长率适当大一些是有好处的,但过大也不好。

④ 定伸应力 把橡胶拉伸至一定长度所需要的力即是定伸应力,以 kgf/cm^2 表示。定伸应力越大,说明该橡胶越不容易产生弹性变形。对于轮胎的外胎定伸应力需要高一些,内胎则要求定伸应力低一些。

⑤ 玻璃化温度与脆化温度(或脆点) 这两个指标都是对橡胶耐寒性能的写照。随着温度的降低,分子的活动能力也下降。当温度降到足够低时,分子链都不能运动了,此时橡胶失去了弹性,它像玻璃那样一敲就碎,这个温度称为玻璃化温度(T_g)。T_g 是橡胶最低的使用温度。工业上一般不测定玻璃化温度(因为那要较长的实验时间),而测定脆化温度(T_b),就是把橡胶的温度逐渐降低,直到橡胶在一定外力冲击下断裂,断裂时的温度就是脆点。脆点温度通常比玻璃化温度高一些。

除以上力学性能外,还有抗张强度(橡胶在扯断时单位面积所受的力,这个数字越大,强度就越高)、抗撕裂、电绝缘性、透过性(指透水性和透气性)、抗膨胀性(亦称耐油性)、耐燃性、耐磨性等。

物理性能和力学性能是说明橡胶质量好坏的最基本指标,它们和化学性能一起,决定橡胶的使用价值。

工艺性能对橡胶的加工过程有重大影响,工艺性能包括可塑性和焦烧(预硫化)。

① 可塑性 是指橡胶受外力作用而变形,除去外力后保持其所成形状的能力。可塑性较大的橡胶,加工比较容易。为了使橡胶变得柔软便于加工成各种制品,必须通过塑炼提高其可塑性。塑炼是生胶通过机械作用、热处理和化学药剂处理之后,橡胶分子发生机械破裂或氧化裂解,使橡胶由强韧的弹性状态变为柔软而具有可塑状态。塑炼是增加可塑性的工艺过程。

② 焦烧(预硫化) 生胶在储存和加工过程中,由于时间过长,温度过高或本身的化学变化,而过早地产生局部硫化现象(早期硫化),使生胶部分结块,塑性下降,因而影响加工性能,不能得到光滑表面的半成品,这种现象称为焦烧(预硫化)。

2. 天然橡胶(raw natural rubber)

19 世纪 30 年代以前橡胶工业所用橡胶几乎全部消耗天然橡胶。如今,虽然有了各种合成橡

胶，天然橡胶仍产销两旺，在国际国内市场上仍有重要地位。天然橡胶（NR）的分子结构式为 $\mathrm{\{CH_2-\underset{\underset{CH_3}{|}}{C}=CH-CH_2\}_n}$。聚合度在10000左右，平均相对分子质量约70万。

天然橡胶来源于含橡胶的植物。自然界含橡胶成分的植物约有400多种，分栽培和野生两类。其中产胶量大、质量好、易于采集的是人工种植的三叶橡胶树。三叶橡胶树的产胶部位在树皮层和木质层之间。橡胶以乳液状态存在于乳管中。三叶橡胶树种植后，一般经过5~6年即可割胶，收集到的像牛奶一样的乳浊液，称为原乳胶，它可直接用来制造各种乳胶制品，大量的乳胶用来经加工制成浓缩胶乳和各种干橡胶。

(1) 天然橡胶的组成及特性

① 天然胶乳的组成及特性　从橡胶树流出来的胶乳是乳白色的中性液体，由于受土壤、气候、树种、树龄及割胶季节等因素的影响，胶乳的组成、结构及性质均有差异。一般原胶乳的主要组成成分为：橡胶烃25%~40%，水分55%~75%，糖1%~2%，灰分0.3%~0.7%，树脂1%~1.7%，无机盐类0.2%~0.9%。其中去除水分后，主要组成是橡胶烃，化学成分为聚异戊二烯，顺式结构占99%以上。

天然胶乳的特性如下。

易变色：由于胶乳与铁接触及与酵素作用，新鲜胶乳储存后易由乳白色变为灰色。

具有不稳定性：新鲜胶乳的pH值约为7，存放后酸性会增大，当pH值在3~6.7时，胶乳易发生自然凝固。通常加氨将胶乳的pH值调至9~10，在碱性条件下保持胶乳的稳定。

胶乳有浸润亲水性物质的能力。如棉布、丝绸、皮革等都能被胶乳浸润，这种特性对胶乳用于浸渍、涂抹等用途非常有利。

成膜性能良好、湿凝胶强度高。胶乳可直接用于制造膜制品，压出铸型制品或用作胶黏剂。

② 天然干橡胶的组成及特性　天然干橡胶是由90%以上的橡胶烃和不足10%的蛋白质、糖类、灰分及树脂等组成。各种干胶因生产原料、加工方法不同其化学成分不同。

橡胶烃是以异戊二烯为单体的高聚物。聚异戊二烯有两种几何异构体：一种是顺式-1,4结构排列；另一种是反式-1,4结构排列，天然橡胶中顺式-1,4结构聚异戊二烯占99%以上。由于原子、分子、化学键、链节、链段等处于不停的运动状态，使橡胶分子具有很大的移动性和柔顺性，因而天然橡胶有良好的性能。

天然橡胶具有如下优点。

天然橡胶无一定熔点，加热后慢慢软化，加热到130~140℃时完全软化到熔融状态，至200℃时开始分解，270℃时急剧分解。

富有优异的弹性。这是天然胶的最突出特点，它的弹性伸长率大、回弹率高、弹性温度范围宽。

力学性能优异。天然橡胶具有非常好的机械强度，因为它是一种结晶性橡胶，自补强度很好，表现为抗张强度好，耐屈挠性好，耐磨性也好。

电绝缘性能好。因橡胶是高聚物，既无电子导电，又无离子导电，且分子中没有极性基团，所以介电性能优异。

(2) 天然橡胶的识别

① 天然胶乳的识别　天然胶乳为白色乳液，检验时取少许样品，适量滴加醋酸并充分搅拌调至pH 3~6.7，如试样很快出现透明的弹性凝块，则可基本认定是天然胶乳。质量好坏可用颜色测定法和气味测定法初步判断：即用目力测定正常胶乳为乳白色，如有显著灰色或蓝色则表示胶乳已起变化；胶乳腐败时产生硫化氢，腐败严重时，胶乳中的氨被中和后，可闻到有严重的臭

② 天然干胶的识别 天然干胶一般为片状或粒状的固体，易燃，可用燃烧闻味的方法予以鉴别：取少许样品，点燃，燃烧时冒出浓烟并在空气中结成烟丝、烟块，同时闻到有如橡皮燃烧时的特殊气味，则可基本认定是天然橡胶。

烟片胶为黄棕色至浅褐色的片状物，颜色越深，则表示级别数越大而质量越差。新鲜胶有烟熏味，包装标志字迹为黑色。风干胶亦为片状，较烟片胶色浅，胶包上有"风干"字样。白绉片胶为白色至浅黄色片状物，褐绉片胶为淡褐色、褐色至深褐色片状物，这两种胶相应的颜色越深，则表示其质量越差而等级数越大。

③ 天然橡胶的应用 天然胶乳是一种白色乳状液体，具有优良的综合性能。它是生产其他橡胶品种的原料；可用于生产橡胶膜类制品，如医用手套、气球、避孕套等；也可用于制造各种非纯胶制品，如人造革、胶乳纸、胶乳沥青、无纺布、胶黏剂、胶乳水泥等。

直接使用胶乳生产各种制品与使用干橡胶相比有很多优点：工艺较简单，产品弹性好、成本低、强度高，且使用安全。凡使用胶乳的行业，应尽量使用胶乳而不用干橡胶。

3. 合成橡胶

合成橡胶是用人工合成方法制得的以高弹性为特性的高分子材料。天然橡胶的综合性能优异，但在数量上和一些特殊性能上远不能满足经济发展和科技进步的需要。合成橡胶不但能代替天然橡胶生产各种橡胶制品，而且有许多特殊性能远优于天然胶，是现代尖端科技和国防上不可缺少的原材料。合成橡胶的品种繁多，按用途和性能分为通用合成胶和特种合成胶两大类。所谓通用合成橡胶是指性能与天然橡胶相近，物理机械性能和加工性能较好，能广泛用于轮胎和其他橡胶制品生产的品种；特种合成橡胶是指具有耐寒、耐热、耐油、耐臭氧等特殊性能，用来制造特定条件下使用的橡胶制品。通用合成橡胶包括丁苯胶、聚丁二烯橡胶、聚异戊二烯橡胶、丁基橡胶、乙丙橡胶、氯丁橡胶、丁腈橡胶七大类；特种合成橡胶包括氟橡胶、硅橡胶、聚硫橡胶、聚氨酯橡胶、丁吡橡胶等品种。

(1) 丁苯橡胶（styrene-butadiene） 丁苯橡胶在合成橡胶品种中用量最大，是世界上最早生产的通用合成橡胶，品种也比较多，是一种综合性能较好的通用型品种。生产丁苯橡胶的国家很多，到目前为止它仍是世界上生产最普遍、产量及销量最大的胶种。

丁苯橡胶（SBR）是由丁二烯和苯乙烯两种单体共聚制得的高分子化合物。结构式如下：

$$-(CH_2-CH=CH-CH_2)_x-(CH-CH_2)_y-(CH_2-CH)_z-\cdots$$

相对分子质量在10万~150万。典型的丁苯橡胶（苯乙烯含量为23.5%）是浅黄褐色的弹性体，略带苯乙烯气味，密度随苯乙烯含量的增加而增大，能溶于芳烃，对润滑油作用不稳定，对稀酸、水和极性烃作用稳定。丁苯橡胶的耐老化性、耐磨性、耐热性、耐油性及气密性优于天然橡胶，但弹性、机械强度、龟裂性、耐寒性、耐屈挠性、耐撕裂性能等不如天然橡胶。丁苯橡胶有干胶、液体胶和胶乳之分，它们的共同特征是都有苯乙烯味。干胶有块状、粒状和带状之别，因加填充剂或防老剂不同而颜色各异。丁苯-1500为黄色至黄褐色弹性体，丁苯-30为棕黄色弹性体，丁苯-10为褐色弹性体，液体丁苯胶为浅黄色或浅棕色透明黏稠液体，丁苯胶乳为白色乳液。

部分丁苯胶的性能及主要用途如下。

① 丁苯-10胶乳，硬度小，弹性较高，耐寒性较好，主要用于制造各种耐寒橡胶制品。

② 丁苯-30和丁苯-50耐磨性较好，硬度较大，耐寒性较差，主要用于生产硬质橡胶制品、

轻质海绵、日用品等。

③ SBR-1500 是通用污染型（所谓污染是指橡胶中加入对橡胶有着色作用的添加剂），属低温丁苯橡胶中最典型的品种，其特点是：生胶自黏性好，易加工，硫化胶的耐磨性、拉伸强度、撕裂强度和耐老化性能都好。广泛用于以炭黑为补强剂和对颜色要求不高的产品，如轮胎胎面、运输带、胶管膜制品等。

④ SBR-1502 是一种典型的非污染型通用低温丁苯橡胶，其性能与 SBR-1500 相似，主要用于制造颜色鲜艳和浅色的橡胶制品，如胎侧、胶布、医疗制品等。

⑤ SBR-1778 属非污染型低温丁苯橡胶，广泛用于浅色或透明橡胶制品，如鞋类、胶布等。

⑥ 液体丁苯胶主要用作浸渍材料、胶黏剂和涂料。

(2) 顺丁橡胶（cis-1,4 polybatadiene rubber） 顺丁橡胶（BR）是以丁二烯为单体，在定向催化剂作用下以溶液法聚合而成的均聚物弹性体。顺式结构占 96%～98%，顺聚丁二烯橡胶有很多种类，其中顺式-1,4-聚丁二烯具有典型的橡胶特性，它的产量大，应用广。

① 顺丁橡胶的性状　顺丁橡胶为乳白色或浅黄色块状弹性体。顺丁橡胶分子结构比较规整，主链上无取代基，分子细而长，分子间作用力小，同时分子中还存在许多活泼性较强的 C=C 双键，顺丁橡胶是目前橡胶中弹性最好的一种，能在很宽的温度范围内显示高弹性；优异的耐磨性能；耐屈挠性优异，滞后损失和生热小；对油类和补强剂的亲和性好，大量配合后其物理机械性能下降很小；混炼时抗破碎能力强，与天然橡胶及其他合成橡胶相溶性好；硫化速率快，压缩永久变形小，水吸附性低，模内流动性好，易拉伸。

② 顺丁橡胶的品种及应用　顺丁橡胶的品种、牌号较多。目前，我国生产顺丁橡胶主要牌号是 DJ-9000，属非污染通用型溶液聚合顺丁橡胶（顺式-1,4 结构含量大于 96%）。

顺丁橡胶应用广泛，主要用于制造轮胎的外胎（用量占总量的 80% 以上），用在胎面胶及胎侧胶中，此外还用于生产各种胶带、胶管、电线电缆、鞋底、橡胶杂件等制品，还可以和塑料并用生产橡塑制品，如与高压聚乙烯并用生产运输带覆盖胶。

(3) 氯丁橡胶（chloroprene rubbers） 氯丁橡胶（CR）是由单体 2-氯丁二烯，采用乳液聚合而成的弹性体。

① 氯丁橡胶的性状　氯丁橡胶为米黄色或浅棕色片状或块状弹性体，相对分子质量在 2 万～95 万。氯丁橡胶的分子结构规整，90% 以上是反式-1,4 结构，因此氯丁橡胶未加填料，其物理机械性能和天然橡胶相似；因氯丁橡胶分子链中含有氯原子，故有极性，其极性仅次于丁腈橡胶。同时氯原子保护双键使活性减弱，还使聚合物对非极性物质有很大的稳定性，因而氯丁橡胶耐老化性能优良，特别是表现在耐气候及耐臭氧老化方面，在通用胶中仅次于乙丙橡胶和丁基橡胶；耐油性次于丁腈橡胶而优于其他橡胶，耐燃烧性在通用橡胶中是最好的，耐热性与丁腈橡胶相当。由于氯丁橡胶具有一系列优良性能，故人们称它为"万能橡胶"。

② 氯丁橡胶的品种及应用　氯丁橡胶的品种很多，按其性能和用途分类如下。

a. 通用型　通用型包括硫黄调节型（简称 G 型），如 CR1211、CR1212、CR1221、CR1231 等，非硫黄调节型（简称 W 型），如 CR2321、CR2322、CR2323、CR2341 等。

b. 专用型　专用型包括黏结型，如 CR2441、CR2442、CR2461、CR2481 等。

c. 其他　特殊用途型。

氯丁橡胶既是通用合成橡胶，又能作为特种合成橡胶使用，因而用途十分广泛。它可以单独使用，也可以和其他橡胶配合使用。主要用于生产耐老化的制品，如电线、电缆的外包层，自行车胎的胎侧等；生产耐燃制品，如煤矿用的橡胶制品（如运输带、胶管、胶片、电缆）；生产耐油、耐化学腐蚀制品，如输油、输酸碱、输化学试剂的胶管或内衬及耐油的胶辊、胶板、汽车和拖拉机配件；此外还可生产胶布制品、胶鞋、胶黏剂、织物涂料及各种模型制品等。

（4）丁腈橡胶（nitrile-butadiene rubber） 丁腈橡胶（NBR）是由丁二烯和丙烯腈两种单体在乳液中共聚制得的弹性体。丁腈橡胶以它独特的耐油性而著称。

① 丁腈橡胶的性状　固体丁腈橡胶是浅黄色至浅褐色的弹性体，略带丙烯腈气味；液体丁腈橡胶为浅黄色或棕色的黏稠液体，由于丁腈橡胶分子中含有氰基（—CN），氰基是极性基，它使丁腈橡胶具有许多特殊的性能。首先，具有很好的耐油性，耐油性的好坏决定于丙烯腈的含量，丙烯腈的含量高耐油性就高，但弹性降低，一般把丙烯腈的含量控制在15%～50%，使丁腈橡胶既耐油又有较好的弹性。其次，耐热性优于天然橡胶，如配方得当，其制品可在120℃下连续使用。再次，耐水性、气密性、耐磨性和黏结性均好，但丁腈橡胶存在耐寒性差，脆性温度为－10～－20℃，电绝缘性低劣、耐臭氧性、耐酸性较差等缺点。

② 丁腈橡胶的品种牌号及应用　丁腈橡胶根据工艺性能和应用范围分为通用型和特殊型两类。通用型是指丁二烯和丙烯腈二元共聚物，如NBR1504、NBR1704、NBR2707、NBR3606等；特殊型丁腈胶是指引进第三种单体的三元共聚物，如羟基丁腈胶、粉末丁腈胶及羧基丁腈胶XNBR1753、XNBR3351等。丁腈橡胶牌号中，英文字母为丁腈橡胶，数字中的前两位数字表示丙烯腈含量；第三位数：0表示硬丁腈橡胶（污），1表示硬丁腈橡胶（非污），2表示软丁腈橡胶，3表示硬丁腈橡胶（微污），4表示聚稳丁腈橡胶，5表示羧基丁腈橡胶，6表示液体丁腈橡胶，7表示无规液体丁腈橡胶；第四位数表示门尼黏度。

丁腈橡胶的极性很强，常与极性强的氯丁橡胶、改性酚醛树脂、聚氯乙烯等聚合物并用；为改善加工和使用性能，也常与天然橡胶、丁苯橡胶、顺丁橡胶等非极性橡胶并用。丁腈橡胶具有优异的耐油、耐溶剂、耐化学药品及耐热性能，因而被广泛应用于制造耐油橡胶制品，如接触油类的胶管、胶辊、密封垫圈、储槽衬里及飞机油箱衬里等。利用丁腈橡胶良好的耐热性，可制造耐热橡胶制品，如制造运输140℃以下物料的耐热运输带；采用丁腈橡胶与PVC并用制造各种耐燃制品等。液体丁腈橡胶主要用作浇注制品和胶黏剂，可用于黏结金属-金属、橡胶-金属、塑料-金属、木材-木材、皮革-橡胶、织物-橡胶、橡胶-橡胶等。

4. 再生胶（recovered rubber）

再生胶是废硫化胶、废旧橡胶制品和橡胶工业生产的边角废料经化学、热及机械加工处理后获得的具有一定生胶性能的弹性材料。再生胶并不是生胶，从分子组成和结构上看再生胶与生胶有很大的区别，但它确实具有很大的使用价值，因此再生胶能部分代替生胶用于生产橡胶制品。

（1）生产、利用再生胶的意义　再生胶是橡胶工业的重要原料，使用再生胶既可节省部分生胶，又能回收利用部分宝贵的橡胶配合剂。利用再生胶可降低生产成本，改善加工工艺，减少混炼动力消耗，提高制品的性能。如掺用再生胶后，混炼时间短，硫化速率快，可避免焦烧危险；掺用再生胶的胶料流动性好，压出、压延速度快，半成品外观缺陷少，胶料热塑性小，收缩性小，使制品有平滑的表面和准确的尺寸；掺用再生胶使制品有较好的耐老化、耐酸碱性能。利用再生胶可变废为宝，减少环境污染。

（2）再生胶的性能及用途　再生胶的优点是：硫化快、有塑性、耐老化、耐热、耐油、耐酸碱、收缩性小、流动性好。缺点是：弹性、强度、伸长、耐磨、耐屈挠龟裂、耐撕裂等性能都比生胶差。

再生胶可广泛用于生产各种橡胶制品，它可单用制造一些低档的橡胶制品，也可与其他生胶并用。目前再生胶已在轮胎、胶带、胶管、胶鞋、胶板等方面普遍使用。如轮胎垫带胶料的2/3用再生胶，皮鞋底的3/5用再生胶，胶板的生产可全部用再生胶。在建材方面可用于生产防水涂料、油毡、密封圈等；在市政工程方面用作地下管道的防护层、电缆防护层、铺路面防龟裂材料和其他防腐材料。我国是世界上最大的再生胶生产国，再生胶今后应朝着改进生产方法，节能降耗，消除污染，推广新工艺，疏通流通渠道，开拓新应用领域方向发展。

5. 橡胶制品

（1）橡胶加工工艺

① 塑炼　橡胶具有高弹性，有些橡胶很硬且黏度高，给工艺加工带来极大的困难，为此必须使橡胶获得一定的塑性。塑炼就是使生胶通过机械加工、热处理或其他化学药品处理，使生胶分子发生机械破坏和氧化裂解，由弹性状态转变为柔软而有塑性的状态。

② 混炼　混炼是通过机械作用，使各种配合剂均匀地分散在橡胶中的工艺过程。混炼的目的是提高橡胶制品的性能和降低成本，因此均匀性是混炼质量的重要标志。如混炼不良，橡胶与配合剂混合不均，就不能使橡胶和配合剂相互作用，影响制品性能。

③ 压型　橡胶制品在生产过程中，应用压延机或压出机预先制成具有各式各样厚度、宽度、断面为片状、条状、管状、板状的工艺过程叫做压型。生产中分压延和压出两部分。

压延是通过压延机辊把混炼胶制成一定厚度、宽度或一定形状的胶片或将橡胶制品中的纺织物通过压延机挂上一层薄胶。

压出是指具有一定塑性的混炼胶在螺杆的挤压下，挤出各种不同形状的半成品，以达到初步造型的目的。如轮胎胎面、空心内胎、胶管内外层胶、电线、电缆外套都是用压出机来制造的。

④ 硫化　塑性橡胶转化为弹性橡胶的工艺过程叫做硫化。其本质是塑性橡胶在一定温度范围内，在硫化剂和硫化促进剂的作用下，使橡胶由链状结构变成网状结构，把塑性橡胶转化为弹性橡胶（又称硫化橡胶）。

橡胶制品在硫化过程中，各种物理机械性能达到最好使用性能的状态称为正硫。相对应的硫化时间称为正硫化时间。硫化阶段的关键是掌握好正硫，正硫使橡胶制品的性能最好、使用寿命最长，在操作中如控制不严就可能出现欠硫或过硫。欠硫是硫化时的温度或时间尚未达到正硫化的条件，其物理机械性能未达到最好程度。过硫就是温度或时间都超过正硫的条件，且物理机械性能明显下降。硫化工艺是橡胶制品生产工艺中的重要工序，它直接影响橡胶制品的质量及使用寿命，因此在工艺操作中应严格控制正硫化，防止欠硫或过硫现象发生。

（2）常用橡胶制品　轮胎是橡胶制品中最主要的产品，它的产量大，用胶量高，用胶量占世界总胶量的60%左右。轮胎的结构复杂，生产技术复杂，且使用条件苛刻。它广泛用于交通运输、国防工业、农业机械化等部门。轮胎按用途可分为：汽车轮胎、拖拉机轮胎、工程机械轮胎及特种车轮胎等。

胶带、胶管也是常用的橡胶制品，胶带按用途可分为传动带和运输带两大类。传动带是传递动能的，常见的传动带有两种：平型传动带和三角传动带（简称三角带）。运输带是运输物料的。胶管是由橡胶和纤维或钢丝绳加工制成的中空可挠性管状橡胶制品。它是输送或抽吸各种流体、半流体、粉状和粒状等物料的，其耐化学腐蚀性较好，因而被广泛用于国民经济各部门。

四、合成纤维

1. 纤维基本知识

（1）纤维的分类　纤维可分为两大类：一类是天然纤维，如棉花、羊毛、蚕丝、麻等；另一类是化学纤维，化学纤维又分为人造纤维、合成纤维两种。

人造纤维即利用自然界中纤维素或蛋白质作为原料，经过化学处理与机械加工而制得的纤维。用纤维素（如木材、棉短绒等）为原料的叫纤维素纤维；用蛋白质（如牛奶、大豆、花生等）为原料的叫蛋白质纤维。

合成纤维即利用煤、石油、天然气及农副产品等作为原料，经过化学合成与机械加工等制得的纤维。合成纤维又可分为6种，即聚酰胺系、聚酯系、聚乙烯醇系、聚丙烯腈系、聚烯烃系和含氯纤维，见表1-9。

表1-9　合成纤维的主要品种

系列	合成纤维学名	基本原料	单体或其他原料	分子结构	我国商品名称
聚酰胺系	聚酰胺6	苯、苯酚、环己烷或甲苯	己内酰胺	$\fbox{$-$NH(CH_2)_5CO$-$}_n$	锦纶（尼龙）
	聚酰胺66	苯、苯酚、环己烷、丙烯腈、丁二烯等	己二胺、己二酸	$\fbox{$-$NH(CH_2)_6NHCO(CH_2)_4CO$-$}_n$	
	聚酰胺1010	蓖麻油	癸二胺、癸二酸	$\fbox{$-$NH(CH_2)_{10}NHCO(CH_2)_8CO$-$}_n$	
聚酯系	聚对苯二甲酸乙二醇酯纤维	对二甲苯、苯酐等	对苯二甲酸、二甲酯、乙二醇	$\fbox{$-OC-C_6H_4-$COO(CH_2)_2O$-$}_n$	涤纶（的确良）
聚乙烯醇系	聚乙烯醇缩甲醛纤维	乙炔、乙烯、醋酸	醋酸乙烯	$\fbox{$-CH_2-CH-CH_2-CH-$}_n$ 下接 O$-$CH$_2$$-$O	维纶（维尼纶）
	氯乙烯-聚乙烯醇接枝共聚纤维	醋酸乙烯、氯乙烯	聚乙烯醇、氯乙烯		维氯纶
聚丙烯腈系	聚丙烯腈纤维	乙炔、氢氰酸；丙烯腈、氨	丙烯腈	$\fbox{$-CH_2-CH-$}_n$ 下接 CN	腈纶
	氯乙烯与丙烯腈共聚纤维		氯乙烯、丙烯腈		氯丙纶
聚烯烃系	聚丙烯纤维	丙烯	丙烯	$\fbox{$-CH_2-CH-$}_n$ 下接 CH$_3$	
	聚乙烯纤维	乙烯	乙烯	$\fbox{$-CH_2-CH_2-$}_n$	
含氯纤维	聚氯乙烯纤维	乙烯、盐酸	氯乙烯	$\fbox{$-CH_2-CH_2-$}_n$ 下接 Cl	氯纶
	过氯乙烯纤维		聚氯乙烯、氯		过氯纶

（2）合成纤维的应用　合成纤维品种繁多，比较重要的有40余种，但从性能、应用范围、技术成熟程度来看，重点发展的只有聚酰胺、聚酯和聚丙烯腈三大类。这三大类纤维的产量占合成纤维总产量的90%以上。此外，由于军工和尖端科学部门的需要，一些高温合成纤维正在研究发展，如聚四氟乙烯纤维、石墨纤维等。

目前合成纤维已成为国防、工业、日常生活中不可缺少的材料。合成纤维在民用方面，主要是利用它的强度高、质轻、易洗快干、不会霉蛀等特性，它可以纯纺，也可以与天然或人造纤维混、交织；合成纤维在工业上的应用，主要是利用它的高强度、耐磨、高弹性模数、低吸水率、耐酸碱性、电绝缘性等特性，工业上用轮胎帘子线、运输带等。具有耐高温性能和耐辐射性能的纤维主要用于国防工业上，如做高空降落伞、飞行服、导弹和雷达的绝缘材料；石墨纤维可用来代替铝、钛等金属作为飞机、火箭、导弹等的结构材料；合成纤维还可用作外科缝线、人工内脏等。

2. 聚酰胺纤维

聚酰胺纤维是世界上最早工业化的合成纤维品种，目前它的产量在世界合成纤维品种中居首位，这种纤维具有优异的性能，应用非常广泛。这类纤维的品种很多，它们分子结构中都含有一个相同的酰胺键，因此这类纤维的学名叫聚酰胺纤维。

聚酰胺纤维各品种的学名很长，人们为了简便起见，用它的单元结构中所含有的碳原子数来称呼。例如聚酰胺6就是由含有6个碳原子的己内酰胺聚合成的；聚酰胺66是由含有6个碳原子的己二胺$[H_2N(CH_2)_6NH_2]$和6个碳原子的己二酸$[HOOC(CH_2)_4COOH]$聚合而成的；其他聚酰胺纤维命名由此类推。还有由共缩聚制成的共聚酰胺纤维，其命名也以相应数字来表示，后面括号内的数字表示其组成的质量比，例如聚酰胺66/6(60:40)就是60%的聚酰胺66和40%聚酰胺6的共聚物。

聚酰胺纤维除了学名外，在各国还有其商品名称。如聚酰胺6纤维叫"耐纶"，也有叫"卡普隆"等。在我国商品名称叫"锦纶"或"尼龙"。

聚酰胺纤维具有如下性能。

(1) 强度高、耐冲击性好　聚酰胺纤维强度比天然纤维高，在合成纤维中亦是比较高的。一般丝相对强度为4～6g/D，强力丝为7～9.5g/D。

(2) 弹性高，耐疲劳性好　聚酰胺纤维弹性高，因此它的结节强度好，耐多次变形性能好，它经得住数万次双曲挠。

(3) 耐磨性好　耐磨性优于其他一切纤维。比棉花高10倍，比羊毛高20倍。因此，它最适于做袜子、绳索等经常摩擦的物品。

(4) 相对密度小　聚酰胺纤维的相对密度为1.04～1.14，除聚丙烯和聚乙烯纤维外，它是所有纤维中最轻的，比棉花轻35%。

(5) 耐腐蚀　不发霉、不怕虫蛀，并有耐碱性作用，但不耐浓酸。

(6) 染色性良好　染色性虽不及天然纤维及人造纤维，但在合成纤维中还较易染色，可用酸性染料、分散染料及其他染料染色。

聚酰胺纤维的性能优良，能弥补天然纤维的不足，因此发展迅速，应用广泛。它可以作为发展国防工业的重要材料及民用工业材料。在民用方面，它可以纯纺和混纺做各种衣料及针织品，如尼龙袜子等；在工业用方面，主要是用作工业品，可制工业用布、绳索、渔网、容器、轮胎帘子线、降落伞等。

聚酰胺纤维虽然有很多优点，但也有一些缺点，其主要缺点如下。

(1) 弹性模数小　在使用过程中较聚酯纤维容易变形。

(2) 耐热性能不够好　聚酰胺66纤维的临界温度为130℃；聚酰胺6纤维的临界温度为93℃，因此，用作飞机和载重汽车轮胎帘子线，在行驶中受冲击产生高热。

(3) 耐光性能差　聚酰胺纤维长期在阳光照射下，颜色发黄、强度下降，近年来由于在纤维中加了耐光剂，耐光性能也有了较大的改进。

3. 聚酯纤维

聚酯纤维是由二元酸和二元醇缩聚制得聚酯树脂，再将这种树脂进行熔融纺丝和加工处理制成合成纤维。因这类纤维的分子结构中含有酯基，所以学名称为聚酯纤维，这类纤维的主要品种是聚对苯二甲酸乙二醇酯纤维，是由对苯二甲酸和乙二醇缩聚制得的，其商品名称国内叫涤纶，市场上通称为"的确良"。

聚酯纤维具有如下性能。

(1) 强度 短纤维强度 4.7～6.5g/D，长丝一般强度为 4.3～6.0g/D，高强力丝为 6.3～9.0g/D。在湿态下强度不变（而聚酰胺纤维在湿态下，强度降低 10%～15%）。其耐冲击强度比聚酰胺纤维高 4 倍。

(2) 弹性 聚酯纤维的弹性接近羊毛，耐皱性超过其他一切纤维。

(3) 耐热性 聚酯纤维熔点 255～260℃，比聚酰胺纤维高，其耐热性较好，在 150℃ 的空气中加热 1000h，稍有变色，强度下降不超过 50%。而一般其他纤维在此情况下 200～300h 即分解。

(4) 吸水性 聚酯纤维的回潮率为 0.4%～0.5%，因而电绝缘性能好，织物易洗易干。由于吸水性低，染色性差。

(5) 耐磨性 仅次于聚酰胺纤维，比其他天然纤维及聚丙烯腈纤维都好。

(6) 耐光性 仅次于聚丙烯腈纤维，比聚酰胺纤维好。

(7) 耐腐蚀性 可耐漂白剂、氧化剂、醇类、烃类、酮类、石油产品及无机酸等。耐稀碱而不耐浓碱，热浓碱可使其分解。与其他合成纤维一样不发霉，不怕虫蛀。

聚酯纤维的性能优良，用途广泛，近年来发展异常迅速，其发展速度已在其他合成纤维中占首位。在产量迅速增加、生产能力不断扩大的同时，人们还对聚酯纤维原料的生产、缩聚、纺丝、纤维加工工艺、产品质量和性能改进等方面不断进行研究和提高。由于聚酯纤维具有外观式样好、弹性好、织物耐穿、易洗易干、保形性好，甚至洗后仍不皱等优良性能，因而是理想的纺织材料。在工业上可作为电绝缘材料、运输带、传送带、输送石油轮管、水龙带、帘子线、工作服、绳索、渔网、人造血管等。

4. 聚丙烯腈纤维

聚丙烯腈纤维是合成纤维中的主要品种之一。它的基本原料是丙烯腈（CH_2＝CHCN）。用丙烯腈合成高聚物——聚丙烯腈，而后纺制成纤维。由于纤维原料是聚丙烯腈，所以叫做聚丙烯腈纤维。它的性质极似羊毛，故称"合成羊毛"。商品名称"腈纶"。

聚丙烯腈纤维具有许多优良的性能，如短纤维蓬松、卷曲、柔软，极似羊毛，而且某些指标已超过羊毛。纤维强度比羊毛高 1～2.5 倍，织成衣料比羊毛耐穿；相对密度（1.14～1.17）比羊毛轻（羊毛相对密度为 1.30～1.32）；同时保暖性及弹性均较好。由于这些优良的性能，不仅在民用上获得广泛应用，而且在军用、工业材料方面的应用范围也在逐年扩大。

聚丙烯腈纤维的耐光性与耐气候性是一切天然纤维和合成纤维中最好的，耐热性能也较好，在 125℃ 下热空气持续 32 天强度不变，并可在 180～200℃ 下短时间应用，其黏着温度约为 240℃。

聚丙烯腈纤维还具有很高的化学稳定性，尤其在用酸、氧化剂或者有机溶剂处理时极为稳定。但耐碱性差，用稀碱或氨处理，则变成黄色，以浓碱处理时，则被破坏。聚丙烯腈纤维不溶于一般溶剂，不发霉，不怕微生物和虫蛀。

5. 聚乙烯醇纤维

聚乙烯醇纤维是合成纤维领域的一个重要品种。当今工业生产主要是将聚乙烯醇纺制成纤维，再用醛类（甲醛）处理后而制得的聚乙烯醇缩甲醛纤维，即通常所称的"维尼纶"。

由于这种纤维原料易得（原料乙炔可从电石、天然气或石油裂化气得到），成本低廉，纤维特性极似棉花，而强度比棉花好，适合作为各种衣料；并有多种工业用途。在民用上，维尼纶短纤维大量用来与棉混纺，可织成各种布料及针织品，供做一般外衣、内衣、运动服、床单等；维尼纶在工业上用途极为广泛，可用作渔网、帆布，也可作为自行车或拖拉机轮胎帘子线，工厂亦可做输送带、包装袋等；维尼纶在军用方面利用短纤维制品制军服、子弹袋。干法长丝编织高强度、细纤度纤维，可以做体积小、重量轻的军需装备等。

维尼纶纤维在性能方面有如下特点：

① 吸湿性好　在合成纤维中，它的吸湿性最大，在标准条件下，它的吸湿为4.5%～5%，与棉花相近（棉花为8.5%）。

② 强度较高　普通维尼纶短纤维强度为4～6.5g/D，稍高于棉花，而比羊毛高得多。

③ 耐腐蚀性和耐光性好　维尼纶耐碱性强、耐酸性也不弱，在一般有机酸、醇、酯等溶剂中均不能溶解，它不怕霉蛀，在长时间的日光曝晒下强度几乎不降低。

④ 柔软及保暖性好　维尼纶的相对密度为1.26～1.30，比棉花及人造纤维小，它的热传导率低，因而保暖性好。

维尼纶在性能方面有如下缺点：

① 耐热水性不够好　维尼纶不宜长时间在沸水中煮，在115℃就收缩变形。

② 弹性较差　表现在回弹性不够高。

③ 染色性较差。

第五节　化学危险品

案例

南京化工厂爆炸事故

1. 事故经过

2010年7月28日上午10时15分，位于南京市栖霞区迈皋桥街道的南京塑料四厂地块拆除工地发生地下丙烯管道泄漏爆燃事故，共造成22人死亡，120人住院治疗，其中14人重伤，爆燃点周边部分建（构）筑物受损，直接经济损失4784万元。

事故发生地位于南京城北幕府路高丽家具港旁。据现场目击者丁先生说，他家离事故发生地300多米，事故发生时，他感到房屋出现了2～3s的晃动。一股强大的冲击波迎面袭来。起初以为是地震，后来才知是由爆炸引起的。离爆炸地点100m范围内的建筑物毁坏严重：屋顶坍塌、玻璃破碎，有的钢筋水泥都被炸开。距离爆炸点50m处的公路上，一辆公交车的玻璃也被震碎，多名乘客受伤；一辆集装箱卡车上面的集装箱板也都震凹进去。爆炸事故造成周边居民住房及商店的部分玻璃破碎，建筑外立面局部受损，火苗蹿起10m高。目击者称，爆炸时可以看到有明火蹿起，火势很猛，蹿起的火苗大概有10m高。爆炸发生后，喷射的火焰同时也引发了远处其他几个地方着火。可以看到由于爆炸和大火引起的浓烟有十几层楼高。在距离喷火点约100m有一栋房子受到震动后倒塌，附近的群众介绍那是个大约两层楼高的厂房。据说有人员被埋在倒塌的废墟下。

原国家安监总局28日引述江苏省安监局的报告称，当天9时30分许，南京市栖霞区迈皋桥街道万寿村15号附近进行的拆迁作业现场，因施工挖断了丙烯管道造成丙烯泄漏，旁边的一私家车主启动车辆时产生明火引发爆炸。经了解，发生燃烧爆炸的南京迈皋桥原塑料四厂厂内管道系由金陵石化输送丙烯的原料管道，塑料四厂已实施搬迁改造，厂地用于房地产开发，周边居民大部分已经搬迁。在拆迁施工中造成管道破损、丙烯泄漏。据悉，在事故发生后，南京市检察院已介入爆炸事故调查，该院领导第一时间赶赴现场，检察干警出动协助维持现场秩序。同时，该院渎检部门也派员参加新闻发布会了解情况，以查明此次爆炸事故中是否存在渎职侵权犯罪。

2. 事故原因

施工人员在原南京塑料四厂厂区场地平整施工中，挖掘机械违规碰裂地下丙烯管线，造成丙烯泄漏，与空气形成爆炸性混合物，遇明火后发生爆燃。

随着科学技术的进步,越来越多的化学物质造福于人类,但同时也为人类与环境带来了极大的威胁。化工产品种类繁多,在世界上存在的60余万种化学物品中,大约有3万余种具有明显或潜在的危险性。其中一部分产品具有不同程度的爆炸、助燃、易燃、毒害、腐蚀和放射性等危险性质,这一部分商品统称为化学危险品。由于危险品中的绝大多数种类是通过化学合成得到的,因此又称为化学危险品。化学危险品根据它的主要危险性质和引起危险的外界因素不同(如摩擦、撞击、震动、受热、日晒、雨淋、遇水受潮等),分为爆炸性物品、氧化剂、压缩气体和液化气体、自燃物品、遇湿易燃物品、易燃液体、易燃固体、毒害性物品、腐蚀性物品和放射性物品10大类。同类中的不同商品,又可按照它可能引起主要危险的程度以及伴随发生的其他危险的性质不同,分为若干等级。

一、自燃与易燃性商品

自燃与易燃性商品的共同特性是化学性质活泼,还原性都较强,在一定的温度、火星或明火点燃等条件下,很容易与氧发生剧烈的氧化还原反应,引起燃烧或爆炸现象。属于这一类的危险品数量较多,包括自燃物品、遇湿易燃物品、易燃液体和易燃固体四大类。

1. 自燃物品

自燃物品是不经与明火接触,通过本身的化学变化或受外界温度、湿度的影响而发生自行燃烧的一类物品。

(1) 自燃物品的特性

① 自燃性 自燃物品的组成结构不稳定,化学性质活泼,自燃点低,容易氧化引起自燃。自燃物品在大气条件下的氧化过程,开始较缓慢,产热不多,但如果货垛通风不良,商品积热升温,就会加速氧化速率,当升温达到自燃点时即会发火燃烧。例如,黄磷性质活泼,自燃点很低(34℃),暴露在空气中,常温下即会自燃。

② 分解性强 某些自燃物品分解性很强,在较高的温湿度条件下,就会引起分解现象。例如,硝酸纤维素及制品能分解放出一氧化氮,一氧化氮继续氧化生成二氧化氮,当商品表面存在水膜时,二氧化氮便会溶解于其中,生成硝酸和亚硝酸。硝酸和亚硝酸具有氧化性,从而促进商品的分解速率和热量的积累,当积热达到自燃点时即会引起自燃。三乙基铝与氧作用能分解放出一氧化碳;与水作用分解出乙烷,并产生大量热量,而引起燃烧爆炸。

(2) 自燃物品的分类 自燃物品根据它的自燃点高低、发生燃烧的速率以及燃烧中的危险程度不同分为一级、二级。一级自燃物品的自燃点低,燃速快,而且燃烧时温度高,危险性大。属于一级自燃物品的商品主要有黄磷、硝酸纤维素胶片、三乙基铝、硝化纤维素、铝铁溶剂等。二级自燃物品的氧化速率较慢,自燃点稍高,燃烧时发生的危险性相比较小。属于二级自燃物品的商品主要有桐油布、桐油纸及其制品等。

此外,有些物品如漆布、废棉、油棉纱、硫化染料,在分类上虽然未列入自燃物品,但是它们也有自燃性。

2. 遇湿易燃物品

遇湿易燃物品是指遇水或受潮时发生剧烈化学反应,放出大量的易燃气体和热量的物品,有些不需明火即能着火爆炸。

(1) 遇湿易燃物品的特性

① 与水发生剧烈化学反应。遇湿易燃物品能与水发生剧烈化学反应,放出易燃气体和热量,当气体浓度和热量达到一定程度时,即会引起燃烧和爆炸。由于各种遇湿易燃物品结构和性质的

不同，与水的反应所生成的气体的种类和热量不同，因此产生的危险性也不同。

碱金属，如钾、钠、铷、铯、钫等，由于性质极为活泼，与水反应剧烈，放出可燃性氢气和大量热，因此这类商品遇水常发生燃烧或爆炸。

金属氢化物，如氢化钾、氢化钠、氢化钙等，由于分子本身不稳定，因此遇水能够迅速分解放出氢气和热量。

硼氢化物，如二硼氢（乙硼烷）遇水反应生成氢气和热量。

碳的金属化合物，如碳化钙（CaC_2）、碳化铝（Al_4C_3）等，与水反应生成可燃性气体乙炔和甲烷，放出热量，当气体在空气中达到一定浓度时，也会发生燃烧或爆炸。

磷的金属化合物与水反应，生成剧毒性和可燃性气体磷化氢并放出热量，当反应达到一定程度时，也会发生燃烧或爆炸。

保险粉（连二亚硫酸钠）遇水也会分解出氢气，产生热量。当气体浓度达到一定量时，也会发生燃烧危险。

② 遇湿燃烧物品具有很强的还原性，因此接触氧化剂或氧化性酸时，能发生剧烈氧化还原反应，引起猛烈燃烧或爆炸，造成更大的危险。

(2) 遇湿燃烧物品的分类　遇湿燃烧物品根据它与水反应的剧烈程度和危险性的大小分为一、二级。

一级遇湿燃烧物品遇水或潮湿后立即发生剧烈的化学反应，产生大量的可燃性气体和热量，引起燃烧或爆炸。属于这一类的商品有碱金属、碳化钙、氢化钠、钠汞齐等。

二级遇湿燃烧物品与水反应的速率不如一级遇湿燃烧物品，同时产生易燃性气体，一般遇上火星才能引起燃烧，有时反应剧烈也会引起自燃。属于这一类的商品主要有保险粉、磷化锌、金属钙、氢化钙等。

3. 易燃液体

危险品中，凡是常温下为液体，闪点在45℃（包括45℃）的易燃性物质，系指易燃液体、液体混合物或含有固体物质的液体，但不包括由于其危险特性而已列入其他类别的液体，称为易燃液体。如二乙醚、乙醚、石油醚、汽油、二硫化碳、甲酸乙酯、丙酮、苯等。

(1) 易燃液体的特性

① 高度易燃性　主要表现在这一类商品的闪点很低，多数种类的闪点都在常温范围，有的种类低达30℃，因此，遇上火种或摩擦、撞击，极易发生事故。

② 强烈挥发性　易燃液体中大多蒸发热较小，蒸气压较大，因此沸点低，在常温下极易挥发成气体。

③ 高度流动扩散性　大多数易燃液体的黏度较小，流动性很大，挥发的气体又容易扩散，因此，燃烧时火面较大，火势迅猛，危险性甚大。

④ 爆炸性　易燃液体的蒸气与空气混合的体积比例，达到一定范围时，遇上火源即会引起爆炸。这种能够引起爆炸的易燃气体的体积百分比，称为爆炸极限。一般挥发性大的易燃液体，其爆炸极限范围较大，发生爆炸的危险性也大。

⑤ 与氧化剂和强酸反应剧烈　易燃液体具有还原性，因此，接触氧化剂和强酸发生剧烈氧化还原反应，引起燃烧爆炸。例如，无水乙醇与三氧化二铬混合，松节油与浓硝酸混合，都会引起剧烈燃烧，特别是双烯烃类商品，如环戊二烯等接触硝酸即会引起爆炸。

(2) 易燃液体的分类　易燃液体是一类品种繁多、生产量较大而且应用广泛的危险品。易燃液体根据它们的闪点高低分为两级。凡是闪点在28℃（包括28℃）以下的品种，为一级易燃液体；闪点在28℃以上至45℃的商品，为二级易燃液体。

易燃液体种类繁多，常见种类见表1-10。

表1-10 易燃液体的分类

主要类别		常见品种
烃类	直链烃	烷烃：戊烷、异戊烷、新戊烷、汽油等
	芳香烃	烯烃：辛烯、庚烯、苯乙烯、苯、甲苯、二甲苯、乙苯等
	卤代烃	三氯甲烷、四氯化碳、1,2-二氯乙烷、1,3-二氯丙烷等
	醇类	乙醇、丁醇、叔丁醇、正丙醇、异丙醇、甲醇、乙硫醇、丙硫醇、异丙硫醇等
烃的衍生物类	醚类	乙醚、丙醚、丁醚、戊醚、甲硫醚、乙硫醚等
	醛类	甲醛、乙醛、丙醛、丙烯醛、丁烯醛等
	酮类	丙酮、丁酮等
	酯类	醋酸乙酯、丙烯酸甲酯、甲基丙烯酸甲酯等
	胺类	二甲胺、乙胺、乙二胺、丙胺、丁胺等
	腈类	乙腈、丙烯腈等
	烃的硫化物	二硫化碳
	元素有机化合物	硅烷、清漆、硝基漆类等

4. 易燃固体

易燃固体是指燃点低（低于400℃），对热、撞击、摩擦敏感，易被外部火源点燃，燃烧迅速，并可散发出有毒烟雾或有毒气体的固体。

(1) 易燃固体的特性 易燃固体的化学性质活泼，燃点较低，有些易燃固体受热、遇酸或遇水容易引起分解，具有燃烧性、爆炸性和毒害性。如管理不善，容易发生燃烧危险。例如，赤磷遇上明火或受撞击、摩擦极易发火燃烧；如果接触氧化剂发生摩擦，或间接接触强酸容易引起猛烈燃烧或爆炸。此外，有些品种在燃烧中蒸发的蒸气或产生的气体具有毒性，如硫黄燃烧生成的二氧化硫，硝基化合物分解生成的一氧化氮，五硫化二磷的蒸气遇水生成硫化氢，均有毒性。

(2) 易燃固体的分类 根据易燃固体燃点的高低、燃烧速率的快慢、爆炸性和放出气体毒性大小分为两级。

① 一级易燃固体 这类物品燃点低，易于燃烧和爆炸，燃烧速率快，燃烧产物的毒性较大。举例如下：赤磷及其磷化物，如赤磷、三硫化磷、五硫化二磷等；硝基化合物，如H-发孔剂、二硝基苯、二硝基萘、含量为12.5%以下的硝酸纤维素、赛璐珞等。

② 二级易燃固体 这类物品的燃烧速率较慢，燃烧产物的毒性较小。它主要包括以下3类商品：硝基化合物；易燃性金属粉，如镁粉、铝粉等；萘及其衍生物，如萘、甲基萘等。

二、氧化剂、压缩气体和液化气体

1. 氧化剂

氧化剂是指处于高氧化态，具有强氧化性，易分解并放出氧和热量，能导致可燃物燃烧的物质。

(1) 氧化剂的特性 氧化剂中具有氧化性元素的原子核，对电子具有较强的吸引力，接触还原性物质容易夺取电子，而生成稳定结构的物质。氧化剂的氧化性强弱，与元素的非金属性强弱和化合物中氧化性元素原子的化合价高低有关。一般来说，元素的非金属性越强的同一氧化性元素的化合物中，氧化性原子价态越高，其氧化性越强。

氧化剂的化学性质极为活泼，受热容易分解出新生态氧［O］，能强烈地氧化其他物质。例如，氯酸盐、高锰酸盐、过氧化钾、过氧化钠、过氧化二苯甲酰等，在热或撞击、摩擦等机械力作用下，都能迅速地分解出氧，遇上还原性物质即引起猛烈燃烧或爆炸。

氧化剂中的硝酸盐和亚硝酸盐，除钾盐外都具有较强的吸水性，遇水容易吸湿溶化。有的氧化剂，如过氧化钾、过氧化钠等，吸水后能分解放出氧气，并释放大量热，遇上易燃物会引起燃烧。

氧化剂除了以上特性外，多数种类还有不同程度的毒性和腐蚀性；如硝酸盐、氯酸盐等具有一定毒性；过氧化钾、过氧化钠和三氧化铬等遇上水能生成强碱和酸。

(2) 氧化剂的分类 氧化剂根据它的氧化性强弱和化学成分的不同，分为以下四类。

① 一级无机氧化剂 一级无机氧化剂分子因含有不稳定的过氧化键（—O—O—），或由于活泼金属盐中的氧化性原子处于高价态，因此氧化性很强，接触还原性物质，在受热或受摩擦撞击等作用下，容易引起燃烧或爆炸。一级无机氧化剂根据它的成分不同分为以下几种：

a. 过氧化物 化合物分子中含有不稳定的过氧化键，主要包括金属、碱土金属和铵的过氧化物。

b. 氯的含氧酸盐 这类化合物的氧化性，主要是处于高价态的氯容易还原为低价态。常见的商品有氯酸钾、高氯酸钾、次氯酸钾等。

c. 活泼金属的硝酸盐 其特点是化合物分子中的氮处于高价态，容易还原为低价态。常见的商品有硝酸钾、硝酸钠、硝酸铵等。

d. 活泼金属的高锰酸盐 化合物分子中锰处于高价态，能还原成为低价态。常见的商品有高锰酸钾、高锰酸锌等。

② 二级无机氧化剂 这一类氧化剂的化合物中氧化性元素的原子处于高价态，但所结合的金属活动性差；有的是较不活泼的过氧化物，有的是非金属性较强的单质商品。主要分为以下几种：

a. 硝酸盐和亚硝酸盐 二级氧化剂硝酸盐所结合的金属原子，一般是不活泼金属或重金属，如硝酸铅、硝酸铜等。常见的亚硝酸盐有亚硝酸钠等。

b. 过氧化物 属于二级的过氧化物，一般是含有过氧键的无机酸盐或有机酸盐，如过硫酸钠、过硼酸钠等。

c. 高价态金属酸及其盐类 这类物质的氧化性是由于金属原子在分子中处于高价态。常见的商品有铬酐、重铬酸钾、重铬酸钠、高锰酸银等。

d. 较不活泼卤素的含氧酸及其盐类 如溴酸钠、碘酸等。

③ 一级有机氧化剂 一级有机氧化剂数量较少，主要是一些有机过氧化物和有机硝酸盐类。有机过氧化物类也含有不稳定的过氧键，常见的有过氧化二苯甲酰和过蚁酸、过草酸、过苯甲酸等。

④ 二级有机氧化剂 二级有机氧化剂主要是一些氧化性较弱的有机过氧化物。如过氧化环己酮、过氧乙酸等。

2. 压缩气体和液化气体

在密封环境中，通过施压降温而形成密度大、体积小的气体称为压缩气体；压缩气体继续加压降温成为液态，则称为液化气体。气体经过压缩（有时还需要降温）储入钢瓶中就成为压缩气体或液化气体。如氢气、氧气、氮气为压缩气体，液氯、液氨、液化石油气为液化气体。

(1) 压缩气体和液化气体的特征 压缩气体和液化气体常用钢制气瓶包装。气瓶的工作压力除有毒气体外，一般都在 15MPa 以上。如果气瓶受热和质量不好，当内装气体产生的膨压超过瓶壁所能承受的最大压力时，就能引起爆炸。压缩、液化气体发生爆炸时，除了产生机械破坏力外，还具有如下危险性质。

① 剧毒性　具有剧毒性的压缩、液化气体，主要包括氰化氢、液氯、光气、溴甲烷、二氧化硫、液氨等气体。

② 易燃性　属于易燃性压缩、液化气体的主要有氢气、磷化氢、氯乙烷、一氧化碳。其中除氢气以外，其他三种还有剧毒。

③ 助燃性　具有助燃性的压缩、液化气体，主要有氧气、一氧化二氮、压缩空气等，其中一氧化二氮具有麻醉性。

④ 不燃性　不燃性的压缩气体包括氖、氩、氪、氮等惰性气体和一些气体氟化物。这些气体虽然没有毒性，但在空气中达到一定浓度时，对人体具有窒息作用。

(2) 分类　压缩气体和液化气体分为以下三类。

① 易燃气体　指在常温常压下遇明火、高温即会发生着火或爆炸，燃烧时其蒸气对人畜具有一定的刺激毒害作用的气体。如氢气、乙炔、石油气等。

② 不燃气体　指无毒、不燃（包括助燃）但高浓度时有窒息作用的气体。助燃气体有着强烈的氧化作用，遇油脂能发生着火或爆炸。如氧气、氮气、惰性气体等。

③ 有毒气体　对人畜有强烈的毒害、窒息、灼伤、刺激作用，其中有些还具有易燃、氧化、腐蚀等性质。

(3) 气瓶的标志　任何新制的气瓶，在瓶壁上都用磁漆按规定漆上标准色和标记气体名称（见表1-11）。气瓶的颈部有钢印标记厂名、气瓶编号、工作压力、气瓶实际重量以及容积与制造日期等。气瓶在使用过程中要定期检测耐压情况，并由检测单位打钢印标明质量合格、降压使用或报废等标记。

表 1-11　常见气瓶的涂色标志

气瓶名称	表面颜色	字样	字样颜色	色环
氧气瓶	天蓝	氧	黑	$p=14.7$MPa 不加色环 $p=19.6$MPa 白色环一道 $p=29.4$MPa 白色环二道
氢气瓶	深绿	氢	红	$p=14.7$MPa 不加色环 $p=19.6$MPa 黄色环一道 $p=29.4$MPa 黄色环二道
氨气瓶	黄	液氨	黑	
氯气瓶	草绿	液氯	白	
氮气瓶	黑	氮	黑	$p=14.7$MPa 不加色环 $p=19.6$MPa 白色环一道 $p=29.4$MPa 白色环二道
压缩空气气瓶	黑	空气	黄	
二氧化碳气体	铝白	液化二氧化碳		$p=14.7$MPa 不加色环 $p=19.6$MPa 黑色环一道
硫化氢气瓶				
乙烯				$p=12.2$MPa 不加色环 $p=14.7$MPa 白色环一道 $p=19.6$MPa 白色环二道

三、爆炸性物品

物质在极短的时间内完成氧化还原反应，同时产生大量气体和热能，并随着气体的急剧膨胀而发出巨响和冲击波，使周围环境受到破坏的现象，称为爆炸，具有爆炸性的物品，称为爆炸性物品。

爆炸可分为物理爆炸、化学爆炸和核爆炸三类。

物理爆炸是由物理原因引起的爆炸。如锅炉或受压容器的爆炸，它是由于设备内部物质的压力超过了设备所承受的强度，内部物质急剧冲击而引起的。

化学爆炸是物质因化学变化而引起的爆炸。化学爆炸是物质在瞬间内完成化学反应，同时产生大量的能量和气体，随着气体的急剧膨胀而发出声响和冲击力，以致周围环境受到破坏的一类现象。

核爆炸是物质因核聚变或核裂变所引起的爆炸。如原子弹或核装置的爆炸。

(1) 爆炸性物品的特性 爆炸性是一切爆炸物的主要特性，这种特性与爆炸物的组成和分子结构有关。爆炸性化合物由于分子中分别含有过氧基（—O—O—）、硝基（—NO$_2$）、叠氮基（—N=N≡N）和重氮基（=N≡N）等不稳定基团；因此，当爆炸物受到外能激发下，其中不稳定基团会迅速分解，发生分子内元素原子间的剧烈氧化还原反应，从而发生爆炸现象。例如，硝化甘油的爆炸：

$$4C_3H_5N_3O_9 == 12CO_2\uparrow + 10H_2O + 6N_2\uparrow + O_2\uparrow + Q$$

根据方程式计算，1kg 的硝化甘油发生爆炸，大约可生成 715L 气体和 1520kcal（1cal＝4.1840J）热能，爆炸温度可达 4697℃ 左右。

爆炸性混合物的爆炸，是由混合炸药中的氧化剂和还原剂，在外能的作用下发生分子间的剧烈氧化还原反应而引起，例如黑火药的爆炸：

$$2KNO_3 + S + 3C == K_2S + N_2\uparrow + 3CO_2\uparrow + Q$$

炸药的爆炸性能与炸药的感度和爆炸能力有关。炸药的感度由于各种爆炸物组成结构不同，其对外能作用的敏感度和发生爆炸的威力也不同。炸药在外界能量（热、电、机械、光、冲击波、辐射等）的作用下，发生爆炸变化的难易程度称为炸药的感度。炸药的感度是衡量炸药稳定性的重要标志，炸药的感度主要包括热感度、机械感度和起爆感度等。

(2) 爆炸性物品的分类 爆炸性物品可从管理层面、物理状态和性质、用途及储运三种方法分类。

从管理层面分可分为起爆器材和起爆药，如雷汞；硝基芳香类炸药，如苦味酸；硝酸酯类炸药，如季戊四醇四硝酸酯；硝化甘油类混合炸药（胶质）；硝酸铵类混合炸药；氯酸类混合炸药和过氯酸盐混合炸药；液氧炸药（液体）；黑色火药（固体）共八类。

按爆炸物的物理状态可分为固体爆炸物质、胶质炸药和液体炸药三类。

从爆炸物的性质、用途和储运可分点火器材、起爆器材、炸药与爆炸性物品和娱乐用爆炸品四类。

(3) 民用爆破炸药 民用爆破炸药包括所有炸药和一些爆炸性药品，其中有单一化合物组成的炸药，也有由几种物质组成的混合炸药。

民用爆破炸药的分类按炸药的敏感度和威力把炸药分为猛性炸药和缓性炸药两大类。

猛性炸药爆炸反应迅速猛烈，具有很大的破坏作用，一般爆炸速率在 2000～8000m/s 的炸药皆属猛性炸药。如 TNT、硝化甘油、雷管等。

缓性炸药爆炸反应比较缓慢，爆速一般不超过 1200m/s 的炸药即为缓性炸药。如黑火药、无烟火药等。

常见的炸药包括下列各类物质。

① 芳香族硝基化合物　如 TNT、三硝基苯酚、三硝基苯甲硝胺等。

② 其他硝基有机物　如硝化纤维素、硝化棉、四硝化季戊四醇和硝化甘油等。
③ 氧化剂和易燃物所组成的混合炸药　如黑火药和硝铵炸药等。
④ 叠氮和重氮化合物　如叠氮化钠、叠氮化铅和重氮甲烷等。

四、毒性、腐蚀性与放射性化学品

毒性、腐蚀性与放射性化学品，都是一类侵入人体或接触、靠近皮肤会引起人体中毒、灼伤或得射线病的物品。

1. 毒害性物品

毒害性物品是一类进入肌体并累积达一定的量后，能与肌体和组织发生生物化学作用或生物物理变化，扰乱或破坏肌体的正常生理功能，引起暂时性或持久性的病变，甚至危及生命的物品。

(1) 毒害品的毒性　毒害品的主要危险性就是毒害性。其毒性大小常用半数致死量（又称致死中量）来衡量，用 LD_{50} 表示。它的意思是能使一群试验动物（小白鼠等）死亡50％时所需毒物的最低用量（mg/kg体重）。显而易见，致死中量越小，毒害品的毒性越大。

在毒品分类管理上，通常按照毒品对大白鼠经口试验的致死中量的大小不同，把固、液态毒品分为6级，见表1-12。

表1-12　毒害品的毒性

级别	大白鼠经口 $LD_{50}/(mg/kg)$	相当于人的致死剂量/(g/人)
极毒	<1	0.05
剧毒	1～50	0.5
中毒	50～500	5
低毒	500～5000	50
实际无毒	5000～15000	500
无毒	>15000	2500

气态毒品，如氰化氢、磷化氢、溴甲烷等，一般使用允许占有空气体积的体积分数表示。气体毒品在空气中所能允许的最大体数分数值越大，其毒性越弱，反之越强。

(2) 毒害品的分类　毒害品根据其毒性大小不同，可分为剧毒品和有毒品两大类，其中致死中量在25mg/kg以下（包括25mg/kg），气体在空气中的最大允许浓度低于 $3cm^3/m^3$（含 $3cm^3/m^3$）的毒害品为剧毒品。而致死中量大于25mg/kg，气体在空气中的最大允许浓度大于 $3cm^3/m^3$ 的毒品为有毒品。剧毒品和有毒品又根据其化学成分的不同，各分为无机物和有机物两类。

① 无机剧毒品
a. 氰化物　如氰化钠、氰化钾、氰化铜等。
b. 砷及砷化物　如砷、砒霜（As_2O_5）、亚砒霜（As_2O_3）及其钠盐等。
c. 硒及硒化物　如硒、二氧化硒、溴化硒等。
d. 剧毒金属化合物　如铅齐汞、氯化汞、氯化亚汞等。

② 有机剧毒品
a. 有机剧毒农药　如对硫磷（1605）、内吸磷（1059）、溴甲烷等。
b. 植物碱类　如马钱子碱等。
c. 有机氰化物　如丁腈、二氯乙腈等。

③ 无机有毒品

a. 钡盐　如氯化钡、碳酸钡等。

b. 汞及汞化物　如汞、氧化汞、碘化汞等。

c. 氟化物　如氟化钠、氟硅酸钠等。

d. 铅及铅化物　如铅、氧化铅、醋酸铅等。

e. 铍、铊及其化合物　如铍、铊、硫酸铊等。

④ 有机有毒品

a. 有机农药　如滴滴涕、敌百虫、敌敌畏等。

b. 烷、烯、醇、酮、酯、醚、苯的卤化物　如二氯苯、氯丙酮等。

c. 苯的硝基、氨基、烃基、羟基的取代物　如硝基胺类、苯胺、酚类等。

2. 腐蚀性物品

凡接触人体或其他物品能发生灼伤、腐蚀和破坏作用，甚至会引起燃烧、爆炸和伤亡事故的一类物品称为腐蚀性物品。腐蚀性物品的种类很多，而且性质复杂。

（1）腐蚀性物品的特性　腐蚀性物品多数为酸、碱物质，其酸、碱性的强弱决定腐蚀性强弱。一般强酸、强碱物品，腐蚀性较强，而弱酸、弱碱类商品，腐蚀性较弱。腐蚀性物品的危险性较大，除有腐蚀外，还具有酸性、碱性、氧化性、吸水放热性、毒害性和易燃性等。

腐蚀性物体对人体的伤害，是由于腐蚀性物质接触人体，或发烟酸类蒸气熏及呼吸道和眼睛等黏膜，从而引起皮肤的灼烧和溃疡，人体沾染腐蚀性物品后，开始一般不表现剧烈疼痛，如不及时救治，数小时或数日后，伤口便会逐渐加深，并引起组织坏死现象。

腐蚀性物品对各种有机物商品，如天然纤维织品、纸张、动物皮革以及竹木制品等，都具有较强的腐蚀能力。例如，强酸能使有机物脱水而炭化，或使天然纤维水解成较小分子物质。而强碱能使动物商品中的蛋白质水解，从而破坏了商品的强力、弹性等力学性能。

此外，绝大多数的腐蚀性物品是金属腐蚀的重要电解质。在空气湿度较大的情况下，如果金属商品接触腐蚀性物质，就会强烈地引起电化腐蚀。

（2）腐蚀性物品的分类　腐蚀性物品按其组成和性质的不同，可分为无机酸性腐蚀性物品、有机酸性腐蚀性物品、碱性腐蚀性物品和其他类腐蚀性物品四大类。

① 无机酸性腐蚀性物品　无机酸性腐蚀性物品主要包括硝酸、硫酸、高氯酸、氯磺酸、氢氟酸、盐酸等无机酸和溴素，以及溶于水能生成强酸物质，如三氧化硫、五氧化二磷、五溴化磷、三氯化磷等。此外，还有腐蚀性和氧化性较弱的一些无机酸，如磷酸、焦磷酸、亚硫酸等。

② 有机酸性腐蚀性物品　这类腐蚀性物品包括腐蚀性较强的蚁酸、冰醋酸、乙酰氯、碘乙酰、苯甲酰氯等以及腐蚀性较弱的苯的磺酸衍生物等。其中烃基和芳香基的酰卤代物性质较活泼，遇到潮湿空气能分解生成羧酸和卤化氢。

③ 碱性腐蚀性物品　碱性腐蚀性物品包括无机碱和有机碱两类。常见的无机碱有氢氧化钠、氢氧化钾等氢氧化物和硫化钠、硫化钾等硫化物。这些物品都具有较强的腐蚀性和吸湿性，同时吸湿后能放出大量的热。有机碱性腐蚀性物品，常见的有烃基与氢氧化铵组成的化合物，如四甲基氢氧化铵等，以及一元醇与钠、铵结合的化合物，如丙醇钠。此外，还有丙二胺、乙氧基钠等。

④ 其他类腐蚀性物品　其他类腐蚀性物品主要有碘、碘化物、漂白粉以及酚、苯酚盐、焦油酸、煤焦油等。

3. 放射性物品

放射性物品是指能从原子核中有规律地放射出穿透力强，对组织细胞具有杀伤能力的不可见射线的一类物品。

(1) 放射性物品的特性 放射性物品的最重要性质，是能从原子核中自行放射出射线。各种放射线物品的组成结构不同，放射出的射线种类也不一样，有的只放射出一种射线，有的同时能放射出两种或两种以上的射线，归结起来主要有 α、β、γ 三种射线，另外还有中子流等。

(2) 放射性物品的分类 放射性物品按物理状态可分为固体、液体、气体、粉末或结晶状；按其毒性可分为极毒、高毒、中毒及低毒；按储运和管理可分为放射性同位素、放射性化学试剂和化工制品、放射性矿砂、矿石和涂有放射性发光剂或含有放射性物质的其他物品。

复习思考

一、名词解释
化工产品　化工原材料　精细化工产品　高分子材料　化学危险品

二、简答题
1. 如何识别硫酸、硝酸和盐酸？
2. 烧碱、纯碱为何可并称为两碱？在某些使用上两者能否替代？为什么？试举例说明。
3. 如何识别五种钠盐：碳酸钠、硝酸钠、亚硝酸钠、氰化钠和硫化钠。
4. 有机物和无机物的区别是什么？有机物有什么特点？
5. 如何识别"三苯"？在物资流通中应注意哪些问题？
6. 什么是表面活性剂？表面活性剂有哪些作用？
7. 涂料的组成有哪些？如何分类？
8. 选用胶黏剂应考虑哪些因素？

三、论述题
1. 食品生产过程中使用的添加剂有哪几类？各有什么作用？
2. 食品生产过程中使用的乳化剂主要有哪几种？各有何应用？
3. 什么叫高分子材料？它如何分类？有何特性？
4. 什么是塑料？什么是合成树脂？二者有何区别？
5. 合成纤维有哪些主要品种？简述它们的性能。

第二章 化工产品与市场营销

案例导入

日用品巨头之一"宝洁"的市场营销

宝洁号称"没有打不响的品牌",事实也是如此。自1988年进入中国市场以来,宝洁每年至少推出一个新品牌,尽管推出的产品价格为当地同类产品的3~5倍,但并不阻碍其成为畅销品。可以说,只要有宝洁品牌产品销售的地方,该产品就是市场的领导者。而宝洁进攻市场最常用的武器就是广告了。20世纪80年代,宝洁首先给中国吹来广告风,当海飞丝的去头屑广告在电视上热播时,年轻人最时髦的话题就是海飞丝了。以后的很长一段时间里,只要在电视里出现了宝洁产品的广告,都会拥有一群时髦的追风族。宝洁能取得这么高知名度,是建立在高成本广告投入的基础上的。据权威的市场调查公司统计,1999年宝洁在中国投入的广告费超过5亿元,占中国日化领域的10%左右。比同是跨国公司的联合利华高得多,更别谈国内产品。如果宝洁广告的特征仅仅是狂轰滥炸,那它的广告策略称不上最佳。宝洁广告策略自然有其他品牌不可比拟的精妙之处。

首先,宝洁公司的广告区分了产品特点。宝洁洗发水麾下有飘柔、潘婷、海飞丝三大品牌,洗衣粉系列有汰渍、碧浪,香皂市场有舒肤佳、玉兰油。然而,宝洁并不担心各种品牌在同一货架上的相互竞争,因为宝洁广告已经明白无误地告诉了消费者该使用哪种品牌。以洗发水为例,海飞丝个性在于去头屑,"头屑去无踪,秀发更出众",飘柔突出"飘逸柔顺",潘婷则强调"营养头发,更健康更亮泽",三种品牌个性一目了然。消费者想去头屑自然选择海飞丝而不是飘柔,从而避开了二者的竞争。宝洁的广告细分,达到了把中国消费者一网打尽的目的。1999年中国洗发水市场,宝洁产品占市场份额的60%以上,其中飘柔以25.43%份额高居榜首,潘婷和海飞丝分别以18.55%和15.11%的市场份额紧随其后。

其次,宝洁广告极具说服力。它的电视广告惯用的公式是"专家法"和"比较法"。例如海飞丝,宝洁先指出你面临的一个问题,比如头痒、头屑多,接着便有一个权威的专家来告诉你,头屑多这个问题可以解决,那就是使用海飞丝,最后用了海飞丝,头屑没了,秀发自然更出众。这就是"专家法"。"比较法"是指将自己的产品与竞争者的产品相比,通过电视画面,消费者能够很清楚地看出宝洁产品的优越性。当然宝洁广告常常糅合"专家法"和"比较法",比如舒肤佳广告,先宣扬一种新的皮肤清洁观念,表示香皂既要去污,也要杀菌。再通过显微镜下的对比,表明使用舒肤佳比使用普通香皂皮肤上残留的细菌少得多,强调了它强有力的杀菌能力。它的说辞"唯一通过中华医学会认可",再一次增强其权威性。综观舒肤佳广告,手法平平,冲击力却极强。

再次,宝洁形象代言人与众不同。宝洁的竞争产品,比如联合利华一直聘请国际大腕级女名人做形象代言人,丝宝邀请香港巨星如郑伊健、谢霆锋做风影的广告代言人,而宝洁代言人通常是符合宝洁产品个性、气质定位的平民化广告新人。这类广告让广大消费者耳目一新,给他们带来了平和、亲近的感受。此外,平民化广告也起到了很好的暗示作用,使消费者对号入座,不知不觉中成了宝洁产品的俘虏。比如飘柔广告代言人,通常是公司的白领,而平常注重形象、愿意头发更柔顺的消费者也常是受过教育的白领阶层,自然飘柔广告深受他们的欢迎。

宝洁几乎无懈可击的广告策略给宝洁带来了挡不住的效益。据国家有关部门数据显示,1999年宝洁在中国大陆的产品销售额已超过130亿元,其中飘柔、潘婷、海飞丝、沙宣四种洗发水占洗发水市场份额的60%以上,汰渍、碧浪洗衣粉占洗衣粉市场份额的33%,舒肤佳占香皂市场的41%。

第一节 市场与市场营销

一、市场的内涵

在市场营销学中,市场由一切具有特定的欲望和需求并且能够以交换来满足此欲望和需求的潜在顾客构成。

市场的大小,取决于那些有某种需要,并拥有使别人感兴趣的资源,同时愿意以这种资源来换取其需要的东西的人数。由此定义可知,市场包含三个主要要素:有某种需要的人、为满足这种需要的购买能力和购买欲望。即:

$$市场=人口+购买力+购买欲望$$

市场的这三个要素是相互制约、缺一不可的,只有三者结合起来才能构成现实的市场,才能决定市场的规模和容量。例如,一个国家或地区人口众多,但收入很低,购买力有限,则不能构成容量很大的市场;又如,购买力虽然很大,但人口很少,也不能成为很大的市场。只有人口既多,购买力又高,才能成为一个有潜力的大市场。但是,如果产品不适合需要,不能引起人们的购买欲望,对销售者来说,仍然不能成为现实的市场。所以,市场是上述三个要素的统一。

二、市场的类型及特征

市场按照不同的划分方法,可以分为许多类型的市场。

1. 以商品流通时序来划分市场

按照商品流通时序,可以把市场分为现货市场和期货市场,批发市场和零售市场。其中现货市场和期货市场是按照商品流通的时间来划分的,批发市场和零售市场是按照商品流通顺序来划分的。

2. 以商品流通地域来划分市场

市场不仅涉及时间,也涉及空间。按照商品流通的地域,可以把市场分为城市市场、农村市场;区域市场、全国市场和国际市场。

3. 以商品属性来划分市场

按照市场上流通的商品的属性,可以把市场划分为一般商品市场和特殊商品市场。一般商品市场包括消费品市场和生产资料市场；特殊商品市场是具有特殊性的商品以及特殊商品形式的产品所形成的市场，包括劳动力市场、金融市场、技术与信息市场和房地产市场等。按照商品属性而划分的市场，充分反映了市场体系中的各种商品交换关系，同时又包括了按照流通时序和地域来划分的市场。

4. 以购买行为特点来划分市场

按照购买者购买行为特点把市场划分为两大类：消费者市场和组织市场。

消费者市场是指为满足生活需要而购买商品或者服务的个人和家庭所形成的市场。消费者市场是通向最终消费的市场，是一切社会生产活动的终极目标，因此，无论是生产企业、商业企业，还是服务企业都必须研究个人消费者市场。它是一切市场的基础，也是起决定性作用的市场。

组织市场是由各种组织机构构成的对产品和劳务需求的总和。组织市场购买商品是为了维持经营活动，对产品进行再加工或转售，或者向其他组织或机构提供服务。根据购买目的的不同，组织市场又可以分为产业市场、中间商市场和非营利组织市场。

产业市场又称生产者市场或企业市场，是指一切购买产品和服务并将其用于生产其他产品和劳务，以供销售、出租或供应给其他组织。

中间商市场是指那些通过购买商品和劳务以转售或出租给他人获取利润的组织。它由各种批发商和零售商组成。

非营利组织市场包括政府、社会团体等。其中，政府市场是指那些为执行政府的主要职能购买或租用商品的各级政府、所属机构和事业团体。

三、市场营销的核心概念

美国市场营销协会（AMA）将市场营销定义为：市场营销是关于构思、货物和服务的设计、定价、促销和分销的规划与实施过程，目的是创造能实现个人和组织目标的交换。

当前比较为大家所接受的定义为"市场营销是与市场有关的人类活动，它以满足人类各种需要和欲望为目的，通过市场变潜在交换为现实交换的活动。"市场营销可看作一种计划及执行活动，其过程包括对一个产品、一项服务或一种方案的开发制作、定价、促销和流通等活动，其目的是经由交换及交易的过程达到满足组织或个人的需求目标。

现代市场营销活动不仅涉及商业活动，也涉及非商业活动；不仅涉及个人，也涉及团体；不仅涉及实物产品，也涉及无形服务。市场营销的这一定义是建立在一系列的核心概念之上的，那么，市场营销的核心概念到底包括什么呢？总的来说，市场营销的核心概念包含以下几个要素：基本需求和欲望、产品需求、产品、价值、交换和交易等。

1. 基本需求和欲望

市场营销最基本的概念是人的基本需求。基本需求是人类经济活动的起点，马斯洛在对人的基本需求研究的基础上把其划分为五个层次：生理需求、安全需求、社会需求、受尊重需求和自我实现的需求。马斯洛认为只有当前一个层次的需求被满足之后，人们才会去追求下一层次的需求。

市场营销者思考问题的出发点是消费者的需求和欲望。人的基本需求并非市场营销活动所造成的，它们是人的内在基本构成。当一个人的基本需求没有被满足时，他有两种选择——寻找可以满足这种基本需求的东西，或者是降低这种基本需求。在工业发达的社会里，人们往往通过各种手段来发展新产品以满足这种需求，而在生产力欠发达的社会里人们采取的态度往往是暂时降低这种需求。

人的基本需求是人为了生存需要食物、衣服、房屋、安全感、尊重和其他一些东西。这些需要存在于人本身的生理需要和自身状态中,绝不是市场营销者所能凭空创造的。而欲望是指人希望得到更深层次的需要的满足。如上班时穿漂亮套装,社交时穿西装,休闲时打高尔夫球,这便是欲望了。尽管人们的需要有限,但欲望却很多。由以上的区分我们可以看出,市场营销人员虽然无法创造人的基本需求,但却可以采用营销手段来创造人们的欲望,并开发及销售特定的服务或产品来满足这些欲望。

2. 产品需求

市场营销人员的任务不仅是激起消费者的欲望,更重要的是激发客户购买本公司产品的需求。

产品需求通常指针对特定产品的欲望即对某一特定产品或服务的"市场需求"。市场需求反映消费者对某一特定产品或服务的购买意愿和购买能力,也就是说,产品需求是建立在两个条件之上的:有支付能力且愿意购买。当有购买力支持时,欲望即变为产品需求。一个人可能会有无限的欲望,但却只有有限的财力。只能在其购买力范围内选择最佳产品来满足自己的欲望。在这种情况下他的欲望就变成了产品需求。因此,公司不仅要预测有多少人喜欢自己的产品,更重要的是了解到底有多少人愿意并能够购买。作为营销人员最重要的任务就是分辨出消费者的购买力层次,生产出适应的产品来最大地满足他们的产品需求。

3. 产品

产品是指提供的各种商品和劳务,也就是任何可以满足需要和欲望的东西。一个产品必须要与购买者的欲望相吻合。一个厂家的产品越是与消费者的欲望相吻合,其在市场竞争中成功的可能性越大。此外,有些产品的重要性并不在于拥有它们,而在于得到它们所提供的服务。女士在买口红时,她购买的是美的"愿望";木匠在购买电钻时,他购买的是钻的"孔"。有形产品只是提供服务的手段。市场营销人员的工作不仅是描述其产品的物理特征,而是销售产品深层的利益和所能提供的服务。

4. 价值

消费者在满足自己的需要时是怎样在众多的产品中选择的呢?这里首先要理解两个概念:一个是产品选择系列;另一个是需求系列。产品选择系列指的是为了满足某种需求可供选择的各类产品(或服务),而需求系列指的是促使一个消费者产生某种欲望的各类需求。消费者往往是根据自己的价值观念来评估产品选择系列,然后选出一个能极大满足自己需求系列的产品。真正决定产品价值的因素是一种产品或一项服务本身给人们所带来的极大满足,而不是生产成本。如李先生周末需要娱乐。满足这一需求的产品或服务就有许多,诸如:旅游、打球、看电影、看演唱会、唱歌等,这些构成一个产品选择系列。另外,李先生在需要娱乐的同时还附带着一些其他的需求,如这项娱乐还必须能健身、安全、价格低等,这些就构成了一个需求系列。李先生就能根据自己的价值观念从以上产品或服务中选出最能满足自己需求的进行购买。

5. 交换和交易

人们有需要和欲望以及能够评定产品效用的事实并不足以定义营销。当人们决定通过交换来满足需要和欲望时,才出现了市场营销。

交换是市场营销理论的中心。如果没有买卖的交换行为,单单是用产品去满足特定的需要,还不足以构成市场营销活动。交换是以提供某物作为回报而与他人换取所需要的产品的行为,交换是先于市场营销的前提性概念。交换并非是一次性的活动,而是一个过程。交换的双方都要经历一个寻找合适的产品和服务、协商价格和其他交换条件以及达成交换协议的过程。一旦达成交换协议，交易也就产生。

四、市场营销观念

市场营销观念是指企业进行经营决策，组织市场营销活动的基本指导思想，也就是企业的经营哲学。它是一种观念、一种态度，或一种企业思维方式。按照商品销售的发展进程划分，陆续出现了以下五种营销观念。

1. 生产营销观念

生产营销观念始于19世纪末20世纪初。该观念认为，消费者喜欢那些可以随处买到并价格低廉的商品，企业应当利用所有资源，集中一切力量提高生产效率和扩大分销范围，增加产量，降低成本。显然，此时的生产观念是一种重生产、轻营销的指导思想，以生产观念指导营销活动的企业，称为生产导向企业。

2. 产品营销观念

产品营销观念是与生产观念并存的一种市场营销观念，都是重生产轻营销。该观念认为，消费者喜欢高质量、多功能和具有某些特色的产品。因此，企业经营的中心是致力于生产优质产品。在这种观念的指导下，公司管理层经常迷恋自己的产品，以至于没有意识到产品可能并不能迎合消费需求，甚至市场正朝着与之不同的方向发展。他们在设计产品时只依靠工程技术人员而极少让消费者介入。

3. 推销观念

推销观念盛行于20世纪30～40年代。推销观念认为，消费者通常有一种购买惯性或抗衡心理，若听其自然，消费者就不会自觉地购买本企业的产品，因此企业营销的中心任务是积极推销和大力促销，以诱导消费者购买产品。执行推销观念的企业，称为推销导向企业。在推销观念的指导下，企业相信产品是"卖出去的"，而不是"被买去的"。他们致力于产品的推广和广告活动，对消费者进行无孔不入的促销信息"轰炸"。但是，推销观念与前两种观念一样，也是建立在以企业为中心的"以产定销"，而不是满足消费者真正需要的基础上。因此，前三种观念被统称为市场营销的旧观念。

4. 市场营销观念

市场营销观念是以消费者需要和欲望为导向的经营哲学，是消费者主权论的体现，形成于20世纪50年代。执行市场营销观念的企业称为市场导向型企业。其具体表现是："尽我们最大的努力，使顾客能买到十足的价值和满足。"

市场营销观念的特点是：①以消费者需求为中心，实行目标市场营销；②运用市场营销组合手段，全面满足消费者的需求；③树立整体产品概念，刺激新产品开发，满足消费者整体需求；④通过满足消费者需求而实现企业获取利润的目标；⑤市场营销部门成为企业整个生产经营活动的中心。

现代市场营销观念包括以下准则：①把争取顾客作为企业的最高目标；②爱顾客胜过爱自己的产品；③不再刻意寻求生产方面的特权，转而重视发挥市场方面的优势；④从顾客的立场来指导企业的经营策略；⑤生产那些顾客乐意购买的商品，而不是那些容易生产、利润高的商品；⑥制造那些能够销售出去的商品，而不是设法推销自己生产的商品。市场营销观念是一种"以消费者需求为中心，以市场为出发点"的经营思想。它认为，实现企业诸目标的关键在于正确确定目标市场的需要与欲望，一切以消费者为中心，并比竞争对手更有效、更有利地提供目标市场所期望满足的购买。市场营销观念相信，决定生产什么产品的主动权不在于生产者，也不在于政府，而在于消费者。

5. 社会营销观念

社会营销观念是以社会长远利益为中心的市场营销观念，是对市场营销观念的补充和修正。从 20 世纪 70 年代起，随着全球环境破坏、资源短缺、通货膨胀和忽视社会服务等问题的日益严重，要求企业顾及消费者整体利益与社会长远利益的呼声越来越高。西方市场营销学界提出了一系列新的理论及观念，如理智消费观念、生态准则观念等。其共同点都是认为，企业生产经营不仅要考虑消费者现实需要，而且要考虑消费者和整个社会的长远利益。这种观念统称为社会营销观念。社会营销观念的基本核心是：以实现消费者满意以及消费者和社会公众的长期福利作为企业的根本目的与责任。理想的营销决策应同时考虑到：消费者的需求与愿望的满足，消费者和社会的长远利益，企业的利润。

五、市场营销组织与市场营销计划

企业是集经济、技术、社会和生态环境目标为一体的社会基本经济单位，以不断满足社会需求为己任，自主决策、自我承担风险，具有法人地位并从事商品的生产经营与服务。国际上通常按资产的组织形式将企业分为三类：①个体业主制企业；②合伙制企业；③公司制企业。公司制企业是依照《公司法》设立的有限责任制公司或股份制有限公司。规范的公司具有以下四条法律特征：①以营利为目的，属社会法人；②实行股东所有权与法人所有权相分离；③公司法人财产具有整体性、稳定性和延续性；④实行有限责任制度。

1. 市场营销组织在企业中的地位

公司型企业的一般组织机构如图 2-1 所示。

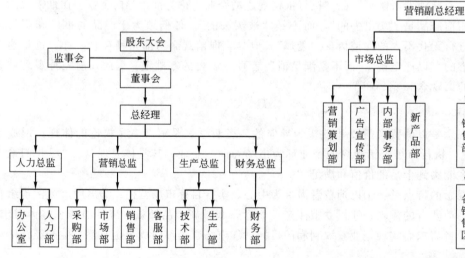

图 2-1　公司型企业的一般组织机构　　图 2-2　大型公司的营销机构内部设置

从企业的组织机构图中可以看出，市场营销组织机构包括营销总监管辖的四个部门，即采购部、市场部、销售部和客户服务部（客服部）。通常采购部负责各种设备、仪器、原辅材料的购进；市场部负责市场营销策划；销售部具体负责产品的销售、中间商的选择和渠道的落实、卖场促销和批发等工作。产品定价一般由市场部与财务部、生产部、采购部共同拟定，并报董事会批准。大型公司的市场营销组织机构设有市场总监和销售总监，分别管理市场部和销售部（见图2-2）。

有的公司还设有物流部,专门负责产品的仓储和运输等工作,售前活动中的市场调研和新产品开发工作由市场部和技术部协同开展。售后服务及产品的维修、更换等工作通常由客户服务部负责。

2. 市场营销计划

市场营销计划是根据企业整体战略规划而制定的一系列行动方案。它具体体现了企业在一定时期内的战略、策略和企业目标。

(1) 市场营销计划与企业整体战略规划的关系　市场营销计划是企业整体战略规划的重要组成部分。企业整体战略规划与市场营销计划之间既有区别,又相互一致。企业整体战略规划是市场营销计划的基础;市场营销计划服从于企业整体战略规划,是实现企业整体战略规划的重要保证。企业整体战略规划确立了企业的任务、政策、战略和目标,提出了企业生存、发展等有关全局性的重大问题。市场营销计划则是把企业整体战略规划划分为几个业务单元,并针对每一个业务单元分别制定出各种详细的计划,如营业计划、产品计划、品牌计划和市场计划等。通过实施各个计划,使每一个业务单元的目标得以实现,进而实现企业的总战略目标。企业整体战略规划的目的是使企业获得长期稳定的发展,市场营销计划的目的则是使企业在目标市场上取得竞争优势。

(2) 市场营销计划的内容　不同企业的市场营销计划的详略虽有不同,但大体上都包括以下几方面的内容。

① 概要　概要把企业的总销售额、总利润额、总增长率以及某种主要产品的销售额、利润额、增长率列举出来,把新的营销目标市场、新的营销方法、新的产品品种等列举出来,通过阅读概述便可以很快地掌握计划要点。

② 营销现状　分别对当前的宏观环境、微观环境、需求状况、产品状况、竞争者状况、渠道状况、分销状况等进行概述。宏观环境部分主要阐述影响企业营销的人口统计、技术、经济、政治、法律、社会文化等;微观环境主要介绍原辅材料供应商、营销中间商、顾客、竞争对手、社会公众;需求状况部分应分析企业所关注的目标市场的一些基本数据,如市场规模、市场细分标准、市场的历史状况及现有水平、顾客期望、购买习惯等;产品状况部分介绍产品过去几年的销售额、单价、利润等,新产品由于没有历史资料,可重点描述新产品的预期销售收入、利润、所占比重等;竞争者状况部分要清楚地描述竞争对手的名称、规模、目标、市场份额、营销策略、产品特点等,特别要描述竞争对手的优势与不足,企业与竞争对手优劣势比较;渠道状况部分重点描述企业目前采用的营销渠道与渠道策略;分销状况部分主要介绍企业的分销系统现状及存在的问题。

③ 机会与威胁分析　常用的机会与威胁分析方法是SWOT分析法,即分别分析本企业目前在市场竞争中的优势(S)和劣势(W),指出企业在市场营销中所面对的机会(O)与威胁(T)。首先对企业内部情况进行诊断,明确企业的优势是什么,然后对市场营销环境进行分析,哪些环境因素对企业有利,易于发挥企业的优势,对企业会构成机会;哪些环境因素对企业不利,对企业会构成威胁,威胁的程度有多大等。优势与劣势源自企业内部,机会与威胁来自企业外部。经过SWOT分析,有针对性地设计企业的营销策略和战术,以达到发挥企业优势,避开各种威胁的目的。

④ 营销目标　营销目标是营销计划的核心,是实施营销计划所要达到的结果,营销目标包括销售目标、市场占有率目标、营销网络覆盖目标、利润目标和投资收益率目标等,所有目标都应该量化。营销目标定得太高无法实现,定得太低不利于企业的发展,因此,企业的营销目标应该具有较强的可操作性和可实现性。

⑤ 营销战略　市场营销战略是企业市场营销部门根据战略规划，在综合考虑外部市场机会及内部资源状况等因素的基础上，确定目标市场，选择相应的市场营销策略组合，并予以有效实施和控制的过程。市场营销总战略包括：产品策略、价格策略、营销渠道策略、促销策略等。市场营销战略计划的制定是一个相互作用的过程，是一个创造和反复的过程。

⑥ 营销预算　完整的营销计划一般都包含详细的营销费用预算，包括销售人员费用、广告费用、支持经销商的费用、卖场费用、市场调研费用等，还应明确预期销售额、预期利润率等，做好营销费用预算，可合理分配企业的资源，实现企业利润最大化。

第二节　市场调研

案例

舌尖上的中国

2012年5月14日，《舌尖上的中国》（以下简称《舌尖》）在中央电视台开播。这部高端美食类纪录片受到了社会各界持续、广泛的关注，风头盖过了所有热播的宫廷剧、家庭剧，其网络搜索量和点击量居高不下。该纪录片刚刚播出第一集，微博上就开始有人议论：《舌尖》看得我垂涎欲滴；作为一个要减肥的人，晚上看《舌尖》，这是一种什么样的自虐精神……该片很快冲上新浪微博话题榜，关于此片的讨论记录竟高达500多万条，绝大部分网友对它毫不吝惜溢美之词。同时也在天涯论坛引起广泛热议，而豆瓣网友给它打出了9.6的高分。

《舌尖》是国内第一次使用高清设备拍摄的大型美食类纪录片，无论是画面还是立意都堪称精品。该片展示出令人垂涎欲滴的画面，触动了无数人的味蕾，同时也展示了中国的日常饮食流变、中国人在饮食中积累的丰富经验、千差万别的饮食习惯和独特的味觉审美。

这部共七集的纪录片每集都有一条主线：自然的馈赠、主食的故事、转化的灵感、时间的味道、厨房的秘密、五味的调和和我们的田野。拍摄者走遍大江南北，涵盖了包括港、澳、台在内的中国各个地域，向观众展示了中国人的日常饮食、饮食习惯和味觉审美；通过中华美食的多个侧面，来感受食物给中国人生活带来的仪式、伦理、趣味等方面的文化特质，让观众见识到中国特色食材以及与食物相关、构成中国美食特有气质的一系列元素，使观众了解到中华饮食文化的精致和源远流长。

包容与吸收，精致与实用，历史与人群，美食给了中国人生命，中国人赋予了美食灵魂。

问题：

（1）通过调查，人们喜爱这部纪录片的主要原因有哪些？

（2）说说你的"家的味道"是怎样的味道。

（3）纪录片的播出，对商家及消费者的行为会带来哪些影响？请根据案例提出改进建议，撰写一份调研报告。

为了能使客户对商品质量和服务产生最大程度的满意，供应商的每一个决定都需要各种信息，只有这样才能比竞争者更好地满足市场需求，赢得竞争优势，公司进行市场调研，广泛收集市场信息，对市场需求和产品销售前景做出合理的预测，从而制定积极有效的市场营销战略。

一、制定调研计划

1. 对市场调研的认识

市场调研就是科学地、系统地、客观地收集、整理和分析市场营销的资料、数据、信息,帮助企业经营者制定有效的市场营销决策。要使企业的产品满足客户的需求获取利润,必须先调查客户需求与期望,所以,市场调研具有十分重要的作用。

第一,通过市场调研,确定顾客的需求,才能生产出客户需要的产品,保证企业获得利润。

第二,市场是不断变化的,顾客的需求各不相同。通过市场调研,可以发现一些新的机会和需求,开发新的产品以满足这些需求。

第三,通过市场调研可以发现企业产品的不足及经营中的缺点,及时加以纠正,调整企业的经营策略,使企业在竞争中永远立于不败之地。

第四,通过市场调研还可以及时掌握企业竞争者的动态,掌握企业产品在市场上所占份额的大小,针对竞争者的策略,对自己的工作进行改进,知己知彼,才能百战不殆。

第五,通过市场调查研究,可以了解整个经济环境对企业发展的影响,了解国家的政策法规变化,预测未来市场可能发生的变化。抓住一些新的发展机会,并对可能发生的情况及时采取应变措施。

2. 市场调研计划的内容

市场调研计划主要包括以下内容。

① 明确调查目的和内容。

② 确定调查方法。

调查方法按对调查对象的选择方法来划分,市场营销调查可分为普查、重点调查、典型调查和抽样调查。

普查又称全面调查,就是对调查对象无一例外地进行全面调查。普查所取得的资料全面,也比较准确,但调查的工作量大,需要花费很多人力、物力、财力,因此,在市场调查中很少采用。

重点调查就是从调查对象总体中有重点地选择一部分调查对象进行调查。这种调查方法简单,但由于受各种因素的影响,调查结果往往不够全面和准确。在市场调查中,这种方法使用得并不多。

典型调查就是从调查总体中选出具有代表性的对象进行调查,以达到推算一般的调查方法。典型调查的关键在于正确选择调查样本。在通常情况下,可以选择中等或中间水平的对象进行调查。在选择数量上,若总体水平比较一致,则选一个或少数几个有代表性的样本;当总体发展水平差异较大时,应先按某些标志进行分类,然后在各类中选择典型进行调查,其调查结果就比较准确可靠。典型调查较多地运用于调查对象数量大、调查人员对调查情况有一定了解的调查。

抽样调查即从调查对象中抽取一部分样本进行调查,从而推断样本总体的方法。抽样调查的方法很多,一般有随机抽样、等距抽样、非随机抽样、固定样本连续调查四大类。

调查方法按搜集资料的方法划分,市场营销调查可分为观察法、询问法和实验法。

观察法是由调查人员在现场对调查对象进行直接观察的一种方法。其优点是结果真实可靠,使用仪器观察具有客观性。缺点是只能观察到表面活动,不能了解其内在因素。

询问法是调查者通过面谈、电话或书面等方式向被调查者进行调查的一种方法,这是市场调查中最常见的一种方法。常见的具体形式有面谈法、邮寄调查法、电话调查法。

实验法是在控制某些因素的前提下，通过小规模实验来观察企业营销活动的效果。实验法多用在新产品引入期，调查价格、广告等营销措施的市场效应。这一方法的优点是科学性强。缺点是实验时间长，成本高。

确定调查方法也是确定如何搜集资料的方法。资料搜集包括一手资料、二手资料的收集。

一手资料的获得，通常是直接访问客户，进行实地问卷调查，因此情况复杂。它是市场调查工作的重点。

① 调查对象的选择　调查对象的选择是根据产品的种类及其分销渠道来确定的。

② 调查地点的选择　选择有代表性的区域市场。

③ 抽样数量　理论上，市场调查若能采用普查法，那么结果就是最准确的。但普查法只适用于小型母体的市场调查。对于大型母体的调查，从时间、财力、组织上都适宜采用抽样法。因此，市场调查多数采用抽样调查。

④ 抽样方法　抽样必须经过科学的设计，否则选出的样本不一定能代表母体，也不能充分发挥调查的功能。理论上抽样方法的种类很多，主要分为概率抽样和非概率抽样。

概率抽样，具有统计推算的功能，能实际算出样本的代表性程度；非概率抽样，则主要用于母体过于庞大、复杂，对其没有足够的了解时使用。

二手资料的取得一般通过方案调查，即走访政府、行业协会、有关部门甚至竞争对手来实现，较为省力。

(1) 调查程序及日程安排　调查程序在市场调查中一般是既定的，只是根据调查范围的大小时间有长有短，一般为一个月左右。基本原则如下。

① 保证调查的准确、真实性。

② 尽早完成调查活动，保证时效性，同时也节省费用。

一般情况，调查过程安排如下。

a. 第一周　准备（确认计划建议书，进行二手资料的收集，了解行情，设计问卷）；

b. 第二周　试调查（修改、确定问卷）；

c. 第三周　具体实施调查；

d. 第四周　进行数据处理；

e. 第五周　撰写报告，结束调查。

通常在安排各个阶段工作时，还具体详细地安排工作内容、责任人。

(2) 经费预算

① 资料收集、复印费。

② 问卷设计、印刷费。

③ 实地调查劳务费。

④ 数据输入、统计及处理劳务费。

⑤ 报告撰写与打印装订费。

⑥ 组织管理费等。

3. 市场调研的主要内容

市场调查的第一步是确定调查项目，通过市场调查要解决什么问题，并把要解决的问题准确地传达给市场调查的承担者。调查项目必须符合以下要求：

① 调查项目切实可行，能够运用具体的调查方法进行调查。

② 可以在短期内完成调查。调查的时间过长，调查结果就会失去意义。

③ 能够获得客观的资料，并能根据这些资料解决提出的问题。

市场调研的主要内容包括以下方面。

(1) 市场容量 市场可能拥有的最大数量及本企业可能拥有的市场份额。

(2) 需求特点

① 产品 质量、特性、规格种类、包装等。

② 价格 客户可能接受的价格。

③ 促销 不同类型购买者的购买信息来源，影响其购买的方式及可能使用的促销手段。

④ 分销 产品的主要销售渠道，用户购买方式，购买地点。

(3) 主要竞争对手及潜在竞争者

① 主要竞争产品的品牌、产量、质量、价格、市场占有率。

② 竞争企业的实力。

③ 可能的潜在竞争者。

④ 将要生产或打算要生产同类产品的企业，可能的替代产品及生产企业。

(4) 目标顾客 调查确定确定哪类客户最可能接受和购买企业的产品。

(5) 市场环境 如经济环境、人口环境、技术环境、自然环境、政治法律环境和社会文化环境等。

二、设计问卷调查表

问卷调查表，是一种以书面形式了解被调查对象的反应和看法，并以此获得资料和信息的载体。问卷调查表是市场调查中必不可少的重要工具。

1. 问卷调查表构成

问卷调查表一般由开头、正文和结尾三个部分组成。

(1) 问卷调查表的开头 主要包括问候语、填表说明和问卷编号。

① 问候语 语气应该亲切、诚恳、有礼貌，内容要能交代清楚调查目的、调查者身份、保密原则等，有些还设计奖励措施。

② 填表说明 目的在于规范和帮助受访者完成对问卷调查表的回答。

③ 问卷调查表编号 主要用于识别问卷、访问员、被访者地址等。

(2) 问卷调查表的正文 一般包括资料搜集、被调查者的基本情况和编码三个部分。

① 搜集资料部分是问卷调查表的主体，也是使用问卷调查的目的所在。其内容主要包括调查所要了解的问题和备选答案。

② 被调查者的有关背景资料也是问卷调查表正文的重要内容之一。被调查者往往对这部分问题比较敏感，但这些问题与研究目的密切相关，必不可少，如个人的年龄、性别、文化程度、职业、职务、收入等，家庭的类型、人口数等，单位的性质、规模、所属行业、所在地等，具体内容要依据研究者先期的分析设计而定。

③ 这里的编码是指问卷调查表中包含的前编码设计，以及为后编码设计预留的位置。

(3) 问卷调查表的结尾 问卷调查表的结尾可以设置开放题，征询被调查者的意见、感受，或是记录调查情况，也可以是感谢语以及其他补充说明。

2. 提问项目的设计

问卷所要调查的资料，由若干个具体提问项目即问题所组成。如何科学准确地提出所要调查的问题，是问卷调查表设计中十分重要的一步，对调查质量有着重要影响。一般来说，一份问卷中的内容不宜过多，不必要的问题不要列入。很多初学调查或问卷设计的人，往往以为多一道题，可多得一份资料，所以会询问一些不必要的问题，不但浪费时间和资料处理的费用，有时也因问题过多，使被调查者感到厌烦，影响整体调查的质量。

在设计提问项目时，需要注意以下几点。

① 提问的内容尽可能短；

② 用词要确切、通俗。

用词是否确切，具体可按"6W"准则加以推敲。"6W"即 Who（谁），Where（何处），When（何时），Why（为什么），What（什么事），How（如何），以此来判断问题是否清楚。当然，并不是一项提问中必须同时具备这"6W"。例如：

请问你使用什么品牌的洗发水？

这个问题中的 Who 很清楚，What 指洗发水的牌子，When 则未表明，是指过去还是现在？很容易造成回答偏差。因此，可以修改为：

请问你最近一个月使用什么品牌的洗发水？

有许多词，如"一般""经常""很多"等都属于过于笼统、含义不确切的词，不同的人可能会有不同的理解，从而造成回答的偏差。

也有一些所询问问题的含义不清或过于笼统。例如：

您觉得这种洗发水的效果怎么样？

这里的"效果"的含义是很笼统的，被调查者不知道要回答哪些效果的问题。因此可以改为：

您觉得这种洗发水的去屑能力怎么样？

由于被调查者的文化程度不同，问卷中的用词要通俗，易被人理解，避免使用过于专业的术语。

(1) 一项提问只包含一项内容　如果在一项提问中包含了两项以上的内容，被调查者就很难回答。例如：

您对这种面霜的价格和保湿效果满意还是不满意？

这里包括了价格和功效两项内容。如果被调查者认为价格很合理，而功效不好，或者认为价格不合理，而功效很好，则一时很难给出判断和回答。所以，不如把它分成两个问题：

您觉得这种面霜的价格怎么样？

您觉得这种面霜的保湿效果怎么样？

(2) 避免诱导性提问　问卷中提问的问题不能带有倾向性，而应保持中立。词语中不应暗示出调查者的观点，不要引导被调查者该如何回答或该如何选择。例如：

宝洁公司连续三年荣居洗涤用品类消费者信赖产品的榜首，你觉得它怎么样？

这里已经暗示了宝洁的产品很好，对被调查者的选择具有引导作用。引导性提问容易使被调查者不假思索地给出回答或选择，也会从心理上产生顺应反应，从而按着提示回答或选择。

(3) 避免否定形式的提问　在日常生活中，人们往往习惯于肯定陈述的提问，而不习惯于否定陈述的提问。如对一种产品新包装的市场调查，采用否定的提问：

您觉得这种产品的价格不合理吗？

否定提问会影响被调查者的思维，或者容易造成相反意愿的回答或选择，因此，在问卷中尽量不要用否定的形式提问。

(4) 避免敏感性问题　敏感性问题是指被调查者不愿意让别人知道答案的问题。例如，个人收入问题、个人生活问题等。问卷中要尽量避免提问敏感性问题或容易引起人们反感的问题。对于这类问题，被调查者可能会拒绝回答，或者采用虚报、假报的方法来应付回答，从而影响整调查的质量。对有些调查，必须涉及敏感性问题的，应当在提问的方式上进行推敲，尽量采用间接询问的方式，用语也要特别婉转，以降低问题的敏感程度。

3. 问句设计的方法

根据具体情况的不同，问句可以采用不同的形式，主要有以下几种。

(1) 开放式问句　回答这种问句时被调查对象可以自由回答问题，不受任何限制。换句话说，就是事先不规定答案。这种问句的优点是调查对象可以按自己的意见进行回答，不受任何限制。而且，调研人员可以获得足够全面的答案。缺点是答案过于分散，不利于统计分析。若是由调查员记录答案的话，还容易产生调查员的理解误差，使答案与调查对象的本意出现偏差。

(2) 封闭式问句　这种问句与开放式问正好相反，它的答案已事先由调研人员设计好，被调查对象只要在备选答案中选择合适的答案即可。例如：

你购买洗发水通常在（单选）

　　a. 超级市场　　b. 网店　　c. 百货商店

你购买"宝洁"洗发水的主要原因是（选最主要的两种）

　　a. 洗头效果好　b. 价格便宜　c. 购买方便　d. 不伤头发　e. 熟人推荐

封闭式问句的答案都是事先拟定的，因而便于统计分析；同时，也便于被调查对象选择，能够节省调查的时间。但是，它也有自己的缺陷，那就是限制了被调查者的自由发挥。他们的答案可能不在所拟定的答案之中，因而他们也许会随意选择一种并非真正代表自己意见的答案。在决定采用开放式问句还是封闭问句时，必须考虑问题答案的分散程度。如果可能的答案较多，用封闭式问句会使答案的范围过于狭窄。在实践中，常结合开放式问句与封闭式问句的特点，采用在末尾安排开放式的问句的方式来解决这一问题。例如：

你购买洗衣粉通常在（单选）

　　a. 超级市场　　b. 网店　　c. 百货商场　　d. 其他____

在问句的末尾加上答案"d. 其他____"，使之成为一个开放式的问句。如果被调查者在前三者以外的地方购买洗衣粉，就可以选择答案 d，不会选择前三者之一。

4. 问题顺序的设计

在问卷设计过程中，安排好问题的顺序也是很重要的。设计问题的顺序时，应注意以下几点。

① 问题的安排应具有逻辑性。
② 问题的安排应先易后难。
③ 能引起被调查者兴趣的问题放在前面。
④ 开放性问题放在后面。

三、抽样调查

抽样调查方法大体上可分为两大类：一是随机抽样；二是非随机抽样。

1. 随机抽样

随机抽样即按随机原则抽取样本，完全排除人们主观意识的干扰，在总体中每一个体被抽取的机会是均等的。其常用的抽样方法如下。

(1) 简单随机抽样法　这是从总体中随机抽取若干个体为样本，抽样者不做任何有目的的选择，而用纯粹偶然的方法抽取样本。它是随机抽样法中最简便的方法。

(2) 等距抽样法（又称系统抽样法）　这是从总体中每隔若干个个体选取一个样本的抽样

方法。

(3) 分层随机抽样法　当总体中的调查单位特性有明显差异时，可以采用分层随机抽样法。分层随机抽样是先将调查的总体根据调查目的按其特性分层（或组），然后在每一层中随机抽取部分个体为样本。这种从各层中抽取样本的方法，称为分层随机抽样法。分层随机抽样的优点是可以提高样本的代表性。避免简单随机抽样中样本可能出现集中于某些特性或遗漏掉某些特性的缺点。

(4) 分群随机抽样法（又称整群随机抽样法）　分群随机抽样法是先将调查总体分为若干群体，再从各群体中随机整群抽取样本，即其抽取的样本单位不是一个，而是一群，然后再在抽中的整群内进行逐一调查。分群随机抽样法划分的各群体，特性也需大致相近，而各群体内则要包括各种不同特性的个体。

2. 非随机抽样

非随机抽样，是指并非根据随机原则抽取样本，而是调查者根据自己的主观选择抽取样本的一种方法。在一些市场调查中，比如在对调查的总体不了解，或者调查的总体过分庞杂时，往往采用非随机抽样方法抽取样本。

四、资料的收集、整理与分析

市场调研的资料分两类：一类是通过实际市场调研，对企业及顾客的询问调查得到的信息资料，被称为第一手资料；另一类为文献资料，又称第二手资料，主要通过收集一些公开的出版物、报纸、杂志、网站、政府和有关行业提供的统计资料，了解有关产品及市场信息。这些资料的整理分析，有助于了解整个市场的信息，对企业了解市场的帮助很大。

实际的市场调研工作是将上述两类资料结合起来进行比较、分析、整理，得出市场调研的总结论。两者在市场调研过程中缺一不可，相互补充。

1. 第二手资料的收集整理

第二手资料通过以下渠道获得。

① 国家统计资料。国家公开的一些规划、计划、统计报告、统计年鉴等。

② 行业协会信息资料。行业协会经常发布一些销售情况、生产经营情况及专题报告。

③ 公开出版的图书资料。从图书馆或其他渠道获得的一些出版物、专业杂志、报纸所提供的信息资料。

④ 大众传播媒体。

⑤ 各种信息咨询机构。如国家信息中心、国家统计信息中心、中国科技信息中心等。

⑥ 计算机信息网络。从国际联机数据网络和国内数据库获取有关数据。

⑦ 企业内部资料。

⑧ 国际组织。国际商业组织定期发布大量市场信息资料。

二手资料的收集着重用来分析宏观形势，收集较省力、整理较方便。应把重点放在一手资料的收集和整理上。

2. 实际调查数据处理

(1) 校验　调查表回收后，可先进行检查，确定是否可接受作为有效的资料，具体包括以下3项内容。

① 检验所有问卷的完整性。

② 检验访问工作的质量。

③ 检验有效问卷的份数是否符合调研方案要求的比例。

对于有遗漏的资料，如果遗漏项太多或漏选关键项太多，可作废；还可用时，一般将漏项用空白表示或以其他代号表示。对含义模糊的答复，根据情况，要么作废问卷，要么参考前后几个问题的回答来判断。

(2) 输入与制表 校检后，就可以进行数据输入和统计了。将原始数据输入计算机，数据输入计算机后一般需用表格或图、线等形式统计并表达出来，便于研究人员的分析。

最简单也最常见的是单向表，用来统计各组的问卷答案选择项的出现次数，一般还需加上百分比和累计百分比两项，因为百分比的分布状况便于分析测试总体特征组成。对数据频数分布（即各选择项出现次数）使用平均值、中数、方差进行描述分析也很常用，集中趋势计量方法可以辨别最典型的变量值和最普通的总体特征。

五、撰写市场调研报告

调查报告是整个调查工作，包括计划、实施、收集、整理等一系列过程的总结，是调查研究人员劳动与智慧的结晶。它是一种沟通、交流形式，其目的是将调查结果、战略性的建议以及其他结果传递给管理人员或其他担任专门职务的人员。调查数据处理对未来市场的发展趋势进行预测，找出影响市场发展的主要因素，分析可能的市场机会及不利情况。将调查结果进行整理分析，确定该产品在市场上的地位，明确主要优缺点，进行市场细分，决定目标市场，并提出企业今后应采取的营销策略及建议。

一份完整的调查报告应包括如下几部分。

① 题页。题页点明报告的主题，包括委托客户的单位名称、市场调查的单位名称和报告日期。调查报告的题目应尽可能贴切而又概括地表明调查项目的性质。

② 目录表。

③ 调查结果和有关建议的概要。这是整个报告的核心，应简短、切中要害。使决策者既可以从中大致了解调查的结果，又可从后面的主体部分中获取更多的信息。有关建议包括重要发现和结论。

④ 主体部分。包括整个市场调查的详细内容，含调查使用方法、调查程序、调查结果。

在主体部分中相当一部分内容应是数字、表格，以及对这些的解释、分析，要用最准确、恰当的语句对分析做出描述，结构要严谨，推理要有一定的逻辑性。

在主体部分，一般必不可少地要对调查中出现的不足之处说明清楚，不能含糊其词。必要的情况下，还需将不足之处对调查报告的准确性有多大程度的影响分析清楚，以提高整个市场调查活动的可信度。

⑤ 结论和建议。应根据调查结果总结结论，并结合企业或客户情况提出其所面临的优势与困难，提出解决方法，即建议。使决策者可以参考报告中的信息进行市场判断。

⑥ 附件。附件内容包括一些过于复杂、专业性的内容，通常将调查问卷、抽样名单、地址表、地图、统计检验计算结果、表格、制图等作为附件内容，每一内容均需编号，以便核查。

第三节 化工产品市场营销

一、化工市场的概念

狭义的化工市场指的是化工商品聚集和交换的场所。广义的化工市场概念则包括化工商品的买方、卖方、中间商之间的关系，物流、仓储、批发、零售等一切与化工产品营销活动相关联的机构之间的关系。化工市场既可以是实物市场,也可以是虚拟市场,交易并不局限于某一具体的时间和地点。化工市场必须具备以下基本条件:存在可供交换的化工产品(包括有形的商品和无形的服务);存在提供化工产品或服务的卖方;存在有购买欲望和购买能力的买方;化工商品的价格买卖双方都能接受。

化工产品的市场营销表现在我们生活的方方面面。它可以是一群太太们在闲暇之余谈论某个品牌的面霜或者防晒产品的效果好坏;可以是建筑材料城的经理为新装修的顾客准备周末促销的涂料品种和价格;也可以是化工原料的销售代表,为了争取采购商试用,和对方的技术人员交流技术难题;可以是经销商为了进货价格和厂家进行谈判;可以是外地的客户通过互联网络咨询产品使用方法;甚至简单到可以是去超市购买牙膏、香皂等。

二、化工市场的基本类型

在市场营销学中,通常把市场分为个人消费者市场和组织市场,组织市场又细分为生产者市场、中间商市场和政府(团体)市场。化工市场包括化工日用品市场和化工工业品市场,其中化工日用品市场属于个人消费者市场的分支,化工工业品市场属于组织市场下的分支(图2-3)。

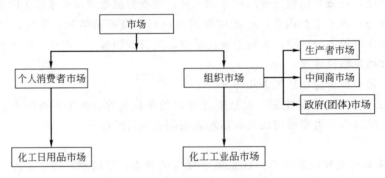

图 2-3 化工市场组成框图

三、化工产品的市场营销调研

目前,通用型化工产品的市场概况是供大于求,精细化学品则是功能或性能不能很好地满足客户的要求,信息与技术的高效交流,进一步加剧了市场竞争的压力。

在化工产品的市场调研活动中,最普遍的是:市场特性的确认、市场潜量的衡量、新产品的接受和潜量研究、竞争产品和市场份额的分析、价格与销售分析等。一般认为化工产品市场营销调研的主要内容如下。

1. 市场营销环境调研

主要包括对经济环境,如人口数量与结构、国民收入水平、消费结构的调研;政治法律环境,如政府颁布的各项法律和政策、国家以及当地产业发展政策变化的调研;技术环境,如相关化工产品的技术发展趋势及产业结构的调整,行业新技术、新工艺、新材料的发展、应用及推广情况的调研;还包括社会环境、生态环境保护活动、消费者权益保护对企业营销活动的影响也成为宏观营销环境调研的重要内容。

2. 市场需求调研

消费者的需求和欲望是企业营销活动的根本出发点,因此,市场需求的调研是市场营销调研的核心部分。它是对某一类产品国内外生产发展的趋势与动向、国家进出口的产品及数量、新产品开发的发展方向、国内外市场的需求总量和需求结构（品种、规格、价格、包装等）、市场购买力（消费者的收入水平和存款额、基建投资、企业技改投资等）、市场需求结构和需求层次的发展变化、实际购买力与潜在购买力的状况以及购买力的投向、消费者的消费习惯等的调查研究。

3. 消费者和消费行为调研

调研企业应调查本企业服务对象的数量、消费者的购买动机、消费心理特点、购买行为及过程类型等其他与购买相关的因素，弄清楚谁买，为什么买，在哪里买，什么时候买，买多少等。

4. 产品生命周期调研

任何一个化工产品在市场上的销售和获利都是随着时间的推移而不断变化的，从新产品试制投放市场直至被市场淘汰，一般分为投入期、成长期、成熟期和衰退期。化工产品市场调研的内容包含对相关产品目前所处的生命周期的研究。

5. 销售状况调研

销售状况的调研包括产品价格、竞争结构、营销组合策略等的调研。价格调研主要调研目前市场上该类化工产品的通行价格、价格政策、主要竞争对手的市场价。通过调研，分析价格变动的因素，包括成本、需求及国际市场价格变动、供需量变动等因素。市场竞争结构的调研包括与本产品相竞争的产品是哪些，目标市场内竞争企业的总体状况，同行业市场的销售量与本企业市场销售量、潜在销售量、企业的市场占有率等。如企业数目、规模及产能、地域分布、市场占有率、营销策略等，主要竞争对手的经营管理水平、营销组合策略，同类产品各自的特点、技术标准、售后服务措施等。营销组合策略包括分销渠道、营业推广等方面。分销渠道是指参与和协助某种货物或者劳务的所有权从生产者向消费者转移的所有企业和个人，主要包括商人中间商、代理中间商以及处于渠道起点和终点的生产者与消费者。分销渠道由五种流程构成，即实体流程、所有权流程、付款流程、信息流程及促销流程。分销渠道的调研主要包括分销渠道的结构与类型、覆盖范围、零售商与批发商的状况、消费者对零售商的态度以及运输的路线和成本的研究。营业推广就是利用各种手段使所营销的产品被广泛认知的过程。推广可分为产品推广、品牌推广、服务推广和企业形象推广。营业推广的调研主要包括企业采取营业推广方式的适应性、公共关系的方式选择与效果的评价、广告的媒体选择、广告效果的考察、营业推广对销售量的影响程度及消费者的接受程度等。

在实际工作中，企业不可能在短期内对上述内容同时展开全面的调研，但是可以集中精力针对存在的不同问题，重点调研一个或几个方面。

四、化工产品的需求分析

1. 化工产品市场需求的概念

化工产品的市场需求是指在一定的地理区域、一定的时间和一定的市场营销环境下顾客购买的总量。理解化工市场需求的含义需理解如下概念。

（1）**需要** 需要指人们没有得到某些基本满足的感受状态，这是人类与生俱来的，不是由营销或其他活动创造的。它是市场营销的逻辑起点，也是一切经济活动的前提。

（2）**欲望** 欲望指基于需要而产生的想得到具体的商品或服务的愿望。一种需要可以有多种满足途径，营销不能创造需要，但可以激发和改变人们的欲望。

（3）**需求** 需求指有能力购买某种具体商品或服务的欲望。当具有对某类化工产品的购买能力时，欲望就转化为需求。

（4）价值和满意度 价值可以理解为商品中所物化的社会必要劳动量外，还有"效用"的意义。假定消费者是理智的，选择商品时就会对不同商品满足其需求的价值（效用）进行比较。商品的采购者是否满意取决于所购商品的总效用是否为最大，现代营销的终极目标是充分提高消费者的满意度，从而赢得顾客对本企业产品的忠诚度。

2. 化工产品市场需求的几种状态

化工产品在市场上的需求状态，可以区分为下述几种情况。

（1）负需求 负需求是指市场上众多顾客不喜欢某种产品或服务，如有些顾客害怕化纤纺织品有毒物质损害身体而不敢购买化纤服装。市场营销者的任务是分析人们为什么不喜欢这些产品，并针对目标顾客的需求重新设计产品、定价，做出更积极的促销，或改变顾客对某些产品或服务的信念，把负需求变为正需求。

（2）无需求 无需求是指目标市场顾客对某种产品从来没有认识和好感，或者漠不关心。市场营销者的任务是创造需求，通过有效的促销手段，把产品利益同人们的自然需求及爱好密切结合起来。

（3）潜在需求 潜在需求是指现有的产品或服务不能满足许多消费者的强烈需求。企业市场营销的任务是准确地衡量潜在市场需求，开发有效的产品和服务来满足潜在的需求。

（4）下降需求 下降需求是指目标市场顾客对某些产品或服务的需求出现了下降趋势，如城市居民对肥皂、雪花膏的需求相对减少。企业市场营销的任务就是要了解顾客需求下降的原因，通过改变产品的特色来引导消费，采用更有效的沟通方法刺激需求，即创造性的再营销，或通过寻求新的目标市场，以扭转需求下降的趋势。

（5）不规则需求 企业常面临因季节、月份时间不同消费者对产品或服务需求的变化，而造成生产能力与商品的闲置或过度使用。如在男用化妆品方面，在春夏季时消费量较少；驱蚊花露水在夏秋季时消费量较多。市场营销的任务是通过灵活的定价大力促销及采用其他激励因素等手段来改变需求时间模式。

（6）充分需求 充分需求是指某种产品或服务目前的需求水平等于期望的需求水平，但消费者需求会不断变化，导致竞争日益加剧。企业市场营销的任务是改进产品质量并不断提高消费者的满足程度，维持现时需求。

五、化工产品的市场预测

市场预测是依据市场的历史和现状，在市场调研和市场分析的基础上，运用逻辑和数学方法，对各种市场信息进行分析研究，凭经验并运用一定的预测技术，预先对市场未来的发展变化趋势做出描述和量的估计，得出符合逻辑结论的活动和过程。科学而成功的营销决策是以市场调研为基础、以市场预测为依据的。

进行化工产品的市场预测，一般遵循以下原理：①可测性原理；②连续性原理；③类推性原理；④因果相关性原理；⑤系统性原理。

市场预测从产品层次包括整个行业的产销现状与发展预测、同一类产品的产与销的预测、某个具体产品的产销预测。

化工产品的市场预测内容包括：市场需求、市场供给、市场潜量、市场价格、产品的技术发展、竞争形势、国际市场预测等。其预测目标又分为：市场需求量的预测，产品生产与资源预测，产品成本、价格预测，产品销售量预测，市场占有率预测。其中，产品销售量预测是指以企业选定的市场营销计划和假定的市场营销环境为基础所确定的企业销售额的预期水平。

复习思考

一、名词解释

市场营销　市场调研　抽样调查　问卷调查　化工市场

二、简答题

1. 市场的内涵是什么？组成市场的三个主要因素是什么？
2. 化工工业品市场的主要特征是什么？
3. 化工工业品市场与化工日用品市场特征的区别是什么？
4. 化工工业品市场的购买对象是什么？
5. 现代市场营销两种代表性的观点是什么？
6. 市场营销的四大功能是什么？
7. 试对派生需求的特点及工业品市场需求的预测方法进行分析。

三、论述题

1. 简述工业品市场营销六大步骤的核心环节。
2. 企业树立现代市场营销观念的理由和必要性是什么？
3. 按市场的供求关系划分，可以把市场分为哪几种？
4. 为什么说市场营销不单纯是产品的销售活动？市场营销的核心概念是什么？
5. 说明营销观念与推销观念的主要区别。营销观念有哪些主要特征？
6. 市场部、销售部和客户服务部的责任和任务分别是什么？
7. 市场营销计划的内容有哪些？
8. 如何开展市场营销调研？

第三章　化工产品市场开发实务

案例导入

百事可乐

1981年，百事公司进入中国市场。"新一代的选择"是百事独特、创新、积极的品牌个性，鼓励新一代对自己、对生命有更多的追求；1998年，全新口号"渴望无限"是人生态度，是百事与全球新一代的共同目标。由形象化到实践的升华，是一种更高层级的品牌核心价值，为百事与目标消费者之间建立起了良好的沟通桥梁，在年轻人心中树立起了受欢迎的品牌形象。

百事可乐的品牌标志以蓝色为标识色，标志是红、白、蓝相间的球体，富有动感。标志的设计紧扣目标消费者的心理特点，并根据时代的变化不断地修正。采用生动的、瞬息万变的立体图像，表现百事的核心价值理念。全新百事圆球标识象征着一种与时俱进的精神，与全世界的消费者紧密联系在一起。

独特的音乐营销

1998年1月，百事与青春偶像郭富城合作，推出了"唱这歌"的MTV。身着蓝色礼服的郭富城以其活力无限的外形和舞姿，把百事"渴望无限"的主题发挥得淋漓尽致，在亚洲地区受到年轻一代的普遍欢迎。

1998年9月，百事可乐在全球范围内推出最新的蓝色包装。为配合新包装的亮相，郭富城拍摄了广告片"一变倾城"，也是新专辑的同名主打歌曲。蓝色"新酷装"百事可乐借助郭富城"一变倾城"的广告和大量宣传活动，以"ask for more"为主题，随着珍妮·杰克逊、瑞奇·马丁、王菲和郭富城的联袂出场，掀起了"渴望无限"的蓝色风暴。

2002年，新一代的郑秀文和F4相继成为百事广告代言人。

音乐的传播与流行得益于听众的传唱，百事音乐营销的成功在于它感悟到了音乐的沟通魅力，是一种互动式的沟通。好听的歌曲旋律，打动人心的歌词，都是与消费者沟通的最好语言，品牌的理念自然而然地深入了人心。

网络营销

百事网络广告活泼，无论是画面构图，还是动画人物，都传达着一种"酷"的感觉。2000年，拉丁王子瑞奇·马丁、"小甜甜"布兰妮和乐队Weezer先后出现在百事可乐的广告中。从NBA到棒球，从奥斯卡到古墓丽影游戏、电影，百事可乐的网络广告总能捕捉到青少年的兴趣点和关注点，将"渴望无限"的品牌理念与年轻一代的兴趣点、关注点结合起来。

2001年中国申奥成功，百事可乐在网络广告中独具匠心，实现了品牌的激情无限与气势非凡的内涵画面的精彩结合，用动感的水滴传达出了百事可乐充沛的活力。百事可乐把申办前的"渴望无限"和申办成功后的"终于解渴了"整合在一起,双关语义把中国人民对奥运会的期盼与百事可乐巧妙地联系在一起,产生了极佳的沟通效果。做成的全屏广告造成了很大的冲击,与当时的气氛同频共振,在短短的四小时里,点击数高达 67877 人次。百事可乐与目标消费者共同支持申奥,心灵相映,情感相通,收到了良好的社会效果,品牌的社会形象得以大大提高。

同时,在百事可乐中英文网站中,还设有"百事足球世界""精彩音乐"和"游戏"等相关内容,不仅增加了网站的娱乐性与趣味性,而且较好地吸引了注意力。线上与线下的互动保持了百事可乐广告的连续性、一致性,实现了媒介的有效结合。

资料来源:平建恒,王惠琴. 消费者行为学 [M]. 北京:中国经济出版社,2008.

问题:

(1) 百事可乐为什么用明星来宣传"渴望无限"的品牌理念?这对年轻一代的态度有影响吗?请给出你的理由。

(2) 百事可乐用音乐和网络等广告形式吸引目标消费者参与其中,请从改变态度的策略来分析一下原因。

第一节 市场营销环境

市场营销环境泛指一切影响、制约企业营销活动的最普遍的因素。任何企业的营销活动都是在一定的环境中进行的,绝不可能脱离环境。营销环境既能提供机遇,也能造成威胁。因此,对环境的研究是企业营销活动的最基本的课题。

根据营销环境中各种力量对企业市场营销的影响,可把市场营销环境分为宏观环境和微观环境两大类。宏观环境指能影响整个微观环境的广泛的社会性因素——人口、经济、自然环境、技术、政治和文化因素。微观环境指与公司关系密切、能够影响公司服务顾客的能力的各种因素——公司自身、供应商、销售渠道、顾客、竞争对手及公众。

一、宏观环境

宏观环境是造成市场机会和环境威胁的主要力量,它引导企业营销活动的大方向。企业营销环境分析首先应分析宏观环境。

影响企业营销活动的宏观环境因素主要有以下方面。

1. 人口环境

人口是营销人员最感兴趣的环境因素之一。市场是由人组成的,市场是产品现实或潜在购买者的集合,只有有人才能有顾客,只要有人就可能将其发展成为顾客。

以下的人口特征将影响企业活动。

(1) 人口规模和增长率 人口规模影响市场的容量,增长率影响未来市场的增长情况。

(2) 人口年龄结构 人口年龄结构决定市场需求结构。不同年龄阶段的人对产品的需求有很大的差别,分析一定时期内人口年龄结构,能促使企业更好地发掘市场机会。

(3) 人口地理分布及流动 人口密度不同的地区市场需求量存在差异,同时,受地理环境、气候特点的影响,不同地区居民的购买习惯和购买行为也存在差异。

人口的爆炸性增长对企业有很大的影响。人口增长意味着人们需求的增长。就购买力来说，也意味着市场机会的增加。所以，市场营销者时刻关注着国内外市场上人口的变化与发展。他们跟踪调查年龄与家庭结构、地理上的人口变化、教育程度和人口的多样性。

2. 经济环境

经济环境是指影响企业市场营销模式与规模的经济因素，包括那些能够影响顾客的购买力和消费方式的因素。如收入与支出水平、经济发展水平等。

（1）收入与支出水平 人口因素是影响市场营销的主体，而社会购买力是实现企业营销的关键。社会购买力是受宏观经济环境制约的，反映经济环境的变化。影响购买力的主要因素有消费者个人收入、消费者支出以及消费者储蓄和信贷等。

（2）经济发展水平 企业的市场营销活动还受到一个国家或地区的整个经济发展水平的制约。经济发展阶段不同，居民的收入不同，消费者对产品的需求也不一样，从而会在一定程度上影响企业的营销。如以消费者市场来说，经济发展水平高的地区，在市场营销方面，强调产品款式、性能及特色，品质竞争多于价格竞争。而在经济发展水平低的地区，则较侧重于产品的功能及实用性，价格因素比产品品质更为重要。在生产者市场方面，经济发展水平高的地区着重投资较大的、先进、精密、自动化程度高、性能好的生产设备。对于不同经济发展水平的地区，企业应采取不同的市场营销策略。

3. 自然环境

自然环境是指作为生产投入或受营销活动影响的自然资源。自然资源可分为三类：一是有限的不可再生资源，如石油、矿产等；二是有限的可再生资源，如森林等；三是其他自然资源，如水、空气等。无遏制地利用有限资源与人类对自然资源需求的无限扩大的趋势加剧了人类与自然资源的矛盾。环境问题已经成为人们越来越关注的问题。自然环境的恶化更是企业和大众所共同关注的主要世界性问题。在世界许多城市，空气和水的污染已经达到了危险的程度。而臭氧层的削弱及由此引起的使地球变暖的"温室效应"，也越来越使人们感到焦虑，环境专家担心人类将被自己的垃圾掩埋。环境恶化造成的影响直接对企业的营销造成威胁。

4. 科学技术环境

技术环境可能是目前影响人类命运和社会进步的最引人注目的因素。科学技术创造了如抗生素、器官移植和笔记本电脑这样的奇迹，但也带来了像原子弹、神经毒气和半自动武器这样恐怖的东西。科学技术的发展给企业创造了许多市场机会，也使企业面临许多潜在的威胁。同时，科学技术影响了营销活动各个环节和营销活动的方式。新技术革命使各国研究与发展预算越来越高。当一项新科学技术给一些行业和企业带来增长机会的同时，也可能严重威胁另一些行业和企业的生存。晶体管的出现损害了真空管行业，复印技术损害了复写纸行业，汽车损害了铁路，光盘损害了唱片业。每当旧的行业对抗或忽略新技术时，该行业就会衰落，新技术创造新的市场和机遇。因此，营销人员应随时监控科学技术环境的发展变化，调整企业行为以适应变化。

5. 政治法律环境

营销决策在很大程度上受政治环境变化的影响。政治环境主要是指企业所在国的政权、政局，政府的有关政策以及对营销活动有直接影响的各种政治因素。法律环境是指企业所在国和地方制定的各种法令、法规。政治法律环境是由与企业活动相关的法律、政府管理机构以及社会中对企业起制约作用的压力集团构成的。

对企业有监督、制约作用的压力集团主要是指保护消费者权益的群众团体和保护环境的群众团体。这些团体对企业行为虽然没有强制作用，但是他们能影响社会舆论，给企业施加压力，与压力集团保持良好关系是树立企业形象的必备条件。

企业在从事市场营销活动时，应了解政府在经济发展中的基本作用。政府首先是以集团消费者的身份影响市场需求参与经济活动，其次是以管理者身份直接干预经济。国家制定的法律法规有一部分是针对企业国内营销活动的，有一部分是针对企业国际营销活动的。

6. 文化环境

文化环境包括影响一个社会的基本价值、观念、偏好和行为的风俗习惯和其他因素。文化环境包括教育水平、社会阶层、语言、价值观念、民族传统等。人们成长于特定的社会中，社会塑造了人们的基本信仰和价值观，确定他们与周围人们的关系的世界观也随之形成。文化特征通过影响消费者行为影响营销活动。

二、微观环境

一个企业能否成功开展营销活动，不仅取决于其对宏观环境的适应性，也取决于其能否适应和影响微观环境。微观环境直接影响营销活动的方式和效果。影响企业营销活动的微观环境因素主要有以下方面。

1. 企业内部环境

微观环境中的第一力量是企业内部的环境力量。良好的企业内部环境是企业营销工作得以顺利开展的重要条件。内部环境由企业高层（董事会、厂长、经理）和企业内部各种组织（财务、科研开发、采购、生产等）构成。营销部门工作的成败与企业领导及各部门的支持有很大关系。财务部门负责寻找和使用实施营销计划所需的资金；研究与开发部门研制安全而吸引人的产品；采购部门负责供给原材料；生产部门生产品质与数量都合格的产品。这些部门都对营销部门的计划和行动产生影响，企业所有部门都同营销部门的计划和活动发生着密切的关系。用营销概念来说，就是所有这些部门都必须"想顾客所想"，并协调一致地提供顾客价值和满意。因此，企业的生产能力、财务能力、职工的素质、研究和发展的状况以及企业在公众中的印象等，构成了企业内部环境的主要内容，影响和决定着企业为消费者提供商品和服务的能力与水平。

2. 供应商

供应商是指向企业提供生产产品所需要的资源的企业或个人。他们能提供公司生产产品及提供服务所需的资源，包括原材料、设备、能源、劳务、资金等，是公司的整个顾客"价值传递系统"中的重要一环。供应商的变化对营销有重要影响。供应商这种力量对企业的营销影响是很大的，所提供的资源质量、价格和供应量，直接影响着企业产品的质量、价格和销售利润，企业应从多方面获得供应，而不可依赖于单一供应者。营销部门必须关注供应能力——供应短缺或延迟、工人罢工及其他因素。这些因素在短期内会影响销售，而在长期内会影响顾客的满意程度。营销部门还必须关注公司主要原料的价格趋势，供应成本上升将使公司产品价格上升从而影响公司的销售额。

3. 营销中介

营销中介是指在企业把产品送到最终购买者手中的过程中给予帮助的有关机构。市场中介包括经销商、货物储运商、营销服务机构和金融中介。经销商是销售渠道公司，能帮助公司找到顾客或把产品卖给顾客。经销商包括批发商和零售商。寻找经销商并与之合作不是件容易的事。制造商们不能像从前那样从很多独立的小型经销商中任意选择，而必须面对大型且不断发展的销售机构，这些机构往往有足够的力量把控市场。

货物储运公司帮助公司在从原产地到目的地的过程中存储和移送货物，基本功能是调节生产与消费之间的矛盾，弥合产销时空上的分离，提供商品的时间和空间效用，适时、适地、适量地将商品供给消费者。在与仓库、运输公司打交道中，公司必须综合考虑成本、运输方式、速度及安全性等因素，从而决定运输和存储货物的最佳方式。

营销服务机构主要是指为生产企业提供市场调研、市场定位、促销产品、营销咨询等方面营销服务的有关机构，包括市场调研公司、广告公司、传媒机构及市场营销咨询公司等。它们协助企业选择最恰当的目标市场，并帮助企业向其选定的目标市场推销产品。企业可以自设营销服务机构，也可以委托外部的营销服务机构。

金融中介包括银行、信贷公司、保险公司及其他有关机构，它们能够为交易提供金融支持或对货物买卖中的风险进行保险。大多数公司和客户都需要借助金融中介来为交易提供资金，企业的营销活动因贷款成本的上升或信贷来源的限制而受到严重的影响。

同供应商一样，营销中介也是公司的整个价值传递系统中的重要组成部分。在使顾客满意的努力中，公司不仅要使自己的业绩最好，而且应与供应商和营销中介建立有效的伙伴关系，以使整个系统取得最佳业绩。

4. 顾客（目标市场）

微观环境的第四种力量就是顾客，即目标市场。顾客是企业产品或服务的购买者，也是企业服务的对象。企业需要仔细了解自己的顾客市场。消费者市场由个人和家庭组成，他们仅为自身消费而购买商品和服务。企业市场购买产品和服务是为了进一步深加工，或在生产过程中使用。经销商市场购买产品和服务是为了转卖，以获取利润。政府市场由政府机构构成，购买产品和服务用以服务公众，或作为救济发放。企业应按照顾客及其购买目的的不同来细分目标市场。市场上顾客不断变化和不断进步的消费需求，要求企业不断更新产品以提供给消费者。

对一个企业来说赢得顾客是生存、发展的关键。无数的企业实践证明：市场的优胜者是那些重视顾客、最大限度地满足顾客需求的企业；而缺乏营销远见、忽视顾客要求的企业注定要失败。

5. 竞争者

竞争者是指与企业存在利益争夺关系的其他经济主体。企业的营销活动常常受到各种竞争者的包围和制约，因此，企业必须识别各种不同的竞争者，并采取不同的竞争对策。不存在对所有企业都适用的战无不胜的营销战略。每个企业都应该考虑与竞争对手对比，自己独特的公司规模与市场定位。企业的竞争对手包括现在生产和销售与本企业相同产品或服务的企业，潜在的进入者及替代品的生产者和供应商等。从消费需求的角度看，企业在市场上面临的竞争者可分为愿望竞争者、一般竞争者、产品形式竞争者和品牌竞争者四种类型。

（1）愿望竞争者　愿望竞争者是指提供不同产品、满足不同消费欲望的竞争者。消费者在同一时刻的欲望是多方面的，但很难同时满足，这就出现了不同需要，即不同产品的竞争。

（2）一般竞争者　一般竞争者是指满足同一消费欲望的不同产品之间的可替代性，是消费者在决定需要的类型之后出现的次一级竞争，也称平行竞争。如消费者需要购买家庭耐用消费品，那么是购买家庭娱乐设备，还是购买新式家具，或是购买家庭健身器材。消费者要选择其中一类，以满足这一消费欲望。

（3）产品形式竞争者　产品形式竞争者是指满足同一消费欲望的同类产品不同产品形式之间的竞争。消费者在决定了需要的属类产品之后，还必须决定购买何种产品。

（4）品牌竞争者　品牌竞争者是指满足同一消费欲望的同种产品形式但不同品牌之间的竞争。

企业要成功，必须在满足消费者需求和欲望方面比竞争对手做得更好。企业的营销系统总是被一群竞争者包围和影响着。为此，企业必须加强对竞争者的研究，了解对本企业形成威胁的主要竞争对手及其策略，双方的力量对比如何，只有知己知彼、扬长避短，才能在消费者心目中强有力地确定其所提供产品的地位，以获得战略优势。

6. 公众

公众是指对企业实现营销目标的能力有实际或潜在利害关系和影响力的团体或个人。企业所面临的公众主要有以下几种。

① 融资公众　是指影响企业融资能力的金融机构，如银行、投资公司、证券经纪公司、保险公司等。

② 媒介公众　是指报纸、杂志社、广播电台、电视台、网络等大众传播媒介，它们对企业的形象及声誉的建立具有举足轻重的作用。

③ 政府公众　是指负责管理企业营销活动的有关政府机构。企业在制定营销计划时，应充分考虑政府的政策。

④ 社团公众　是指保护消费者权益的组织、环保组织及其他群众团体等。

⑤ 社区公众　是指企业所在地附近的居民和社区组织。

⑥ 一般公众　是指上述各种公众之外的社会公众。一般公众虽然不会有组织地对企业采取行动，但企业形象会影响他们的惠顾。

⑦ 内部公众　是指企业内部的公众，包括董事会、经理、企业职工等。

三、市场营销环境对企业营销的影响

研究市场营销环境的目的就是通过对环境变化的观察来把握其趋势以发现企业发展的新机会、避免这些变化所带来的威胁。营销者的职责在于正确识别市场环境所带来的机会和威胁，从而调整企业的营销策略以适应环境变化。市场营销环境的特点是具有客观性、动态性、复杂性和不可控性。

企业总是在特定的社会、市场环境中生存、发展的。客观性是营销环境的首要特征，市场营销环境作为一种客观存在，是不以营销者的意志为转移的，它有着自己的运行规律和发展趋势，对营销环境变化及其发展趋势的主观臆断必然会导致营销决策的盲目与失误。

动态性是营销环境的基本特征，任何环境因素都不是静止的、一成不变的，相反，它们始终处于变化，甚至是急剧的变化之中。如宏观产业结构的调整，外界环境利益主体的行为变化和人均收入的提高都会引起购买行为的变化，顾客的消费需求偏好和行为特点的变化必定要影响到企业营销活动的内容等。企业必须密切关注营销环境的变化趋势，以便随时发现市场机会和抵御可能受到的威胁。

营销环境包括影响企业市场营销能力的一切宏观和微观因素，这些因素涉及多方面、多层次，而且彼此相互作用和联系，既蕴含着机会，也潜伏着威胁，共同作用于企业的营销决策，具有复杂性。营销环境的差异主要因为企业所处的地理环境、生产经营的性质、政府管理制度等方面存在差异，不仅表现在不同企业受不同环境的影响，而且同样一种环境对不同企业的影响也不尽相同。市场营销环境的同一性，又使企业有一个公平竞争的前提和保证。构成营销环境的各种因素和力量是相互联系、相互依赖的。

市场营销环境的多变性决定了其不可控性。企业一般不可能控制市场营销环境因素及其变化，无论是直接营销环境中的消费者需求特点，还是间接环境中的人口数量，都不可能由企业来决定。市场营销环境不可控性的特点要求企业必须不断适应变化着的市场营销环境。企业对其市场营销环境的适应，不仅仅是一种被动的适应，它还可以充分发挥其应有的主观能动性。企业可以在变化的市场营销环境中寻找新机会，主动调整市场经营战略，并可能在一定条件下转变市场营销环境中的某些可能被改变的因素，从而冲破市场营销环境的某些制约。

正因为市场营销环境的上述特点，市场营销环境通过其内容的不断扩大及其自身各因素的不断变化，对企业营销活动产生影响。

1. 市场营销环境是企业营销活动的基础资源

企业营销活动所需的各种资源，如资金、信息、人才等都是由环境来提供的，企业的营销活动必须依赖于这些环境才能正常进行。企业生产经营的产品或服务需要哪些资源、要多少、从哪里获取，必须分析营销环境因素，以获取最优的营销资源满足企业经营的需要，企业生产与经营的各种产品，也要获得用户的认可与接纳。虽然企业营销活动必须与其所处的外部和内部环境相适应，但营销活动绝非只能被动地接受环境的影响，营销管理者应采取积极、主动的态度能动地去适应营销环境。

2. 市场营销环境是企业制定营销策略的依据

影响企业市场营销活动的因素主要有两方面：一是市场营销环境；二是内部条件。营销环境是企业不可控制的因素，企业只能适应营销环境的变化，不能随心所欲地改变它或控制它；而内部条件是企业可以主动控制的因素，即企业营销管理者有权决定为顾客服务的方向，满足顾客的某种需求，在产品生产开发、价格制定、渠道选择和促销宣传上有自由支配的权力。因此，企业必须在掌握营销环境的基础上，制定市场营销策略。企业营销活动受制于客观环境因素，必须与所处的营销环境相适应。但企业在环境面前绝不是束手无策的，而是能够发挥主观能动性，制定有效的营销策略去影响环境，在市场竞争中处于主动，占领市场。

3. 市场营销环境对企业营销带来双重影响

市场营销环境复杂而动态的变化对企业的影响基本上可分为两大类：环境威胁和环境机会。所谓环境威胁，是指环境中不利企业发展所形成的挑战，如果不采取果断的市场营销行为，这种不利趋势将会影响到企业的市场地位。所谓环境机会，是指对企业市场营销管理富有吸引力并易于建立企业竞争优势的机会。营销者应善于识别所面临的或潜在的威胁，并正确评估其严重性，进而制定应变计划；对市场机会的吸引力和成功的可能性做出恰当的评价，结合企业自身的资源和能力，及时将市场机会转化为企业机会，即符合企业实力范围的、企业可真正获利的机会。企业营销活动的成败，营销目标能否实现，就在于企业能否适应环境的变化，做到"以变应变"。企业的营销活动从本质上说，就是企业利用自身可控的资源不断适应外界环境不可控因素的过程。在企业和环境这对矛盾之中，既要承认客观环境的制约作用，也不可忽视企业营销活动对环境的反作用。

四、化工产品市场营销环境分析

现代化学工业为世界工业化进程提供了强大的推动力。化工过程是创造新物质的过程，只有化学工业才有能力将地球上的少数几种天然资源如煤、石油、矿物、空气和水等生产出数以万计的化工产品。它弥补了天然原料的不足且生产出自然界所没有的许多产品，解决了当前世界面临日益严重的人口膨胀、资源匮乏、环境污染三大难题，给不断增长的人口提供了足够的食物、衣着和其他消费物质，开辟了新能源和新材料。

化工产品市场营销的内部环境主要体现在企业的组织、生产、资金流和物流、营销四种管理能力上。

化工行业具有典型的连续生产特点，自动化程度要求较高，生产周期相对较长，对反应装置、仪表、设备状况要求严格，对于原料的依赖性较强，副产品较多，产品价格受原材料价格的波动影响较大，对生产过程中的技术指标、经济指标管理要求也较高，还有周期性的检修或临时性停工使得各种物料的存量和状态难以准确掌握。另外，某些化工原料和产品有易燃易爆的特性，对安全管理的要求也较高。以上各种因素导致化工企业的内部组织管理相对于其他行业要复杂得多。

制定企业的生产计划主要依据销售部门接收的订单以及对市场的销售预测，年度销售和生产计划决定了企业的物料进出平衡，即原材料采购计划与生产计划相互对接，确保物料和资金周转均衡，避免造成短缺或积压。在生产计划的指导下，对于原材料的需求、采购也要制定计划，适时下达订单；货物到达后要进行计量、质量检验，各方面符合要求后才准予入库；生产时再由车间办理领料、消耗定额管理、最终产品的采样检验，合格产品转入成品库；按照销售计划订单进行计量、提货、发运和结算。在资金流控制方面，要关注那些大宗原材料和产品的库存管理，合理控制库存，降低仓储漏洞和风险，加快资金周转，提高资金利用率。化工产品的营销管理主要包括对产品的市场定位、目标市场的确定、产品发展策略、定价与营销策略的制定等内容，也就是根据企业自身的技术与营销特色、资本及融资能力确立生产产品的目标市场和技术水平定位，制定产品线和产品组合形式，依据企业盈利和发展目标以及管理与成本水平核定产品售价和营销策略。

化工企业的微观营销环境主要由其原辅材料供应商、营销中间商、顾客、竞争对手、社会公众等组成，其中顾客和竞争者又处于核心的地位。

企业的一切营销活动都是以满足顾客的需要为中心的，顾客是企业服务的对象，也是企业的终极目标市场。因此，顾客是企业最重要的环境因素。按照对化工产品的购买动机和类别来分类，化工产品的顾客市场可以分为生产者市场（为赚取利润或达到其他目的而购买商品和服务来生产其他产品或服务的市场）和消费者市场（为满足个人或家庭需要而购买商品或服务的市场）。当然还有中间商市场、政府集团市场、国际市场等。

竞争是商品经济的基本特性，只要存在着商品交换，就必然存在着竞争。任何一个化工企业在其营销活动的目标市场中，不可避免地会遇到竞争者的挑战。即使某个企业已经垄断了整个目标市场，其他竞争对手或者其他行业的企业仍然有可能抢占市场。随着科学技术日新月异，任何一个化工产品都可能被新的产品所替代，对既有产品的需求会向其替代品发生转移，就会出现新的竞争对手。

供应商是影响企业营销微观环境的重要因素之一。化工企业需要供应商提供的资源包括生产用原材料、设备、配件、能源、劳务、资金等。如果没有这些资源作为保障，企业就无法正常运转，也就不能向市场提供所需要的商品。供应商对企业营销活动的影响主要表现在：供货的稳定性与及时性、供货的质量水平、供货的价格，现代化工企业逐渐认识到与供应商建立战略性伙伴关系的重要性。

化工产品的营销不同于其他机电、农林行业产品的营销，宏观环境因素对其影响的重要程度依次为：政策与法律环境、科技环境、经济环境、人口与收入。

化工产品作为生产资料时，主要是企业生产单位购买；而作为终端消费品时，主要是由个人、家庭消费者和社会团体购买。化工产品的发展方向、生产规模首先必须接受国家政策与法律的指导和制约；其生产成本、效率和应用功效则与相关领域科技水平密切相关；而整个国家或地区、行业的经济运行状态对化工产品的市场营销也构成相当重要的推进或牵制作用；市场是由那些想购买商品同时又具有购买力的人构成的，对终端性化工产品的消费水平是家庭（或团体）可自由支配收入份额的一种体现。

化工行业绝大部分生产的是战略性物资，如炸药、燃油、农药、化肥、医药、高新材料等，与国家的安全和经济发展紧密相关。国际政治形势的任何变化，国家的方针政策对一个时期化学工业的发展方向和速度起决定作用，并直接影响到社会购买力的水平以及消费者需求的变化，从而间接地对企业的经营目标、经营决策和经营成果产生积极或消极的影响。化工行业涉及自然和社会资源的合理利用、开发和保护，消费者利益和国家安全的保障，环境保护等大政方针的实施。

技术进步对化工产品市场营销的影响是直接而显著的，科学技术的发展促进产生了许多新兴的工业部门，化学化工以及其他行业新技术、新工艺的应用都会给化工产品的生产带来新的市场机会，同时也给某些产品造成威胁。如化工装备自动化程度的提高有力推进化工产品的生产效率和质量稳定性；新结构单体的出现能够赋予聚合物新的功能和应用优势；新原料、新材料的开发拓展了化工产品生产工艺流程的多样化、高效性等。

人口的数量与市场的容量有密切的关系。收入水平高低，表现在市场上就是实际购买力。特别是面向终端消费的化工产品，如洗涤剂、化妆品、橡塑玩具等的消费量受这些因素影响更大。中国人口众多，而且人口增加迅速，随着人们经济和生活水平的提高，人们对家电、汽车、装饰材料、日化用品、服装等生活必需品不仅在数量上的需求增加了，而且在质量和档次上提出了更高的要求，而这一切都直接或间接用到化工产品，必将大力推动化工产品的消费增长。同时城市化的进展也将增加化工产品的消费量。

第二节　消费者市场分析

> **案例**
>
> **"三思而后行"——F牌皮鞋P市促销活动**
>
> 时间：2018年10月30日
>
> 地点：河南省P市中心商圈
>
> 事件：F品牌男鞋专卖店，推出为期7天的"庆开业全场五折，进店就送礼，免费试穿"活动，活动前期发放了2万份宣传彩页，在两条主干道上悬挂上百条过街条幅。据悉，F品牌P市专卖店专门为此次活动准备了10双试穿皮鞋和500套市场价为15元的套装鞋油。
>
> 反应：
>
> 同一条街杂牌服装店的老板："做品牌就是赚钱啊！看看人家，这大手笔，肯定有厂家支持，这阵势，最少要花2万元的费用吧。图什么啊？不如拿来进货。"
>
> 同一条街A品牌鞋店的老板："不就是几万份宣传单、几百盒鞋油嘛。宣传单1角钱一份，鞋油顶多3块钱一盒，花不了几个钱，再说了，这宣传力度肯定有总部支持。得，我也搞，别让他把人全引过去了。"
>
> 隔壁街一家药店的女营业员："有这好事，咱也去看看吧，上面写了，就是不买也能捞盒鞋油，反正后天要逛街，去看看吧。"
>
> 同药店的另一位女营业员："就是就是，人家说了五折，400元的鞋现在卖200元，要真是这样，我就给我家那口买一双，让他也穿穿这高档鞋。"
>
> 一位正在逛街的中年人："什么五折啊，把价格抬高了再打折，糊弄我们消费者呢。"
>
> 活动开始了，在店门口，乐队的乐声震耳欲聋，在川流不息的客流中，F品牌P市专卖店创造了开业当天销售54双，预定10双，七天共销售262双的销售纪录。该活动

也因此被 F 牌河南分公司作为案例，在招商洽谈中被屡屡提及。

热热闹闹的开业活动过去以后，F 牌皮鞋 P 市经销商一算账，减去 4.8 折的进货成本，宣传费用（总部未报销）、房租、营业员工资等费用，不但分文未赚，反而净赔 5000 多元。更令人苦恼的是，试穿的皮鞋都被穿的变了形，由于店内人太多，营业员忙不过来，还丢了 4 双。

F 牌皮鞋 P 市经销商越想心里越不是滋味，终于忍不住给 F 牌皮鞋河南分公司的业务人员打电话。当他向市场部提出以上问题时，却招来市场总监劈头盖脸的训斥："做品牌就是这样的，不要只看眼前的赚与赔，眼光要放长远一点，品牌的塑造是一个长期、持续的活动。我运作品牌很多年了，这种情况是很正常的，进入新市场要先打开知名度，做一点牺牲是值得的，而且我们马上就有后续活动跟上了。你看，这次活动曝光率多大呀，我做鞋八年了，还从来没有见过高档皮鞋专卖店开业有那么多人的，连报社都惊动了，还连续报道了两天，我们一下子就打开了局面。做品牌不是摆地摊，要往长远看，不能太短视！这次活动的效果这么好，你的库存不多了吧，赶快进货，打铁要趁热。对了，先打点款过来，账上没钱怎么发货啊，你的货早都备好了，在仓库放着呢，货款打过来就可以发了。好了，就这样，拜拜。"

F 牌皮鞋 P 市经销商刚放下电话，就听到一个顾客和营业员的对话："你们的鞋不是五折吗？"

"对不起，先生。我们前几天开业促销活动确实是全场五折，现在活动时间已经过去了，所以恢复了原价。"

"哦，那你们现在几折销售？"

"不好意思，先生。我们是品牌皮鞋，全国统一零售价，不打折的。"

"是这样，那，我再看看吧……"

问题：

（1）F 牌皮鞋营销活动的目的是什么？

（2）开业庆典活动中消费者是基于什么样的消费心理进店的？营销活动的目标达到了吗？

（3）F 牌皮鞋的潜在购买者是谁？他们的购买动机是什么？调查消费者在购买和使用下列产品或服务时可能产生的显性动机与隐性动机，撰写调查报告并提出对商家的营销建议。

消费者市场是指所有为了个人消费而购买物品或服务的个人和家庭所构成的市场，它是现代市场营销理论研究的主要对象。成功的市场营销者是那些能够有效地发展对消费者有价值的产品，并运用富有吸引力和说服力的方法将产品有效地呈现给消费者的企业和个人。因此，研究影响消费者购买行为的主要因素及其购买决策过程，对于开展有效的市场营销活动至关重要。

一、消费者市场特征分析

相对于组织市场，消费者市场具有如下特点。

1. 广泛性和分散性

每一个人都不可避免地发生消费行为或消费品购买行为，成为消费者市场的一员。消费者市场的购买单位是个人或家庭，不仅购买者人数众多，而且购买者地域分布广，时间又很分散。

2. 复杂多变性

消费者受到年龄、性别、身体状况、性格、习惯、文化、职业、收入、教育程度和市场环境等多种因素的影响而具有不同的消费需求和消费行为,所购商品的品种、规格、质量、花色和价格千差万别。消费需求具有求新求异的特性,要求商品的品种、款式不断翻新,有新奇感,不喜爱一成不变的老面孔。

3. 发展性

人类社会的生产力和科学技术总是在不断进步,新产品不断出现,消费者收入水平不断提高,消费需求也就呈现出由少到多、由粗到精、由低级到高级的发展趋势。

4. 情感性

消费品有千千万万,消费者对所购买的商品大多缺乏专门的甚至是必要的知识,对质量、性能、使用、维修、价格乃至市场行情都不太了解,往往根据个人好恶和感觉作出购买决策,多属非专家购买,受情感因素影响大,受企业广告宣传和推销活动的影响大。

5. 伸缩性

消费需求受消费者收入、生活方式、商品价格等影响较大,在购买数量和品种选择上表现出较大的需求弹性或伸缩性。收入多则增加购买,收入少则减少购买。商品价格高的时候减少消费,商品价格低的时候增加消费。

6. 替代性和可拓展性

消费品种类繁多,不同品牌甚至不同品种之间往往可以互相替代。人们的需求也是无止境的,不会停留在一个水平上,某种需求满足了,又会产生新的需求,对消费品的购买具有拓展性。

7. 地区性

同一地区的消费者在生活习惯、收入水平、购买特点和商品需求等方面有较大的相似之处,而不同地区消费者的消费行为则表现出较大的差异性。

8. 季节性

季节性表现在:一是季节性气候变化引起的季节性消费,如热天买冰箱、冷天买电热毯等;二是季节性生产而引起的季节性消费,如春夏季是蔬菜集中生产的季节,也是蔬菜集中消费的季节;三是风俗习惯和传统节日引起的季节性消费,如端午节吃粽子、中秋节吃月饼等。

二、消费者购买行为模式分析

研究消费者购买行为的理论中最有代表性的是刺激-反应模式(见图3-1)。市场营销因素和市场环境因素的刺激进入购买者的意识,购买者根据自己的个性处理这些信息,经过一定的决策过程导致了购买决定。

营销刺激由4P构成:产品(product),价格(price),渠道/分销(place)及促销(promotion)。其他刺激包括市场营销环境中的主要因素与事件:经济的、技术的、政治的、文化的。所有这些经过消费者的内心活动,会转化成一系列可以观察得到的购买者反应:产品选择、品牌选择、销售商选择、购买时间及购买数量。消费者的内心活动是如何将刺激转变成特定的反应的呢?这需要分两方面来考虑:即购买者的特性及购买者的决策过程。购买者的特性在很大程度上要受到文化、社会、个人和心理等因素的影响。

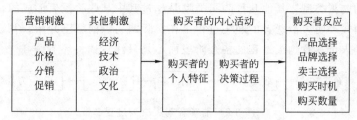

图 3-1 消费者购买行为模式

三、消费者购买行为类型分析

消费者购买决策随购买行为类型的不同而变化。较为复杂和花钱多的决策往往凝结着购买者的反复权衡和众多人的参与决策。根据参与者的介入程度和品牌间的差异程度，可将消费者购买行为分为四种类型（表 3-1）。

表 3-1　消费者购买行为类型

品牌差异＼介入程度	高度介入	低度介入
品牌差异大	复杂购买行为	寻求多样化购买行为
品牌差异小	化解不协调购买行为	习惯性购买行为

1. 习惯性购买行为

对于价格低廉、经常购买、品牌差异小的产品，消费者不需要花时间进行选择，也不需要经过收集信息、评价产品特点等复杂过程，其购买行为最简单。这类产品的市场营销者可以用价格优惠、电视广告、独特包装、销售促进方式鼓励消费者试用、购买和重购其产品。

2. 寻求多样化购买行为

有些产品品牌差异明显，但消费者并不愿花长时间来选择和评价，而是不断变换所购产品的品牌。这种购买行为并不是因为对产品不满意，而是为了寻求多样化。针对这种购买行为类型，市场营销者可采用销售促进和占据有利销售便利位置的办法，保障供应，鼓励消费者购买。

3. 化解不协调购买行为

有些产品品牌差异不大，消费者不经常购买，而购买时又有一定的风险，所以，消费者一般要比较、看货，只要价格合理、购买方便、机会合适，消费者就会决定购买。针对这种购买行为类型，市场营销者应注意运用价格战略和人员的推销战略，选择最佳销售地点，并向消费者提供有关产品评价的信息，使其在购买后相信自己做了正确的决定。

4. 复杂购买行为

当消费者购买一件贵重的、不常买的、有风险的而且又非常有意义的产品时，由于产品品牌差异大，消费者对产品缺乏了解，因而需要有一个学习过程，广泛了解产品性能、特点，从而对产品产生某种认同感，最后决定购买。对于这种复杂购买行为，市场营销者应采取有效措施帮助消费者了解产品性能及其相对重要性，并介绍产品优势及其给购买者带来的利益，从而影响购买者的最终选择。

四、消费者购买决策过程分析

图 3-2 所示的消费者购买决策过程模式适用于分析复杂购买行为，因为复杂购买行为是最完

整、最有代表性的购买类型,其他几种购买类型是越过其中某些阶段后形成的,是复杂购买行为的简化形式。该模式表明,消费者的购买过程早在实际购买以前就已开始,并延伸到实际购买以后,这就要求营销人员注意购买过程的各个阶段而不是只注意销售环节。

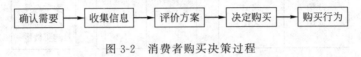

图 3-2 消费者购买决策过程

1. 确认需要阶段

消费者购买决策过程的第一阶段是确认需求。当消费者面对实际与需求状态之间的不平衡时,就会产生需求,需求因内部刺激或外部刺激引起。

2. 收集信息阶段

商品信息的主要来源是各种广告、商店(橱窗、货架、宣传招贴)、家庭成员、同事朋友和大众媒体(网络、电视、电台、报纸、杂志等)。可分为以下方面。

(1) 个人来源 指家庭成员、朋友、邻居、熟人。

(2) 商业来源 指广告、推销员、经销商、商品包装展销会等。

(3) 大众来源 大众传媒、消费评估组织。

(4) 经验来源 消费者自身通过参观、试用、实际使用、推论等方式所获得的信息。

3. 评价方案阶段

消费者对产品的判断大都是建立在自觉和理性基础之上的。消费者的评价行为一般要涉及以下几个问题。

(1) 产品属性 即产品能够满足消费者基本需要的特性。如计算机的存储能力、图像显示能力、软件的适用性等;轮胎的安全性、胎面弹性、行驶质量等;手机的通话性能、式样、电池耐用性等,都是消费者感兴趣的产品属性。

(2) 属性权重 即消费者对产品有关属性所赋予的不同的重要性权重。消费者被问及如何考虑某一产品属性时立刻想到的属性,叫做产品的特色属性。但特色属性不一定是最重要的属性。不同的消费者对属性的关心程度不一样,市场营销人员应更多关心属性权重,而不是属性特色。

(3) 品牌信念 即消费者对某品牌优劣程度的总的看法。由于消费者个人经验、选择性注意、选择性曲解以及选择性记忆的影响,其品牌信念可能与产品的真实属性并不一致。

(4) 效用函数 即描述消费者所期望的产品满足感随产品属性的不同而有所变化的函数关系。它与品牌信念的联系是,品牌信念指消费者对某品牌的某一属性已达到何种水平的评价,而效用函数则表明消费者要求该属性达到何种水平他才会接受。

(5) 评价模型 即消费者对不同品牌进行评价和选择的程序和方法。

4. 购买决策阶段

在比较、分析各种产品的性能、价格、品牌、售后服务等各项产品特征之后,消费者要从中选择出最终的购买对象,以便采取行动,实现真实购买。

消费者的购买决策原则不是唯一的,通常是根据产品和市场情况选择适当的原则。

(1) 最大满意原则 力求通过决策方案的选择,实施并取得最大效用,使某方面的需要获得最大的满足。

(2) 相对满意原则 在购买决策时,只需做出相对合理的选择,达到相对满意即可,最终能以较少的代价取得较大的效果。

(3) 遗憾最小原则 由于任何决策方案都达不到完全满意,所以只能以产生的遗憾最小作为决策的基本原则。

（4）预期满意原则 与个人的心理预测进行比较，从中选择与预期标准吻合度最高的方案作为最终方案。

5. 购后行为阶段

产品在被购买之后，就进入了买后阶段。此时，市场营销人员的工作并没有结束。购买者对其购买活动的满意感（S）是其产品期望（E）和该产品可觉察性能（P）的函数，即 $S=f(E,P)$。若 $E=P$，则消费者会满意；若 $E>P$，则消费者不满意；若 $E<P$，则消费者会非常满意。消费者根据自己从销售者、朋友以及其他来源所获得的信息来形成产品期望。如果销售者夸大其产品的优点，消费者将会感受到不能证实的期望。这种不能证实的期望会导致消费者的不满意感。E 与 P 之间的差距越大，消费者的不满意感就越强烈。所以，销售者应使其产品真正体现出可觉察性能，以便使购买者感到满意。事实上，那些有保留地宣传其产品优点的企业，反倒使消费者产生了高于期望的满意感，并树立起良好的产品形象和企业形象。

五、影响消费者购买行为的主要因素

消费者的购买行为主要取决于消费者需求，而消费者需求又受许多因素的影响，这些因素主要有产品因素、文化因素、社会因素、个人因素和心理因素五大类。分析影响消费者购买行为的因素，对于企业正确把握消费者心理，有针对性地开展市场营销活动，具有极其重要的意义。

1. 产品因素

消费者购买商品是为了获得产品所提供的基本效用或利益，如果不能获得所期望的效用和利益，顾客就不会产生购买动机，更谈不上有购买行为。影响消费者购买行为的产品因素是指目标商品的基本功效与购买者期望功效的吻合或接近的程度。

2. 文化因素

文化是影响人们的欲望和行为的最根本的决定因素。文化对消费者行为的影响表现为价值、观念、习惯等因素的影响。不同的民族在饮食、服饰、建筑、礼仪、道德观念上往往大相径庭；不同地域的居民，因居住地的自然地理条件不同，形成不同的生活方式、爱好和风俗习惯等。我国社会中虽没有等级之分，但每个人的收入不同，工作职位不同，阶层的差异是实际存在的。营销人员了解社会阶层的目的是了解不同阶层的人数比例和他们的购买能力，针对一定阶层的人群设计出自己的产品组合和价格方案。

3. 社会因素

消费者作为社会一员，在日常生活中要经常与家庭、学校、工作单位、左邻右舍、社会团体等发生各种各样的联系。因而消费者的购买行为将受到诸多社会因素的影响。影响消费者行为的社会因素大体上包括参照群体、家庭和社会角色与地位等。参照群体是指那些直接或间接影响人的看法和行为的群体。其中影响最大的群体，如家庭、亲戚、好友、邻居等，称为主要群体。

不同的社会角色其经济地位往往不同，而且有时即使收入水平相同，不同社会地位的人们的生活方式和消费行为也仍然有明显差别。例如，同样收入的农民工家庭和城市教师家庭，前者可能是富裕户，后者可能是贫困户。后者要购买一些显示与城里人身份地位相符的物品，可能有各种必要的文化和社交开支，结果"可随意支配的收入"可能比农民工家庭要少。研究社会角色对购买行为的影响，对进行市场细分和制定有针对性的市场营销策略具有重要意义。

亲戚、朋友、同学、同事、邻居等也是影响消费者购买行为的重要相关群体。这些相关群体是消费者经常接触，关系较为密切的一些人。由于经常在一起学习、工作、聊天等，消费者在购买商品时，往往受到这些人对商品评价的影响，有时甚至是决定性的影响。

4. 个人因素

在文化因素、社会因素相近的情况下，每个购买者的购买行为还会因为年龄、性别、职业、经济状况、生活方式不同而有很大差别。

人们对产品与服务的需求随年龄的增长而变化，衣、食、住、行、娱乐，在生命周期的不同阶段，其兴趣爱好不同，需要使用的化工日用品也大不相同。如在幼年与儿童时期最喜欢的是塑料玩具；青少年时期是学习和娱乐阶段，各种文具、足球、篮球、乒乓球则成为他们的陪伴者；中年人成家立业，购车买房，在外驾车需要汽油、柴油，在内居家需要液化气、塑料桶、盆、碗、碟，中年女人更需要美容化妆品来保持自己青春；而在老年期，则更多地需要休闲、保健和延年益寿产品，如麻将牌、钓鱼的渔具、药品等。

性别也是影响购买行为的因素之一，不同性别的消费者，其购买倾向也有很大差异。职业不同购买行为也不尽相同，一个从事教师职业的消费者，一般会较多地购买书报杂志等文化商品；而对于时装模特来说，漂亮的服饰和高雅的化妆品则更为需要。消费者的地位不同也影响着其对商品的购买，身在高位的消费者，将会购买能够显示其身份与地位的高档商品。

消费者的经济状况会强烈影响消费者的消费水平和消费范围，并决定着消费者的需求层次和购买能力。消费者经济状况较好，就可能产生较高层次的需求，购买较高档次的商品，享受较为高级的消费。相反，消费者经济状况较差，通常只能优先满足衣食住行等基本生活需求。也就是说，经济状况决定个人和家庭的购买能力。

不同生活方式的人，其购买行为大相径庭。如一个具有"化工学者型"生活方式的人，他注重的是工作、科研、学习，购买重点是相关的化工书籍、化学试剂、实验仪器等；而一个具有"居家归属型"生活方式的人，他注重的是家庭、妻子、孩子，购买重点可能是各种化工日用品，如洗发露、沐浴露、化妆品、各种塑料制品等。

5. 心理因素

消费者购买行为要受需要（动机形成）、认知、经验、信念和态度等主要心理因素的影响。

人的行为是由动机支配的，而动机是由需求引起的。所谓需求就是客观刺激通过人体感官作用于人脑所引起的某种缺乏状态。当人们产生某种需要而又未能得到满足时，人体内便出现一种紧张状态，形成一种内在动力，促使他（或她）采取满足需求的行动。

人们的需要变为动机以后，动机能不能变成购买行为，变成什么样的购买行为，受认知过程的影响。认知是对各种信息感觉、知觉、理解的心理过程。购买者对一个商品的认知，一般经历了商品的形状、大小、颜色、声响、气味以及广告宣传，刺激了人的视、听、触、嗅、味等器官的感性认识和对各种感觉到的信息在头脑中进行综合分析并得出一定结论的理性认识两个阶段，感性认识上升为理性认识，完成了对商品的认知。

经验是指消费者在购买和使用商品的实践中，逐步获得和积累的经验。经验是人们经历的内化。人类的行为大部分是由经验决定的，只有小部分不由经验决定，如本能反应、自身成长等。经验可以来自自身的经历，也可以是前人的总结，它可以是直接的，也可以是间接的。经验会影响人们以后的行为。如某顾客购买某品牌洗发水后，如果使用感觉满意，他有了这个购买经验，今后还会继续使用这个品牌。经验还具有推广性。如上述洗发水的购买者遇到朋友，或与他人再次到商场购买洗发水时，他会主动推荐这个品牌，把他的经验告诉别人。

信念是人们对某种事物的看法，态度是人们对某种事物或观念的是非观、好恶观。购买者一旦对某种产品或某个品牌形成信念和态度后，通常不愿再费心去比较、分析和判断，而是直接肯定或否定这个产品或品牌。例如，当某购买者对某品牌保湿霜形成了信念和态度，认为这个产品物美价廉，以后拿其他类似产品给他时，都非常难动摇他的信念和态度，甚至试都不愿意试其他产品。

总之，上述影响购买行为的文化因素、社会因素、个人因素和心理因素，营销人员必须认真研究，以达到更好地掌握购买者心理、找准目标市场、取得更大营销业绩的目的。

第三节　组织市场分析

企业的市场营销对象不仅包括广大消费者，也包括生产企业、商业企业、政府机构等各类组织机构，这些机构构成了材料、零部件、机器设备和企业服务的庞大市场。所以必须研究组织市场的购买行为特征及其购买决策过程。组织市场是由各种组织机构形成的对企业产品和服务需求的总和。它可分为三种类型：产业市场、中间商市场和政府市场。

一、产业市场与消费者市场的区别

相对于消费者市场，产业市场具有如下特点。

1. 衍生需求

组织购买产品是用来生产消费品。也就是说，对产业用品的需求是从对消费品需求中衍生出来的。如轿车和卡车的生产商占有美国钢铁、橡胶和铝的流水作业费份额的主要部分。

2. 需求弹性小

对很多产业用品的需求在价格方面是缺乏弹性的，缺乏弹性意味着产品价格的波动不会对产品的需求产生很大的影响。

3. 波动需求

对产业用品的需求——尤其对新的厂房和设备的需求——与对消费品的需求相比倾向于不稳定。消费者需求很小的上升或下降都会引起用于生产该消费品的机器设备的需求的大幅度变化。这属于需求放大效应。

4. 购买量较大

产业顾客与一般消费者相比，购买次数少，但购买批量大，往往会享有很优惠的待遇，如折扣、分期付款等。

5. 顾客数量较少

产业营销人员拥有的顾客数量比消费品营销人员拥有的顾客数量要少得多。其优势是比较容易识别潜在的购买者，监控现在顾客的需求与满意程度，并且可以亲自照顾现有的顾客。

6. 购买者相对集中

与消费者对比，产业顾客更趋向于在地理上集中分布，产业市场集中化使营销人员比较容易识别和找到自己的顾客。

7. 专业化购买

与消费者不同，产业购买者通常进行非常正式的购买。企业一般雇用经过专业培训的购买机构或购买人员，他们的职业就是购买一定数量的产品。

8. 购买参与者多

与消费购买对比，产业购买决策的参与者更多。来自质量控制、营销、金融、审计等各个领域的专家以及专业的购买者和使用者组成购买小组。

9. 互惠的使用

产业购买者经常从他们自己的顾客那里购买产品,这种做法叫做互惠。例如,通用汽车公司从伯格瓦那公司购买生产轿车和卡车所需要的发动机,反过来,伯格瓦那公司从通用汽车公司购买它所需要的大量的轿车和卡车。互惠通常被认为是合理的商业行为。

10. 租赁的使用

消费者通常是购买产品而不是租赁产品。但是,企业经常租赁比较昂贵的设备,如建筑设备、交通工具或大型仪器。租赁可以减少公司的资本流出,取得销售者最新的产品,获得更好的服务并获得税收方面的优惠。出租方,即提供产品的公司,可以是生产商或是独立的公司。出租方可以比单纯销售获得更多的总收益,也可以获得与无力购买产品的顾客做生意的机会。

二、产业市场购买行为分析

产业市场供货企业不仅要了解谁在市场上购买和产业市场的特点,而且要了解谁参与产业购买者的购买决策过程,他们在购买决策过程中充当什么角色、起什么作用,也就是说,要了解其顾客的采购组织。

1. 产业市场购买决策过程的参与者

在任何一个企业中,除了专职的采购人员之外,还有一些其他人员也参与购买决策过程。所有参与购买决策过程的人员构成采购组织的决策单位,通常包括以下五种成员。

① 使用者(即具体使用欲购买的某种产业用品的人员) 使用者往往是最初提出购买某种产业用品意见的人,他们对购买产品的品种、规格起重要作用。

② 影响者(即在企业外部和内部直接或间接影响购买决策的人员) 他们通常协助企业的决策者决定购买产品的品种、规格等,企业技术人员是最主要的影响者。

③ 采购者(即在企业中组织采购职权工作的人员) 在较复杂的采购工作中,采购者还包括参加谈判的公司高级人员。

④ 决策者(即在企业中有批准购买产品权力的人) 在标准品的例行采购中,采购者常常是决定者;而在较复杂的采购中,公司领导人常常是决定者。

⑤ 信息控制者(即在企业外部和内部能控制市场信息流到决定者、使用者的人员) 如企业的购买代理商、技术人员等。

2. 产业购买者的行为类型

产业购买者的行为类型大体有三种。

(1) 直接重购 即企业的采购部门根据过去和许多供应商打交道的经验,从供应商名单中选择供货企业,并直接重新订购过去采购过的同类产品。此时,组织购买者的购买行为是惯例化的。在这种情况下,列入供应商名单的供应商应尽力保持产品质量和服务质量,并采取其他有效措施来提高采购者的满意程度。未列入名单的供应商应试图提供新产品或开展令人满意的服务,以便使采购者考虑从它们那里购买产品,同时设法先取得一部分订货,以后逐步争取更多的订货份额。

(2) 修正重购 即企业的采购经理为了更好地完成采购工作任务,适当改变要采购的某些产品的规格、价格等条件或供应商。给"门外的供货企业"提供市场机会,也给"已入门的供货企业"造成威胁,这些供货企业要设法巩固其现有顾客,保护其既得市场。

(3) 新购 即企业第一次采购某种产品。新购的成本费用越高、风险越大,那么需要参与购买决策过程的人员就越多,需要掌握的市场信息量就越大。这种购买行为类型最复杂。因此,供货企业要派出特殊的销售推广小组，向顾客提供市场信息，帮助顾客解决疑难问题。新购通常要做出以下主要决策，即决定产品规格、价格水平、交货条件和时间、服务条件、支付条件、订购数量、可接受的供应商和挑选出来的供应商等。

3. 影响产业购买者决策的主要因素

产业购买者做购买决策时受一系列因素的影响（图3-3）。

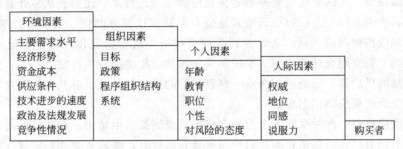

图3-3　影响产业购买者行为的主要因素

(1) 环境因素　即企业外部周围环境的因素。如国家的经济前景、市场竞争、政治法律等情况。如果经济前景不佳，市场需求不振，产业购买者就不会增加投资，甚至会减少投资，减少原材料采购量和库存量。

(2) 组织因素　即企业本身的因素。如企业的目标、政策、步骤、组织结构、系统等。显然，这些组织因素也会影响产业购买者的购买决策和购买行为。

(3) 人际因素　企业的采购组织通常包括使用者、影响者、采购者、决定者和信息控制者，这五种成员都参与购买决策过程。这些参与者在企业中的地位、职权、说服力以及他们之间的关系各不相同。这种人事关系也会影响产业购买者的购买决策和购买行为。

(4) 个人因素　即各参与者的年龄、受教育程度、个性等。这些个人的因素会影响各参与者对要采购的产品和供应商的感觉、看法，从而影响购买决策和购买行动。

4. 产业购买者决策过程

供货企业的最高管理层和市场营销人员还要了解其顾客购买决策过程的各阶段的情况，并采取适当措施，满足顾客在各阶段的需要，才能成为现实的卖主。产业购买者购买过程的阶段数量，取决于产业购买者的行为类型的复杂程度。在直接重购这种简单的行为类型下，产业购买者购买决策过程的阶段最少；在新购情况下，购买决策过程的阶段最多，要经过八个阶段。

(1) 提出需要　当公司中有人认识到了某个问题或某种需要可以通过得到某一产品或服务得到解决时，便开始了采购过程。提出需要由以下两种刺激引起。

① 内部刺激　如企业决定推出一种新产品，于是需要购置新设备或原材料来生产这种新产品；企业原有的设备发生故障，需要更新或需要购买新的零部件；或者已采购的原材料不能令人满意，企业正在物色新的供应商关系。

② 外部刺激　主要指采购人员在某个商品展销会获得新的采购主意，或者接受了广告宣传中的推荐，或者接受了某些推销员提出的可以供应质量更好、价格更低的产品的建议关系。可见，组织市场的供应商应主动推销，经常开展广告宣传，派人访问用户，以发掘潜在需求。

(2) 确定需要　提出了某种需要之后，采购者便着手确定所需项目的总特征和需要的数量。如果是简单的采购任务，由采购人员直接决定。而对复杂的任务而言，采购人员要会同其他部门人员，如工程师、使用者等共同来决定所需项目的总特征，并按照产品的可靠性、耐用性、价格及其他属性的重要程度来加以排列，在此阶段，组织营销者可通过向购买者描述产品特征的方式向他们提供某种帮助，协助他们确定其所属公司的需求。

（3）**说明需要**　企业的采购组织确定需要以后，要指定专家小组，对所需品种进行价值分析，做出详细的技术说明，作为采购人员取舍的标准。采购组织按着确定产品的技术规格，可能要专门组建一个产品价值分析技术组来完成这一工作。价值分析的目的在于降低成本。供应商通过尽早地参与产品价值分析，可以影响采购者所确定的产品规格，以获得中选的机会。

（4）**寻找供应商**　采购者现在要开始寻找最佳供应商。为此，他们会从多处着手，可以咨询商业指导机构；查询电脑信息；打电话给其他公司，要求推荐好的供应商；或者观看商业广告；参加展览会。供应商此时应大做广告，并到各种商业指导或指南宣传机构中登记自己的公司名字，争取在市场上树立起良好的信誉。组织购买者通常会拒绝那些生产能力不足、声誉不好的供应商；而对合格的供应商，则会登门考察，察看他们的生产设备，了解其人员配置。最后，采购者会归纳出一份合格供应商的名单。

（5）**征求供应信息**　此时采购者会邀请合格的供应商提交申请书。有些供应商只寄送一份价目表或只派一名销售代表。但是，当所需产品复杂而昂贵时，采购者就会要求待选供应商提交内容详尽的申请书。他们会再进行一轮筛选比较，选中其中最佳者，要求其提交正式的协议书。因此组织营销人员必须善于调研、写作，精于申请书的展示内容。它不仅仅是技术文件，而且也是营销文件。在口头表示意见时，要能取信于人，他们必须始终强调公司的生产能力和资源优势，以在竞争中立于不败之地。

（6）**供应商选择**　采购组织在做出最后选择之前，还可能与选中的供应商就价格或其他条款进行谈判。营销人员可以从好几个方面来抵制对方的压价。如当他们所能提供的服务优于竞争对手时，营销人员可以坚持目前的价格；当他们的价格高于竞争对手的价格时，则可以强调使用其产品的生命周期成本比竞争对手的产品生命周期成本低。此外，还可以举出更多的花样来抵制价格竞争。此外，采购组织还必须确定供应商的数目。许多采购者喜欢多种渠道进货，这样一方面可以避免自己过分地依赖于一个供应商，另一方面也使自己可以对各供应商的价格和业绩进行比较。当然，在一般情况下，采购者会把大部分订单集中在一家供应商身上（通常为60%的份额），而把少量订单安排给其他供应商。这样，主供应商会全力以赴保证自己的地位，而次要供应商会通过多种途径来争得立足之地，再图自身的发展。

（7）**签订合约**　采购者选定供应商之后，就会发出正式订货单，写明所需产品的规格、数目、预期交货时间、退货政策、保修条件等项目。通常情况下，如果双方都有着良好信誉的话，一份长期有效合同将建立一种长期的关系，而避免重复签约的麻烦。在这种合同关系下，供应商答应在一特定的时间之内根据需要按协议的价格条件继续供应产品给买方。存货由卖方保存。因此，它也被称为"无存货采购计划"。这种长期有效合同导致买方更多地向一个来源采购，并从该来源购买更多的项目。这就使得供应商和采购者的关系十分紧密，外界的供应商就很难介入其中。

（8）**绩效评估**　在此阶段，采购者对各供应商的绩效进行评估。他们可以通过三种途径：直接接触最终用户，征求他们意见；或者应用不同的标准加权计算来评价供应商；或者把绩效不理想的开支加总，以修正包括价格在内的采购成本。通过绩效评价，采购者将决定延续、修正或停止向该供应商采购。供应商则应该密切关注采购者使用的相同变量，以便确信为买主提供了预期的满足。购买阶段指的是一个组织在购买前所进行的、从组织产生需要到对即将购买的商品进行评估的一系列过程。但并非每次采购都要经过这八个阶段，这要依据采购业务的不同类型而定。

三、中间商购买行为分析

中间商市场是指由所有获得商品旨在转售或出租给他人，以获得利润的个人和组织组成的市场。中间商购买行为是指中间商在寻找、购买、转卖或租赁商品过程中所表现的行为。由于中间商处于流通环节，是制造商与消费者之间的桥梁，因此企业应把其视为顾客采购代理人，全心全意帮助他们为顾客提供优质服务。

1. 中间商购买行为的类型

（1）新品种购买 即中间商第一次购买某种从未采购过的新品种，在这种购买行为情况下，可根据其市场前景的好坏、买主需求的强度、产品获利的可能性等多方面因素决定是否购买。

（2）选择最佳供应商 即中间商已经确定需要购进的产品，寻找最合适的供应商。

（3）改善交易条件的采购 即中间商希望现有供应商在原交易条件上再做些让步，使自己得到更多的利益。

（4）直接重购 即中间商的采购部门按照过去的订货目录和交易条件继续向原先的供应商购买产品。

2. 中间商购买过程的参与人员和组织形式

（1）商品经理 连锁超级市场公司总部的专职采购人员，分别负责各类商品的采购任务，收集同类产品不同品牌的信息，选择适当的品种和品牌。

（2）采购委员会 通常由公司总部的各部门经理和商品经理组成，负责审查商品经理提出的新产品采购建议，做出购买与否的决策。

（3）分店经理 连锁超市下属各分店的责任人，掌握着分店一级的采购权。

3. 中间商购买决策过程

（1）提出需要 认识需要是指中间商认识自己的需要，明确所要解决的问题。

（2）确定需要
① 独家产品 即中间商只经营某一家制造商的产品。
② 专深产品 即中间商经营许多家制造商生产的同类产品的各种型号规格。
③ 广度产品 即中间商经营种类繁多，范围广泛，但属同一行业的多系列、多品种产品。
④ 混合产品 即中间商跨行业经营多种没有关联的产品。

（3）说明需要 即说明所购产品的品种、规格、质量、价格、数量和购进时间，写出详细的采购说明书，作为采购人员的采购依据。

（4）物色供应商 购买人员根据要求通过多种途径收集信息，以寻求最佳供货商。

（5）征求供应建议书 邀请合格的供应商提交供应建议书，筛选后留下少数选择对象。

（6）选择供应商 采购部门和决策部门在筛选后的供应商中确定所购产品的最终供应商。

（7）签订合约 中间商主要是根据采购说明书和有关交易条件与供应商签订订单。

（8）绩效评价 与生产者、购买者一样，订购之后要对各个供应商的绩效、信誉、合作诚意等进行评价。

4. 影响中间商购买行为的主要类型

（1）忠诚型 是指买主长期忠实地从某一供应商处采购，不轻易转移。

（2）随机型 这类采购者事先选择若干符合采购要求，满足自己长远利益的供应商，然后随机地确定交易对象并经常更换。

（3）最佳条件型 是指力图在一定时间和场合中实现最佳交易条件的采购者。

（4）创造型 是指经常对交易条件提出一些创造性的想法并要求供应商接受的采购者。

（5）广告型 这类采购者在采购中试图把获得广告补贴作为每笔交易的组成部分，甚至是首要的目标。

（6）斤斤计较型 这类采购者力图在价格上获得最大折扣，交易中总是反复讨价还价。

（7）琐碎型 这类购买者每次购买的总量不大，但品种繁多，重视不同品牌的搭配，力图实现最佳产品组合。

四、政府市场购买行为分析

政府采购市场是指各级政府及其所属实体通过中介机构或直接从供应商那里采购商品、工程和服务所形成的市场。政府市场购买行为是指各级国家机关使用财政性资金采购依法制定的集中采购目录以内的或者采购限额标准以上的货物、工程和服务的行为。政府采购特征主要表现为：受公众监督；决策程序复杂，通常要求竞价投标；倾向于照顾本国企业等。具体来讲，政府采购资金来源主要靠财政，采购资金支付采用单一国库账户，经费有限，不能突破；采购范围和规模巨大；政府采购的政策性使得手续复杂，往往需要经过几个部门批准，有的还要反复认证；另外政府采购还会受到国内外政治经济形势的影响。

1. 政府市场购买过程的参与者

政府市场购买过程的参与者主要涉及五个方面的机构和人员：采购人、采购代理机构、供应商、采购相关人员、政府采购监督管理部门。

2. 政府市场的主要购买方式

（1）公开招标 公开招标，是指采购人按照法定程序，向全社会发布招标公告，邀请所有潜在的不确定的供应商参加投标，由采购人通过事先确定的需求标准从所有投标人中择优选出中标供应商，并与之签订政府采购合同的一种采购方式。有意争取业务的企业，在规定期限内填写标书，密封送交。有关部门在规定日期开标，选择符合要求且报价低的供应商成交。

（2）邀请招标 邀请招标，是指采购人因采购需求的专业性较强，有意识地对具备一定资信和业绩的特定供应商发出招标邀请书，由被邀请的供应商参与投标竞争，从中选定中标者的招标方式。与公开招标相比较，邀请招标具有以下三个特征：①邀请范围有限，即采购人仅在符合采购需求的范围内邀请特定的供应商参加投标；②竞争范围有限，对采购人而言选择的余地相对较小；③无需发布公告，采购人只需向特定的潜在投标人发出邀请书即可。

（3）竞争性谈判 竞争性谈判，是指采购人通过与3家以上的供应商进行谈判，从中确定最优中标人的一种采购方式。按照《政府采购法》第三十条规定，只有符合下列情形之一的货物或者服务项目，方可采用竞争性谈判方式：①招标后没有供应商投标或没有合格的或者重新招标未能成立的；②技术复杂或者特殊，不能确定详细规格或者具体要求的；③采用招标时间不能满足客户紧急需求的；④不能事先计算出价格总额的。竞争性谈判作为一种独立的采购方式，与招标采购方式相比较，具有主动性、竞争性和绩效性等优势。采用招标采购方式时，供应商的投标报价是一次性的，采购人即使知道供应商投标报价过高也无可奈何，而竞争谈判就具有相当的主动性，往往可以通过多轮谈判而赢得采购的主动权。

（4）询价采购 询价采购是指采购人向供应商发出询价单让其报价，然后在报价的基础上进行比较并确定最优供应商的一种采购方式，它是一种直接的、简单的采购方式，主要适用于采购货物的规格和标准统一、现货货源充足、价格变化幅度不大、采购金额较小的采购项目。

（5）单一来源采购 单一来源采购，是指采购人所要采购的货物或服务，只能从唯一供应商处获得的采购。根据法律规定，要采用单一来源采购方式，必须满足以下三个条件：①虽然达到了招标采购的数额标准，但采购项目的来源渠道单一；②采购活动前发生了不可预见的紧急情况，不能从其他供应商处采购；③必须保证原有采购项目一致性或者服务配套的要求，需要继续从原有供应商处添购，但总额不大。由于这是一种没有竞争的采购，所以也叫直接采购。

3. 招投标基本程序

（1）招标 指招标人按照国家有关规定履行项目审批手续、落实资金来源后，依法发布招标公告或投标邀请书，编制并发售招标文件等具体环节。根据项目特点和实际需要，有些招标项目还要委托招标代理机构组织资格预审、组织现场踏勘、进行招标文件的澄清与修改等。由于这是招标投标活动的起始程序，投标人资格、评标标准和方法、合同主要条款等各项实质性条件和要求都要在招标环节予以确定，因此，对于整个招标投标过程是否合法，能否实现招标目的，具有基础性影响。

（2）投标 指投标人根据招标文件的要求，编制并提交投标文件，响应招标的活动。投标人参与竞争并进行一次性投标报价是在投标环节完成的，在投标截止后，不能接受新的投标，投标人也不得更改投标报价及其他实质性内容。投标情况确定了竞争格局，是决定投标人能否中标、招标人能否取得预期效果的关键。

（3）开标 指招标人按照招标文件确定的时间和地点，邀请所有投标人到场，当众开启投标人提交的投标文件，宣布投标人的名称、投标报价及投标文件中的其他重要内容。开标的最基本要求和特点是公开，保障所有投标人的知情权，这也是维护各方合法权益的基本条件。

（4）评标 这是审查确定中标人的必经程序。招标人依法组建评标委员会，依据招标文件的规定和要求，对投标文件进行审查、评审和比较，确定中标候选人。招标项目的中标人必须按照评标委员会的推荐名单和顺序确定。因此，评标是否合法、规范、公平、公正，对于招标结果具有决定性作用。

（5）中标 即招标人从评标委员会推荐的中标候选人中确定中标人，并向中标人发出中标通知书，同时将中标结果通知所有未中标的投标人。按照法律规定，部分招标项目在确定中标候选人和中标人之后还应当依法进行公示。中标既是竞争结果的确定环节，也是发生异议、投诉、举报的环节，有关方面应当依法进行处理。

（6）书面合同 中标通知书发出后，招标人和中标人应当按照招标文件和中标人的投标文件在规定的时间内订立书面合同，中标人按合同约定履行义务，完成中标项目。依法必须招标项目，招标人应当从确定中标人之日起15日内，向有关行政监督部门提交招标投标情况的书面报告。

五、化工组织市场的界定及其市场特征

从化工产品的分类我们知道，化工产品营销的客体大多数是化工工业品，由化工工业品组成的市场为化工组织市场。

1. 化工工业品及化工工业品市场

化工工业品是相对于日用化学品而言的一个专用统称，泛指一切非消费品，化工工业品通常可划分为：化工原材料、化工中间品等。化工工业品市场主要包括：制造加工业、化学工业等。按化工工业品市场客户的性质可以划分为：企业市场、机构市场。由于化工工业品是不直接面对普通客户的，因此与消费品市场相比具有其显著的特征。

（1）客户数量相对较少，但比较集中，单次购买量大 化工工业品的客户主要来自企业，因此客户数量相对消费品的消费大众来说少很多，而目标客户就更少了。另一方面客户数量十分集中，客户市场掌握在少数"巨头"手中，客户的单次购买量大。因此，很多企业的业绩主要来自几个大企业的大项目，可以说他们是靠几个大客户的支撑来生存的，这样他们的前途就系在了几

个大客户的身上，大客户的变动将直接影响到企业的命运。

（2）**专业、理性购买，购买决策复杂**　化工工业品一般都是大宗产品，或者小批次重复购买。因此，在购买化工工业品时，客户显得十分谨慎、小心，在购买过程中会有多个部门、较多的核心人员参与，属于专业、理性购买。如电池制造商更换电池材料时，会由采购部、工程部、技术部、财务部以及企业高层领导等组成采购小组，对购买产品的企业、产品本身以及售后服务等进行层层考核，甚至先试用进行性能检测。所以客户购买化工工业品是一个复杂的决策过程，少则几个月，多则几年。不过，如此长的决策过程也为企业的营销公关争取了足够的时间，企业可以充分利用这段时间做好客户的公关工作，博得客户的信任，与客户建立良好的伙伴关系。

（3）**通常采取直接买卖方式**　由于化工工业品成交金额大，客户往往会直接与生产企业联系，实地考察，实施直接采购。而生产企业为了将企业形象、产品信息更好地传达、展示给目标客户，会采取直销的模式组建企业自己的直销队伍，面对面地与客户沟通，博取客户的信任。当然企业也可能挑选、培训一批实力、能力都比较强的代理商或其他中间商。

（4）**定制采购，注重服务**　化工工业品的技术含量一般比较高，加上客户对产品的特殊要求，因此许多客户会选择通过招投标的形式提出自己的技术要求和相关条件，而供应商则根据客户的需求组织技术队伍进行产品定制化设计，以满足客户需要。由于是定制加工，不具有通用性，生产出来的产品可能只有定制客户才能使用。定制产品加大了供应商的风险，对用户来说服务就显得尤为重要，包括售前、售中以及售后服务等。

（5）**化工工业品市场供应商与用户间的关系较密切**　由于购买者较少，而购买量较大，使得供应商必须密切注意与其用户之间的配合，甚至必须依照特定客户的需要来提供产品与服务。因此，在化工工业品市场中供应商与用户间的关系通常是较密切的。

（6）**派生需求，缺乏弹性**　化工工业品市场可以说是派生的市场，化工工业品市场的需求也是派生的需求，是客户对消费品的需求而派生出来的需求。没有客户对消费品的需求，就不会有对机械设备的需求，也不会有对原材料的需求。由于化工工业品市场的需求是派生的需求，只要消费品的需求存在，化工工业品的需求就必然存在，不会因消费品市场的波动而有太大的影响。如化妆品生产企业不会因为化妆品原料的涨价而少买或者放弃购买。

2. 化工工业品市场特征

用户在购买化工工业品的过程中表现出如下特征。

（1）**购买过程时间长**　化工工业品的购买主要是原材料等的购买，产品往往要经过很多性能测试与评价，客户会谨慎决策，导致购买过程比较长。

（2）**购买次数多**　化工原材料是集中采购，希望寻找稳定的供应商长期合作，不会随意改变购买对象，因此化工工业品购买的次数虽然多，但是非常强调批次之间的稳定性。

（3）**产品服务要求高**　由于化工工业品的技术含量一般比较高，客户在购买产品时需要生产企业提供优质的售前、售中以及售后服务，主要是技术服务，企业的服务好坏往往成了交易成败的关键。

（4）**产品质量与供货时间有特殊要求**　化工工业品都有自己的技术指标，除了标准件外，很多是非标产品，需要生产企业定制加工。有的化工工业品由于温度、湿度等原因，保存时间有限，对运输和保存方式有特殊要求。有的化工产品因下游的需求，对上游产品的供货周期要求很苛刻。

3. 化工工业品购买行为特征

化工工业品的购买行为表现出如下特征。

（1）购买的专业性 客户对采购化工工业品的技术指标、规格、用途等都有很高要求，一般会通过专业知识与经验丰富的专职采购员来完成，对成交金额大、非常重要的产品还会召集技术部、工程部、生产部、财务部以及企业高层领导等组成采购小组，共同决策。

（2）购买的目的性 客户对化工工业品的购买目的性非常强，如不是生产或工作需要是不会购买的，而且对产品什么时候采购、采购多少都会根据生产需要有严格的计划，针对性、目的性非常强。

（3）购买的理智性 客户在购买化工工业品时都会仔细了解产品的质量、规格、技术参数、价格、服务及供货周期等。他们往往会选多家同类产品就产品的质量、性能、价格等进行比较，经过大量的比较、筛选、权衡之后才会做出决策。

（4）购买的人为性 因为参与购买决策的人往往不止一个，每个人都有自己的知识背景、个性特征、生活背景等，因此每个人的购买要求可能会有所偏重，有各自的购买"个性"，所以供应商应善于抓住客户的个性特征，采取有效的公关策略。

4. 影响化工工业品购买行为的因素

化工工业品的购买行为同消费品的购买行为一样受诸多因素的影响，影响化工工业品购买行为的各种因素归结为四个主要方面：环境因素、组织因素、人际因素和个人因素，如表 3-2 所示。

表 3-2 影响化工工业品购买行为的因素

环境因素	组织因素	人际因素	个人因素
经济环境	目标	职权	年龄
需求水平	政策	地位	收入
资金成本	程序	志趣	教育
技术变革	组织结构	说服力	职位
社会发展	制度	—	个性
			文化

经济环境是影响化工工业品购买行为的重要环境因素，经济大环境、企业的经济状况都直接影响到化工工业品的购买需求。化工工业品购买一般是由采购部或由多个部门组成采购小组进行采购的，每个企业都会有他们自己的采购需求、采购目标、决策组织、采购程序。其中每一环节都影响着购买行为的进行，所以作为市场营销人员应该深入了解客户企业的真正需求、具体的采购目标、由谁进行采购决策及有哪些人或部门参与采购等。采购企业内部的人际关系对化工工业品购买行为的影响也是至关重要的。客户在购买大宗化工工业品时会由专门的采购部或临时采购决策小组来进行，作为营销人员应该摸清客户的决策成员及成员的个性、喜好、权力、地位等，弄清采购企业的采购标准、决策方式，有目的、有计划、有区别地与客户成员建立起良好的人际关系，为营销成功打好"人际通道"。

5. 化工工业品购买类型

企业在化工工业品采购时面临复杂的购买规程和购买决策，其复杂程度和决策方式取决于购买类型。化工工业品的购买类型和其他组织市场一样也分为三种：直接再采购、修正再采购和全新采购。

六、不同类型化工产品的营销差异分析

化工产品营销主要是化工工业品营销，化工工业品营销是企业对企业、组织、机构、政府等

市场间的营销,也可称为企业间的营销。化工消费品营销是指企业对消费者个人或家庭的营销,企业把产品出售给最终消费者个人使用或消费。消费品营销有一套成熟的4P理论体系支撑,而中国化工工业品市场,特别是化工工业品行业,营销起步较晚,随着我国市场的逐步开放,化工工业品市场也在与国际市场接轨,一些跨国化工工业品企业纷纷抢占中国市场,中国本土的化工工业品企业面临严峻的挑战。

1. 不同类型的化工产品营销分析

(1) 化工工业原料市场营销 如图3-4所示,化工工业原料的市场营销关系,主要分成两类:工厂对工厂直接销售以及通过代理商、经销商再销售到工厂。产业度越集中的行业,越倾向于工厂直接销售。化工原料市场分成两种:大批量的以及小批量高技术含量的,这两种产品的营销侧重点不同,大批量化工原料,价格策略是主要竞争策略;小批量高技术含量的产品营销,主要是依靠技术支持。

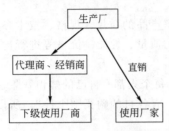

图3-4 化工工业原料市场营销关系

(2) 日化消费品的市场营销 此类营销是典型的快速消费产品营销,是现代市场营销理论的4P标准模式,一般日化类的产品,我们界定为重复购买率高的,单品价值不很高的日用化工产品。此类产品的营销是典型的以品牌为中心的市场推广。图3-5为化妆品市场营销关系。

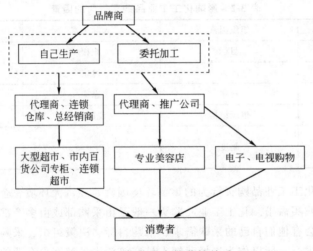

图3-5 化妆品市场营销关系

(3) 化工成品的市场营销 化工成品的市场营销是介于化工原料和日用化工品之间的营销模式,它具有工业品和消费品的双重特性。同时它需要后续技术服务来实现价值的交换,这类产品以涂料、油墨等精细化工产品为代表,品牌和产品品质都要兼顾,还需要将后续服务方(产品的使用者)纳入产品营销体系,以达到完整的价值链传递。图3-6为涂料市场营销关系。

2. 化工工业品营销与消费品营销的差异

市场营销对象通常是最终客户,营销客体是消费品,而化工工业品营销的营销对象是企业、政府机构、特殊组织等,营销的客体是化工工业品。化工工业品营销和消费品营销处于两个不同的市场结构并有着不同的产品用途,也就呈现出明显的差异,具体如表3-3所示。

(1) 化工工业品营销的需求是派生的 化工工业品是用于生产产品和服务的中间品,其需求是派生的。但化工工业品营销用户目标的需求也很明确,客户集中的特征使得直接营销比面对面营销更加有效。相反,消费品营销必须通过大众传媒技术使得产品广为知晓。相对于消费品,化

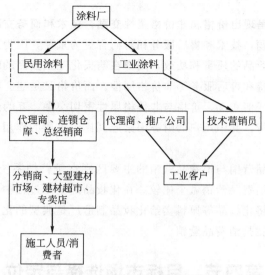

图 3-6　涂料市场营销关系

表 3-3　化工工业品营销与消费品营销比较

差异项	化工工业品营销	化工消费品营销
市场结构	市场集中,买主少且需求明确	市场分散,大量买主且需求难明确
产品用途	企业,大型组织生产	个体或家庭直接消费
购买行为	复杂的购买过程,专业、理性购买	家庭购买,非专业、感性购买
决策特征	程序明确、清晰,团队决策	无程序或程序模糊,个体决策
产品特征	为客户定制,侧重服务、配送等	产品批量,标准化,侧重感性
渠道特征	短,直接	长,间接
销售方式	强调人员推销,注重专业度	强调广告,注重知名度、美誉度
定价特征	竞争性谈判,强调用户成本分析	不同折扣下价格清单

工工业品的需求弹性相对较小,或者说缺乏弹性。如化妆品制造商不会因为化妆品原料价格下跌而大量购买,因为其需求不仅受到化妆品原料的影响,更受到化妆品客户的影响。化工工业品营销的另一个重要特点是其需求波动较大,极易受宏观经济环境的影响,消费品需求的变化可能产生化工工业品需求波动的乘数效应。

(2) 化工工业品营销的购买关系是通过契约来约定和固化的　化工工业品的购买主体是企业,其购买关系必须以合约的形式予以固化。企业间的法人化购买行为大多表现为购买次数少、每次购买量大,产品金额较大或是以项目的形式存在,以由专业人士和专业机构组成的公开招标形式进行,通过谈判达成共识后形成合约,依据合约来规范购买过程中双方的权利与义务。而消费品营销的购买主体是个人和家庭,其决策的程序是模糊不清的,以感性为主,一般没有合约。

(3) 化工工业品营销的渠道特征是要求短和直接,但信息又是极其不对称的　考虑到存货成本最小化和产品的及时供货、产品的技术支持与售后维护以及产品需要特殊定制等综合因素,化工工业品营销的渠道设计趋于更直接和更短。目标用户和生产企业都倾向于直接建立关系,从而减少交易成本,形成整合优势。对于一些标准化的市场分散的工业产品,则是通过专业性的经销商进行销售,产品的配送则基本上交给第三方物流企业去完成。然而随着工业企业的数目扩张,产品同质化加剧,工业企业良莠不齐,目标用户的需求信息只在一定范围内发布,这也就形成了双方的信息不对称。信息成了中间商获取利润的重要资源,信息的不对称在客观上也就造成了中

（4）化工工业品营销呈现出价格和非价格属性交融，技术和商务交融　化工工业品营销不仅仅考虑产品本身的价格问题，技术和售后服务相对而言更为重要，因为最终产品的质量和功能在很大程度上依赖于化工工业品的质量和功效，用户在购买化工工业品的时候，首先要了解化工工业品的技术水平、技术支持和售后服务等非价格属性。而价格又是建立在技术参数、规格与服务基础上的，只谈价格没有任何意义，价格与非价格属性密切交融、互为影响。价格确定一般采用招标和协议谈判的方式进行，其中用户的财务因素起到比较重要的作用，技术和商务也是互为表里、相融交错的。

总体来看，化工工业品营销与消费品营销的主要区别在于营销系统的不同。以化妆品为例，可以对化工工业品营销和消费品营销做个比较。在化妆品的生产过程中一般会出现两个化工工业品营销环节：上游供应商将化妆品等原料卖给化妆品制造厂是典型的化工工业品营销，化妆品生产后如果卖给直接消费者就是消费品营销。

第四节　目标市场选择与定位

案例

私人酒窖——领袖阶层的通行密码

近年来，随着葡萄酒在高端社交圈流行，一种专为商务、政务领袖量身打造的私人酒窖专属服务正逐渐成为上层社会品质生活新风向。在张裕爱斐堡北京国际酒庄地下酒窖，马云、江南春、王中军等商务领袖都拥有自己专属的私人酒窖。在商界峰会、颁奖盛典之外，商界精英们又多了一个把盏言欢的好去处。和他们一起成为尊贵领主的，还有唐国强、冯巩、葛优这样的明星大腕。

中国首创葡萄酒不动产

"张裕爱斐堡北京国际酒庄为高端人群服务的经营理念是正确的：就算有1%的塔尖消费者，市场也会很庞大。"早在张裕爱斐堡开业并推出中国葡萄酒历史上第一款葡萄酒不动产私人酒窖之初，时任国际葡萄与葡萄酒组织（OIV）主席Peter Hayes便给予了积极评价，认为私人酒窖服务在全球葡萄酒行业是一次重大的营销创新。

据悉，张裕爱斐堡私人酒窖是专门为世界级政务、商务巨子量身定做的葡萄酒不动产，旨在为他们提供一个私密且专业的储酒、品酒服务，同时也是主人招待朋友、文化休闲及商务社交的尊贵场所。

成为首批领主的唐国强表示："葡萄酒能够带来健康，也能让我交到更多的朋友，张裕爱斐堡应该成为一个高雅的社交场所，兴趣相投的朋友可以在这里一边分享美酒，一边交流畅谈。"在他看来，私人酒窖给了葡萄酒爱好者一个共同的"家"。

10年专业储酒位使用权

私人酒窖虽然价格昂贵，但仍然博得了领袖阶层的认同。张裕爱斐堡首批推出的216席储酒位已经所剩不多。江南春、王中军、马云及各国驻华大使等商界、政界领袖相继进驻，爱斐堡早已成为领袖阶层的社交圈子。

除了全球顶级的葡萄酒，爱斐堡私人酒窖提供的诸多增值服务也成为一大吸引点。据悉，一旦成为私人酒窖的领主，即可拥有张裕爱斐堡地下大酒窖专业储酒位10年使用权，并可享受一对一专属私人服务。在张裕爱斐堡，领主所珍藏的葡萄酒将常年在恒温

15℃、湿度 70% 左右的酒窖理想环境中得到良好保存，保证美酒品质不受环境影响。

在享有爱斐堡私人酒窖权益的 10 年间，主人每年都会收到爱斐堡赠送的当年新酒；或邀三五朋友到爱斐堡地下酒窖举办小型商务聚会，或优先享用酒庄小镇葡萄籽油 SPA、住宿、餐饮等一系列休闲服务，守着私人酒窖中的美酒佳酿自然乐在其中。

全球商界、政界领袖首肯

私人酒窖能够在领袖阶层迅速走红，并非偶然，其所蕴含的文化内涵和尊贵意义是高尔夫、游艇、豪车所无法企及的。正如《福布斯》杂志所预言：未来显示生活品质的不是私家游泳池、私家豪宅，而是私人酒窖。

张裕爱斐堡北京国际酒庄开业至今，已经接待了无数全球商界、政界领袖，并得到了他们一致首肯。意大利、克罗地亚、芬兰、哥伦比亚和突尼斯的驻华大使来到张裕爱斐堡，便迫不及待地认领了自己的私人酒窖。

如今，随着充满浓郁葡萄酒文化氛围及法式风情的酒庄小镇全面开业，张裕爱斐堡北京国际酒庄已经成为精英人士品质生活的新地标，成为国际葡萄与葡萄酒组织、世界驻华大使、海峡两岸观光旅游协会、中国精英企业家、政界领袖等的共识之地。

张裕爱斐堡北京国际酒庄由烟台张裕葡萄酒酿酒股份有限公司融合中、美、意、葡多国资本，投资 5 亿元人民币，于 2007 年 6 月全力打造完成。参照 OIV 全球顶级酒庄标准体系，在全球首创了"四位一体"的经营模式：即在原有葡萄种植及葡萄酒酿造基础上，爱斐堡还配备了葡萄酒主题旅游、专业品鉴培训、休闲度假三大创新功能，开启了世界酒庄新时代。

问题：

（1）私人酒窖为什么能够赢得领袖阶层的好评？
（2）张裕爱斐堡北京国际酒庄是怎样定位的？获得成功的原因是什么？
（3）领袖阶层的细分市场有哪些特点？针对这些特点可以实行哪些营销策略？

一、市场细分

市场细分，又称"市场区隔""市场分片""市场分割"等，就是营销者通过市场调研，根据消费者对商品的不同欲望与需求、不同的购买行为与购买习惯，把消费者整体市场划分为具有类似性质的若干不同的购买群体——子市场（消费者群），使企业可以从中认定其目标市场的过程和策略。每一个消费者群就是一个细分市场，每一个细分市场都是由需求倾向类似的消费者构成的群体，所有细分市场的总和便是整体市场。在同一个消费者群内，大家的需求、欲望大致相同，企业可以用一种商品和营销组合策略来满足市场需求。但在不同的消费者群之间，其需求、欲望则各有差异，需要企业以不同的商品，采取不同的营销策略加以满足。因此，市场细分不是对商品进行分类，而是对需求各异的消费者进行分类，是识别具有不同需求和欲望的购买者或用户群的活动过程。

1. 市场细分的依据

市场是商品交换关系的总和，它是由生产者、消费者和中间商组成的，其本身就是可以细分的。不同区域的市场处在不同的地理环境之中，就形成了不同的细分市场。

消费者需求和购买行为是市场细分的主要依据。消费者个人由于经济、地理、文化素养、民族习惯等方面的差异，形成了各种各样的偏好、兴趣，对商品的需求千差万别，于是就形成了差异性。但总有相当数量的消费者对商品的需求是一致的，这又形成了同类性。市场细分就是建立在消费者相似需求的共同特征基础上的。

构成市场买卖双方的企业和消费者都具有各自的"个性"。企业因其资源、设备、地理位置、技术等差别，有自己的优势，可以从事不同的商品经营。消费者则有各自的购买欲望和需求特点，这样企业可根据消费者的需求进行市场细分，比较准确地选择细分市场作为自己的营销服务对象，谋求最佳的经济效益。

在市场细分理论中，依据消费者对商品的同质需求和异质需求，可以把市场分为同质市场和异质市场。同质市场是指消费者对商品的需求大致相同的市场。如消费者对食盐、白糖、大米的需求差异很小，消费者购买这些商品的数量比较稳定，对其要求是最简单的包装，最方便的购买和最低的价格，则这些商品的市场就具有较大的同质性，企业无须进行市场细分。但对大多数商品来说，由于市场因素的多元化，需要进行细分，因此都属于异质市场。这种异质市场是指市场群之间的差异大，但各市场群内部的差异趋小的市场。市场细分实际上也是一个将异质市场分成若干个同质市场的过程。

2. 市场细分的原则

（1）可衡量性　可衡量性是指市场细分的规模、购买力和细分以后的市场都是可以衡量的。它包括以下三个方面的内容。

① 消费者需求具有明显的差异性。

② 对消费者需求的特征信息易于获取和衡量，能衡量细分标准的重要程度并进行定量分析。

③ 经过细分后的市场范围、容量、潜力等也必须是可以衡量的，这样才有利于确定目标市场。

（2）可覆盖性　可覆盖性是指经过细分的市场是企业可以利用现有的人力、物力和财力去占领的。其中包含两层含义：

① 市场细分要有适当的规模和发展潜力，同时要有一定的购买力，企业进入这个市场后要有足够的市场份额。

② 细分市场必须考虑企业的经营条件和市场能力，使目标市场的选择与企业资源相一致。

（3）可接近性　可接近性是指企业容易进入细分市场。它有以下两方面的含义。

① 可接近性是指市场细分后所确定的目标市场的消费者，能够了解企业所经营的商品，并已对商品产生购买兴趣和购买行为。

② 企业采取的各种营销策略已作用于被选定的细分市场，其营销努力能够引起细分市场上消费者的关注和反应。

（4）可持续性　可持续性是指细分的市场不但要有一定的市场容量和发展潜力，而且要有一定程度的可持续性，即占领市场后的相当长的时期内不需要改变自己的目标市场。因为目标市场的改变必然带来企业营销策略的改变，而这种变动给企业带来的风险和损失也会随之增加。目标市场越稳定，越能有利于企业制定长期的营销战略。

3. 市场细分的标准

（1）消费者市场的细分标准　消费者市场细分的依据很多，造成消费者需求特征多样化的所有因素，几乎都可视为市场细分的依据或标准，称为细分变量。市场细分依据是地理因素、人口因素、人文因素、心理因素和行为因素。

① 按地理因素细分　按地理因素细分是指以消费者所在的不同地理位置作为细分消费者市场的标准。由于地理环境、气候条件、社会风俗和文化传统的影响，同一地区的消费者往往具有

相似的消费需求,而不同地区的消费者在需求特征上有明显差异。

② 按人口因素细分　人口因素包括年龄、性别、收入、教育水平、家庭规模民族等直接反映消费者自身特性的因素。因为人口因素中所包含的这些变量来源于消费者自身,而且较易识别,所以,人口因素一直是消费者市场细分的重要依据。

③ 按人文因素细分　运用人文因素细分市场,就是根据人文统计变量如国籍、民族、人数、年龄、性别、职业、教育程度、收入、阶层、家庭人数、家庭生命周期、媒体接触方式等因素将市场进行细分。不同国籍或民族、不同年龄和性别、不同职业和收入的消费者,其需求和爱好均大不相同。人文统计变量的资料比较容易衡量。因此,人文因素是市场细分中常用以区分消费者群体的标准。

④ 按心理因素细分　按心理因素细分是根据购买者的社会阶层、生活方式、个性特征等因素细分市场,将购买者分成不同的群体。消费者心理特征和生活方式上的差异,会导致其对价值内涵和生活信息需求的差异,往往表现出不同的心理特性,对同一种产品会有不同的需求和购买动机。

⑤ 按行为因素细分　按行为因素细分即根据消费者不同的购买行为来进行市场细分。行为因素包括追求利益、品牌商标忠诚度(品牌偏好)、使用者地位、使用频率、对产品的态度、准备程度等因素。

市场也可以按消费者对品牌的忠诚度来进行细分。品牌忠诚度指消费者对某种品牌的偏好和经常使用的程度。根据消费者的品牌选择情况将他们分成以下四种类型。

a. 坚定型忠诚者　这类消费者始终不渝地只购买一种品牌的商品,即使遇到该品牌商品缺货,他们也宁肯等待或到别处寻找。

b. 不坚定型忠诚者　这类消费者忠诚于两三种品牌,时而互相替代。

c. 转移型忠诚者　这类消费者会从偏好一种品牌产品转换到偏爱另一种品牌的产品。

d. 非忠诚者　这类消费者对任何品牌都无忠诚感,有什么品牌他们就买什么品牌,或者想尝试各种品牌。

每一个市场都由这四种购买者组成,只是各种购买者的数量不同而已。而且,一个消费者并非对所有商品都有同样的忠诚度,他可能对这种产品有高度的品牌忠诚性,而对另一种产品则没有。针对这4种不同态度的消费者,企业应当酌情运用不同的营销措施。

(2) 生产者市场的细分标准　许多用于细分消费者市场的变量,同样适用于生产者市场,如追求利益、使用者情况、使用数量、品牌忠诚度和态度等。对生产者市场的细分还有以下主要依据。

① 产品的最终用途　按最终用户的要求细分生产者市场是一种最常用的方法。在生产者市场上,不同的最终用户所追求的利益不同,对同一种产品的属性注重不同的方面。最终用户的每一种要求就可以是企业的一个细分市场,企业为满足最终用户的不同需求,相应地运用不同的营销组合。

② 顾客规模　顾客规模是以顾客对企业产品需求量的大小来判断的,顾客规模是细分生产者市场的另一个重要变量。许多企业为其大小不同的用户分别建立了专门的服务系统,以便有针对性地适应各种规模用户的需求。

③ 组织类别　生产者市场的购买者是组织机构,包括非营利性组织(如政府、学校等)和营利性组织(即企业)。非营利性组织的购买目的是为了再生产或向社会提供相关产品或服务,而营利性组织购买的目的是用于再生产或再销售,并从中谋求利润。

4. 市场细分的方法与程序

（1）市场细分的方法

① 单一标准法　单一标准法是指根据市场主体的某一因素进行细分。如按品种来细分粮食市场，按性别来细分服装市场，按用途来细分钢材市场等。

② 主导因素排列法　主导因素排列法是指当一个细分市场的选择存在多个影响因素时，可以从消费者的特征中寻找和确定主导因素，然后与其他因素有机结合，确定细分目标市场。

③ 综合因素法　综合因素法是指根据影响消费者需求的两种或两种以上的因素综合进行细分。综合因素法的核心是对并列的多因素进行综合分析，市场细分的变量越多，精度越高，但企业的细分成本也会递增，所以适用的市场细分方法应该是既能保证市场细分的有效性和精确性，又能使成本最低。

④ 系列因素法　系列因素法是指细分市场所涉及的因素是多项的，但各项因素之间先后有序，由粗到细，由简至繁，由少到多。

（2）市场细分的程序　一般分为以下七个步骤。

① 正确选择市场范围。
② 列出市场范围内所有顾客的全部需求。
③ 确定市场细分的标准。
④ 为各个可能存在的细分子市场确定名称。
⑤ 确定本企业欲开拓的子市场。
⑥ 进一步对自己的子市场进行调查研究。
⑦ 采取相应的营销组合开拓市场。

二、目标市场选择

目标市场是指工商企业在细分市场的基础上，经过评价和筛选所确定的作为企业经营目标而开拓的特定市场，即企业可望能以某种相应的商品和服务去满足其需求。目标市场选择是指企业从几个目标市场中，根据一定的要求和标准，选择其中某个或某几个目标市场作为可行的经营目标的决策过程。任何企业拓展市场，必须在细分市场的基础上，根据自身的资源优势，权衡利弊，选择合适的目标市场。市场细分与目标市场及目标市场选择是三个既有区别又密切联系的概念，如图 3-7 所示。

图 3-7　市场细分、目标市场和目标市场选择

1. 选择目标市场的条件

目标市场的选择需要满足以下四个条件。

（1）有足够的市场需求　所选目标市场一定要有尚未满足的现实需求和潜在需求。理想的目标市场应该是有利可图的市场。

（2）市场上有一定的购买力　市场仅存在未满足的需求，并不等于有购买力和销售额。如果没有购买力或购买力很低，就不可能构成现实市场。因此，选择目标市场必须对目标市场的人口、购买力、购买欲望进行分析和评价。

（3）企业必须有能力满足目标市场的需求　在市场细分的子市场中，必须选择企业有能力去占领的市场作为自己的目标市场。

（4）在被选择的目标市场上本企业具有竞争的优势　竞争优势主要表现为：该市场上没有或者很少有竞争；如有竞争也不激烈，企业有足够的竞争优势击败对手；该企业可望取得较大的市场占有率。

2. 选择目标市场策略

目标市场策略，是指企业对客观存在的不同消费者群体，根据不同商品和服务的特点，采取不同的市场营销组合的总称。企业选择的目标市场不同，其提供的商品和服务不同，市场营销策略也不一样。一般来说，选择目标市场的策略有三种：无差异性市场策略、差异性市场策略和密集（集中）型市场策略。图 3-8 概括了三种市场策略的差别。

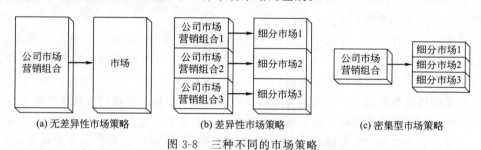

图 3-8　三种不同的市场策略

（1）无差异性市场策略　无差异性市场策略是指企业采用单一的营销策略来开拓市场，即企业着眼于消费者需求的同质性，把整个市场看成一个大市场，推出一种商品，采用一种价格，使用相同的分销渠道，应用相同的广告战略，去占领总体市场的策略。其指导思想是：市场上所有消费者对某一商品的需求是基本相同的，企业大批量经营，就能满足消费者的需求，获得较多的销售额，因而把总体市场作为企业的目标市场。这一策略的最大优点是：由于大批量生产和经营，有利于企业降低经营成本，取得规模效益；由于不需要对市场进行细分，可相应地节省市场调研和宣传的费用，有利于提高利润水平。此种策略的缺点是：难以满足消费者多样化的需求，不能适应瞬息万变的市场形势，应变能力差。此策略适用于选择性不强、差异性不大的大路货商品，供不应求的商品，具有专利权的商品等。在生产观念和推销观念时期，它是大多数企业实施的营销策略。随着消费者需求向多样化、个性化发展，生产力水平和科技进一步发达，其适用范围正逐步缩小。

（2）差异性市场策略　差异性市场策略是指企业把整个大市场细分为若干不同的市场群体，依据每个小市场群体在需求上的差异性，有针对性地分别制定营销策略。即组织不同的商品，根据不同的商品制定不同的价格，采用不同的分销渠道，应用多种广告宣传，去满足不同顾客的需求。其指导思想是：消费者对商品的需求是多种多样的，企业通过经营差异性商品去满足消费者的各种需求，就能提高企业的竞争能力，占领更多的市场，因而选择较多的细分市场作为企业的目标市场。差异性市场策略的最大优点在于：全面满足消费者的不同需求，同时，一个企业经营多种商品，实现营销方式和广告宣传的多样性，能适应越来越激烈的市场竞争，有利于提高市场占有率，扩大企业销售份额，赢得企业信誉。其缺点在于：销售费用和各种营销成本较高，受企业资源和经济实力的限制较大。因此，差异性市场策略适用于选择性较强，需求弹性大，规格等级复杂的商品营销。

（3）密集（集中）型市场策略　密集型市场策略是指企业把整个市场细分后，选择一个或少数几个细分市场作为目标市场，实行专业化经营，即企业集中力量向一个或少数几个细分市场推出商品，占领一个或少数几个细分市场的策略。其指导思想是：与其在较多的细分市场上都获得较低的市场份额，不如在较少的细分市场上获得较高的市场占有率。因而只选择一个或少数几个细分市场，作为企业的目标市场。密集型市场策略的主要优点在于：可准确地了解顾客的不同需求，有针对性地采取不同的营销策略；可节约营销成本，从而提高企业的投资利润率。这种市场策略的最大缺点在于：风险性较大，最容易受竞争的冲击。因为目标市场比较狭窄，一旦竞争者的实力超过自己，消费者的喜好发生转移或市场情况发生突然变化，都有可能使企业陷入困境。

3. 选择目标市场策略应考虑的因素

目标市场策略的选择主要应考虑以下几个方面的因素。

(1) 企业资源 如果企业资源条件好，经济实力和营销能力强，可以采取差异性目标策略。如果企业资源有限，无力把整体市场或几个市场作为自己的经营范围时，则应该考虑选择密集型市场策略，以取得在小市场上的优势地位。

(2) 商品特点 有些商品在品质上差异性较小，同时消费者也不加以严格区别和过多挑剔，此时可以采取无差异性市场策略。相反，对于服装、电视机、手机等品质上差异较大的商品，则宜采用差异性市场策略或密集型市场策略。

(3) 产品市场生命周期 企业应随着商品所处的市场生命周期阶段的变化来变换市场营销策略。当商品处于进入市场阶段时，由于竞争者较少，企业主要是探测市场需求和潜在顾客，这时宜采用无差异性或密集型市场策略；当商品进入饱和或衰退市场阶段时，企业为保存原有市场，延长商品市场生命周期，集中力量对付竞争者，应当采用密集型市场策略。

(4) 市场特点 市场特点是指各细分市场间的差异化程度。当市场消费者需求比较接近，偏好及特点大致相似，对市场营销策略的刺激反应大致相同，对营销方式的要求无多大差别时，企业可采用无差异性市场策略；若市场上消费者需求的同质性较小，明显地对同一商品在品种、规格、价格、服务方式等方面有不同的要求时，则宜采用差异性市场策略或密集型市场策略。

(5) 竞争状况 企业需针对竞争对手的实力和市场营销策略情况来选择自己的目标市场策略。当竞争者采取差异性市场策略时，企业就应当采用差异性市场策略或密集型市场策略；若竞争对手力量较弱，则可采用无差异性市场策略或差异性市场策略。

企业选择目标市场策略时应综合考虑上述各因素，权衡利弊方可做出正确的抉择。目标市场策略应相对稳定，但当市场形势或企业实力发生重大变化时则应及时调整。

4. 目标市场的评价

在目标市场开展营销活动是企业成功的关键，因而，为确定企业的目标市场，需从以下四个方面对目标市场进行评价。

(1) 目标市场的需求潜量 目标市场的需求潜量是指在一定时期内，各细分市场中的消费者对某种产品的最大需求量。细分市场应该有足够大的市场需求潜量，如果某一细分市场的潜量太小，则意味着该市场狭小，没有足够的挖掘潜力，企业进入后发展前景黯淡。细分市场的需求潜量规模应恰当，对中小企业来说，需求潜量过大并不利。一方面需要大量的投入，另一方面对大企业的吸引力过于强烈。唯有对企业发展有利的潜量规模才是具有吸引力的细分市场。要正确估测和评价一个市场的需求潜量，要对消费者（用户）数量和他们的购买力水平这两个因素进行客观分析。

(2) 目标市场内的竞争状况 对某一细分市场，进入的企业可能会有很多，从而导致市场内的竞争激烈。这种竞争可能来自市场中已有的同类企业，也可能来自即将进入市场的其他企业，企业在市场中可能占据的竞争地位是评价各个细分市场的主要方面。竞争对手实力越雄厚，企业进入的成本和风险就越大。而那些竞争者数量较少、竞争者实力较弱或市场地位较稳固的细分市场则更有吸引力。

(3) 目标市场与企业资源优势的吻合程度 企业进行市场细分的根本目的就是发现与自己的资源优势能够达到最佳结合的市场需求。企业的资源优势表现在资金实力、技术开发能力、生产规模、经营管理能力、交通地理位置等方面。

(4) 目标市场的赢利水平 细分市场提供的赢利水平对企业经营十分重要。高投资回报率是企业所追求的，因而，必须对细分市场的投资回报能力做出正确的估测和评价。理想的目标市场应该是有利可图的市场，没有需求而不能获利的市场谁也不会去选择。

三、目标市场定位

> **案例**
>
> ### 宏碁（Acer）电脑的品牌命名
>
> 被誉为华人第一国际品牌、世界著名的宏碁（Acer）电脑 1976 年创业时的英文名称叫 Multitech，经过十年的努力，Multitech 刚刚在国际市场上小有名气，但就在此时，一家美国数据机厂商通过律师通知宏碁，指控宏碁侵犯该公司的商标权，必须立即停止使用 Multitech 作为公司及品牌名称。经过查证，这家名为 Multitech 的美国数据机制造商在美国确实拥有商标权，而且在欧洲许多国家都早宏碁一步完成登记。商标权的问题如果不能解决，宏碁的自有品牌 Multitech 在欧美许多国家恐将寸步难行。在全世界，以"～tech"为名的信息技术公司不胜枚举，因为大家都强调技术（tech），这样的名称没有差异化，又因雷同性太高，在很多国家都不能注册，导致品牌无法推广。因此，当宏碁加速国际化脚步时，就不得不考虑更换品牌。宏碁不计成本，将更改公司英文名称及商标的工作交给世界著名的广告公司奥美（O&M）广告。为了创造一个具有国际品位的品牌名称，奥美动员美国、英国、日本、澳大利亚、中国台湾分公司的创意工作者，运用电脑在 4 万多个名字中进行筛选，挑出 1000 多个符合命名条件的名字，再交由宏碁的相关人士讨论，前后历时七八个月，终于决定选用 Acer 这个名字。
>
> 宏碁选择 Acer 作为新的公司名称与品牌名称，出于以下几方面的考虑：
>
> ① Acer 源于拉丁文，代表鲜明的、活泼的、敏锐的、有洞察力的，这些意义和宏碁所从事的高科行业的特性相吻合。
>
> ② Acer 在英文中，源于词根 Ace（王牌），有优秀、杰出的含义。
>
> ③ 许多文件列举品牌名称时，习惯按英文字母顺序排列，Acer 第一个字母是 A，第二个字母是 C，取名 Acer 有助宏碁在媒体的资料中排行在前，增加消费者对 Acer 的印象。
>
> ④ Acer 只有两个音节，四个英文字母，易读易记，比起宏碁原英文名称 Multitech，显得更有价值感，也更有国际品位。
>
> 宏碁为了更改品牌名和设计新商标共花费近 100 万美元。应该说宏碁没有在法律诉讼上过多纠缠而毅然决定摒弃平庸的品牌名 Multitech，改用更具鲜明个性的品牌名 Acer，是一项明智之举。不良名称只有负的财产价值，如今，Acer 的品牌价值超过 1.8 亿美元。
>
> **问题：**
>
> （1）你认为宏碁摒弃旧品牌名 Multitech，改用新品牌名 Acer 的行为是否可取？公司或产品名称更改会给企业带来哪些影响？
>
> （2）从目标市场定位角度分析新品牌名 Acer 的积极意义。

目标市场定位又称产品的市场定位,是指将企业整体形象及产品特性在消费者心目中的位置定格的过程。企业整体形象包括企业的产品、经济实力、信誉以及对社会的奉献等多方面形象。市场定位的实质在于对已经确定的目标市场,从产品特征出发进行更深层次的剖析,进而确定企业的营销策略,并最终落实到具体产品的生产和销售中。目标市场定位的目的在于获得产品的竞争优势。通常消费者对市场上的产品有着自己的认识和价值判断,提到一类产品,他们会在内心按自己认为重要的产品属性将市场上他们所知道的产品进行描述和排序。因此,企业要辨别目标市场上现存竞争对手及其产品的特色和地位,并决定自己产品的发展定位。

1. 市场定位的内容

市场定位事关一个企业的成败。主要包括如下内容。

(1) 产品定位 产品定位是指确定本企业的实体产品在目标市场上的位置及产品特征的行为过程。确定产品的市场位置,就是找出本企业满足消费群需求的最显著特征,从而确定产品在目标市场上的地位,即产品在成本、质量、功能、颜色、包装、价格等方面的基本特点和差异。

(2) 企业定位 企业定位是企业根据市场的竞争情况和企业自身条件,确定企业在目标市场上处于何种地位的过程。企业要树立自己的社会形象,在确保产品高品质的同时,必须规范企业职工树立企业形象,塑造品牌。美国著名营销学家菲利普·科特勒将市场上的企业定位分为四类,即市场领先者、市场挑战者、市场跟随者和市场补缺者。

(3) 竞争定位 竞争定位是指企业根据企业定位和产品定位的内容,确定企业相对于竞争者的市场位置,企业要准确分析产品与竞争对手产品在成本及品质上的优势,以优势对劣势打击竞争者,占领市场。

(4) 消费者定位 消费者定位是指对产品潜在的消费群体进行定位。对消费对象的定位通常是多方面的,如从年龄上,有儿童、青年、老年;从性别上,有男人、女人;根据收入和消费层次,有学生、白领、工薪阶层;根据职业,有医生、工人、学生等。

(5) 形象定位 企业形象是消费者和社会公众对企业、企业行为以及企业的各种活动成果所给予的整体评价与一般认定,良好的企业形象是企业的重要无形资产和宝贵精神财富。形象定位是指根据企业定位和竞争定位的内容,设计和塑造本企业独特而富有竞争力的形象的过程。

2. 市场定位的步骤

市场定位的关键是企业要设法在自己的产品上找出比竞争者更具有竞争优势的特性。竞争优势一般有两种基本类型:一是价格竞争优势,就是在同样的条件下比竞争者定出更低的价格;二是偏好竞争优势,即能提供确定的特色来满足顾客的特定偏好。企业市场定位的全过程可以通过以下三大步骤来完成。

(1) 分析目标市场的现状,确认本企业潜在的竞争优势 一是目标市场上竞争对手的产品定位和成本及经营情况如何?二是目标市场上足够量的顾客需要什么以及欲望满足程度如何?三是针对竞争者的市场定位和潜在顾客的真正需要的利益要求企业应该做什么?要回答这三个问题,企业市场营销人员必须经过调研分析手段,通过回答上述三个问题,企业就可以从中把握和确定自己的潜在竞争优势在哪里。

(2) 确定相对竞争优势,对目标市场初步定位 竞争优势表明企业具有胜过竞争对手的能力。这种能力既可以是现有的,也可以是潜在的。确定竞争优势实际上就是一个企业与竞争者各方面实力相比较的过程。比较的指标应是一个完整的体系,只有这样,才能准确地选择相对竞争优势。通常的方法是分析、比较企业与竞争者在经营管理、技术、成本、产品质量、市场营销和服务六个方面究竟哪些是强项,哪些是弱项。借此选出最适合本企业的优势项目,以初步确定企业在目标市场上所处的位置。

(3) 有效传递和明确市场定位信息　市场定位是一个连续的过程,它不应仅停留在为某种产品设计和塑造个性与形象阶段,更重要的是如何通过一系列营销活动把这种个性与形象传达给顾客。这一步骤的主要任务是通过一系列的宣传促销活动,把企业的定位信息准确传递给产品的潜在顾客,使潜在顾客觉察、认同企业所塑造的形象,从而培养其对产品的偏好并引发其购买行为。

企业的产品在市场上的初始定位即使很恰当,但在下列情况下,还应考虑重新定位:一是竞争者推出的新产品定位于本企业产品附近,侵占了本企业产品的部分市场,使本企业产品的市场占有率下降;二是消费者的需求或偏好发生了变化,使本企业产品销售量骤减。

重新定位是指企业为已在某市场销售的产品重新确定某种形象,以改变消费者原有的认识,争取有利的市场地位的活动。重新定位对于企业适应市场环境、调整市场营销战略是必不可少的,可以视为企业的战略转移。重新定位可能导致产品的名称、价格、包装和品牌的更改,也可能导致产品用途和功能上的变动,企业必须考虑定位转移的成本和新定位的投资回报问题。

3. 目标市场定位的策略

目标市场定位策略主要有以下几种情况。

(1) 市场领先者定位策略　市场领先者定位策略是指企业选择的目标市场尚未被竞争者所发现,企业率先进入市场,抢先占领市场的策略。企业采用这种定位策略,必须符合以下几个条件。

① 该市场符合消费发展趋势,具有强大的市场潜力。

② 本企业具备领先进入该市场的资源条件。

③ 提高市场占有率,使本企业的销售额在未来市场的份额中占有绝对优势。

(2) 市场挑战者定位策略　市场挑战者定位策略是指企业把市场位置定在竞争者的附近,与在市场上占据支配地位的最强的竞争对手正面竞争,并最终把竞争对手击败,让本企业取而代之的市场定位策略。企业采取这种定位策略,必须具备以下条件。

① 目标市场要有足够的市场潜量。

② 本企业具有比竞争对手更丰富的资源优势和更强的营销能力。

③ 本企业能够向目标市场提供更好的商品和服务。

(3) 跟随竞争者市场定位策略　跟随竞争者市场定位策略是指企业发现目标市场竞争者充斥,已座无虚席时,而该市场需求潜力又很大,企业跟随竞争者挤入市场,与竞争者处在一个位置上的策略。企业采用这种策略,必须具备下列条件。

① 目标市场还有很大的需求潜力。

② 目标市场未被竞争者完全垄断。

③ 企业具备挤入市场的条件和营销能力。

(4) 市场补缺者定位策略　市场补缺者定位策略是指企业把自己的市场位置定在竞争者没有注意和占领的市场位置上的策略。当企业对竞争者的市场位置、消费者的实际需求和自己经营的商品属性进行评估分析后,如果发现企业所面临的目标市场并非竞争者充斥,而是存在一定的市场缝隙或空间,而且自身所经营的商品又难以正面抗衡,这时企业就应该把自己的位置定在目标市场的空当位置。采用这种市场定位策略,必须具备以下条件。

① 本企业有满足这个市场所需要的货源。

② 该市场有足够数量的潜在购买者。

③ 企业具有进入该市场的特殊条件。

④ 经营必须赢利。企业的市场定位并不是一劳永逸的,而是随着目标市场竞争者状况和企业内部条件的变化而变化的。当目标市场发生下列变化时,就需考虑重新调整定位的方向。

a. 竞争者的销售额上升,使企业的市场占有率下降,企业出现困境时;

b. 企业经营的商品意外地扩大了销售范围,在新的市场上可以获得更大的市场占有率和较高的商品销售额时;

c. 新的消费趋势出现和消费者群的形成,使本企业销售的商品失去吸引力时;

d. 本企业的经营战略和策略做出重大调整时。

当企业和市场情况发生变化时,都需要对目标市场定位的方向进行调整,使企业的市场定位策略能发挥企业优势,从而取得良好的营销利润。

四、化工产品市场细分与定位

任何化工企业的市场营销都是针对一定的目标市场而进行的。市场上消费者是众多的,消费者的需求也是千差万别的,某一企业设想为所有的消费者或下游的客户服务是不可能的,而只能服务于这个大市场的某个部分。因此,如何找到一个符合企业现有资源的市场份额,确定企业在行业市场中的位置,是化工企业管理者的一个重要决策问题。工业品市场细分与产品形态——原材料、零部件、设备总成等有密切的关系。然而,作为配套或服务于下游产品及最终产品的化工产品,其市场细分与定位又绝不可能脱离下游产品及最终产品的市场状况,也不能仅依靠专注于化工产品自身的竞争态势来确定。与一般消费品相似的是,企业开展化工产品营销也要在营销前进行精准定位,包括市场定位、价格定位、客户定位等,为提高市场营销业绩奠定基础。

市场细分的理论基础是消费需求的异质性。消费者或用户对某一产品的需求相同或相似,对企业的营销策略反应相同或相似,这种产品的市场称为同质市场。如所有消费者对普通食盐的消费需求、消费习惯和购买行为等都是大体相同的,普通食盐的市场就是同质市场。发达市场时代只有极少一部分产品市场属于同质市场,绝大多数都是异质市场,即消费者或用户对某一产品的需求存在差异。如顾客对某种产品的特性、规格、花色、款式、质量、价格、包装等方面的需要与欲望是不相同的,或者在购买行为、购买习惯等方面存在着差异性,正是这些差异使市场细分成为可能。

1. 化工产品市场细分的必要性和作用

化工产品市场细分的必要性首先是市场对化工产品的需求本身存在差异性。也就是说,在绝大多数情况下,消费者或用户对某种产品都有不同的要求甚至差别很大。正是这些差异,市场细分不仅成为可能,而且成为必要。其次是随着市场经济体系的不断完善、物质生产的日渐丰富,化工产品的买方市场已全面形成,化工产品的卖方市场竞争日益激烈。在现代市场经济条件下,有厚利可图的市场越来越少,这使得弱势的竞争者只有依靠市场细分来发现未被满足的需求,寻找有利的营销机会,在激烈的竞争中求得生存和发展,这也就是市场细分日益受到普遍重视的原因之所在。

化工产品市场细分有利于企业充分、合理利用现有资源,选择目标市场和制定市场营销策略,在竞争中选择有利的位置,增强竞争优势。市场细分后的子市场比较具体,比较容易了解消费者的需求,企业可以根据自己的经营思想、方针及生产技术和营销力量,确定自己的服务对象,即目标市场;化工产品市场细分有利于企业了解和发现新的市场营销机会,针对市场开发适销对路的产品,开拓与占领新市场。通过市场细分,企业可以对每一个细分市场的购买潜力、满足程度、竞争情况等进行分析对比,探索出有利于本企业的市场机会,使企业及时做出投产、转产等营销决策,根据企业的生产技术条件编制新产品开拓计划,进行必要的产品技术储备,把握产品更新换代的主动权，开拓新市场，以更好适应市场的需要。

化工产品市场细分有利于促使企业针对目标市场制定适当的营销组合策略，集中人力、物力投入目标市场，满足消费者的需求，提高其竞争能力。通过细分市场，选择了适合自己的目标市场，企业可以集中人、财、物及资源，生产出适销对路的产品，既能满足市场需要，去争取局部市场上的优势，又可增加企业的收入。

2. 化工产品市场的细分

化工产品市场细分的变数很多，对化工产品进行市场细分，首先要分清生产者市场、消费者市场和组织者市场，即根据产品用途、质量标准、功能要求、客户的购买目的、时间要求、价格要求等进行细分；其次是根据客户的不同行业与购买者类别，如重化工、精细化工、中间商、政府机构等进行细分；也可根据客户的规模如购买批量、购买能力、购买周期、品种规格、采购制度、付款方式等进行细分；还可以根据客户所处的地理位置、行业特点、交通运输等进行细分。成功的化工产品市场细分的方法不仅要有独创性，而且还要能对具体的市场做出具体判断，由于化工产品市场细分可以落到一些具体的变量上，使得市场细分可以以具体的目标为研究变量。常见化工产品市场细分变量如下。

（1）最终使用者　化工产品市场常常按照最终使用者的需要来进行细分。化工产品在销售时，尤其是经过批发商销售，如果企业对最终用户的情况不清楚，即不了解自己真正的服务对象，往往无法把握市场。划分最终使用者的最简单的方法，是以产业作为细分的标准，以此划分出子市场。

（2）产品用途　由于一种化工产品常常有不同的用途，产品用途细分就是按照产品的不同用途细分市场。化工产品一般可以分为原料、助剂、材料和终端消费品四种，不同种类的产品其购买客户也不一样。

（3）客户的规模　客户购买批量的大小是企业作为细分工业品市场的一个重要变量。对于不同规模的客户很多企业往往采用不同的接待方式，大客户主要由业务负责人接待，一般中小客户主要由业务员接待。

（4）采购对象　在某一目标产业与顾客规模之下，企业还可以根据采购对象来细分市场。首先，不同的顾客会追求不同的利益，有的注重价格，有的注重服务，有的更加重视质量，有的则注重化工产品应用时的技术指导、人员培训和跟踪服务。如二次电池的正负极材料和电解液购买者更希望得到技术支持。程序性购买者并不认为所购买的产品对他们的经营很重要，他们购买产品只是一种例行公事，通常会支付全价，并且接受低于平均水平的服务。一般这种细分市场的利润很高。关系购买者认为所购买的产品重要性一般，并且清楚竞争厂商的产品。只要产品的价格合理、便宜，他们就会购买。如果有小折扣和一般性服务，产品的销售会更好。这种市场的利润来源于大量的购买，需要企业维持很好的客户关系。交易购买者（中间商）认为所购买的产品对他们的经营性非常重要。他们对价格和服务很敏感，一般接受约10%以上的折扣和高于平均水平的服务。购买者还知道同行竞争厂商的产品，并且只要竞争厂商出更低的价格，他们就会购买竞争厂商的产品，使得企业不得不高度关注这类购买者的情绪变化，时刻在折扣和服务之间做出权衡。讨价还价的购买者认为所购买的产品非常重要，并且要求享有最大的折扣和最好的服务，由于了解其他可替代的产品，稍有不满意就转而求购他方产品。这部分购买者是销量增加的主要力量，但是，所带来的利润并不高，并且不得不随时考虑付出适当的折扣代价。

一般来说，化工产品市场不是使用单一的变量来细分的，而是用几个变量综合来细分。不同企业的侧重点也不同。

3. 化工产品的目标市场定位

企业在选定目标市场之后，还需要明确自己的产品在目标市场中将要占领的确切位置，确立本企业在目标市场中的竞争地位，这就是目标市场产品定位。市场定位是企业营销机会选择过程的一个重要组成部分，也是制定营销组合策略的一个必要前提。产品的市场定位是否准确，直接关系到营销过程的成败。化工企业选择目标市场时，首先要明确企业应为哪些类型的用户服务，满足他们的哪些需求，还应考虑企业的实力，企业在市场上的竞争实力包括人力、物力、财力、技术力量、创新能力、营销能力等方面。如果企业实力雄厚，资源充裕，具有较多的高素质的生产技术人员和经营管理人员，就可以选择较大的市场作为服务对象，采用无差异或差异性市场策略。相反，如果企业资源有限，人力、物力、财力不足，则较适宜于选择密集性市场策略，集中使用有限的资源。在企业营销实践中，化工企业一般采取市场集中化、产品专门化、市场专门化、完全市场覆盖等目标市场策略。

(1) 市场集中化 企业选择一个细分市场，集中力量为之服务。中小企业一般采取这种方式专门填补市场的某一部分。集中营销使企业深刻了解该细分市场的需求特点，针对采用产品、价格、渠道和促销策略，从而获得强有力的市场地位和良好的声誉，同时隐含较小的经营风险。如区域性的日用化工厂、涂料厂、精细化学品厂等，他们大多把目标市场定为企业所在地附近区域的下游用户，一方面企业间、经营者之间有着很好的联络关系，再者物流运输、信息沟通更直接、更及时，服务方面更容易获得用户的认可和满意。

(2) 产品专门化 企业集中生产一种产品，并向所有顾客销售这种产品。如表面活性剂企业专业生产某一类或者几类表面活性剂产品，面向洗涤剂厂、涂料厂、印染助剂厂、皮革助剂厂销售活性剂、乳化剂、防锈剂、渗透剂、匀染剂等，较少花费精力和资金去生产涂料、树脂、颜料等其他产品。这样，企业在表面活性剂产品领域容易建立起良好的声誉，取得市场份额。一旦出现其他品牌的替代品或使用者的偏好转移，企业也能及时响应，做出调整。

(3) 市场专门化 企业专门服务于某一特定顾客群，尽力满足他们的各种需求。如涂料企业专门为汽车制造厂提供各种档次的腻子、底漆、中涂漆、各色面漆等。企业专门为这个顾客群服务，不仅免除汽车厂购买涂料产品时的东奔西跑、系列配套等问题，而且对于汽车生产各环节的材料保护、制造工艺有更深入的研究，有助于提供技术上更专业、功能上更贴切的涂饰用产品，如关西涂料公司在其合作的汽车厂商有专门的售后服务团队。

(4) 完全市场覆盖 企业力图用各种产品满足各种顾客群体的需求，即把所有的细分市场都作为自己的目标市场。一般只有实力强大的综合型企业才能采用这种策略。如世界五百强的德国BASF公司、BAYER公司、美国DuPont公司等在通用型化工产品、精细化学品等领域生产众多的产品，满足各种消费者的需求。我国的中石化公司也在力图全面覆盖国内的化工产品市场，中石油、中海油、中国化工原料集团等公司则有自己侧重的市场。

 复习思考

一、名词解释

市场营销宏观环境　市场营销微观环境　消费者市场　组织市场　市场细分　目标市场　化工市场定位

二、简答题

1. 市场营销微观环境包括哪些因素？市场营销的宏观环境包括哪些因素？
2. 竞争者一般可分为哪几种？每一种的特点是什么？
3. 为什么说市场营销宏观环境是企业无法控制的因素？
4. 试举例论述市场营销环境因素改变，对某些企业可能是机会，而对另一些企业可能是威胁。
5. 工业品市场细分变量与消费品市场细分变量的区别与联系。
6. 什么是市场细分？市场细分的作用是什么？市场细分的依据是什么？
7. 工业品定位的主要依据。
8. 影响化工工业品购买决策和购买行为的因素一般分为哪几类？如何针对这些因素设计营销对策？
9. 大型化工工业品的采购流程包括哪些内容？
10. 购买者的决策过程包括什么内容？
11. 市场购买模式在消费者市场和组织市场的表现上有何异同？

三、论述题

1. 组织购买的影响因素与消费者购买的影响因素相比有哪些主要差别？
2. 组织市场有哪些特点？
3. 你认为在产业购买行为中，哪个阶段对成功影响最大？为什么？
4. 影响消费者购买行为的因素有哪些？举例说明这些因素对购买决策行为的影响。
5. 什么是消费者购买行为？消费者购买行为的类型有哪些？
6. 消费者的一般购买过程是怎样的？为什么说消费者购买商品以后，购买行为并没有结束？

第四章 化工产品市场营销组合策略

案例导入

理解中国消费者的市场营销变化

为什么国际品牌会在中国和美国采取不同的市场策略呢?为什么在北美极其成功的eBay,却在中国惨败呢?要回答这些以及其他更多的疑问,关键在于理解中国消费者,了解他们的特点和不断变化的需求是什么,以下是一些因素:

(1) 中国消费者对价格很敏感,但是很有品牌意识 为什么中国人会对价格敏感而且具有很强的品牌意识呢?要理解为什么会这样,就要领悟面子和社会地位是非常重要的这种中国文化。如果品牌能够显示出更高的社交和经济地位,那么中国人就会很乐意付高价,反之他们就会对价格很敏感。

对于那些能够彰显地位的品牌,比如,奢侈手表以及酒类,中国的价格至少是西方国家价格的两倍多。对于那些不能彰显地位的商品,跨国公司则会对中国市场提供相应价格的产品,质量却会次于西方市场。Glad的保鲜膜在中国和美国市场的价格是一样的,但是在中国的产品,你只能包裹不能密封。短期来看,这些国际品牌还是能在中国盈利,但是当中国消费者了解更多的信息之后,这种短视的策略就会对这些品牌造成损害。

(2) 中国缺少信任 eBay要求买家先付款后收货。相反,淘宝采取了不同的策略,它引入了一个被称作阿里支付的第三方支付系统。买家会先支付给这个阿里巴巴所拥有的第三方支付系统,并且只有在买家确认收到产品之后,阿里支付才会将货款支付给卖家。这种策略很好地解决了信任问题,并且很快获得成功。

(3) 中国的计划生育政策意味着小孩居于家庭的中心位置 由于计划生育政策,许多年轻的家庭只有一个孩子,父母和爷爷、奶奶都以孩子为中心,有些还会有保姆和司机。因此,整个和孩子相关的产业都发展迅速,并且当为孩子消费时,与给自己买东西相比,家长们更少的在意价格。例如,在北京,一个针对4~10岁孩子的1小时的艺术或者体育课程会花费200元,远比家长们愿意花在自己身上的高。理解中国家长想为自己小孩提供的,无论是英语教育还是创新能力培养,都是跨国公司在中国市场上竞争的关键所在。

(4) 中国消费者会变得更理智、更成熟、更主动 2012年,中国海外旅行人数为8300万,与上一年相比,增长18.4%。这些旅行经历,以及社交媒体等渠道,都帮助中国消费者变得更理智和成熟。例如,许多中国人到海外去买一些品牌的产品,因为它们比中国更便宜。相似的,中国人现在正在避开那些有着很大标志的品牌,而通过更微妙的方式来彰显地位。

同时,中国消费者在维护自己权益上也变得更主动。

中国已经变了。不再是为那些公司外包生产的地方。这个市场是巨大的、多样的并且有着极大的潜力。因此,"Made in China"正在逐步被"Made for China"所替代。要想在这个市场生存下来,外国企业不得不理解中国消费者的需求和他们的变迁特征,从而提供优质的产品和服务以满足他们的需求。

问题:
(1) 根据上文中对中国消费者的描写,谈谈你是如何理解市场营销组合策略的。
(2) 针对中国消费者的消费特点,试分析其中存在的商机及发展趋势。

市场营销组合指的是企业在选定的目标市场上,综合考虑环境、能力、竞争状况等企业自身可以控制的因素,加以最佳组合和运用,以完成企业的目的与任务。市场营销组合是制定企业营销战略的基础,做好市场营销组合工作可以保证企业从整体上满足消费者的需求。市场营销组合由许多层次组成,就整体而言,"4P"是一个大组合,其中每一个"P"又包括若干层次的要素。企业在确定营销组合时,不仅更为具体和实用,而且相当灵活,不但可以选择四个要素之间的最佳组合,而且可以恰当安排每个要素内部的组合。企业必须在准确分析、判断特定的市场营销环境、企业资源及目标市场需求特点的基础上,才能制定出最佳的营销组合。因此,市场营销组合的作用,绝不是产品、价格、渠道、促销四个营销要素的简单数字相加,即 $4P \neq P+P+P+P$,而是使它们产生一种整体协同作用。就像中医开出的处方,四种草药各有不同的效力,治疗效果不同,所治疗的病症也相异,而且这四种中药配合在一起的治疗,其作用大于原来每一种药物的作用之和。市场营销组合也是如此,只有它们的最佳组合,才能产生一种整体协同作用。

第一节 化工产品发展策略

产品策略是市场营销 4P 组合的核心,是价格策略、分销策略和促销策略的基础。产品的交换是社会分工的必要前提,企业生产与社会需要的统一是通过产品来实现的,企业与市场的关系也主要是通过产品或服务来联系的,从企业内部而言,产品是企业生产活动的中心。因此,产品组合策略是企业市场营销活动的支柱和基石。

一、产品组合

化工产品最基本的层次是核心利益,即向消费者提供的产品基本效用和利益,也是消费者真正要购买的利益和服务。消费者购买某种产品并非是为了拥有该产品实体,而是为了获得能满足自身某种需要的效用和利益。如洗涤用品的核心利益体现在它能让消费者方便、快捷的清洗衣物。产品核心利益须依附一定的实体来实现,产品实体称一般产品,即产品的基本形式,主要包括产品的构造外形等。期望产品是消费者购买产品时期望的一整套属性和条件,附加产品是产品的第四个层次,即产品包含的附加服务和利益,主要包括运送、安装、调试、维修、零配件供应、技术培训等。附加产品来源于对消费者需求的深入研究,要求营销人员必须正视消费者的整体消费体系,但同时必须注意因附加产品的增加而增加的成本。产品的第五个层次是潜在产品,潜在产品预示着该产品最终可能的所有增加和改变。

产品的外延也从其核心产品(基本功能)向一般产品(产品的基本形式)、期望产品(期望的产品属性)、附加产品(附加利益和服务)和潜在产品(产品的未来发展)拓展,即从核心产品发展到产品的五个层次。现代企业产品外延的不断拓展缘于消费者需求的不断提升和市场竞争的白热化。在产品的核心功能趋同的情况下,谁能更快、更好地满足消费者的需要,谁就能拥有消费者，占有市场，取得竞争优势。不断拓展产品的外延部分已成为现代企业产品竞争的焦点，消费者对产品的期望价值越来越多地包含了其所能提供的服务及企业整体形象。发达国家企业的产品竞争多集中在附加产品层次，而发展中国家企业的产品竞争则主要集中在期望产品层次。若产品在核心利益上相同，但附加产品所提供的服务不同，则可能被消费者看成是两种不同的产品，因此也会造成两种截然不同的市场业绩。

1. 产品组合、产品线和产品项目

(1) 产品组合 产品组合是指一个企业生产经营的所有产品线和产品品种的组合方式，即全部产品的结构。产品组合通常由若干条产品线组成。

(2) 产品线 产品线也称产品系列或产品大类，是指在功能上、结构上密切相关，能满足同类需求的一组产品，每条产品线内包含若干个产品项目。

(3) 产品项目 产品项目是指产品线中各种不同品种、规格、型号、质量和价格的特定产品。产品项目是构成产品线的基本元素。如某企业生产电视机、电冰箱、空调器和洗衣机四个产品系列，即有四条产品线。其中，电视机系列中的46英寸液晶电视机就是一个产品项目。

2. 产品组合的广度、深度和关联性

(1) 产品组合的广度 产品组合的广度指一个企业生产经营的产品系列的多少，即拥有产品线的多少。产品线多，则产品组合广度宽，少则窄。

(2) 产品组合的深度 产品组合的深度指企业的每条生产线中产品项目的多少。产品项目多，则产品组合深度长，少则短。产品组合深度是用来测定产品组合中的每条产品线的长度，即指每个产品项目（品牌）中有多少个品种、规格数。如某品牌洗发露中有"顺、爽、润、净"4个系列产品，"顺"系列有4种产品，"爽"系列有4种产品，"润"系列有5种产品，"净"系列有1种产品，假设每种产品还有3个规格（如200mL装、400mL装、750mL装），则该品牌的深度＝(4＋4＋5＋1)×3＝42。按此方法，可以算出产品组合的平均深度。

(3) 产品组合的关联性 产品组合的关联性指企业各条产品线在最终使用、生产条件、分销渠道或其他方面的相关程度。如清洁剂、洗衣粉、洗发膏、香皂这几条产品线都与洗涤去污有关，这几大类产品的产品组合就有较强的相关性。产品组合的相关性大，企业的营销管理的难度就小，但其经营范围也就越窄，经营的风险相对要大些；反之，企业产品组合的相关性差，其营销难度大，经营的范围广，经营的风险相对要小一些。

不同的产品组合广度、深度和关联性，构成不同的产品组合方式。企业的产品组合就是由这三个因素来描述的。为了在不同的企业之间进行比较，也用平均长度来表示产品组合的长度。例如，某公司的部分日用化工产品组合见表4-1，其总长度为：5＋3＋2＋1＋1＝12，即12个产品项目；平均长度＝12/5＝2.4，即平均每条生产线有2.4个产品项目。

表 4-1 某公司部分日用化工产品系列的产品组合

项目	产品宽度				
	洗发露	护肤品	洗衣粉	香皂	牙膏
产品长度	A	F	I	K	L
	B	G	J		
	C	H			
	D				
	E				

3. 产品组合策略

根据产品线分析，针对市场的变化，调整现有产品结构，从而寻求和保持产品结构最优化，这就是产品组合策略。产品组合要根据企业的资源、财力及市场的实际情况确定，不一定要一味地追求越宽越长。宝洁公司旗下的香皂品牌有7个，而在中国目前只推出"舒肤佳"1个，这是宝洁公司根据企业和市场两个方面的实际情况做出的慎重选择。企业进行产品组合的基本方法是对产品组合的4个维度进行优化，即增减产品线的宽度、长度、深度或产品线的关联度。要使得企业产品组合达到最佳状态，即各种产品项目之间质的组合和量的比例既能适应市场需要，又能使企业赢利，需采用一定的评价方法进行选择。

从市场营销的角度出发，按产品销售增长率、利润率、市场占有率等几个主要指标进行评价和选择最佳产品组合。

企业在调整产品组合时，可以针对具体情况选用以下产品组合策略。

(1) 扩大产品组合　扩大产品组合策略即开拓产品组合的广度和加强产品组合的深度。开拓产品组合广度是指增添一条或几条产品线，扩展产品经营范围；加强产品组合深度是指在原有的产品线内增加新的产品项目。具体方式包括：①在维持原产品质量和价格的前提下，增加同一产品的规格、型号和款式；②增加不同质量和不同价格的同一种产品；③增加与原产品相类似的产品；④增加与原产品不相关的产品。

扩大产品组合的优点是：①满足不同偏好的消费者多方面需求，提高产品的市场占有率；②充分利用企业信誉和品牌知名度，完善产品系列，扩大经营规模；③充分利用企业资源和剩余生产能力，提高经济效益；④减小市场需求变动性的影响，分散市场风险。

(2) 缩减产品组合　缩减产品组合策略是削减产品线或产品项目，特别是要取消那些利润低的产品，以便集中力量经营获利大的产品线和产品项目。缩减产品组合的方式有：①减少产品线数量，实现专业化生产经营；②保留原产品线，削减产品项目，停止生产某类产品，外购同类产品继续销售。

缩减产品组合的优点有：①集中资源和技术力量提升产品质量，提高产品商标的知名度；②生产经营专业化，提高生产效率，降低生产成本；③有利于企业向市场的纵深发展，寻求合适的目标市场；④减少资金占用，加速资金周转。

(3) 产品线延伸　为了开拓新的市场，增加顾客，为了适应顾客需求的变化，配齐该产品线的所有规格、品种，使之成为完全产品线，这就是所谓的产品线延伸，是指企业把产品线延长，使其超出目前经营范围的一种行动。产品线延伸有三种形式：向上延伸、向下延伸和双向延伸。

① 向上延伸　是在原有的产品线内增加高档次、高价格的产品项目。实行高档产品策略的优点是：高档产品的生产经营容易给企业带来丰厚的利润；可以提高企业现有产品声望，提高企业产品的市场地位；有利于带动企业生产技术水准和管理水平的提高。

高档产品市场利润丰厚，如果市场潜力比较大，而且企业又具备进入条件，则应抓住机遇，开拓高档产品市场。采用这一策略也有一定的风险和困难。因为，企业一贯生产廉价产品的形象在消费者的心目中不可能立即转变，消费者可能怀疑其高档产品的质量水平，使得高档产品不容易拓展市场，从而影响新产品项目研制费用的投资回收。高档产品市场的竞争者也会不惜一切坚守阵地，还会以进入低档产品市场，向下延伸进行反击。

② 向下延伸　即企业在原有的产品线中增加低档次、低价格的产品项目。实行低档产品策略的优点有：借高档名牌产品的声誉，吸引消费水平较低的顾客慕名购买该产品线中的低档廉价产品；充分利用企业现有生产能力，补充产品项目空白，形成产品系列，使企业资源得到更充分

利用和进一步分散经营风险；增加销售总额，扩大市场占有率。

低档产品策略的实行能够迅速为企业寻求新的市场机会，同时也会带来一定的风险。如果处理不当，可能会影响企业原有产品的市场声誉和名牌产品的市场形象。这一策略的实施需要有一套相应的营销系统和促销手段与之配合，这些必然会加大企业营销费用的支出。

③ 双向延伸　是指原定位于中档产品市场的企业，掌握了市场优势后决定向产品线的上下两个方向延伸：一是增加高档产品；二是增加低档产品，扩大市场阵容。

（4）产品现代化策略　产品现代化策略就是强调把科学技术应用到生产过程中去。虽然产品组合的广度、长度都非常适合，但产品线的生产过程、技术以及产品形式上可能已经过时，这就必须对产品线实施现代化的升级改造。产品线的现代化可采取两种方式：一是逐项更新，二是全面更新。逐项更新是在整条产品线全面更新前，测试消费者及中间商的反应，了解市场动向，同时可节省投资，但缺点是使竞争者洞悉本企业的意图；全面更新则可避免上述缺点，出奇制胜，但所需投资较大。

产品组合的优化通常是分析、评价和调整现行产品组合的过程。由于产品组合状况直接关系到企业的销售额和利润水平，企业必须对现行产品组合未来销售额和利润水平的发展和影响做出系统的分析和评价，并对是否加强和剔除某些产品线或产品项目做出决策。优化产品组合包括两个重要步骤。即：①分析、评估现行产品线上不同产品项目所提供的销售额和销售利润水平，即"产品线销售额和利润"分析；②分析产品线上的各产品项目与竞争者同类产品的对比状况，即"产品线市场轮廓"分析。目的是全面衡量各产品项目与竞争产品的市场地位。

企业在进行产品组合时，涉及如下问题需要做出选择，即：①是否增加、修改或剔除产品项目；②是否扩展、填充或删除产品线；③哪些产品线需要增设、加强、简化或淘汰。决策应该遵循既有利于促进销售，又有利于增加企业的总利润这个基本原则。产品组合的四个因素与促进销售、增加利润都有密切的关系。拓宽、增加产品线有利于发挥企业的潜力、开拓新的市场；延长或加深产品线可以适合更多的特殊需要；加强产品线之间的一致性，可以增强企业的市场地位，发挥和提高企业在有关专业上的能力。

二、产品生命周期

产品生命周期是指一种产品从投入市场开始到退出市场为止的周期性变化的过程。产品生命周期是指产品的经济寿命，即产品在市场上销售的时间，而不是使用寿命。产品的使用寿命是指产品的自然寿命，即具体产品实体从开始使用到消耗磨损以至废弃为止所经历的时间。

1. 产品生命周期的四个阶段

从理论上分析，完整的产品生命周期可分为投入期、成长期、成熟期和衰退期四个阶段，如图 4-1 所示。

① 第一阶段：投入期　新产品投入市场，便进入了投入期。此时顾客对产品还不了解，除了少数追求新奇的顾客外，几乎没有人实际购买该产品。在此阶段产品生产批量小，制造成本高，广告费用大，产品销售价格偏高，销售量极为有限，企业通常不能获利。

② 第二阶段：成长期　当产品经过投入期，销售取得成功之后，便进入了成长期。这是需求增长阶段，需求量和销售额迅速上升，生产成本大幅度下降，利润迅速增长。

③ 第三阶段：成熟期　经过成长期之后，随着购买产品的人数增多，市场需求趋于饱和，产品便进入了成熟期阶段。此时，销售增长速度缓慢直至转而下降，由于竞争的加剧，导致广告费用再度提高，利润下降。

④ 第四阶段：衰退期　随着科技的发展、新产品和替代品的出现以及消费习惯的改变等原

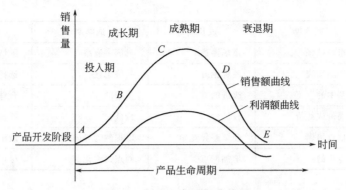

图 4-1　产品生命周期曲线图

因，产品的销售量和利润持续下降，产品进入了衰退期。产品的需求量和销售量迅速下降，同时市场上出现替代品和新产品，使顾客的消费习惯发生改变。此时成本较高的企业就会由于无利可图而陆续停止生产，该类产品的生命周期也就陆续结束，以致最后完全撤出市场。

在图 4-1 中，AB 段为投入期，是新产品投入市场、销售量缓慢增长的阶段；BC 段为成长期，销售额迅速增长；CD 段为成熟期，销售额缓慢增长并到达高峰后开始下滑；DE 段为衰退期，销售额急剧下降，产品即将退出市场。图 4-1 中利润曲线的变化趋向与销售额曲线大体相同，但是变化的时间却不一样。当销售额曲线还在上升时，利润额曲线已开始下降了，这是由于竞争而压低了售价所造成的。

图 4-1 所表示的产品生命周期曲线只是产品生命周期的典型表现形态。但丰富多彩的产品生命周期曲线除了典型表现形态以外，还有其他表现形态。如有的产品在进入成熟期后，并未顺次进入衰退期，而是又进入第二个成长期，而时髦产品和某些季节性产品一投放市场便立即掀起销售高潮，很快进入成熟期，并很快退出市场。

2. 产品生命周期各阶段的特点及营销策略

产品生命周期的不同阶段有不同的特点，需要制定不同的市场营销策略，如表 4-2 所示。

表 4-2　产品生命周期各阶段的特征与对策

项目		投入期	成长期	成熟期	衰退期
特征	市场需求状况	确认市场对新产品的需要量，新产品上市试销，其销售量非常低	需要量急剧增加，市场规模急速扩大，销售量快速增长	需要量横向发展，老顾客更换旧品，只有少数新的消费者，销售增长缓慢	由于新产品的出现，产品的销售每况愈下，销售量迅速下降
	市场抵抗性	市场抵抗性强，开始展开试销，少数人使用	市场抵抗性弱，使用频率提高，也有再度购买的情况	无抵抗性，市场完全被开发，市场占有率呈巅峰状态	市场占有率降低，市场规模逐渐萎缩
	消费者	创新的顾客	市场大众	市场大众	延迟的顾客
	经销商	经销商虽存心，但开始尝试销售	经销商积极销售，逐渐提高销售量	经销商已完全掌握市场，各自相互竞争	经销商兴趣降低，数量也剧减
	竞争者	竞争对象最少，竞争缓和	竞争对手增加，彼此竞争激烈	竞争对手最多，有的只好半途退出，非价格竞争非常激烈	竞争对手锐减，但尚有若干对手存在
	营销费用	推广费用高	推广费用低	推广费用高	推广费用低
	利润	无多少实际的收益	单位利润达到最高状态	单位利润稳定，总利润达到最大状态	总利润逐渐降低

续表

项目		投入期	成长期	成熟期	衰退期
对策	策略特点	市场扩张	市场渗透	巩固占有率	酌情退出
	营销重点	产品知晓	品牌偏好	品牌忠诚	选择性
	产品	基本的	改进的	多变的	合理的
	价格	高价或低价	较低价	最低价	低价
	促销	信息培训	强调差异竞争	以提醒为导向	最小化促销
	分销	零星的	增加网点	网点最大化	尽可能减少网点

3. 延长产品生命周期的方法

延长产品生命周期的方法主要有以下四种。

(1) **加大促销力度，促使消费者增加使用频率，扩大购买** 即使产品处在成长期或成熟期，企业仍然要重视并提高产品质量和服务质量，综合运用人员推销、营业推广、广告宣传和公共关系等促销手段，培养消费者的品牌偏好，促成购买习惯，增加使用频率，以扩大销售。

(2) **对产品进行改进** 要根据产品的市场反应，改进产品的特性，开发产品的功能，革新产品的造型包装，增加产品的美感，以巩固老客户，争取新顾客。

(3) **开拓新市场，拓展顾客群** 由于不同区域的市场消费存在着明显的差异性，企业可以利用这种差异开拓新的市场领域。如有的产品在本地市场已开始衰退，可以转销外地市场，城市市场滞销可以向农村市场发展。对消费者也是如此，有的产品可以先争取女性顾客然后再争取男性顾客，满足了儿童市场需求再开拓老年市场等。

(4) **开拓产品新的使用领域** 有的产品用途随着生产力的发展、科技水平和消费水平的提高而不断拓展。当产品新的用途一旦开拓出来，其生命周期必然得以相应延长，如纸张过去主要用于书写和印刷，后扩展到餐巾纸、装饰纸、卫生纸、纸桌布等，用途多了，销量就大，生命周期就长。

4. 如何运用产品生命周期理论帮助企业决策

(1) **投入期的营销策略——瞄准市场，先声夺人** 投入期是产品成功的开始，但是，往往很多新产品向市场投放以后，还没有进入成长期就被淘汰了。因此，企业要针对成长期的特点，制定和选择不同的营销策略。可供企业选择的营销策略，主要有以下几种类型。

① 迅速夺取策略 指以高价格和高促销水平推出新产品的策略，采用此策略必须具备如下条件：产品鲜为人知；了解产品的人急于购买，并愿意以卖主的定价支付；企业面临潜在的竞争，必须尽快培养对本产品"品牌偏好"的忠实顾客。

② 缓慢夺取策略 指以高价格和低促销水平推出新产品的策略。它适用于这样一些情况：市场规模有限；顾客已经了解该产品；顾客愿意支付高价；没有剧烈的潜在竞争。

③ 迅速渗透策略 指用低价格和高水平促销费用推出新产品的策略。所必须具备的条件如下：市场规模大；顾客并不了解该新产品；市场对价格比较敏感；有强大的潜在竞争对手存在。

④ 缓慢渗透策略 指以低价和低促销水平推出新产品的策略。所必须具备的条件如下：市场规模大；产品有较高的知名度；市场对价格敏感；存在潜在的竞争对手。

(2) **成长期的营销策略——顺应增长，质量过硬** 企业在成长期的主要目的是尽可能维持高速的市场增长率。为此，可以采取以下市场推广策略：

① 改进产品质量，增加花色品种，改进款式、包装，以适应市场的需要；

② 进行新的市场细分，从而更好地适应增长趋势；

③ 开辟新的销售渠道，扩大商业网点；

④ 改变广告宣传目标，由以建立和提高知名度为中心转变为以说服消费者接受和购买产品为中心；

⑤ 适当降低价格以提高竞争能力和吸引新的顾客。

(3) 成熟期的营销策略——改革创新，巩固市场 成熟产品是企业理想的产品，是企业利润的主要来源。因此，延长产品的成熟期是该阶段的主要任务。延长产品成熟期的策略可以从以下三个方面考虑：

① 发展产品的新用途，使产品转入新的成长期；

② 开辟新的市场，提高产品的销售量和利润率；

③ 改良产品的特性、质量和形态，以满足日新月异的消费需求。

(4) 衰退期的营销策略——面对现实，见好就收 处于衰退期的产品常采取立刻放弃策略、逐步放弃策略和自然淘汰策略，但有的企业也常常运用一些方法延长其衰退期。

三、化工新产品开发

1. 新产品开发的种类

产品生命周期理论认为，任何产品都有生命周期，这就要求企业不断开发新产品，适应市场的需求。一般而言，当一种产品投放市场时，企业就应当着手设计新产品，使企业在任何时期都有不同的产品处在产品生命周期的各个阶段，从而保证企业效益的稳定增长。尤其在当今全球经济一体化的新经济时代，竞争环境瞬息万变，竞争的层次越来越高，新产品开发则是应对外部环境变化，维护企业生存的重要保证。

新产品是相对老产品而言的，目前尚无世界公认的确切定义。一般地，它是指企业初次试制成功的产品，或是在性能、制造工艺、原材料等某一方面或几个方面比老产品有明显改进的产品。按创新程序划分，新产品可以分为全新型产品、换代型产品和改进型产品，按地域范围划分可以分为世界级新产品、国家级新产品、地区级新产品和企业级新产品。

营销意义上的新产品应具备以下条件：在结构、性能、材质、技术特征等某一方面或几方面有显著改进、提高或独创；具有先进性、实用性，能提高经济效益，具有推广价值；在一个省、市、自治区范围内是第一次试制的新产品。新产品的种类一般来说可以分为两类，即非连续性新产品和连续性新产品。非连续性新产品是生产厂家运用现代新科技、新工艺、新材料生产制造出来的用于交换的全新产品。这种产品的结构、造型、性能均是全新的，它与市场上已有的产品无雷同之处，它不是在老产品的基础上经过革新的产品，也不是同类产品中的仿制产品，而是科技人员创造、发明的前所未有的全新产品。由于该类型产品是不承接旧产品的结构、性能、外观而重新设计、制造的，因此被称为非连续性新产品，即全新型新产品，如汽车、电视、手机最初上市时，都属全新产品。连续性新产品是指新产品在原有旧产品的基础上，运用新原料、新工艺对整体产品中任何一部分的创新或改进，具有新特征、新性能及新用途等。

2. 新产品开发应遵循的原则

新产品开发应遵循以下三个原则。

(1) 新产品必须有市场潜力 新产品开发是从营销观念出发所采取的行动，因此首先必须是适应社会经济发展需要，适销对路的产品。若不能满足一定市场需求，或虽能满足某一需求但需求量太小的产品，对企业而言再新也没有意义。

(2) 企业新产品的开发必须有相应的开发和生产能力 新产品开发是一项高风险、高投入的活动,首先,应明确所开发的新产品按企业的技术水平、财务承受能力能否完成,会不会因这些客观条件而受限制。其次,新产品研制出来后,企业的生产条件(资金、技术、原材料等)是否具备。企业开发新产品的主要目的是自己生产后投入市场以获取较高利润,如果有了新产品而不能批量生产,新产品开发就没有经济效益。

(3) 新产品开发必须坚持开发与管理并重 新产品开发又是一项非常复杂的活动,要消耗企业的大量资源,开发管理不仅包括对开发计划实施过程的管理,而且包括可行性研究、开发规划制定以及营销方案制定等一系列的工作,因此,开发管理也是新产品开发成功的重要保证。

3. 新产品开发的形式

新产品开发主要有以下四种形式。

(1) 独立研制 独立研制是指企业完全依靠自己的科研、技术力量研究开发新产品。这是新产品开发的基本形式,也是有独立研制能力的大企业产品创新的力量所在。这种方式可以密切结合企业的优势和特点,容易形成本企业的产品系列,使企业在某一方面具有领先地位。但相应投入大量的人、财、物,有较大的经营风险。

(2) 技术引进 技术引进是指从企业之外引进先进技术、购买专利来开发新产品。引进有两种形式:一是引进样品进行仿制;二是引进先进的工艺技术,用于新产品的设计生产。第二种方式可缩短开发时间,节约研制费用,风险也较小,而且可促进企业技术水平和生产效率乃至产品质量的提高。在企业科研、技术能力有限的情况下这是一种有效的方式,可通过加快开发速度,尽快推新品上市而获利。但企业引进的技术,通常是已经开发出来的技术,因此有必要对其新的程度和市场容量进行分析,估计自身的竞争能力。从国外引进的技术,要对技术的成熟程度、先进性、适应性及经济性进行充分论证。

(3) 研制与引进相结合 研制与引进相结合是指企业的某种新产品的部分技术是自己研制出来的,另一部分是从企业外部引进的。这种新产品开发方式得以成功的关键在于企业要抓好技术知识的转换工作,同企业已有的技术结合,或是引进新技术以弥补不足,或是在充分消化吸收引进技术的基础上,结合企业已有技术进行创新。这种方式投资低、见效快,产品有一定的先进性和特色,并能促进企业的技术改造和创新,是一种较好的开发方式。

(4) 协作研制 协作研制指企业之间、企业和科研院所(高校)之间协作进行新产品开发。它有利于充分利用社会的科研能力,弥补企业力量不足,把科技成果转化为生产力,促使其商品化,比较符合建立市场经济体制过程中我国企业和科研、教学单位的实际需要。

4. 化工新产品开发程序

化工新产品开发大致上可划分为八个阶段,即:寻求创意、甄别创意、形成产品概念、制定市场营销战略、营业分析、产品开发、新产品试销、批量上市。

(1) 寻求创意 化工新产品开发过程是从寻求创意开始的。所谓创意即开发新产品的设想。虽然并不是所有的创意或设想都可以变成产品,寻求尽可能多的创意却能为开发新产品提供较多的机会。因而现代社会都重视创意的开发。新产品创意的来源主要有:顾客、科学家、竞争对手、企业家、市场推销人员、经销商、市场研究公司、广告代理公司等。除此以外,企业还可能从大学、咨询机构、同行业团体协会、有关行业媒体寻求可能的新产品创意。一般来说,企业应当激发内部人员的热情来寻求创意。

(2) 甄别创意 取得足够多的创意之后,要对这些创意加以评估,研究其可行性,挑选出可行性高的创意,即甄别创意。甄别创意的目的是淘汰那些不可行或可行性低的创意,使企业的资源能集中在成功机会较大的创意上。甄别创意时，一般要考虑两个因素：一是创意与企业战略目标的适应性，表现为产品开发方向目标、市场份额目标、利润目标、形象目标等几个方面；二是企业有无足够的能力来开发这种创意。这些能力表现为技术能力、人力资源、市场策略、整合能力等。

（3）形成产品概念 经过甄别保留下来的产品创意要进一步发展成为产品概念。产品概念与产品形象必须区别开来。所谓产品概念是指企业从用户的角度对产品创意所做的详尽描述；产品形象则是用户对某种现实产品或潜在产品所形成的特定形象。企业必须根据用户的要求把产品创意发展为产品概念，确定产品概念，进行产品和品牌市场定位后，就需要对产品概念进行试验，就是用文字、图画描述或者用实物将产品概念展示于目标顾客面前，观察他们的反应。

（4）制定市场营销战略 形成产品概念之后，需要制定市场营销战略，企业有关人员要拟定一个将新产品投放市场的初步的市场营销战略报告书。它由三部分组成：①描述目标市场的规模、结构、行为，新产品在目标市场上的定位，销售额的预测，市场占有率，利润目标等；②略述产品的计划价格、分销战略以及第一年的市场营销预算；③阐述计划长期销售额和目标利润以及不同时间的市场营销组合。

（5）商业分析 企业市场营销管理者要复查新产品将来的销售额、成本、利润的估计，考察其是否符合企业的目标，如果符合则可以进行新产品开发。

（6）产品开发 如果产品通过了营业分析，研究开发和技术部门就可以把这些产品概念转化成产品，进入试制阶段。只有在这一阶段，文字、图表、规格型号等描述的产品设计才变为确实的物质产品。这一阶段须明确产品概念能否变为技术上和商业上可行的产品。如果不能，此前的投入就全部付诸东流。

（7）新产品试销 如果企业的高层对某些产品开发试验结果感到满意，就着手用品牌名称、包装和初步市场营销方案把新产品装扮起来，把新产品推上真正的市场进行试验，让顾客来感受。这一阶段的目的在于了解顾客和经销商对于经营、使用和再购买这种新产品的实际情况以及市场大小，再酌情采取适当的对策。市场试验的规模取决于两个方面：一是投资费用和风险大小，二是市场试验费用和时间。投资费用和风险越高的产品，试验的规模应该越大；反之，投资费用和风险越低的产品，则试验的规模可小一些。从市场试验费用和时间来讲，所需市场试验费用越多、时间越长的新产品，市场试验规模应该越小一些；反之，则可大一些。总的来说，市场试验费用不宜在新产品开发投资总额中占太大的比例。

（8）批量上市 经过市场试验，企业高层管理者已经有足够信息资料来决定是否将新产品规模化投放市场。如果决定向市场推出，企业就需要付出巨额资金。需要建设或租用全面投产所需要的厂房设备等生产条件。这里工厂规模大小是至关重要的决策，很多公司为了慎重起见，往往把生产能力限定在所预测的销售规模以内，以避免新产品的赢利弥补不了投资成本，防范投资风险。

5. 化工新产品开发策略

（1）技术领先策略 即率先使用新工艺、新原料、新装备，生产最新的技术产品，使产品的科技含量提高，在同类产品中处于领先地位，并可能构筑一定程度的技术壁垒，提高市场竞争能力。

（2）大众化产品策略 即面向庞大的客户群体，拓宽市场空间，争取尽可能大的市场份额。如产品的覆盖面大，需求量巨大，即是大众化、物美价廉的产品。某一地区化工行业比较发达而基础原料薄弱，则开发三酸两碱基础原料就具有相对竞争优势。

（3）引进技术产品策略 从我国国情实际出发，对占有市场份额大的国外产品，要积极采取引进技术、装备的策略，进行开发生产，以弥补国内市场的不足。如化学纤维、生物农药、新型化学助剂、化妆品、高档汽车涂料等类似产品都可以考虑采用引进策略。

(4) **新、小、短、快产品策略** 新、小产品往往属于短线产品,为保证市场供应、满足用户需求,可以积极实施快速投资、快速赢利策略。

(5) **竞争性产品开发策略** 依据市场供求情况,对供过于求的化工商品选准品种,进行可行性论证后,强化竞争力,实行跳跃式开发、超常规发展,达到后来居上的目的。如当前的涂料行业仍然存在高档涂料开发的生存空间,积极采用新技术、新工艺,生产出同等质量下具有成本领先优势的新产品,使其成为同类产品之"冠",这就是一种竞争性开发策略。

四、化工企业产品组合发展战略

任何一个化工企业,无论它的规模有多大,都不可能只生产和销售一种规格和型号的产品,也不可能囊括所有类别和型号的化工产品,都存在"有所为,有所不为"。这就是企业对于产品的种类和系列性的发展战略问题。

1. 一体化发展战略

一体化发展战略是指企业充分利用自身产品(业务)在生产、技术和市场等方面的优势,沿着其产品(业务)生产经营链条的纵向或横向,通过扩大业务经营的深度或广度来扩大经营规模,提高收入和利润水平,不断发展壮大。一体化发展战略分为纵向一体化和横向一体化。

(1) **纵向一体化战略** 纵向一体化战略是指企业在业务链上沿着向前和向后两个可能的方向上,延伸、扩展企业现有经营业务的一种发展战略。具体又包括前向一体化战略、后向一体化战略和双向一体化战略。

前向一体化发展战略是指以企业初始生产或经营的产品(业务)项目为基准,生产经营范围的扩展沿其生产经营链条向前延伸,使企业的业务活动更加接近最终用户,即发展原有产品的深加工业务,提高产品的附加值后再出售,或者直接涉足最终产品的分销和零售环节。如石油炼制厂生产汽油、柴油供给加油站,再由加油站卖出,如果炼油厂自己开设加油站,便可实现自己生产的油自己卖。

后向一体化发展战略是指以企业初始生产或经营的产品(业务)项目为基准,生产经营范围的扩展沿其生产经营链条向后延伸,发展企业原来生产经营业务的配套供应项目,即发展企业原有业务生产经营所需的原料、配件、能源、包装和服务业务的生产经营。也就是企业现有产品生产所需要的原材料和零部件等,由外供改为自己生产。如硫酸锰生产厂的主要原材料是锰矿和硫酸,如果硫酸锰厂自行开采锰矿,再兼并一个硫酸厂,就可实现原材料自供自产。

双向一体化战略是前述两种战略的复合,企业在初始生产经营的产品(业务)项目的基础上,沿生产经营业务链条朝前、后分别扩张业务范围。

前向一体化使企业能够控制销售过程和销售渠道,有助于企业更好地掌握市场信息和发展趋势,更迅速地了解顾客的意见和要求,从而增加产品的市场适应性。有些企业采取前向一体化或后向一体化战略,是希望通过建立全国性的销售组织和扩大生产规模,来获得规模经济带来的利益,从而降低成本,增加利润。但是,实行纵向一体化时,需要进入新的业务领域,由于业务生疏,可能导致生产效率低下,而这种低效率又会影响企业原有业务的效率。纵向一体化的投资额比较大,而且一旦实行了一体化,就使企业很难摆脱这一产业;当该产业处于衰落期时,企业会面临巨大的危机。纵向一体化可能导致企业缺乏活力。企业领导者往往过多地注意自成一体的业务领域,而忽视外界环境中随时可能出现的机会。

(2) **横向一体化战略** 横向一体化战略是指企业通过购买与自己有竞争关系的企业或与之联合及兼并来扩大经营规模,获得更大利润的发展战略。这种战略的目的是扩大企业自身的实力范围，增强竞争能力。横向一体化战略是企业在竞争比较激烈的情况下进行的一种战略选择。如琼森公司在化妆品方面原来主要生产儿童护肤、润肤系列产品，北京大宝化妆品有限公司主要生产成人护肤、润肤系列产品，琼森公司对北京大宝公司的收购，使其在化妆品方面的实力大大提升，完善了从婴儿到成人的全系列产品。

实行横向一体化能够吞并和减少竞争对手，能够形成更大的竞争力量去与别的竞争对手抗衡，能够取得规模经济效益，获取被吞并企业在技术及管理等方面的经验。但是企业要承担在更大规模上从事某种经营业务的风险，以及由于企业过于庞大而出现的机构臃肿、效率低下的情况。

2. 密集性发展战略

企业在现有产品的基础上，一是加大产品宣传力度，挖掘更多的潜在顾客，吸引更多竞争对手的顾客成为自己的顾客，扩大自己的顾客群；二是拓展多种营销管道，开辟新市场，增加产品的销售量；三是增加产品的花色品种、型号规格等，以适应各种不同的需求。这种围绕着现有产品，把销售做大，提高市场占有率的发展战略称为密集性发展战略。该种战略又称为集中型发展战略或集约型成长战略，是较为普遍采用的一种公司战略类型。

(1) 市场渗透战略　市场渗透战略是以现有产品在现有市场范围内通过更大力度的营销努力提高现有产品或服务的市场份额的战略。

① 实施市场渗透战略的条件　当企业的产品或服务在当前市场中还未达到饱和时，即市场处于成长期，采取市场渗透战略具有潜力；当现有用户对产品的使用率还可显著提高时，企业可以通过营销手段进一步提高产品的市场占有率；在整个行业的销售额增长时，竞争对手的市场份额却呈现下降趋势，企业就可通过市场份额的增加获得收益；企业在进行产品营销时，随着营销力度的增加，其销售呈上升趋势，且二者的相关度能够保证市场渗透战略的有效性；企业通过市场渗透战略带来市场份额的增加，使企业达到销售规模的增长，且这种规模能够给企业带来显著的市场优势。

② 实施市场渗透战略的基本途径　增加现有产品的使用人数、增加现有产品使用者的使用量、增加产品的新用途、改进现有产品的特性。

(2) 市场开发战略　市场开发战略是密集型发展战略在市场范围上的扩展，是将现有产品或服务打入新市场的战略。比市场渗透战略具有更多的战略机遇，能够减少由于原有市场饱和而带来的风险，但不能降低由于技术的更新而使原有产品遭受淘汰的风险。

① 实施市场开发战略的条件　在空间上存在着未开发或未饱和的市场区域；企业可以获得新的、可靠的、经济的、高质量的销售渠道；企业拥有扩大经营所需的资金、人力和物质资源；企业存在过剩生产能力。

② 实施市场开发战略的基本途径　市场瓜分、市场创造、市场撤离。

(3) 产品开发战略　产品开发战略是密集型成长战略在产品上的扩展，是企业在现有市场上通过改造现有产品或服务，或开发新产品或服务而增加销售量的战略。产品开发战略是企业成长和发展的核心，实施这一战略可以充分利用现有产品的声誉和商标，吸引对现有产品有好感的用户对新产品产生关注。这一战略的优势在于企业对现有市场有充分的了解，产品开发针对性强，容易取得成功。

① 实施产品开发战略的一般条件　企业拥有很高的市场信誉度，过去的产品或服务的成功，可以吸引顾客对新产品的使用；企业参与竞争的行业属于迅速发展的高新技术产业，在产品方面进行的各种改进和创新都是有价值的；企业所处的行业高速增长，必须进行产品创新以保持竞争优势；企业在产品开发时，提供的新产品能够保持较高的性能价格比，比竞争对手更好地满足顾客的需求；企业具备很高的研究和开发能力，不断进行产品的开发创新；拥有完善的新产品销售

系统。

②实施产品开发战略的基本途径　产品升级革新、产品发明。

3. 多元化发展战略

多元化发展战略指企业发展与自己原来行业毫不相干的产品，跨行业经营。多元化发展可以分为三类。

(1) 横向多元化发展　横向多元化发展指企业针对原有市场顾客的不同需求，生产出其他的产品，以扩大经营范围，寻求新的增长。如化肥厂生产的化肥主要卖给农民，农民除了使用化肥也使用农业机械，化肥厂根据农民的这一需求增加农业机械的生产，它的顾客没有变，但生产的产品化肥和农业机械则是两个完全不相干的产品。

(2) 同心多元化发展　企业利用与自己原产品相似的原材料、生产技术和设备，开发新产品或生产新品种，犹如从同一圆心向外扩大经营范围，寻求新增长，称为同心多元化发展。在同心多元化发展中，新产品和老产品的基本用途不同，但使用的原材料、生产技术、设备等相同或相似。如一个生产手机机壳的塑料制品厂，现在增加生产计算机机壳、电视机壳等。

(3) 集团多元化发展　企业通过投资、兼并、收购方式，跨行业、跨市场多元化发展，称为集团多元化发展。在集团多元化发展中，原有技术、原有产品、原有市场与新技术、新产品、新市场毫不相干。如美国柯达公司，原来以生产胶卷、摄影器材为主，但由于胶卷市场大大萎缩，美国柯达公司即跳出原有经营圈子，进入石油、化工、食品、保险几个领域开展经营活动。

第二节　价格策略

一、企业定价目标

定价目标是制定商品定价应达到的目的，它和企业战略目标是一致的，并为企业战略目标服务。其总的要求是追求利润的最大化，而不同企业的定价目标有不同依据，通常有五种主要方式。

1. 以利润达到销售额的一定比例为定价目标

此目标是根据企业的销售额期望达到一定百分比的毛利。企业在定价时，在商品成本外加入预期利润。如商品批发企业或零售企业，就得估计本年度费用开支额和自己期望的利润，计算出毛利标准，加上成本作为售价。如此定价，商品利润的百分比保持不变，销量越大，总利润就越多。采取这种定价目标的企业，一般在同行业中具有较强的竞争实力，所经营的产品在市场能占有一定的优势或具有一定的特色。

2. 以保持价格稳定而获得稳定利润为定价目标

保持价格稳定，是企业达到一定的投资效益和长期利润的重要途径，也是稳定市场、保护消费者利益的定价目标。对于大企业来说，这是一种稳妥的保护政策。中、小企业的同类产品定价，总要受到大企业价格的影响。

3. 以维持或提高市场占有率为定价目标

扩大产品销售，保持和增加产品销售额，提高市场占有率，是许多企业追求的定价目标。为了提高市场占有率，企业必须扬长避短，发挥优势，开展竞争，提高效率，降低成本，采取薄利多销的原则，定出对潜在顾客有吸引力的较低价格，以满足消费者的需要。

4. 以应付和防止竞争为定价目标

很多的企业对于竞争者的价格十分敏感，有意识地通过产品的恰当定价去应付竞争或避免竞争的冲击,是企业定价的重要目标之一。如企业竞相降价以争夺市场,或将价格定得适当高于对方,以求树立声望等。所谓用价格去防止竞争,就是以对市场价格有决定影响的竞争者的价格为基础,去制定本企业的产品价格,或与其保持一致,或稍有变化,并不企图与之竞争,而是希望在竞争不太激烈的条件下,求得企业的生存和发展。采用这种定价目标的企业,必须经常广泛搜集资料,及时、准确地把握竞争对手的定价情况,并在将企业经营产品与竞争者类似的产品做审慎的比较以后,定出本企业经营产品的价格。

5. 以获得最佳而又合理的利润为定价目标

企业总希望经营的产品获得最高或最佳的利润,当然也必须是合理的利润。追求最大利润,并不等于追求最高价格。以获得最佳利润为定价目标的含义是:一些企业在新的市场或试销一种新产品时,往往采取低价销售,以低价迅速吸引顾客,打开销路,占领目标市场,即使在开始阶段较少赢利或不赢利,从长期来看,仍能取得合理满意的利润。为了取得整个企业的最佳合理的利润,可以有意识地将某种产品价格定得偏低,以引起消费者的好感,从而带动其他产品的销售。以追求长期的最佳利润或满意的利润为定价目标,较之把价格定得较高,以短期获得最大利润为定价目标更为稳妥,它是成功率较高的途径。

企业在制定价格之前,应当对企业可能追求的各种目标进行权衡,明确企业所要达到的目标。

二、影响定价的因素

影响企业产品定价的因素主要有以下四个方面。

1. 营销产品成本因素

产品成本是企业经济核算盈亏的临界点,定价大于成本,企业就能赢利;反之则亏本,再生产就难以为继。产品定价必须考虑补偿成本,这是保证企业生存和发展的最基本条件。

产品成本有个别成本和社会成本之分:个别成本是指单个企业生产某一产品时所耗费的实际费用;社会成本是指产业内部不同企业生产同种产品所耗费的平均成本,即社会必要劳动时间。企业在对营销产品定价时,只能以社会平均成本作为其主要依据。应充分考虑由于企业资源情况与管理水平不同而形成的企业个别成本与社会成本之间的差异程度,给企业产品确定适当的价格。

就单个企业而言,其个别成本即总成本又由固定成本和流动成本组成。固定成本是不随产量变化而变化的成本,如固定资产折旧、机器设备租金、管理人员费用等。流动成本是指随产量变化而变化的成本,如原材料、直接营销费用、生产经营第一线的人员工资等。企业定价时首先要使总成本得到补偿,这就要求价格不能低于总成本。

2. 市场状况因素

企业产品定价,除了产品成本这个基础因素之外,还要充分考虑影响产品价格的另一个重要而又最难把握的因素——市场状况,主要包括市场产品供求状况、产品需求特性、竞争状况等。

(1) 市场产品供求状况 企业定价不是绝对地受一时一地的供求关系影响。但从全局性、长期性的过程来看,产品价格仍然与市场供应成正比,与需求成反比关系。在其他因素不变的情况下,产品供应量随价格上升而增加,随价格的下降而减少;而产品需求量随价格上升而减少,随价格的下降而增加。因此,企业定价必须认真考虑价值规律的客观要求,根据市场供求状况,及时制定或调整价格,以利于供给与需求的平衡,促进国民经济持续、健康发展。

(2) 产品需求特性 产品需求特性对价格的影响表现在以下三个方面。

① 对高度流行或对品质威望具有高度要求的商品，价格仍属次要。如设计欠佳的服装不会因价格便宜而畅销；购买机器设备，首先考虑的是产品的品质，价格的重要性远不如品质性能；在耐用消费品方面，产品的威望直接和价格相关；某些消费品在难以与竞争品牌相抗衡时，稍稍降价，销量即可增大，定价对促销甚为有利。

② 购买频率大的日用品，有高度的存货周转率，适宜薄利多销；反之，周转率低或易损、易腐商品则需要有较高的毛利率。

③ 价格弹性对定价影响很大，无价格弹性的产品降价对促销无益；对需求弹性大的产品，价格一经调整，即会引起市场需求的变化。一般情况是：便利品的代用品多，价格弹性大；特殊产品的代用品少，价格弹性则小，选购商品的价格弹性比便利品小，但比特殊产品要大。

(3) 竞争状况 价格竞争是营销竞争的重要手段和内容。现实的和潜在的竞争对手的多少及竞争的强度对产品定价的影响很大。竞争越激烈，对价格的影响就越大，特别是那些非资源约束性产品，或技术、设备要求不高、容易经营的产品，潜在的竞争威胁非常大。

完全竞争的市场，企业定价在一定程度上受竞争者的左右而缺乏自身的主导权。企业应考虑竞争对手的价格情况，力求定出对竞争较为有利而受欢迎的价格。特别对竞争激烈的产品，企业应把定价策略作为与竞争者相竞争的一个特别重要的因素来考虑。一般来说，如产品在竞争中处于优势，可以适当采取高价策略；反之，则应采取低价策略。同时，企业还要用动态的观点随时关注竞争对手的价格调整措施，并及时反应。

3. 消费者心理因素

消费者的价格心理影响到消费者的购买行为和消费行为，企业定价必须考虑到消费者的心理因素。

消费者预期心理是反映消费者对未来一段时间内市场产品供求及价格变化的趋势的一种预测。当预测产品是一种涨价趋势，消费者争相购买；相反，持币待购。

认知价值指消费者心理上对产品价值的一种估计和认同，它以消费者积累的产品知识、购物经验及对市场行情的了解为基础，同时也取决于消费者个人的兴趣和爱好。消费者在购买产品时常常把产品的价格与内心形成的认知价值相比较，将一种产品的价值同另一种产品的认知价值相比较以后，确认价格合理，物有所值时才会决定购买，产生购买行为。同时，消费者还存在求新、求异、求名、求便等心理，这些心理又影响到认知价值。因此，企业定价时必须深入调查研究，把握消费者认知价值和其他心理，据此制定价格，促进销售。

4. 国家有关政策法规因素

价格在某种程度下是关系到国家、企业和个人三者之间物质利益的大事，它牵涉各行各业和千家万户，与人民生活和国家的安定息息相关。因此，国家在自觉运用价值规律的基础上，通过制定物价指令性方针和各项政策、法规，对价格进行管理、调控或干预，或利用生产、税收、金融、海关等手段间接控制价格。因而，国家有关方针政策对市场价格的形成有着重要的影响。

企业定价除受上述几项因素影响之外，还受货币价值和货币流通量、国际市场竞争和国际价格变动等因素的影响。企业在制定价格政策时，必须综合地、充分地研究影响价格的多种因素，以制定出最合理的产品价格。

三、产品定价策略

产品的定价策略主要有以下五种。

1. 新产品定价策略

新产品定价策略，经常采用的有以下六种。

（1）撇脂定价策略　新产品进入市场时，需求弹性小，竞争对手少，企业有意识地将产品价格定得偏高，然后根据市场供求情况，逐步降低价格，赚头蚀尾，犹如从牛奶中撇取奶油一样，由精华到一般，故称此定价策略为撇脂定价策略。采用这种定价技巧可使企业在短期内收回成本，并取得较大利润，其缺点是不利于市场的开发与扩大。

（2）渗透定价策略　新产品上市后，企业以偏低的价格出售，只求保本或微利，用低价吸引顾客，提高市场占有率，使产品逐步渗透，从而扩大销路和销量，占领市场，挤掉竞争对手，以后再将价格提高到一定的高度，即"蚀头赚尾"。这种定价策略有利于企业产品迅速打开销路，占领市场，树立和提高企业的信誉。它适宜于需求弹性大、潜在市场广的产品，但不利于投资成本的及时回收。

（3）温和定价策略　新产品上市后，按照企业的正常成本、国家税金和一般利润，定出中等价格，使企业既能获得一般利润，又能吸引购买，赢得顾客的好感。这种定价策略介于"撇脂定价"和"渗透定价"之间，避免了"高""低"定价策略的弊端，故称"温和定价"策略。

（4）反向定价策略　企业通过市场调查或征询分销渠道的意见，预测消费者对某种商品所期望的价格来确定新产品的上市价格，再按照上市价格预测出消费者的需求和购买力。这种定价策略有利于建立和提高企业的信誉，其缺点是带有一定的主观性，因为预测与实际总会存在差距。

（5）需求习惯定价策略　有些产品市场销售已久，在长期购销活动中，形成一种习惯价格，如日用化学品、主副食品等，企业在向市场投放这类新产品时，必须依照需求习惯定价。这种定价策略从价格上尊重了消费者的习惯，给消费者以价格稳定、合理的感受。

（6）随行就市定价策略　新产品投入市场时，亦可完全依赖供求状况，灵活定价。这种定价策略要求价格不固定，而是让买卖双方当面协商、满意成交。这种定价策略有利于企业从价格中及时把握市场状况，生产、经营适销对路的商品，它适用于小商品生产经营的企业。

2. 统一定价策略

统一定价是指企业不分市场差异，同一产品均按统一价格销售。如一些名牌产品实行全球统一价。统一定价策略适用于拥有垄断或差异化寡头垄断优势的公司，如波音公司出售给全球所有国家的喷气式飞机，都是统一定价；统一定价策略还适用于产品导入阶段，市场仅局限于少数创新使用者的情形；另外，采用直销方式的产品也可以采用全球统一定价策略。统一定价策略的好处在于：简单易行，企业可以忽略甚至不需要调研和掌握目标市场国的环境、市场和消费者等信息；有利于企业建立全球统一的公司形象和产品形象；有利于公司的价格管理和营销管理，避免平行进口现象的发生。与统一定价策略的优势一样，这一策略的劣势也很明显。在国际市场中，产品的成本因不同市场中税赋水平、中间商利润、汇率变化等因素的差异而很难统一。加上不同国家的市场状况差异，竞争程度差异和竞争对手的情况差异，统一价格在不同的市场中可能会因为价格过低而失去获取最大利润的机会，也可能会因为价格过高而失去竞争市场，从而影响企业在不同市场的利润水平，甚至竞争力。统一定价策略的弊端使得这一策略越来越少地为跨国企业所使用，取而代之的是多元定价策略。

3. 折让定价策略

折让定价策略就是降低产品价格，给购买者一定的价格折扣或馈赠部分产品，以争取用户，扩大销售。常见的折让定价策略有以下七种。

（1）现金折扣　这种策略允许用现金或提前付款的方式购买产品的顾客，按原定价享受一定的折扣，鼓励顾客按期或提前偿付货款，以加速产品和资金周转，提高企业利润率。这种定价策略适用于价格昂贵的耐用消费品，尤其适用于采取分期付款的产品。

（2）数量折扣　卖方根据买方购买产品的数量多少，给予不同的折扣。购买产品越多，折扣越高，买方获利也越多。实行这种策略的目的在于鼓励买方大批量购买产品。数量折扣可分为累进折扣和非累进折扣。顾客在一定时间内（如一月、一季、半年等）购买产品总量达到一定额度时，按其总量的多少给予折扣称为累进折扣。同一顾客在一次购买的产品达到一定额度时，按其总量多少给予的折扣称为非累进折扣。

（3）季节性折扣　生产或经营企业向提前购买季节性强的产品的顾客给予一定的价格折扣，称为季节性折扣策略。采用此策略的目的在于鼓励顾客早期购货，减少企业的资金负担和仓储费用，加速资金周转。

（4）交易折扣　根据中间商在产品流通中的不同地位和作用，给予不同的折扣，称为交易折扣策略。

如给予批发商的折扣大于零售商的折扣，鼓励中间商努力销售本企业的产品。

（5）组合折扣　企业将彼此密切相关的产品组合配套，对购买成套产品的顾客给予价格折扣，使之比分别购买的价格更低一些，如洗发水出售时配套的面膜及眼霜等。这种策略既有利于消费者一次购齐、节省时间、享受优惠，又有利于企业增加销售。

（6）推广让价　企业对经营者为本企业经营的产品提供的各种促销活动（如刊登地方性广告、布置专门的橱窗、组织人员促销等）进行鼓励，给予津贴或减价作为报酬，这就是推广让价策略。这种策略对于扩大产品影响和销路，有着重要的作用。

（7）运费让价　对较远的顾客，通过减价来弥补其部分或全部运费的策略即为运费让价策略。此种策略可吸引远方顾客经销本企业的产品，扩大市场范围，开辟新的销路。

4. 差价策略

差价策略，即企业根据不同情况，对同一产品采取不同定价的策略。常见的有以下四种。

（1）地区差价　同一产品在不同地区销售，所定价格不同的策略称为地区差价策略。地区差价具体有两种情况：一是根据产品销售地区距离远近、支付运费的大小相应加价，使销售地价格大于产地价格；二是从开拓外地市场着眼，使销售地价格低于产地价格，让产品在销售地广泛渗透，站稳市场。

（2）分级差价　企业对同一类产品进行挑选整理，分成若干级别，各级之间保持一定价格差额的策略称为分级差价策略。此种策略便于顾客选购，以满足不同层次的消费需求。

（3）用途差价　同一产品供不同用途时采用不同价格的策略称为用途差价策略。如把食盐销售给生产企业，作为生产原料，在价格上优惠；当农民用电风扇来吹干农作物时，则可降价向农民出售电风扇等。此种策略可鼓励消费者增加产品用途开拓新的市场。

（4）品牌差价　同品种的产品由于品牌不同，定价有别的策略称为品牌差价策略。如某一品牌的商品已成为名牌，在消费者心目中已树立了信任感，其销售价格就可定得略高于一般品牌的产品，借以鼓励企业创名牌。

5. 心理定价策略

心理定价策略，即根据顾客的不同心理，采取不同定价技巧的策略。常见的有以下五种。

（1）尾数定价　尾数定价策略又称非整数定价策略，即企业给产品定一个接近整数，以零头尾数结尾的价格。如某产品的价格为0.99元，接近1元，就是利用顾客的求廉心理和要求定价准确的心理进行定价的。保留了尾数，一方面可给顾客以不到整数的心理信息；另一方面使顾客从心里感到定价认真、准确、合理，从而对价格产生一种信任感。

（2）方便定价　方便定价策略也称整数定价策略，是指企业给产品定价时取一个整数。这是利用人们一分钱一分货的心理和快捷方便的心理定价。它特别适用于高档消费品、优质品和交易次数频繁的产品，如袋装食品。

（3）如意定价 如意定价策略，是指按照顾客希望吉祥如意这一心理和要求来确定价格。中国有相当数量的消费者对尾数为"8""6"的价格比较感兴趣，认为"8"的谐音与"发"字相同，"6"的谐音是"顺"，故将价格尾数为"8"或者"6"。我国有不少地区的居民喜欢价格数字为偶数，这也是想从价格数字上获得美好的联想。

（4）声望定价 声望定价策略是依照人们的虚荣心理来确定产品价格的一种策略。同样的产品在有名的商店经销，价格略高，顾客仍乐意购买。名牌或高级消费品价格定得高一些，一些顾客为显示其富有也乐意购买。为地位显贵的消费者提供产品，价格也可定得高一点，这样就能够满足声望心理价值的需求。

（5）招徕定价 大多数顾客都有以低于一般市价的价格买到同质产品的心理要求。企业抓住顾客这一心理，可特意将产品价格定得略低于同行生产者和经营者，以招徕顾客，这种策略称为招徕策略。如在节假日大型超市实行"大减价"销售，这种以廉价招徕顾客的策略，往往会吸引不少顾客在购买这种产品时，同时购买其他产品，从而达到扩大连带其他产品销售的目的。

四、产品定价方法

1. 成本导向定价法

成本导向定价法是以产品单位成本为基本依据，再加上预期利润来确定价格的成本导向定价法，是中外企业最常用、最基本的定价方法。成本导向定价法又衍生出了总成本加成定价法、目标收益定价法、边际成本定价法、盈亏平衡定价法等几种具体的定价方法。

（1）总成本加成定价法 在这种定价方法下，把所有为生产某种产品而发生的耗费均计入成本的范围，计算单位产品的变动成本，合理分摊相应的固定成本，再按一定的目标利润率来决定价格。总成本加成定价法计算公式为：

$$商品售价 = 完全成本 \times (1 + 加成率)$$

（2）目标收益定价法 目标收益定价法也称投资收益定价法，即根据企业的总成本和计划的总销售量，加上按投资收益率确定的目标利润额作为定价基础的一种方法。

（3）边际成本定价法（边际贡献定价法） 边际成本是指每增加或减少单位产品所引起的总成本变化量。由于边际成本与变动成本比较接近，而变动成本的计算更容易一些，所以在定价实务中多用变动成本替代边际成本，而将边际成本定价法称为变动成本定价法。边际成本定价法计算公式为：

$$边际贡献 = 价格 - 单位变动成本$$

$$单位产品定价 = \frac{总变动成本 + 边际贡献}{现实生产量(销售量)}$$

（4）盈亏平衡定价法 在销量既定的条件下，企业产品的价格必须达到一定的水平才能做到盈亏平衡、收支相抵。既定的销量就称为盈亏平衡点，这种制定价格的方法就称为盈亏平衡定价法。科学的预测销量和固定成本、变动成本是盈亏平衡定价的前提。

成本导向定价法的主要优点：一是它比需求导向定价法更简单明了；二是在考虑生产者合理利润的前提下，当顾客需求量大时，价格显得更公道些。许多服务企业在制定服务价格时运用成本导向定价法。在实践中，企业可以采用成本加成的方法（即在服务成本的基础上加一定的加成率）来定价。成本导向法简单易用，因而被广泛采用。其缺点在于：一是不考虑市场价格及需求变动的关系；二是不考虑市场的竞争问题；三是不利于企业降低产品成本。为了克服成本加成定价法的不足之处，企业可按产品的需求价格弹性的大小来确定成本加成比例。由于成本加成比例确定得恰当与否，价格确定得恰当与否依赖于需求价格弹性估计的准确程度。这就迫使企业必须密切注意市场，只有通过对市场进行大量的调查，详细分析，才能估计出较准确的需求价格弹性来，从而制定出正确的产品价格，增强企业在市场中的竞争能力，增加企业的利润。

2. 需求导向定价法

需求导向定价法是以市场需求强度为定价基础，根据消费者对产品价值的认识和需求的程度来决定价格，而不是根据成本来制定价格。

成本导向定价法的逻辑关系为：

$$价格＝成本＋税金＋利润$$

而需求导向定价法的逻辑关系为

$$成本＝价格－税金－利润$$

需求导向定价法在具体运用中，有以下几种具体方法。

（1）理解价值定价法 理解价值定价法是根据消费者理解的产品价格（能够接受的价格），而不是根据卖主的成本来定价。理解价值定价法的关键是企业对消费者理解的价格有正确的估计，故企业必须进行市场调查和研究，找到准确的市场理解价值，以此为根据来制定价格，进而估计在各种价格水平下的产品销售量、进货量、投资额和单位成本。企业经营者应综合这些数据，计算在这种价格水平下能否赢利，获利多少，最后决定是否生产和经营某种产品。

这种定价方法要充分考虑消费者的心理和需求弹性。如需求弹性大的产品价格可定得低些，需求弹性小的产品价格必要时可定得高些。

（2）区分需求定价法 区分需求定价法是根据销售对象、销售地点、销售时间等条件变化所产生的需求差异，而不是根据成本的差异作为定价的基本依据，针对每种差异决定在基础价格上是加价还是减价的一种方法。如同一产品对不同顾客价格不同；不同式样的产品并不根据成本差异而按需求规定不同售价；不同销售地点的价格不同；不同销售时间的价格不同等。企业使用这种定价方法时，要充分考虑顾客要求、顾客心理、产品品质、地区差别、时间差别等，灵活运用价格差异，以达到促进产品销售提升的目的。

（3）拍卖定价法 拍卖定价法一般用于文物、古董、旧货等物品，因为这些物品的成本与价值都难以确定。产品在拍卖时，顾客根据自己对拍卖物品的爱好和需求程度报出自己愿付的价格，大家互相竞争，价格可能越抬越高，到最后无人愿意再提高价格时，该物品即按已报出的最高价格卖出。拍卖法适用于成本与价值难以确定，需求程度强烈的物品。

（4）竞争者导向定价法 竞争者导向定价法是主要根据竞争者的售价作为定价依据的一种定价方法。这种定价法一般采用流行水准定价法，即以本行业平均水准为本企业的定价标准。在竞争激烈的同一产品市场上，采用流行水准定价法风险较小，因为在这种市场上，需求曲线上有一个适中点，如果某一企业提价超过这一个点，需求就会减少，而其他企业不一定跟着提价；低于这一点，一家企业跌价，其他企业跟着跌价，而需求也不会增加。

投标定价法也属于竞争导向定价法。所谓投标定价是指以投标竞争的方式确定产品价格的方法。其具体操作程序是在产品或服务的交易中，由招标人发出招标公告，投标人竞争投标，密封递价，招标人择优选定价格。这种方法通过预期竞争者的价格而不是自己的成本或市场需求定价，通常用于大型设备制造、政府大宗采购等。

以上各种定价方法，只是大体的分类。在实际工作中，一些定价方法是相互渗透的。无论是成本导向还是需求导向,都是在市场竞争中应遵循的。企业应根据市场情况,综合而机动地运用各种定价方法。

五、价格调整策略

1. 价格调整策略的形式

价格调整策略主要有降价和提价两种方式。

(1) 降价 企业在下面几种情况下,必须考虑降价:

在加强促销、产品改进等手段都不能达到扩大销售的目的时,企业应该考虑降价。

企业面临激烈的价格竞争并且市场占有率正在下降,为了增强竞争能力、维持和提高市场占有率,企业必须降价。

企业为应对竞争者降价压力,采取"反价格"战,即制定比竞争者的价格更有竞争力的价格。

企业产品成本低于竞争者,但在市场上并未处于支配地位时,也应该降价。通过降价可以提高企业的市场占有率,再利用销量的增加和生产的扩大进一步降低成本和提高市场占有率,形成良性循环。

在宏观经济不景气或行业需求不旺时,降低价格是企业借以渡过难关的重要手段。

(2) 提价 由于通货膨胀引起成本增加,企业无法在内部自我消化这部分成本,这时企业必须考虑提高产品价格。或者企业的产品供不应求,无法满足所有顾客的需要,通过提价可将产品卖给需求强度最大的顾客,不但平衡了需求,而且也增加了收益。

提价一般会引起顾客、中间商甚至企业业务人员的不满,但成功的提价决策会增加企业利润。企业决定提高产品价格时,还必须考虑到底是一次性大幅度提价还是多次地小幅度提价,顾客对后一种方式比较容易接受。

提价方法有:①推迟报价,即企业在产品制成或交货时才提出最后价格,生产周期较长的行业(如工业建筑和重型设备制造业)一般采用这种策略;②在合同中使用价格自动调整条款,规定在合同期内根据选定的某个价格指数来计算调整价格;③保持产品价格不变,但将原来提供的附加产品从产品整体中分解出来,另行定价;④减少价格折扣;⑤保持价格不变,而采用更便宜的材料或配件作为替代品,或采用廉价的包装材料,或减少产品的功能、服务等。

2. 价格调整策略的应用

根据产品的生命周期调整价格策略。

(1) 投入期的价格策略 可以根据产品的市场定位而采取高、中、低三种价格。

高价"撇脂"策略:在短期利润最大化的目标下,以远远高于成本的价格推出新产品。好处是在短期内迅速获取赢利,缺点是较高的价格会抑制潜在需求。

低价"渗透定价":以较低的价格投放新产品,目的是通过广泛的市场渗透迅速提高企业的市场占有率。优点是能迅速打开新产品的销路,缺点是投资回收期较长。

满意定价:介于"撇脂"和"渗透"策略之间的中等价格策略,优点是价格比较稳定,缺点是比较保守。

(2) 成长期的价格策略 通常的做法是在不损害企业和产品形象的前提下适当降价。

(3) 成熟期的价格策略 总体而言,成熟期的价格策略呈现出低价的特点。

(4) 衰退期的价格策略 这一阶段的价格策略主要以保持营业为定价目标,通过更低的价格,一方面驱逐竞争对手,另一方面等待适当时机退出。

六、影响化工产品定价的因素

产品价格的制定应以购买者是否愿意接受为出发点,既要使产品能被消费者接受,具有竞争能力,又要能给企业带来尽可能多的利润。价格一方面要以产品的价值量为基础,另一方面又受到市场供求变化及其他环境因素的影响。影响化工产品定价的因素很多,有企业内部因素,也有企业外部因素;有主观的因素,也有客观的因素。概括起来,大体上可以分为以下几个方面。

1. 企业自身因素

企业根据自己的经营理念、定价目标、企业形象和产品形象的设计要求,需要对产品价格做出某些限制。

由于企业各自资源的约束、企业规模和管理方法的差异,企业可能从不同的角度选择自己的定价目标。不同企业有不同的定价目标,如为了形成高贵的企业形象,企业会有意将某些产品价格定得较高。一般而言,声誉好、知名度高的企业在定价时具有较为主动的地位,一般采取高价策略。同一企业在不同的时期、不同的市场条件下也可能有不同的定价目标,即使采用同一种定价目标,其价格策略、定价方法和技巧也可能不同。

2. 产品自身因素

(1) 产品价值 产品价值是产品定价的理论依据,其大小决定价格的高低。价值反映社会的必要劳动消耗,而社会必要劳动消耗是由生产资料消耗价值(C)、劳动消耗价值的补偿价值(V)、剩余产品价值(M)所构成,即价值$=C+V+M$。企业在制定营销价格时必须首先考虑产品价值的三个组成部分。价格由价值决定,但价格并不一定与价值完全一致,由于市场供求变化、竞争状况及政府干预等诸多因素的影响,在市场交换活动中不可避免地出现产品价格背离价值的现象。但若从一个较长时期的价格运动轨迹来看,价格总是以价值为中心,围绕价值上下波动。

(2) 产品成本 成本是价格构成中最基本、最重要的因素,也是制定价格的最低经济界限。产品价格只有高于成本,企业才能补偿生产上的耗费,从而获得一定赢利。但这并不排斥在某个时间段内在个别产品上,价格低于成本。

产品成本因素主要包括工厂制造成本、销售费用和机会成本。目前我国化工产品的平均工厂成本约为出厂价格的60%,而精细化学品在50%左右。很显然,产品生产(销售)成本的高低,对价格起着决定作用。在进行定价决策时不能只考虑产品的成本,企业可能会为了扩大销售量、提高市场占有率、应对竞争者而削价,或由于要加速现金回收等原因而使其产品的售价低于成本。每个企业都希望制定的价格能够弥补生产、分销和销售等成本,并且能获得一定的利润。

(3) 产品线的结构 绝大部分化工企业的生产不可能只是一种产品,而是一条产品线,甚至是几条产品线。如果一种产品的销售和其他产品无关,那么这种产品的价格就不会影响其他产品的价格。企业的一系列产品之间是相互影响的,如果希望获取最大的利润,则对一种产品的定价必须考虑它对其他产品的影响,即要处理产品组合定价的平衡关系。如果单个产品线的项目之间在市场需求和成本之间是相互关联的,那么产品线中任一产品项目的生产和营销决策都不可避免地影响到其他产品的收益和成本。一种产品的销售对其他产品会产生一定的影响:如果两种产品互为替代品,则相互间会产生不利影响;而如果两种产品在性能上互补,则一种产品的销售会对另一种产品的销售起促进作用。

3. 市场因素

化工产品的价格除受成本和价值因素的影响外,在很大程度上还受市场供求状况、市场竞争状况等市场因素的影响。

（1）市场供求状况 供求规律是商品经济的内在规律，市场供求的变化与产品价格的变动是相互影响、相互制约的。在市场经济条件下，市场供求决定市场价格，市场价格又决定市场供求。

供求关系一般包括供求平衡、供小于求、供大于求三种情况。在供求平衡状态下产品的市场价格称为均衡价格。当商品供不应求时，形成卖方市场，产生消费者之间的争购，使商品价格上涨；当商品供大于求时，形成买方市场，同类产品生产者之间的竞销，使商品价格下跌。反过来，价格对供求也起着调节作用，当价格上涨时，会刺激生产者的生产积极性，增加商品供应量；而价格的上涨，会抑制消费者的购买欲望，减少需求量。当价格下降时，会抑制生产者的生产积极性，减少生产量，使商品供应减少；而价格下跌，会刺激消费者的购买欲望，增加市场需求量。价格的制定，应当实现价格与销售量的最佳组合，以利于实现最大赢利。企业赢利是单位商品实现的赢利与销售数量两者的乘积。但这两个因素是相关的，由于价格对需求存在反作用，价格过高可能导致需求量及销售量的缩减，进而减少企业收入及赢利水平，企业赢利状况最终取决于价格与销售量之间的不同组合。

需求价格弹性（简称需求弹性），是指由于价格的相对变动而引起的对该产品需求的相对变动程度。通常用需求弹性系数表示。

当需求弹性系数＞1时，称为富有弹性，表示市场需求对产品价格十分敏感。产品价格降低一点点，市场需求会有一个大幅的增加；反之，产品价格调高一点点，市场需求会有一个大幅的下降。

当需求弹性系数＜1时，称为缺乏弹性，表示市场需求对产品价格不敏感。即产品价格调高或调低都不会引起市场需求的大幅度变化。这类产品一般是生活必需品，或是没有替代品的产品。

在化工产品市场，价格弹性一般受以下一些因素的影响：客户的转换成本、产品在客户产品成本结构中的比重、产品为客户带来的价值。

一般情况下，当产品需求富有弹性时，企业在降低成本，保证质量的前提下，可采用低价策略扩大销售，争取较多利润。当产品需求缺乏弹性时，企业如采用降价策略，则效果不佳，可适当提高价格以增加利润。

（2）市场竞争状况 市场竞争也是影响价格制定的重要因素。根据竞争程度的不同，企业定价策略应有所不同。按照市场竞争程度，可以分为完全竞争、不完全竞争与完全垄断三种情况。在完全竞争市场中，任何企业均难以控制市场价格，价格一般仿照竞争导向和成本导向方法定价，价格完全由市场确定；在独家垄断市场中，价格由政府或垄断企业确定，垄断企业一般仿照需求导向定价方法定价。企业要分析本企业在竞争中的地位，关注竞争对手的价格策略以及竞争对手的实力。如果博弈的结果是行业整体降价，只会导致行业利润的整体下降。毫无疑问，现有的和潜在的竞争者行为会影响到企业的定价决策，它为产品的价格确定了上限。产品的最高价格取决于市场需求，最低价格取决于产品成本。产品在最高价格和最低价格之间定价与竞争者同种产品的定价有关。如果企业的品牌是独一无二的，没有竞争者或竞争者望尘莫及，企业可以采用溢价策略超高价定价；如果企业的品牌在行业中占绝对优势，竞争者难以追赶，企业可以采用高价策略。市场规律证明，某个产品价格高、利润大，会吸引很多的竞争者竞相生产这个产品，进入这个市场；而某个产品价格很低、利润极薄，竞争者不会去生产这个产品，也不想进入这个市场，甚至原来在场内的竞争者也会退出这个市场。

在一个高度竞争环境的市场中，产品价格由市场控制，企业难以定高价，产品的价格和利润透明化；在一个适度竞争环境的市场中，企业可以控制产品价格，可以根据需要对产品定高价、中价或低价；在一个由政府控制价格的产品市场中，企业的利润取决于政府定价。

化工工业品价格的范围很大程度上取决于在组织购买者眼里它与竞争品的差异程度。企业从以下几个方面获得这种差异性：产品的物理属性、企业信誉、技术能力、送货及时性、赋予产品的价值观理念等。

企业的定价决策除受成本、需求以及竞争状况的影响外，还受到其他多种因素的影响。这些因素包括政府或行业组织的干预、消费者习惯和心理等。

产品价格的制定和变动在消费者心理上的反应也是价格策略必须考虑的因素，这一点对于日用化学品尤为明显。在现实生活中，无论哪一类消费者，在其发生购买行为时必然会产生各种复杂的心理活动，形成自己的消费习惯。

第三节　分销渠道策略

分销渠道也称销售渠道，它是指产品从制造商（生产者）向消费者或用户转移过程中取得产品所有权或协助转移所有权的组织或个人。分销渠道的起点是制造商（生产者），终点是消费者或用户，中间环节包括中间商（因为他们取得所有权）和代理中间商（因为他们帮助转移所有权）。在实际的交易行为中，情况更为复杂，这是因为产品从制造商向最终顾客或用户流动过程中，存在几种物质或非物质形式的运动"流"，渠道则表现为这些"流"的载体。组成分销渠道的各种机构是由几种类型的流程联结起来的。菲利普·科特勒将其归纳为实体流、所有权流、付款流、信息流和促销流。它们各自的流程如图 4-2 所示。

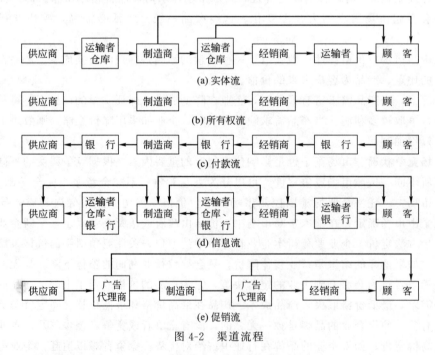

图 4-2　渠道流程

一、影响分销渠道的因素

影响分销渠道的因素很多，制造商在选择分销渠道前，应对产品、市场及企业本身各种因素进行综合分析，以便做出正确的选择。影响分析渠道的因素有以下几种。

1. 产品因素

包括产品物理化学性质——体积大、较重、易腐烂、易损耗的产品适用短渠道或采用直接渠道、专用渠道；反之，适用长、宽渠道。价格高的工业品、耐用消费品适用短、窄渠道；价格低的日用消费品适用长、宽渠道。时尚性程度高的产品适宜短渠道；款式不易变化的产品，适宜长渠道。标准化程度高、通用性强的产品适宜长、宽渠道；非标准化产品适宜短、窄渠道。技术复杂程度——产品技术越复杂，需要的售后服务要求越高，适宜直接渠道或短渠道。这些产品一般由生产企业直接销售给用户，其分销渠道一般都是短而窄的。因为中间商可能对产品的各项性能不是很了解，有可能对顾客产生误导，为以后的销售埋下隐患。

2. 市场因素

包括目标市场范围——市场范围宽广，适用长、宽渠道；反之，适用短、窄渠道。顾客的集中程度——顾客集中，适用短、窄渠道；顾客分散，适用长、宽渠道。顾客的购买量、购买频率——购买量小，购买频率高，适用长、宽渠道；相反，购买量大，购买频率低，适用短、窄渠道。消费的季节性——没有季节性的产品一般都均衡生产，多采用长渠道；反之，多采用短渠道。竞争状况——除非竞争特别激烈，通常，同类产品应与竞争者采取相同或相似的销售渠道。消费者的购买习惯也会影响分销渠道的选择。如一些日用生活必需品，其价格低，消费者数量大，购买频率高，顾客不必做仔细的挑选，希望随时随地都能买到。

3. 企业自身的因素

制造商的声誉越卓著，资金越雄厚，越可以自由选择分销渠道，甚至还可以建立自己的销售网点，采取产销合一的方法经营，而不经过任何其他中间商。如果制造商财力微薄或声誉不高，则必须依赖中间商提供服务。

如果制造商自身有足够的销售力量或者有丰富的销售经验，就可以少用或者不用中间商；否则，就只有将整个销售工作交给中间商。

如果企业的市场营销策略要求严格控制产品的价格和新鲜程度或为了产品的时尚，则要选择尽可能短的或尽可能窄的分销渠道，因为短而窄的分销渠道，企业比较容易控制。

如果制造商愿意为最终消费者或用户提供更多的服务，可采用较短的分销渠道；如果制造商愿意且有能力为中间商提供更多的服务，就会吸引更多的中间商来经营企业的产品。

4. 经济效益因素

经济效益的高低与分销渠道的长短密切相关。一般来说，缩短渠道能减少环节，加速流通，节约社会劳动，提高经济效益。但某些商品只有增加渠道环节，才能拓展市场，扩大销售，提高市场占有率，从而提高经济效益。企业的产品往往可以通过不同类型的分销渠道进行销售，有的甚至可以同时使用几种分销渠道。企业选择哪种分销渠道，要通过分析、比较、衡量各种渠道的利弊，视其综合经济效益的大小而进行决策。

5. 社会环境及传统习惯因素

社会环境这一因素主要是指政府的方针政策及对产品分销渠道的限制情况。如国家规定有些产品专营，对某些产品进出口加以限制等，在这些场合，企业没有选择分销渠道的权力。此外，传统的消费习惯、购买习惯、营销习惯等，也是影响分销渠道选择的重要因素。

6. 中间商因素

包括合作的可能性——如果中间商不愿意合作，只能选择短、窄的渠道。费用——利用中间商分销的费用很高，只能采用短、窄的渠道。服务——中间商提供的服务优质，企业采用长、宽渠道；反之，只有选择短、窄渠道。

二、分销渠道的功能

分销渠道基本上有以下六个功能。

1. 所有权转移

分销渠道承担的最本质的功能就是完成产品从生产者到消费者的所有权转移。通过这个过程，生产者出售了他的产品，获得了销售收入，消费者付出了货币，取得了所需要的产品。

2. 沟通信息

搜集并发布关于市场营销环境中现有的和潜在的消费者、竞争者及其他影响者和影响力量的信息。

3. 洽谈生意

渠道成员之间达成有关产品的价格、采购条件、进货条件以及售后服务的协议，并提出订单。

4. 资金融通

中间商购进产品并保持存货需要投入资金，这部分投入在产品实际抵达消费者之前就已经垫付资金，保证了厂商的再生产活动。所以，中间商购进产品的行为实际是融资。

5. 实体分配

分销渠道除了完成产品交易过程外，同时，还要完成产品实体从生产者到消费者的空间移动，消费才能成为现实的消费。

6. 风险承担

产品从生产领域到消费领域转移过程中会面临许多不确定因素和物质实体的损耗，如市场需求变动、不可抗拒的天灾人祸、运输和存储及装卸过程中的商品破损等。这些风险均要分销渠道成员承担。

三、分销渠道的类型

由于我国个人消费者与生产性团体用户消费的主要商品不同，消费目的与购买特点等具有差异性，客观上使我国企业的销售渠道构成两种基本模式：企业对生产性团体用户的销售渠道模式和企业对个人消费者销售渠道模式。

企业对生产性团体用户的销售渠道模式有如下几种：生产者—用户、生产者—零售商—用户、生产者—批发商—用户、生产者—批发商—零售商—用户、生产者—代理商—批发商—零售商—用户。

企业对个人消费者销售渠道模式有如下几种：生产者—消费者、生产者—零售商—消费者、生产者—批发商—零售商—消费者、生产者—代理商—零售商—消费者、生产者—代理商—批发商—零售商—消费者。

根据有无中间商参与交换活动，可以将上述两种模式中的所有通道，归纳为两种最基本的销售渠道类型：直接分销渠道和间接分销渠道。间接渠道又分为长渠道与短渠道。

1. 直接分销渠道和间接分销渠道

直接渠道指产品从生产者流向最终消费者的过程中不经过中间商转手，直接把产品销售给消费者。直接渠道是工业用品分销渠道的主要类型。在消费品市场，直接渠道也有扩大优势。具体形式有厂商直接销售、销售人员上门推销、邮寄销售、电视销售和网上销售。优点是销售及时，直接了解市场，便于产销沟通，提供售后服务，有利于控制价格。不足是销售费用高，销售范围受到较大限制。

间接渠道指产品从生产领域转移到消费者或用户手中经过若干中间商的分销渠道，这是一种多层次的分销。间接渠道是消费品分销渠道的主要类型，有些工业品也采用间接渠道。优点是使交易次数减少，节约流通时间和费用，使企业集中精力搞好生产，可以扩大销售范围。不足是中间商的介入使生产者和消费者不能直接沟通信息，生产者不易准确地掌握消费者的需求，消费者也不易了解企业的情况。

2. 长渠道与短渠道

长渠道与短渠道是根据产品从生产者向消费者转移的过程中，所经过的中间环节的多少来划分的。

长渠道是指生产者利用两个或两个以上的中间商，把产品销售给消费者或用户。一般销售量较大、销售范围广的产品宜采用长渠道。长渠道可以充分利用各类中间商的职能，发挥他们各自的优势，扩大销售。缺点是流通费用增加，不利于减轻消费者的价格负担。

短渠道是指生产者只利用一个中间环节或自己销售产品。一般销售批量大，市场比较集中、价格较高的产品适用短渠道。短渠道可以使商品迅速到达消费者手中，减少商品使用价值的损失，有利于开展售后服务，降低产品价格。不足是生产者承担的商业职能多，不利于集中精力搞好生产。

3. 宽渠道和窄渠道

宽渠道与窄渠道是根据生产商在某一区域目标市场选择中间商数目的多少来划分的。

宽渠道指生产商在某一区域目标市场上尽可能多地选择中间商来销售自己的产品。优点是分销面广，可以使消费者随时随地买到产品，促使中间商展开竞争，使生产者有一定的选择余地，提高产品的销售效率。不足在于各个中间商推销商品不专一，不愿意花费更多的促销精力；生产者与中间商是一种松散关系，不利于合作。

窄渠道指生产商在某一区域目标市场上只选择少数几个中间商来销售自己的产品。优点是被选择的中间商在当地市场有一定的地位和声誉，容易合作；有利于借助中间商的信誉和形象提高产品的销售业绩。不足在于中间商要求折扣较大，生产商开拓市场的费用较高。

4. 现代分销渠道系统

现代分销渠道系统是按照分销的组织形式来划分的。随着市场经济的发展和企业在竞争中逐渐成熟，新的分销组织形式不断出现。

(1) 垂直分销系统 垂直分销系统是由生产企业、批发企业、零售商根据纵向一体化的原理组成的渠道销售系统。可称纵向联合，分为契约型产销结合和紧密型产销一体化。在垂直分销系统中，其中某一环节的渠道成员占主导地位，称为渠道领袖。它可凭借优势地位，联合或支配渠道其他成员共同开拓某种产品的产销通道。可以控制渠道中其他成员的行为，减少分销渠道的冲突，更好地协调产品流通。

(2) 水平分销系统 水平分销系统是由两个以上的生产企业联合开发共同的分销渠道所建立的分销系统，可称横向联合，分为松散型联合和固定型联合。可以较好地集中各有关企业在分销方面的相对优势，扩大各企业的市场覆盖面，减少各企业在分销渠道方面的投资，提高分销活动的整体效益。

(3) 集团分销系统 集团分销系统指以企业集团的形式，结合企业组织形式的总体改造来促使企业分销渠道的建设。企业集团中的销售机构和物流机构同时可以为集团内的各生产企业承担产品分销业务。它是一种比较高级的联合形式，能集商流、物流、信息流于一体，分销功能比较齐全，系统控制能力和综合协调能力都比较强，对分销活动能进行比较周密的系统策划，并能建立起高效的运行机制，从而促使分销活动的推进。

四、分销渠道策略

1. 分销渠道长度策略

分销渠道长度的选择，从生产商角度看，渠道环节越多，商品流通的周期越长，控制就越困难，所以要尽量减少不必要的分销环节，选择短渠道为好。但渠道选择不是绝对的，要视具体的情况来定，有些产品必须选择长渠道。在渠道"长度"选择中还要注意，可以是一种模式，也可以是多种模式，但在多种渠道模式中要确定一条主渠道模式。分销渠道是采用长渠道策略，还是短渠道策略，或是最短渠道策略，必须综合地考虑多种因素，才能做出决断。渠道策略主要考虑以下三个因素。

（1）根据产品因素选择渠道长度

① 产品的属性　产品具有物理化学性质，如有些产品容易损坏、腐烂，应尽量避免转手过多，反复运输和搬运，应该选择短渠道或直销渠道，保证产品使用价值，减少商品损耗。对体积大的笨重产品，也应努力减少中间环节，尽可能采用最短渠道策略。

② 产品的价格　产品的价格高低与渠道的长短成反比关系。价格昂贵的工业品、耐用消费品，一般需要较多的售后服务，不宜经过太多的中间商转手，应采用短渠道。而对价格较低的日用品、一般选购品，可以选长渠道策略。

③ 产品的时尚性　对时尚性较强的产品，消费者需求受市场变化影响很大，要尽量选择短渠道策略，以免错过市场时机。

④ 产品的技术性　技术性能比较高的产品，需要经常的或特殊的技术服务，生产者常常直接出售给最终用户，或者选择有能力提供较好服务的中间商经营，分销渠道通常采用短渠道策略。

⑤ 产品的生命周期　新产品试销时，许多中间商不愿经销或者不能提供相应的服务，应选择最短渠道策略。当产品进入成长期和成熟期后，随着市场范围的扩大，竞争的加剧，企业可采用长渠道策略。产品在衰退期时，通常采用短渠道策略，以减少经营损失。

（2）根据市场因素选择渠道长度

① 潜在顾客数量　潜在顾客数量越多，市场范围越大，越需要较多的中间商转售，生产商应采用长渠道策略；反之，可以采用短渠道或直接销售策略。

② 目标市场范围　产品的销售市场相对集中，只是分布在某一或少数几个地区，生产商可以直接销售，采用短渠道策略；反之，应该选择长渠道策略，需要经过一系列中间商方能转售给消费者。

③ 市场需求性质　消费者市场的人数众多，购买消费品次数多、批量少，宜选长渠道策略才能满足其需求。而生产者市场的用户相对较少，购买生产资料次数少，批量较大，可采用直接销售渠道。

④ 消费者购买习惯　消费者购买日常生活用品的购买频率较高，希望就近随时购买，宜采用长渠道分销；对于选购品和特殊品，消费者愿花时间和精力去大型商场购买，次数也较少，则可选择短渠道策略。

(3) 根据生产商条件选择渠道长度

① 企业规模、声誉和财力　生产商规模大、财力雄厚，往往选择较固定的中间商经销产品，甚至建立自己的销售机构，其渠道较短。而经济实力有限的中小企业只能依赖中间商销售产品，其选择的渠道就较长。

② 企业的销售能力　企业具有较丰富的市场销售经验，有足够的销售力量和储运与销售设施，采用短渠道策略。反之，只能通过中间商推销产品，选择较长渠道策略。

③ 企业的服务能力　生产商有能力为最终消费者提供服务项目，如维修、安装、调试等，可以采用短渠道或最短渠道；如果企业服务能力难以满足顾客需求，则应发挥中间商的作用，选择较长渠道策略。

2. 分销渠道宽度策略

分销渠道的宽度，即市场覆盖面的大小，是以企业在同一层次分销上使用中间商的多少来表示渠道的宽度。根据产品、市场、中间商、企业具体情况，对渠道中间商数目的选择可以采用三种策略。

(1) 广泛性分销策略　广泛性分销又称密集性分销，即生产商通过尽可能多的中间商或分销点来经销其产品。如日常生活用品和工业品中的原材料和标准件，这类生产企业通常采用广泛性分销策略。因为，这类产品市场需求面广泛，顾客要求购买方便，对品牌关注较少。采用该策略的企业尽可能把产品分销到消费者可能到达的所有店面，对经销商选择的要求不高，经销网点越多越好，力求使产品能广泛地和消费者接触，方便消费者购买。

广泛性分销策略的优点是能使产品与广大购买者见面。缺点是中间商数目众多，企业要花费较多精力进行联系，且不易取得中间商的紧密合作。

(2) 选择性分销策略　选择性分销，即生产商在某地区市场有选择地使用几家中间商来经销其产品。如采取特约经销或代销的形式把经销关系固定下来。生产选择性较强的耐用消费品、高档消费品和专用零配件以及技术服务要求较高的工业品的企业，一般都采用选择性分销策略。

选择性分销策略的优点体现在三个方面：有利于合作双方互相配合和监督，共同对顾客负责；中间商数目较少，可以减少经销商之间的盲目竞争，有利于提高产品的声誉；合作可以配合得更加默契，建立更密切的业务关系，有利于提高中间商经营的积极性，增强市场的竞争力。

(3) 独家分销策略　独家分销，即生产商在某地区市场只选择一家中间商来经销其产品。该策略适用于新产品、名牌产品以及需要提供特殊服务的产品。采用独家分销策略，通常要求生产者和经营者之间签订契约来保证彼此的权利和义务，如规定生产者不得把同类产品委托本区域内其他中间商经销，经销商则不得经营其他生产者的同类产品，在协议中对广告宣传费用的负担、价格的优惠以及其他经销条件等都应做出规定，以便共同遵守。

独家分销对生产商来说，好处是易于控制市场的销售价格和数量，能够获得经销商的有效协作与支持，有利于带动其他新产品上市。独家经销商愿意花一定投资和精力来开拓市场。缺点是经销面窄，可能会失去更多顾客，引起销售额下降；过分地依赖单一的中间商，市场风险增大。对中间商来说，好处是能取得经营垄断地位，并可获得生产商所给予的各种优惠条件。缺点是企业的命运与经销产品的命运联系在一起。如果生产商和市场发生变化或一旦失去经销特权，企业就会遭到较大的损失。

3. 渠道设计决策

渠道设计决策有以下三个步骤。

(1) 建立渠道目标　有效的渠道计划工作者首先要决定达到什么目标，进入哪个市场。目标包括预期要达到的顾客服务水平、中介机构应该发挥的功能等。每个生产者制定渠道目标必须考虑来自顾客、产品、中介机构、竞争者、公司政策和环境的各种限制因素。

(2) 识别主要的渠道选择方案 一个渠道选择方案由三方面的要素确定：商业中介机构的类型、中介机构的数目、渠道成员的条件及其相互责任。中介机构的类型有公司推销队伍、制造商代理、工业品分销商。中介机构的数目有三种战略可供选择：密集型分销、独家分销、选择型分销。生产者必须确定渠道成员的条件和义务。

(3) 对主要的渠道方案进行评估 每一渠道都需要以经济性、可控制性和适应性作为标准来进行评估。

4. 选择与评估渠道成员

分销渠道的选择最终要确定具体的中间商，确定由哪几家中间商充当渠道成员，执行产品的销售任务。主要评估内容如下。

(1) 合法经营资格 必须对中间商的各种合法证件认真审核，检查其是否具有国家（或该地区）准许的经营范围和项目，特别是食品、药品等限制条件较多的中间商更要谨慎。

(2) 目标市场 一定要选择目标市场与生产商相似的中间商。要考虑三个方面：地理位置（商业店铺位置是否接近企业目标顾客的所在地）、店客关系（经常光顾此商店的顾客是否接近企业目标顾客的类型）、经营特色（商业企业本身是否具有对企业目标市场的吸引力和经营特色）。

(3) 产品组合 在选择渠道成员时，就中间商现有的产品组合状况应考虑两个方面：拟交付中间商的产品与该商业企业现有产品线是否相匹配，产品的质量、规格、型号是否相近；拟选定的中间商是否有完整的产品组合。

(4) 销售能力 中间商的市场占有率或覆盖程度要与生产商的既定营销目标相符合。中间商是否具有稳定高效的销售队伍、健全的销售机构、完善的销售网络、足够的推销费用和良好的广告媒体环境。

(5) 服务水平 现代市场营销要求一体化服务，包括将运输、安装、调试、保养、维修和技术培训等售后服务相结合，中间商是否具有懂专业技术的人员以便为消费者提供良好的服务。

(6) 财务状况 中间商的财务状况是重要的选择条件，这对于经销那些需要有相当资金支持的产品尤为重要。中间商财务状况需要考虑的是固定资产量、流动资产量、银行贷存款、企业间的收欠资金等情况，这关系到中间商能否可以按期付款，甚至预付款等问题。

除以上几方面外，还应考虑：中间商的声望和信誉；中间商经销绩效；对生产商的合作态度及其经营的积极性；中间商的未来发展状况估计等。

五、分销渠道管理

分销渠道管理有以下四个要素。

1. 明确渠道成员的权利和义务

明确渠道成员的权利和义务，这是妥善处理生产商与中间商业务关系，建立高效渠道的基本任务。

(1) 产品的价格 价格直接涉及各个成员企业的经济利益，是个敏感的问题，生产商必须慎重从事。

(2) 支付条件及保证 生产商应对支付条件及销货保证做出明确的规定并严格履行。对某些原因造成的产品降价，生产企业应该设"降价保证"。

(3) 给予地域权利 生产商必须给予渠道成员一定的地区（域）权利。

（4）产品的供货　生产商应在产品的数量、质量、交货时间等方面尽可能满足中间商的要求。

（5）信息互通　生产商与中间商之间应及时传递本企业的产品生产或销售的信息以及所获得的其他市场情报，以便各方能按需组织生产和经营销售。

2. 督促与鼓励中间商

鼓励分销渠道成员，使其最大限度地发挥销售积极性，是管理分销渠道的重要一环。

（1）建立良好的客情关系　客情关系就是指生产商与中间商在诚信合作、沟通交流的过程中形成的人际情感关系。企业应强化客情关系，提高分销渠道运作的效率和效益。

（2）建立相互培训体系　相互培训体系是密切渠道成员关系，提高分销效率的重要举措。生产商培训终端销售人员，提高他们顾问式销售的能力；中间商给企业营销、技术人员提供培训，提高市场适应能力。

（3）对渠道成员的激励　对渠道激励能产生意想不到的营销效果，激励中间商的方式主要有：提供促销费用、价格折扣率运用、年终返利、实施奖励等。

3. 正确评价渠道成员的销售绩效

定期考核渠道成员的绩效，以此为依据实行对分销渠道的有效控制或调整。一定时期内各中间商达到的销售额是一项重要的评价指标，但要对中间商的销售业绩采用科学的方法进行客观评价。方法有两种。

（1）纵向比较法　将每一中间商的销售额与上期的绩效进行比较，并以整个群体在某一地区市场的升降百分比作为评价标准。

（2）横向比较法　将各个中间商的实际销售额与其潜在销售额的比率进行对比分析，按先后名次进行排列，对于那些比例极低的中间商，分析其绩效不佳的原因，必要时要解除契约。

4. 分销渠道的调整

（1）增减渠道成员　即决定增减分销渠道中的个别中间商。既要考虑增或减对某个中间商企业赢利方面的直接影响，也要考虑可能引起的间接反应，即渠道其他成员的反应。

（2）增减一条渠道　市场变化常常使企业感到只变动渠道中的成员是不够的，必须变动一条渠道才能解决问题，否则就会有失去这一目标市场的威胁。

（3）调整分销渠道模式　即对以往的分销渠道做通盘调整。这种调整策略的实施难度较大，往往是生产商面临很大的市场威胁后所为，因为要改变生产商的整个分销渠道，而不是在原有的基础上修修补补。

六、化工产品营销渠道控制

化工产品因其自身特点，营销渠道控制不同于消费品。由于化工产品生产对资金、技术要求很高，另外其本身原材料（主要是原油）的供应受政府行业政策影响，所以化工产品的生产企业相对较少。目前，我国主要化工产品主要由中石油、中石化及少数几家中外合资化工企业供应生产，因此在营销渠道控制方面与其他工业品有较大区别，营销渠道主要有两种方式：一是直销渠道，购买者主要是一般制造商、特殊关系制造商；另一种是中间商渠道，购买者主要是一般中间商、特殊关系中间商。

1. 化工产品营销渠道的主要特点

① 化工产品生产企业对普通的一般制造商、一般中间商影响力较大，渠道控制力较强。一般制造商、一般中间商与化工产品生产企业仅仅是生意上的合作伙伴关系，一般制造商购买者购

买化工产品作为原料,生产最终产品,需求量较大而且要求稳定供应。购买者一旦确定了某一上游企业的化工产品,就会有规律的重复购买。一般中间商通过化工产品贸易赚取利润。

② 化工产品生产企业对少数需求量特别大的制造商和中间商缺乏控制关系,他们资金实力强,采购量特别大,在市场上有一定话语权,他们一方面从国内化工产品生产企业采购化工产品;另一方面,他们通过进口等其他渠道采购化工产品,有效化解国内化工产品生产企业对他们的控制。

③ 化工产品生产企业对特殊关系制造商、特殊关系中间商影响力较小。特殊关系制造商、特殊关系中间商通常与化工产品生产企业相关负责人有较好的人脉关系,这些特殊关系购买者凭借其特殊身份,可以随意采购,几乎不受化工产品生产企业的控制。

2. 化工产品营销渠道控制存在的问题

化工产品生产企业根据自身特点和市场定位,针对不同产品的客户特性,采取不同的营销渠道策略,加强对营销渠道控制。但化工产品生产企业在营销渠道控制中也存在许多问题:

① 供货不稳定,由于生产工艺、成本利润等因素,化工产品生产企业很难保证产品的持续稳定供应,"习惯"了某种化工产品的一般制造商,需要被迫调整生产工艺,选择其他产品。一般制造商选择使用其他产品,影响化工产品生产企业对一般制造商的控制。

② 需求较大的中间商在行情好时争先采购,行情不好时拒绝采购,给化工产品营销管理带来较大困难。化工产品受原油价格等因素影响,市场价格波动较大,中间商在行情下跌、市场价格下滑时,拒绝采购,在行情看好、市场价格上升的时候,会争先抢购。对于这种随行就市的中间商,目前缺乏科学系统的管理,导致营销渠道控制效果不佳。

③ 特殊关系制造商和特殊关系中间商较难管理,给营销渠道控制带来较大挑战。特殊关系购买者凭借其与化工产品生产企业相关人员的某种特殊关系,完全根据市场行情决定是否购买。特殊关系的存在给营销渠道控制带来较多偶然性,造成营销渠道控制缺乏科学性、系统性。

3. 化工产品营销渠道控制的对策

营销渠道控制的机制主要有合约和规范。在化工产品营销渠道控制中要根据渠道差异,购买者情况差异,采取不同的控制机制,或采取不同组合的控制机制。

① 直销渠道宜采取合约机制,通过合约的形式加强对制造商的控制。化工产品生产企业应加强销售计划,对制造商应根据他们的资质、采购量、信誉等进行分级,不同等级的制造商采取不同的销售政策,制定不同的销售计划,签订不同的合约。通过具有法律效力的合约,达到对直销渠道的有效控制。

② 中间商渠道控制宜采取权威机制和合约机制相结合,既通过产品供应的权威对中间商形成影响,同时又通过有效的法律合约强化影响,实现有效控制。

③ 化工产品生产企业拥有强制性权力和非强制性权力,强制性权力会导致渠道成员较高水平的冲突,降低渠道成员的合作水平,而运用非强制性权力则有助于加强渠道成员之间的合作。

④ 通过化工产品稳定供应、技术服务保证等,建立较好规范,强化渠道控制。化工产品销售应加强计划性管理,准确预估未来货源情况,对重点客户要预留产品,保证其后续货源持续供应,避免化工产品生产企业因无产品供应而使客户被迫不忠诚。化工产品生产企业应加强技术服务保证,化工产品生产企业应通过产品充足供应、提供技术服务等方法,与购买者建立互信、承诺、合作等规范,从而形成有效控制。

第四节 促销策略

> **案例**
>
> ### 网络节日促销力度增加
>
> 以前，5月20日只是一年中一个普普通通的日子，现在，"5·20"因有着"我爱你"的谐音被赋予了美好寓意，5月20日也摇身一变成了无数网友争相庆祝的节日。"光棍节""吃货节""卖萌节"……网络时代，像"5·20"这样由网友创造的网节花样百出，数不胜数。每当网节到来，就会"红包满天飞、礼物疯狂送"，节日里浓浓的商业气息让人们不禁发问：是什么催生了网络节日？新兴网络节日的热度会持续多久？
>
> 记者梳理发现，在"创造节日"上，网友总是能脑洞大开，产生各种奇思妙想。流行的网节中既有温情的"5·20网络情人节""9·12示爱节"，也有喜感十足的"5·17吃货节"，甚至还有颇具戏谑意味的"8·18八卦节""3·7女生节""11·11光棍节"等。
>
> 是消费主义催生了网络节日吗？5月20日，一边是有情人结婚、追求者示爱，一边却是线上线下的购物成风。记者发现，在网络社交工具上刷屏的相关信息，除了情侣间的恩爱秀，更多的是商家的促销广告，"网络情人节"掀起了一场发红包、送礼物的热潮。记者走访北京牛街附近几家花店时看到，店主提前三四天就增加了不同价位的玫瑰花的库存，以满足当天络绎不绝的顾客。此外，巧克力店、首饰店、服装店等也都瞄准了"节日"商机，不约而同地展开促销活动来吸引顾客。记者还发现，互联网电商为迎接"网络情人节"准备得更为充分，许多知名电商网页上的促销广告繁多，不少商品推出低折扣促销，对买家形成很大诱惑。
>
> 社会学专家谭刚强认为，各类网节的层出不穷，日趋流行，与商业企业为盈利而进行的营销策划关系密切，特别是互联网电子商务，通过对网络节日进行热炒，甚至干脆商家自己造节，促使网民进行消费。"网络节日其实只是一个幌子，其实质还是基于娱乐的商业行为。"谭刚强说。
>
> 问题：
> (1) 案例中提及的网络节日促销，对你的消费产生怎样的影响？
> (2) 你认为网络节日火热的"幕后推手"到底是什么？
> (3) 你能够为网络节日促销撰写一份完整的方案吗？

促销策略是市场营销组合的基本策略之一。促销策略是指企业如何通过人员推销、广告、公共关系和营业推广等各种促销方式，向消费者或用户传递产品信息，引起他们的注意和兴趣，激发他们的购买欲望和购买行为，以达到扩大销售的目的。

一、促销的概念及其作用

1. 促销的概念

所谓促销，顾名思义就是促进销售，就是指企业为了打开市场、扩大产品销售，把有关本企业产品和服务的信息，通过相适应的方式和手段，向目标顾客传递，促使其了解、信赖企业的产品和服务，从而达到激发顾客购买欲望，促成顾客购买行为的一系列活动。促销活动实质上是一种信息沟通活动。促销的方式分为人员推销和非人员推销，非人员推销又包括广告、营业推广、公共关系三种形式。

2. 促销的作用

（1）传递信息，沟通情报　在促销过程中，一方面，卖方向买方传递信息，如介绍有关企业现状、产品特点、价格及服务方式和内容等信息，以此来引导消费者对产品或服务产生需求欲望并采取购买行为；另一方面，买方向卖方反馈对产品价格、质量和服务内容、方式是否满意等有关信息。促销过程中信息的传递是双向的。

（2）缩短产品进入市场的进程　使用促销手段对消费者或经销商提供短程激励，在一段时间内调动人们的购买热情，培养顾客的兴趣和使用爱好。

（3）激励消费者初次购买，达到使用目的　消费者一般对新产品具有抗拒心理，由于使用新产品的初次消费成本是使用老产品的 2 倍（对新产品一旦不满意，还要花同样的价钱去购买老产品，这等于花了两份的价钱才得到了一件满意的产品，所以许多消费者在心理上认为买新产品代价高），消费者就不愿冒风险对新产品进行尝试。但是，促销可以让消费者降低这种风险意识，降低初次消费成本，而去接受新产品。

（4）激励使用者再次购买，建立消费习惯　当消费者试用了产品以后，如果是基本满意的，可能会产生重复使用的意愿。但这种消费意愿在初期一定是不强烈的、不可靠的。促销可以帮助他们实现这种意愿。如果有一个持续的促销计划，可以使消费群基本固定下来。

（5）提高销售业绩　毫无疑问，促销是一种竞争，它可以改变一些消费者的使用习惯及品牌忠诚。因受利益驱动，经销商和消费者都可能大量进货与购买。因此，在促销阶段，常常会增加消费，提高销售量。

二、促销组合

1. 促销组合的定义

所谓促销组合，是一种组织促销活动的策略思路，是企业运用广告促销、人员推销、公关促销、营业推广四种基本促销方式组合成一个策略系统，使企业的全部促销活动互相配合、协调一致，最大限度地发挥整体效果，从而顺利实现企业营销目标。促销组合是一种系统化的整体策略，四种基本促销方式则构成了这一整体策略的四个子系统。每个子系统都包括了一些可变因素，即具体的促销手段或工具，某一因素的改变意味着组合关系的变化，也就意味着一个新的促销策略。

2. 促销组合的方式

（1）人员推销　指企业派出推销人员或委托推销人员，直接与消费者接触，向目标顾客进行产品介绍、推广、促进销售的沟通活动。

（2）广告促销　指企业按照一定的预算方式，支付一定数额的费用，通过不同的媒体对产品进行广泛宣传，促进产品销售的传播活动。

（3）营业推广　指企业为刺激消费者购买，由一系列具有短期引导性的营业方法组成的沟通活动。

（4）公关促销　指企业通过开展公共关系活动或通过第三方在各种传播媒体上宣传企业形象与产品，促进与内部员工、外部公众良好关系的沟通活动。

3. 促销组合的决策

（1）确认促销对象　通过企业目标市场的调研与分析，界定其产品的销售对象是现实购买者还是潜在购买者,是消费者个人、家庭还是社会团体。明确了产品的销售对象,也就确认了促销的目标客户。

(2) 确定促销目标　不同时期和不同的市场环境下,企业开展的促销活动都有着特定的促销目标。短期促销目标,宜采用广告促销和营业推广相结合的方式。长期促销目标,公关促销具有决定性意义。

(3) 选择沟通渠道　传递促销信息的沟通渠道主要有人员沟通渠道与非人员沟通渠道。人员沟通渠道向目标购买者当面推荐,能得到反馈,可利用良好的"口碑"来扩大企业及产品的知名度和美誉度。非人员沟通渠道主要指大众媒体沟通。只有大众媒体沟通与人员沟通有机结合才能发挥出更好的效果。

(4) 确定促销的具体组合　根据不同的情况,将人员推销、广告促销、营业推广和公关促销四种促销方式进行适当搭配,使其发挥整体的促销效果。应考虑的因素有产品的属性、价格、产品的生命周期、目标市场特点、"推"或"拉"策略。

(5) 确定促销预算　企业应从自己的经济实力和宣传期内受干扰程度大小的状况决定促销组合方式。如果企业促销费用宽裕,则可几种促销方式同时使用;反之,则要考虑选择耗资较少的促销方式。

4. 影响促销组合和促销策略制定的因素

(1) 促销目标　促销目标是企业从事促销活动所要达到的目的。促销目标取决于企业的总体营销目标,在不同时期及不同的营销策略下,企业进行的促销活动都有其特定的促销目标。企业的促销目标可以分为两类:一是增强企业获利能力的长期目标;二是提高企业的销售和利润目标。促销目标不同,对促销方式选择的侧重点也就不同。前者注意企业形象的树立,处理好企业与社会、企业与政府、企业与公众等之间的关系,借以创造良好的外部环境,在促销的四种手段中,公关促销是实现这一目标的主要手段。后者则比较依赖于广告促销、营业推广和人员推销。

(2) 产品因素　对不同性质的产品必须采用不同的促销组合。对消费品促销时,因市场范围广,应较多地采用广告宣传,以起到宣传面广和传播速度快的作用;工业品促销时,因购买者的购买量较大,市场相对集中,应以人员推销为主,利用人员推销具有直接性和针对性的特点。

产品在不同的生命周期,根据不同的促销目标,应采用不同的促销组合策略。

产品在投入期,促销的目的在于提高产品的知名度,使消费者或用户认识产品,产生购买欲望,从而促使中间商进货和消费者试用。这一阶段应以广告为主要的促销方式,以公关促销、人员推销和营业推广为辅助的促销方式。

产品在成长期,销售量迅速增长,同时出现了竞争者,这时企业的促销目标是增进用户对本企业产品的购买兴趣,进一步激发其购买行为,应注重宣传产品的特点,以改变消费者使用产品的习惯,逐渐对产品产生偏好。在这一阶段,广告仍然是促销的重要手段,重点在于增进消费者的偏好,树立产品的特色,因而需要不断地改变广告形式,以争取更多的用户。

产品在成熟期,企业的竞争对手日益增多,企业的促销目标应是巩固老顾客,增加消费者对本企业产品的信任感。这一阶段为了保持已有的市场地位,企业在保持一定广告宣传的前提下,注重营业推广手段的采用,同时采用公关促销,以提高销量和保持企业和产品的市场美誉度。

产品在衰退期,由于有关信息已经被消费者熟知,产品的销售开始下降,企业的任务不再是扩大知名度,而是在延迟产品退出市场时间,尽量采用成本较小的促销手段将现有的产品销售完毕,准备转产。这一阶段,企业可以做一些提示性的广告,主要是有效地利用营业推广手段,刺激产品的销售,加速资金的周转。

(3) 促销费用　促销费用的多少,直接影响到促销方式的选择。相对而言,广告促销费用较高,人员推销次之,营业推广花费较小,公关促销的费用最少。

(4) 促销的基本策略

① 推式策略　以人员推销方式为主的促销组合,把商品推向市场。推式策略适合的产品:单位价值较高的产品,性能复杂、需做示范的产品,流通渠道较短、市场比较集中的产品。

② 拉式策略　以广告促销为主的促销组合,把消费者吸引到企业的特定产品上来。拉式策略适合的产品:单位价值较低的日常用品,流通环节较多、流通渠道较长、市场范围较广的产品,市场需求较大的产品。

促销策略的主要形式如图4-3所示。

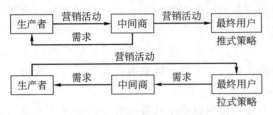

图4-3　促销策略的主要形式

(5) 市场特点　不同的市场,由于其规模、类型、顾客等的不同,促销组合和促销策略也有所不同。①市场规模的大小决定了促销方式的不同,如果企业的目标市场具有地理位置狭小、规模小、购买者比较集中的特点,应以人员推销为主。如果企业的目标市场具有地理位置广阔、规模大、购买者分散、交易额小、购买频率高的特点,应以广告促销为主。②市场的类型不同,促销方式也不尽相同。消费者市场因消费者人数多而分散,多采用广告等非人员推销方式。生产者市场因用户少、购买批量大、成交额大,则主要采用人员推销方式。③在存在竞争的市场条件下,企业的促销组合和促销策略还应考虑竞争者的促销方式和策略,要有针对性地不断变换自己的促销组合及促销策略。

三、化工产品的推介形式

化工产品的特性决定了其与一般消费品在营销实践中存在较大差异;化工工业品营销信息的需求内容比消费品大,用户对信息的加工处理过程也更复杂;工业品行业对供应商的售后服务要求更高;采购方对工业品供应商的选择一般具有相对完善的评价指标体系;从控制成本的采购量角度看,工业品行业比常规的企业在营运资源采购上更关注产品价格和质量;工业品和日常生活消费品企业针对营销沟通手段的投入存在极大差异。

市场营销活动的目的是让消费者购买商品。促销是使消费者获得商品的信息,刺激消费者购买商品的欲望,最终使消费者实现购买。因此,促销也是决定市场营销活动是否成功的重要因素之一。

1. 促销的目标

促销的核心是信息沟通,促销的目的是引发、刺激消费者的购买欲望。促销主要有以下几个目标。

(1) 保持现有客户　企业都有一批稳定的客户群。竞争对手开展促销活动,目的就是抢夺这些客户,以扩大自己的客户群。这时企业必须有针对性地开展促销,以保住自己的客户群。企业还应该主动开展促销,展示品牌的忠诚度,培养客户对企业品牌的感情,并且吸引更多的客户成为企业品牌的新客户。

(2) 增加销售量　短期促销一般都能增加销售量。当消费者大量购入自己品牌的产品后,一段时间内是不会购买其他品牌的同类产品的,因此短期促销起到抑制其他品牌同类产品销售量的作用。

(3) 强化品牌　能够强化企业品牌的不仅仅是广告媒体,促销也有强化品牌的作用。

(4) 拓宽用途　对于一种产品或服务,人们往往只利用其一种用途,而忽略其他。如可以在促销中介绍一种产品的多种用途，产品用途拓宽后，其销售量显然可以上升。

(5) 创造认知　广告媒体宣传使人们对产品有一个感性认知，促销活动使人们对产品在零距离的位置产生认知。由于促销是看得见、摸得着的活动，因此，促销活动创造的认知更现实，更容易让人们接受。

(6) 转移对价格的注意力　打价格战的结果往往是使企业失去利润。当竞争对手开展价格战时，企业的促销策略要强调产品的质量、功能和附加价值，转移消费者对价格的注意。

2. 化工产品营销中常用的推介方式

化工产品具有鲜明的应用技术特色，决定了对于它们的推介方式与其他工业品和消费品有很大的不同。在化工产品营销中常用的主要推介方式有以下四种：

① 在行业学术会议和技术交流会议上宣讲研究论文、产品开发报告，展示样品。
② 在专业报纸期刊上发布产品广告，或提供使用方法或配方，免费提供少量样品试用。
③ 召开新产品技术展示会、免费开办相关企业技术人员的应用技术培训班。
④ 组织专业人员上门推销，示范使用，或进行新老产品的性能和使用成本对比，免除客户的疑虑。

处于产业链中间的化工产品的技术特征决定了在其营销时应把握以下关键点：
① 以人员推销为核心，采取多层次、立体推销。
② 突出专家型、顾问式销售，建立信赖关系，实施关系营销，强化服务营销和技术营销。
③ 注重培育产品品牌。
④ 开展工业品网络营销。

复习思考

一、名词解释

化工产品组合　化工产品生命周期　化工新产品开发　价格策略　分销策略　促销策略

二、简答题

1. 营销学上所指的新产品包含哪些类型？它们对企业有哪些不同的意义？
2. 是否每一种新产品开发都经历同样的步骤？为什么？
3. 新产品采用者的不同对企业的营销策略是否有影响？为什么？
4. 请举例说明产品生命周期各个阶段营销策略的差别，并阐述其理由。
5. 企业主导产品的生命周期对其新产品开发是否有影响？表现在哪些方面？为什么？
6. 产品开发策略的选择依据是什么？
7. 举例说明什么是产品组合与产品系列。
8. 企业如何利用灵活的市场营销组合策略来取得市场竞争优势？
9. 影响工业品定价的因素有哪些？
10. 在工业品不同的寿命周期阶段应该如何定价？
11. 化工产品的推介形式有哪些？
12. 整合营销传播与传统的促销组合（产品、人员推销、营业推广等的组合）有何区别？
13. 你认为成本导向定价法有何不足？
14. 营销渠道级数分类及功能。

15. 批发商在营销渠道中得以存在的原因是什么?
16. 一个季节性产品的生产企业,它的生产——存货决策主要有哪几种?
17. 大市场营销战略的提出有何意义?

三、论述题

1. 简要阐述营销计划执行的主要过程及其步骤。
2. 市场营销策略的四个策略子系统是什么?
3. 市场营销学中产品的整体概念是什么?
4. 在产品生命的四个周期中,销售额曲线、成本曲线、利润曲线分别发生什么变化?
5. 工业品渠道组成特点是什么?有哪些主要形式?
6. 工业品渠道设计的目标和原则是什么?
7. 简述工业品渠道创新模式。
8. 为什么要进行通路优化?优化的措施有哪些?
9. 工业品制造商如何处理客户开发与维护的矛盾?
10. 如何正确看待工业品制造商的公关活动?
11. 什么是企业营销战略控制?企业应当如何进行营销战略控制?

实践训练

【目的】

通过实施该项目,学生能制定有针对性的促销方案,会细化推销谈判的每一个环节。为推销人员的洽谈工作做好充分准备,保证洽谈的顺利进行,最终促成交易。

【要求】

1. 选择特定的促销产品。
2. 个人制定促销方案。
3. 组内评出最优方案,小组按最优方案实施洽谈。

【步骤】

1. 分组,每个小组8~10人,由组长负责。
2. 小组内选择同一品牌产品。
3. 个人制定促销方案。

(1) 促销方案的资料准备

通过网络、实地调查等方式掌握洽谈产品的特点、定位、该产品的市场地位及其主要竞争者的相关信息。

(2) 撰写促销方案

确定推销洽谈的目标;洽谈时的准备工具;洽谈的具体内容;最重要的是要根据产品的特点与顾客的情况选择促销的方法,且促销方案中至少要准备三种方法。

4. 组内评出最优方案,小组按最有效方案实施促销。

(1) 小组长负责组织评选过程。
(2) 小组成员轮流陈述促销方案。
(3) 个人陈述完毕后,其他人负责打分。取平均分为个人方案成绩。
(4) 评选分值最高的方案,作为小组促销的方案。

5. 学生填写项目实施手册。

第五章 化工产品推销实战

案例导入

"宝洁"推销也有教训

世界各地基本消费需求,例如诱人的肤色、干爽的婴儿,或者牙齿防蛀等,很少会有不同。但是消费者认知的独特性与当地市场的特殊性将会左右不同的营销策略。宝洁在美国以外的市场推销其产品失败的一些教训便是很好的说明。

第二次世界大战之后,宝洁不顾当地消费者的习惯与口味,采取直接引进产品的做法,迅速地向国际市场扩张。例如,宝洁在英国引进一种香料油味道的牙膏,但并不受欢迎。因为英国人很讨厌香料油的味道。香料油在当地被用作药膏,而不被用于食物或牙膏。宝洁在英国推出"杜恩"洗发精后的冬天,使用者开始接连不断地抱怨在洗发精瓶中发现有结晶的情形。宝洁忽略了英国家庭的浴室温度通常低于结晶温度。

数年后,宝洁进入日本市场将过去的教训抛在脑后。"起儿"洗衣剂是宝洁打入日本市场的第一个产品。这个产品直接从美国进口。它拥有一项产品优势,即可依据各式洗涤温度,即热洗、温洗或冷洗等来清洗衣物。但是日本妇女一向用自来水洗涤衣服,三种温度的洗衣方法对于她们毫无意义。因此,产品销售量不佳。

案例分析:企业和推销人员要充分考虑顾客的不同需求,有针对性地满足顾客的需求,挖掘潜在顾客的需求,才能使推销品有用武之地。

第一节 推销准备

人员推销是企业促销的重要方式之一,是一种最古老的促销方式,根据美国市场营销协会定义委员会的解释,所谓人员推销,是指企业通过派出推销人员,在一定的推销环境里,运用各种推销技巧和手段,与一个或一个以上可能成为购买者的人交谈,口头陈述,以推销商品,促进和扩大销售。这种方法的特点是:灵活性强,针对性强,信息反馈快,是一种直接的信息传递方式,因为它是面对面的交谈,推销人员可以与消费者进行双向式的沟通,保持密切联系,可对消费者的意见及时做出反应。人员推销的核心是说服,即说服用户,使其接受所推销的产品或劳务。人员推销既要满足用户需求又要实现扩大销售。现代销售是一种互惠互利的活动,必须同时满足企业和用户双方的利益,解决各自的问题,而不能仅考虑一方利益,一厢情愿就无法达成交易。

广义的现代推销是指人们在社会生活中,通过一定的形式传递信息,使推销对象接受并实施推销内容的活动过程,狭义的现代推销是指企业以满足双方需要为出发点,通过人员或非人员方式,运用各种推销技术和技巧,以帮助或说服为手段,向客户传递企业产品信息,并使客户接受服务或购买产品的整个活动过程。

化工产品推销是狭义推销,即化工产品企业推销员在掌握化学品技术专业知识的基础上应用各种推销技术和技巧,使客户购买化工产品的活动过程。

推销活动有三个基本要素,即推销主体、推销对象、推销品,推销主体是指从事推销活动的人员,推销员不仅是推销活动的主要发起者,而且是整个推销过程的推动者和控制者。推销对象是指接受推销活动的客户。化工产品的推销对象主要包括组织型客户和消费者两大类,其中组织型客户又可分为生产用户和中间商。广义的推销品是指推销员向客户推销的各种有形商品和无形商品的总称。

一、熟悉公司业务

了解和熟悉公司业务背景是推销员开展其他任何推销活动的基础,这种活动贯穿推销的全过程。熟悉自己公司的业务情况主要包括熟悉自己所属的企业的情况、熟悉所在部门的具体情况、掌握所推销的产品和了解市场基本情况四个方面,具体内容如图5-1所示。

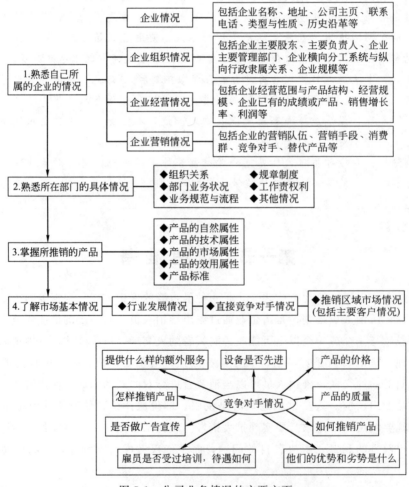

图5-1 公司业务情况的主要方面

二、寻找潜在客户

案例

上海大众汽车全国各个4S店销售人员在进行入职培训时，在顾客需求分析环节，都会拿到一份提问清单，帮助新的销售员尽快了解消费者需求。

有关现用车	你目前开的是什么车,使用了多长时间了?
	你想换一辆比你目前车辆大一些还是小一些的车?
	为什么你想更换车辆?
	你最喜欢你目前车辆的哪一点?
	你最不喜欢你目前车辆的哪一点?
有关新购车	你有特别中意的车吗?
	你将购买的新车是商用还是个人使用?请说明你将如何使用你的新车。
	用车频率如何?什么时候需要?
	你认为新车应当最具备你目前车辆的什么特性?
	对于你的购买决定来说,有什么其他重要因素吗?
关于购车过程	你目前的车是租借的,还是贷款购买的?
	你买车是分期付款吗?金额是多少?
	你购买现有车辆时是新车还是二手车?
	你是想留下目前的车,还是想以旧换新?
	你考虑的是哪个价格档次?付款方式是什么?
有关客户背景	你家里还有什么人会用车吗?(家庭情况)
	你平时有什么兴趣爱好?要用到车吗?(业务爱好)
	你平时住在哪里?离我们远不远?
	你是如何了解我们经销商的信息的?
	什么时间比较适合跟您联系?

三、客户选择概述

进行客户的寻找工作是推销实践的开始，在推销活动中占有重要的位置。刚从事推销工作的销售人员，80%的失败来自对"消费群体"的定位和对潜在客户的搜索不到位。对客户的定位不准确，目标消费群体不明确，成功机会就很小，也就是常说的"选择不对，努力白费"。推销员要找的不仅仅是客户名单、联系方式、家庭地址等简单的客户信息，更多的是搜索到合格的潜在客户。

寻找潜在客户使推销活动有了开始工作的对象，掌握与潜在客户进行联系的方法与渠道，就使以后的推销活动有了限定的范围与明确的目标,避免推销工作的盲目性。寻找客户的工作是推销事业不断取得成绩的源泉,是推销人员保持不间断的产品销售与不断扩大市场的保证。日本"推销冠军"——汽车推销大王奥诚良治曾反复强调:客户就是我最宝贵的财富。可见寻找客户的重要性。但是,如何在成千上万的企业和人海茫茫的消费者中找到准顾客,又是推销活动的难点。因此,每个推销人员都应学习掌握一些寻找顾客的技巧与方法,苦练基本功,才能突破这个难点,获得丰富的顾客资源。

> **案例**
>
> ## 成功的秘密
>
> 乔治·吉拉德是吉尼斯世界纪录里顶尖的业务人员,他连续11年在吉尼斯世界纪录里被排名为世界上最伟大的推销员,其辉煌的业绩至今仍是许多推销员所望尘莫及的。
>
> 当记者访问乔治·吉拉德为什么能出色的连续11年获得世界上最伟大推销员的头衔时,乔治·吉拉德笑着说,其实业务工作非常简单,只要每天比别人多努力一点点儿就可以了。记者追问,那怎样才能比别人多努力一点点儿呢?乔治·吉拉德说,方法很简单,每天比别人早一个小时出来做事情,永远比公司里的同事每天多打通一个电话,每天多拜访一位顾客。乔治·吉拉德总结道,成功非常简单,没有窍门,每天早一个小时出门,每天多打通一个电话,每天多拜访一位顾客就可以获得成功。
>
> 乔治·吉拉德认为销售非常简单而又容易,只要销售人员肯比别人更努力,就一定会取得好的业绩,获得丰富的收入。
>
> 天道酬勤,多一分耕耘也势必多一分收获。以乔治·吉拉德为榜样,只要销售人员肯付出,努力的工作一定会带来相应的报酬,业绩也会越来越优秀、越来越卓越。
>
> **案例分析**:一个成功的推销员只有努力地去寻找自己的顾客,才有可能取得推销的成功。

顾客,即推销对象,是推销三要素的重要要素之一。在竞争激烈的现代市场环境中,谁拥有的顾客越多,谁的推销规模和业绩就越大。但顾客又不是轻易能获得和保持的。要保持和发展自己的推销业务,就要不断地进行顾客开发与管理。推销人员的主要任务之一就是采用各种有效的方法与途径来寻找与识别目标顾客,并实施成功的推销。可以说,有效地寻找与识别顾客是成功推销的基本前提。从上述案例中可以看出:重视并科学地寻找、识别顾客对推销工作的成功至关重要。

在现代市场营销理念指导下,顾客始终是营销和推销活动的中心。对于企业来说,顾客就是衣食父母,没有顾客的购买就没有企业的利润,企业就无法生存;对于推销人员来说,其工资是由顾客发的。没有顾客的认可,推销员的工作就无法顺利开展,也就无法取得事业的成功。

1. 准顾客

寻找顾客是指寻找潜在可能的准顾客。准顾客是指既有购买所推销的商品或服务的欲望,又有支付能力的个人或组织。

有可能成为准顾客的个人或组织则称为"线索"或"引子"。在推销活动中,推销人员面临的主要问题之一就是把产品卖给谁,即谁是自己的推销目标。推销人员在取得引子之后,要对其进行鉴定,看其是否具备准顾客的资格和条件。如果具备,就可以列入正式的准顾客名单中,并建立相应的档案,作为推销对象。如果不具备资格,就不能算一个合格的准顾客,也不能将其列为推销对象。一个企业或推销员尚未找到目标顾客就开始进行狂轰滥炸式的推销，其结果只能是大炮打蚊子似的悲哀。所以，寻找顾客是推销工作的重要步骤，也是推销成败的关键性工作。

现代推销学认为，"引子"要成为准顾客，应具备下列三个条件：

① 有购买某种产品或服务的需要；
② 有购买能力；
③ 有购买决定权。

> **案例**
>
> ### 两个推销员
>
> 这是营销界尽人皆知的一个寓言故事：两家鞋业制造公司分别派出一个业务员去开拓市场，一个叫杰克逊，一个叫板井。在同一天，他们两个人来到了太平洋的一个岛国，到达当日，他们就发现当地人全都赤足，不穿鞋！从国王到贫民，从僧侣到贵妇，竟然无人穿鞋子，当晚，杰克逊向国内总部的老板拍了电报："上帝啊，这里的人从不穿鞋子，有谁还会买鞋子呢？我明天就回去。"板井也向国内公司的总部拍了电报："太好了，这里的人都不穿鞋子。我决定把家搬来，在此长期驻扎下去！"
>
> 两年后，这里人都穿上了鞋子。
>
> **案例分析**：许多人常常抱怨难以开拓新市场，事实是新市场就在你的面前，只不过你没有发现这个市场而已。推销员要发现顾客的需求，培育顾客的需求，引导顾客的需求，还要能够创造顾客的需求，顾客的需求是一切推销活动的原动力。

推销人员按照以上条件可对"引子"进行资格鉴定，把不符合上述三个条件的"引子"予以剔除，筛选出真正的准顾客，既可以避免不必要的时间与精力的浪费，又可以集中精力重点拜访真正的、有潜力的准顾客，以减少推销活动的盲目性，降低推销费用，提高交易的成功率，从而大大地提高推销工作的效率和效益。

推销人员拥有顾客的多少，直接关系到其推销业绩的大小。在当今的市场环境中，想要获得并保持稳定的顾客群并非易事。这是因为：第一，在同类产品的目标市场区域中，同行业的竞争者采取各种营销策略，千方百计地争夺顾客，顾客的"忠诚度"日益降低；第二，随着顾客消费知识的日渐丰富与市场法律环境的完善，顾客越来越懂得怎样更好地满足自己的各种需求和维护自己的合法权益，变得越来越精明，越来越理性；第三，因推销品生命周期的改变，顾客收入、地位的变化，企业的关、停、并、转等，多年老顾客的流失是经常的、不可避免的。由此可见，推销人员既要稳定老顾客，更要不断地开发新顾客，以壮大自己的顾客队伍。

寻找潜在客户，推销员首先必须根据自己所推销的产品特征，提出一些可能成为潜在客户的基本条件，再根据潜在客户的基本条件，通过各种可能的线索和渠道，拟出一份准顾客的名单，采取科学适当的方法进行顾客资格审查，确定入选的合格准顾客，并做出顾客分类，建立顾客档案，妥善保管。

> **小知识**
>
> ### 不愿访问顾客的代价
>
> 《行为科学研究》的一个研究表明，销售人员中不愿访问顾客的现象总是非常普遍的，其代价也是很高的。下面是达拉斯研究和销售培训公司的一些研究成果。
>
> ① 第一年从事销售工作的人员中，80%失败的人是因为寻找潜在顾客的活动不到位。

② 40%的老推销员都有一段或数段受不愿访问情绪困扰的经历，严重到威胁他们能否在推销中继续干下去的程度。这种困扰可能随时发生。

③ 不愿访问的推销员每月要丢给竞争者15个以上的新客户。

④ 在有些情况下，不愿访问顾客的推销员每月在总销售额中丧失10800美元。

⑤ 在另一些情况下，不愿访问顾客使推销员每年损失10000美元的佣金。

2. 准顾客类型

在推销活动中，一般可将准顾客分为以下三种类型。

(1) 新开发的准顾客 推销人员必须经常不断地寻找新的准顾客。一般来讲，开发的准顾客数量越多，完成推销任务的概率就越大。根据公式（掌握的准顾客数量/推销区域内的顾客总数量×100%），可以知道自己所掌握的潜在顾客数量在推销区域内所占的比例。推销人员手上的准顾客不论是属于哪种类型的企业、组织和个人，都有可能成为自己的新客户，所以平时要在这些新开发的准客户身上多下功夫。

(2) 现有客户 无论哪一种类型的企业，一般均有数百家甚至上千家现有小客户，推销人员应该时常关注这些客户并请他们再度惠顾。利用这些既有的老客户，可实现企业一半以上产品的销售目标。在这些老客户中，有一些客户由于业务量小而被企业忽视了，推销人员应该多拜访这些顾客，调查过去发生的业务量、顾客对产品使用情况以及对售后服务的满意状况、新的成交机会等。一旦发现问题，就要设法解决，尽量捕捉产品销售的机会。一般来说，现有客户是新产品最好的潜在客户。

(3) 中止往来的老客户 以往的客户由于种种原因没有继续购买本企业产品，但仍是推销人员重要的潜在顾客。事实上，许多老顾客都在期待推销人员的再度拜访，推销人员必须鼓起勇气再次拜访他们，并从中探究他们不再购买本企业产品的真正原因，制定满足他们需求的对策。

3. 寻找顾客的基本准则

客户无处不在，潜在客户来自人群，始终维持一定量的、有价值的潜在客户，方能保证长时间获得确实的收益。寻找顾客看似简单，其实并非易事。在整个推销过程中，寻找顾客是最具有挑战性、开拓性和艰巨性的工作。推销人员需遵循一定的规律，把握科学的准则，使寻找顾客的工作科学化、高效化。

(1) 准确定位推销对象的范围 在寻找顾客之前，首先要确定准顾客的范围，使寻找顾客的范围相对集中，提高寻找效率，避免盲目性。准顾客的范围包括以下两个方面：

一是地理范围，即确定推销品的推销区域。推销人员在推销的过程中，需要将该区域的政治、经济、法律、科学技术及社会文化环境等宏观因素与推销品结合起来，考虑该区域的宏观环境是否适合该产品的销售，以便有针对性、有效地开展推销工作。在人均收入低的地区就不适宜推销像豪华家具、高档家电之类的产品。

二是交易对象的范围，即确定准顾客群体的范围。这要根据推销品的特点（性能、用途、价格等）来确定。不同的产品，由于在特征方面的差异，其推销对象的群体范围也就不同。例如，如果推销品是老年保健食品、滋补品、老年医疗卫生用品（如药物、眼镜、助听器等）、老年健身运动器材、老年服装、老年娱乐用品和老年社区（敬老院、养老院）服务等，则推销的对象应是老年人这一顾客群体；而药品、医疗器械等产品，其准顾客的群体范围应为各类医疗机构以及经营该产品的经销商。

（2）树立随时随地寻找顾客的强烈意识　作为推销人员，要想在激烈的市场竞争中不断发展壮大自己的顾客队伍，提升推销业绩，就要在平时（特别是在"业余时间"）养成一种随时随地搜寻准顾客的习惯，牢固树立随时随地寻找顾客的强烈意识。推销人员要相信顾客无处不在，无时不有，顾客就在你身边，不放过任何一丝捕捉顾客的机会，也决不错过任何一个能扩大销售、为顾客提供更多服务的机会。这样，你就会寻找到更多的准顾客，推销业绩也会随之攀升。机会总是为那些有准备的人提供的。

我们常说："机会总是为有准备的人提供的"，看到苹果落地的人不计其数，但是只有牛顿从中悟到了真理，最终发现了万有引力定律；炉子上的水壶盖子被蒸汽顶起，大家都熟视无睹，而瓦特却从中找到了运用蒸汽力量的方法，最终发明了蒸汽机。推销员每天都面对许多人，好的推销员可以从中找到大量的、合格的顾客，而有的推销员却为没有顾客而烦恼，优秀的推销员一定要时刻保持一种像饥饿的人寻找面包一样的意识寻找顾客，才可能取得成功。

> **案例**
>
> ### 抓住机会寻找顾客
>
> 　　弗兰克·贝特格，20世纪最伟大的推销大师、美国人寿保险创始人、著名演讲家。他赤手空拳、毫无经验地踏入保险业，凭着一股激情，凭着一种执着，开创出人寿保险业的一片新天地，成为万人瞩目的骄子。他每年承接的保单都在100万美元以上，曾经创下了15分钟签下了25万美元的最短签单纪录，在20世纪保险行业初创期创造出了令人瞠目的奇迹。他60岁高龄还在美国各地进行演讲，因鼓舞人心和大受启迪而深受欢迎，连戴尔·卡耐基先生都为之惊叹，多次在其著作和演讲中作为经典案例加以介绍，并鼓励他著书立说，流传后世。
>
> 　　**案例分析**：弗兰克·贝特格成功的秘密，除对保险推销事业的激情和执着外，另一个主要原因是他善于把握每一个机会，具有随时随地寻找顾客的强烈意识。

作为推销员要向出租车司机学习，出租车司机大多是开车到处跑寻找顾客。推销员要时刻留意接触的人，从中发现和找到目标顾客。在目前买方市场的情况下，顾客一般不会主动找上门来的。

（3）多途径寻找顾客　对于大多数商品而言，寻找推销对象的途径或渠道不止一条，究竟选择何种途径、采用哪些方法更为合适，还应将推销品的特点、推销对象的范围及产品的推销区域结合起来综合考虑。例如，对于使用面极为广泛的生活消费品来说，运用广告这一方法来寻找顾客就比较适宜；而对于使用面较窄的生产资料而言，则宜采用市场咨询法或资料查阅法。因此，在实际推销工作中，采用多种方法并用的方式来寻找顾客，往往比仅用一种方法或途径的收效要好。这就要求推销人员在寻找顾客的过程中，应根据实际情况，善于发现，善于创新并善于运用各种途径与方法，以提高寻找顾客的效率。

> **案例**
>
> ### 小火柴大功效
>
> 　　被誉为丰田汽车"推销大王"的椎名保久，从生意场上人们常用火柴为对方点烟得到启发，在自制的火柴盒上印上自己的名字、公司名称、电话号码和交通线路图等，并投入使用。椎名保久认为，一盒20根装的火柴，每吸一次烟，名字、电话和交通图就出现一次，而且一般情况下，吸烟者在吸烟间隙习惯摆弄火柴盒，这种"无意识的注意"往

往成为推销人员寻找顾客的机会。椎名保久正是巧妙地利用了这小小的火柴,寻找到了众多的顾客,推销出了大量的丰田汽车。其中许多购买丰田汽车的用户,正是通过火柴盒这一线索实现购买行为的。

案例分析:推销员不仅要把握好现有的销售渠道,也要发挥创新能力多途径寻找顾客,增加客源,提高销售业绩。

(4) 重视老顾客 对于商家而言,想方设法开发新客户固然重要,但更应采取积极有效的措施留住老客户,只有在留住老客户的基础上,再发展新客户才是企业发展壮大之道。国外客户服务方面的研究表明:开发一个新客户的费用(主要是广告费用和产品推销费)是留住一个现有老客户费用(主要是支付退款、提供样品、更换商品等)的6倍。

美国可口可乐公司称,一听可口可乐卖0.25美元,而锁定1个顾客买1年(假定该顾客平均每天消费3听可口可乐),则一个顾客1年的销售额约为300美元。

有的推销员也许会说:"我今天不必再浪费时间去看李先生了,他在以后5年中不会再买我们的产品。"但是如果你真正想为客户服务,那么你仍须前往访问,以便随时处理售后服务等问题。虽然这种工作是相当繁重的,但要记住,你的竞争者是不会怕繁重的,他们仍会不断地前往访问。全世界的推销经验都证明,新生意的来源几乎全来自老顾客。几乎每一种类型的生意都是如此。假如顾客买了一部新车,他会觉得自己是"次"代理商。由于对新车的热情,他会跟邻居、朋友及相关的人不断提及买车的事,结果成了车商的最佳发言人,他们就是推销人员的最佳公关!再度拜访是很重要的工作,即使不做售后服务,打一个友谊性的问候电话也可以,养成再度回去探望顾客的习惯,就会拥有无尽的"人脉链"!

> **资料库**
>
> 利用"有望客户"(PROSPECT)"寻找有望客户"(PROSPECTING)的英文字母,来说明如何开发潜在的客户:
>
> P:PROVIDE,"提供"自己一份客户名单;
> R:RECORD,"记录"每日新增的客户;
> O:ORGANIZE,"组织"客户资料;
> S:SELECT,"选择"真正准客户;
> P:PLAN,"计划"客户来源及访问对策;
> E:EXERCISE,"运用"想象力;
> C:COLLECT,"收集"转手资料;
> T:TRAIN,"训练"自己挑客户的能力。
> P:PERSONAL,"个人"观察所得;
> R:RECORD,"记录"资料;
> O:OCCUPATION,"职业"上来往的资料;
> S:SPOUSE,"配偶"方面的协助
> P:PUBLIC,"公开"展示或说明;
> E:ENCHAIN,"连锁"式发展关系;
> C:COLD,"冷淡"的拜访;
> T:THROUGH,"透过"别人协助;

> I：INFLUENCE，"影响"人士的介绍；
> N：NAME，"名录"上查得的资料；
> G：GROUP，"团体"的销售。

四、顾客的基本条件

决定推销活动能否成功的因素很多，但最根本的一点，是要看推销的产品能否与顾客建立起现实的关系。这种现实的关系表现在三个基本方面，即顾客是否有购买力（money），是否有购买决策权（authority），是否有需求（need），这也是衡量潜在客户的"MAN法则"。只有三要素均具备者才是合格的顾客。顾客资格鉴定是顾客研究的关键，鉴定的目的在于发现真正的推销对象，避免徒劳无功的推销活动，确保推销工作做到实处。通过顾客资格鉴定，把不具备条件的对象除名，既避免了推销时间的浪费，又可以提高顾客的订（购）货率和订（购）货量，从而提高整个推销工作效率。

1. 购买力

顾客的购买力是指顾客是否有钱，是否具有购买此推销品的经济能力（现在或将来），亦即审核顾客有没有支付能力或筹措资金的能力。

支付能力是判断一个潜在顾客是否能成为目标顾客的重要条件。单纯从对商品的需求角度来看，人们几乎无所不需。但是，任何潜在的需求，只有具备了支付能力之后，才能成为现实的需求。因此，支付能力是大众能否成为顾客的重要条件。

顾客支付能力可分为现有支付能力和潜在支付能力两类。具有购买需求及现有支付能力的人，才是企业的顾客，是最理想的推销对象。其次是具有潜在支付能力的顾客，一味强调现有支付能力，顾客群就会变小，不利于推销局面的开拓，掌握顾客的潜在支付能力，可以为推销提供更为广阔的市场。当准顾客值得信任并具有潜在支付能力时，推销人员应主动协助准顾客解决支付能力问题，建议顾客利用银行贷款或其他信用方式购买推销产品，或对其实行赊销（偿还货款的时间不宜过长），使其成为企业的顾客。

总而言之，没有支付能力的潜在顾客，不可能转化为目标顾客。对推销人员来说，这是一个需要慎重对待的问题。例如，在我国的消费市场上，轿车推销人员不会把低收入家庭作为推销的对象。

> **案例**
>
> ### 来自销售员的观察
>
> 一位房地产推销员去访问一位顾客。顾客对他说："我先生忙于事业，无暇顾及家务，让我做主用几十万元购买一套别墅。"推销员一听非常高兴，便三番五次到她家拜访。有一次，他们正在谈话，有人敲门要购废品，这位太太马上搬出一堆空酒瓶与收购者讨价还价，推销员留心一看，这些酒多是一些低档酒，很少有超过10元钱的，推销员立即起身告辞，从此便不再登门。
>
> 猜一猜，推销员从中发现了什么？

2. 购买决策权

潜在的顾客能否成为顾客，还要看其是否具有购买决策权。潜在的顾客或许对推销的产品具有某种需求，也有支付能力，但他若没有购买决策权，就不是真正的顾客。了解谁有购买决策权无疑能节省推销人员确定目标顾客的时间。推销要注重推销效率，向一个家庭或一个团体进行推销，实际上应是向该家庭或团体的购买决策人进行推销。因此，购买决策权是衡量潜在顾客能否成为顾客的一项重要内容。若事先不对潜在顾客的购买决策状况进行了解，不分青红皂白，见到谁就向谁推销，很可能事倍功半，甚至一事无成。

例如，人们感冒的时候，很多人去药店自己购买感冒药，但是人们只能购买OTC（非处方药），而对于处方药，则必须凭医生的处方才有购买资格。

> **案例**
>
> **手机引起的故事**
>
> 北京市一位正在读初三的15岁女生用积攒下来的压岁钱给自己购买了一部手机。家长知道后，认为孩子还未成年，购买手机的行为没有经过家长同意，因此这位女生的母亲将销售商北京某通信设备销售有限公司告上法庭，要求双倍返还货款2400元，并赔偿经济损失。最后法院依法一审判决确认未成年人购买手机买卖合同无效，被告返还原告货款1200元。
>
> **案例分析**：推销人员必须了解顾客的权限，向具有决策权或对购买决策具有一定影响力的当事人进行推销。推销给正确的人才能够推销成功。

在消费者市场中，消费一般以家庭为单位，而决策者常常是其中的一两位成员。而不同的家庭、不同的文化背景、不同的社会环境，使各个家庭的购买决策状况不尽相同。除一些大件商品或高档商品购买决策权比较集中外，一般商品购买决策权呈逐渐分散趋势。尽管如此，正确分析准顾客家庭里的各种微妙关系，认真进行购买决策权分析，仍是非常必要的。

美国社会学家按家庭权威中心的不同，把家庭分为四类：丈夫决定型、妻子决定型、共同决定型、各自做主型。根据消费品在家庭中的购买决策重心不同，可将其分为三类：丈夫对购买决策有较大影响力的商品，如汽车、摩托车、烟酒等；妻子对购买决策有较大影响力的商品，如服饰、饰品、家具、化妆品、洗衣机、吸尘器、餐具等；夫妻共同决策的商品，如住房、旅游等。

对生产者市场或政府市场来说，购买决策权尤为重要。若不然，潜在顾客范围太大，势必造成推销的盲目性。一般而言，企业都有严格的购买决策分级审批制度，不同级别的管理者往往有不同的购买决策权限。例如，部门经理、副总经理和总经理就有着不同的购买权限。推销人员必须了解团体顾客内部组织结构、人际关系、决策系统和决策方式，掌握其内部主管人员之间的相对权限，向具有决策权或对购买决策具有一定影响力的当事人进行推销。唯有如此，才能形成有效的推销。

3. 购买需求

推销成功与否还要看大众到底对推销产品是否有购买需求。如果人们对推销产品没有需求，即便是有钱有权，也不会购买，也就不是顾客。推销是建立在满足顾客某种需求的基础上的，所以推销人员必须首先了解所推销的产品是否能真正满足潜在顾客的需求。推销人员应该记住这样一句古老的经商格言：不要货回头，但要客回头。是否存在需求，是推销能否成功的关键，是潜在顾客能否成为顾客的重要条件。显然，如果推销对象根本就不需要推销人员所推销的产品或服务，那么对其推销只会是徒劳无功。不可否认，实际生活中存在通过不正当方式推销，把产品卖给了无实际需要的顾客。这种做法不是真正意义上的推销，任何带有欺骗性的硬性或软性推销方式，强加于人的推销，不符合推销人员的职业道德规范，违背推销的基本原则。它只会损害推销人员的推销人格，败坏推销人员的推销信誉，最终堵死推销之路。

> **案例　买箱子的顾客**
>
> 有一天，某百货商店箱包柜进来一位年轻顾客买箱子。一会儿看牛皮箱，一会儿又挑人造革箱，挑来挑去拿不定主意。这时，营业员小戚上前招呼，并了解到该顾客是为出国所用，便马上把106cm牛津滑轮箱介绍给顾客，并说明了飞机持箱的规定，最大不超过106cm。牛津箱体轻，又有滑轮，携带较方便，价格比牛皮箱便宜得多。年轻人听了觉得他讲得头头是道、合情合理，而且丝丝入扣、正中下怀，于是就选定了滑轮箱高兴而去了。

顾客的购买需求，既多种多样又千变万化。同时，需求又是一个极富弹性的东西。因此，要想准确把握潜在顾客的购买需求，并非轻而易举之事，需要推销人员凭借丰富的推销经验和运用有关知识，进行大量的调查研究。如果推销人员确认某潜在顾客不具有购买需求，或者所推销的产品或服务无益于某潜在顾客，不能适应其实际需要，不能帮助其解决任何实际问题，他就不是推销目标，就不应该向其进行推销。一旦确信潜在顾客存在需要且存在购买的可能性，而自己所推销的产品或服务有益于顾客，有助于解决他的某种实际问题，他就具备顾客资格，就应该信心百倍地去推销，而不应该有丝毫犹豫和等待，以免坐失良机。

需要说明的是，需求是可以培育和创造的。推销工作的实质，就是要探求和创造需求。随着科学技术的发展和新产品的大量问世，潜在顾客中存在大量尚未被认识的需求。此外，潜在顾客中往往也存在出于某种原因暂时不准备购买的情况。对属于这样两类情况的潜在顾客，推销人员不应将其作为不合格顾客而草率除名。正是由于存在尚未被顾客所认识的需求，才为推销人员去大胆探求和创造顾客需求提供了用武之地；也正是由于潜在顾客中存在某种困难，才有赖于推销人员去帮助顾客改善生产和生活条件并解决其潜在的问题。推销人员应勇于开拓、善于开拓，透过现象看实质，去发掘顾客的潜在需求。

当某一潜在顾客存在购买需求时，推销人员还必须进一步了解其购买时间和购买需求量，以便从推销时间和费用等多方面进行权衡，合理安排推销计划。

潜在顾客只有满足上述三个条件才能成为合格顾客。选择顾客虽然始于推销工作正式开始之前，但必须在寻找顾客、获得准顾客名单之后才能进行。同时，顾客选择不仅要事先研究，而且是贯穿于整个推销过程中的一项重要工作，这是此项研究的特殊之处。推销人员应根据自己的实际情况，制定一些具体的鉴定标准，随时根据所定标准对推销对象进行全面的鉴别，一旦发现问题，立即采取措施或停止推销。对于合格的顾客，推销人员应尽一切努力，消除推销障碍，帮助顾客解决实际问题，促成交易。

五、制定推销计划

推销计划是企业或者推销人员根据实际情况，通过科学的预测，权衡客观的需要和主观的可能，提出在未来一定时期内要达到的推销目标，以及实现目标的途径。简单地说就是对以后的工作的事先安排。推销计划是实现推销目标的具体实施方案，它是指导推销活动的依据。制定推销计划对推销工作具有重要意义，它不仅是公司考核推销员工作的依据，也是推销员取得良好推销业绩的前提和基础，每个推销人员在推销前必须制定自己的推销计划。

1. 推销计划的类型

按照推销计划的职能范围，分为部门推销计划和个人推销计划，部门推销计划是对整个部门近段时间推销活动的一个总体规划和实施工具，是企业营销计划的进一步分解落实。个人推销计划是推销人员具体推销工作的一个指南，它能确保工作有序、高效地完成。

按照推销计划的时间，把推销计划分为年计划、月计划、日计划。

按照期间不同可以分为长期计划和短期计划。

2. 推销计划涉及的内容

推销员应该认识到，不同拜访对象在约见方式、拜访地点、拜访路线等方面都应有所不同，这就要求推销员在正式拜访客户前要制定一套完整、周密而又灵活的推销计划，以便对推销工作进行合理的安排和有效的管理。一份完整、有效率的推销计划应该包括以下六方面内容：如何约见客户、拜访对象确定、何时拜访、拜访地点在哪、拜访路线是什么以及推销计划表。

（1）约见客户

① 使用信函约见客户　　如果选择信函作为销售手段，需要仔细挑选邮寄名单。如果选择不当，就会酿成巨大的时间、人力和财力的浪费。试想有什么比扔掉一张纸更容易呢？如果对方不在意您的产品或服务，那么您的邮件在他的邮箱中可能永久存放。如果不是邮寄产品或服务的说明，邮寄一封信给您认识的有可能对您的产品感兴趣的人，目的是引起对方的兴趣，让对方愿意与自己见面。

撰写销售信函的主要技巧有三点：a. 要简洁、有重点；b. 要引起客户的兴趣及好奇心；c. 不要过于表露希望拜访客户的迫切心情。

② 上门推销　　当今市场上，随着科技的日益发展，市场上的产品正呈现着多样化和复杂化的趋势，在这种情况下，上门推销策略这种传统的推销策略也发挥着越来越重要的作用，推销员上门销售可以直接同顾客接触，这就决定了人员推销的优势所在。顾客可以根据推销员的描绘而形成一定的看法和印象。当然，这并不是意味着一个好的推销员就一定可以获得推销的成功，但是，他可以留给顾客一个很重要的第一印象。至少，当他要购买时，他最先想起来的可能是这个推销员，接下来是他所属的公司。

上门推销的步骤如下。

a. 对所推销的产品、售后服务和相关法规、金融政策了如指掌，并携带必不可少的基本文件资料。

b. 明白无误地向对方介绍你的姓名和你所服务的公司，随后向接待者、秘书和其他人员递上你的名片。

c. 简要而直接地阐明你此行的目的。

d. 当被访者乐意同你交谈时，应聚精会神倾听。

e. 请求他们购买你的产品和服务。

f. 如果他们有购买的意向，那么你要尽力得到他们明确的许诺。

上门推销最重要的是跨入对方的大门，上门推销的关键点如下。

推销人员在介绍、证实产品符合顾客需求过程中，通过询问顾客对产品的接受程度，并相应采取针对措施，借以促进顾客接受产品。

推销人员通过检查推销示范过程中的问题和效果，及时采取措施予以纠正和补救，促使顾客接受产品。

推销人员在推销过程中不断总结推销进展情况，强调推销产品对顾客的需求满足，进一步推动顾客对产品的接受和认可。

推销人员通过向顾客提出一系列与推销产品有关的问题，请求顾客作答，逐一达成共识，促使顾客逐步接受推销产品。

推销人员通过把已介绍给顾客并已取得证实的产品留给顾客试用，从而促使顾客接受推销产品。

推销人员在顾客受多种因素影响无法立即接受推销产品时，要学会等待，有时还要经过不少程序和工作才能促使顾客接受。推销人员在等待中，要不断地与顾客接触，经常确认和总结与顾客达成的共识及双方洽谈的过程，以期待经过较长时间的等待和积极的推销，能争取更多的顾客接受。

③ 电话约见　电话预约交谈有六个步骤。

a. 打电话前的计划与组织。要记住，电话里没有视觉交流；为了取得更好的效果，你的嘴唇必须稍稍离开话筒；在电话里，人们说话会受对方音调的影响；注意说话的速度；在讲话中注意变化，因为人们喜欢与人而不是机器对话；适时插入"是的""喔""我明白"或类似的话，让客户知道你在倾听；声音不要太高，也不要太低。

b. 介绍你自己和你所在的公司。

c. 导入主题。导入主题通常包括第三方的推荐；销售人员或公司给潜在顾客的文件；潜在顾客或销售人员所在公司最近的广告；潜在顾客行业或职业中的问题；潜在顾客业界内知名人士在近期会议或文章上发表的重要观点。

d. 激发兴趣的陈述。可以通过提及好处来激发兴趣，包括产品或服务的主要利益，所提到的益处最好是潜在顾客急需的。

e. 说明打电话的目的并请求约见。在说明目的时，一定要记住打电话的目的是确保预约的成功。

f. 处理拒绝。电话中一些常见的拒绝理由与处理方法如下。

拒绝1："你可以将信息邮寄来吗？"

回答："每个人的情况不一样，××女士。我们的计划是针对每一位顾客的需要的。现在……"（进行利益介绍，并争取一个预约）。

拒绝2："你想谈论什么？"

回答："××女士，这是一个很难在电话里解释清楚的问题，而且……"（争取一个预约见面）。

(2) 确定拜访对象的方法　不论家庭消费市场还是组织市场，每个成员都有相应的责任和权限，所以拜访过程中应该明确拜访对象，并重点对拜访对象开展工作。推销员在确定拜访对象时，要根据推销业务的性质，依序拜访购买决策人或对购买决策有重大影响的要员，避免在无关人员身上浪费时间和精力。作为首选的拜访对象是公司的董事长、经理，工厂厂长等重要人物；其次考虑的拜访对象是决策者身边的助理、秘书、办公室主任等；还可考虑的拜访对象有与购买活动有关的各类人员，如采购人员、仓储人员、汽车司机、财务人员、接待人员等。

(3) 确定拜访时间的方法　拜访时间是否妥当，直接关系到拜访乃至整个推销活动的成效。拜访对象不同、目的不同、方式不同、地点不同，拜访的时间自然也会有所不同。一般来说，客户有明确表示，推销员即遵照客户指定的时间进行拜访；由于拜访目的不同，时间选择也不同，如市场调查选择市场行情变化较大时，提供服务选择客户有服务需要时；收取货款选择客户资金周转良好时。

(4) 选择拜访地点的方法　选择拜访地点时，要视具体情况而定，首先要方便客户，同时尽量避免干扰客户。以客户工作单位为拜访地点，主要适用于多人参加的拜访或洽谈，尤其适用于生产资料产品；以自己（推销员）所在单位为约见地点，适用于较为紧缺或具有垄断性质的产品；对于推销生活便利品，拜访地点选择客户居所较为理想，既方便客户，又显得亲切自然；公共场所也是可以考虑的拜访地点，如饭店、公园、会所等。

(5) 拟订拜访路线　拜访路线的拟订可以遵循以下原则。

① 首先拜访重要客户。

② 合理设计走访路线。划定客户分布的片区，自己动手制作一份客户分布图，根据客户的地理位置分布设计拜访路线，进行最为经济的拜访。

③ 根据拜访时间归类拜访。在拜访不同客户的时候，要考虑各自的作息、工作时间。如将商场、生产企业等不同类客户的拜访时间错开，使一天尽可能多拜访几家客户。

④ 随时调整拜访路线。客户的情况会随时发生变化，推销员还应根据推销指标的完成情况、进货能力的变化情况、新品牌接受情况等随时调整拜访路线。

(6) 制定推销计划表　一般可以采用两种推销计划表：一种是推销活动日程表；另一种是推销访问计划表。推销活动日程表包括拜访对象、客户类型、访问时间、拜访目的、乘车路线等。推销访问计划表包括拜访谁、我怎样与他/她接触、他/她的具体要求和问题是什么、根据他/她的要求和问题列出有关的问题、我能够提供何种证据来证明我所说的内容、可能出现的（异议）情况是什么、我要采用何种方法结束拜访、可以得出的结论是什么。

六、拜访准备

拜访新客户的目的主要包括向客户推介公司品牌、技术及产品，与客户建立联系，了解客户的需求，发现客户关键决策人等，拜访老客户的目的主要是要求老客户增加订货量或品种，向老客户了解产品使用情况或推介新产品，以维护长久的客户关系。除此之外，还包括催收账款、处理投诉、传递政策等。一般从以下三方面做好准备：客户资料的准备、推销样品的准备和推销员自身素质的准备。

1. 计划准备

① 计划目的　此次拜访需要达成什么样的目的，是确认方案，解除客户价格异议，还是达成签单。

② 计划路线　明确拜访客户的地理位置，确定合理线路。

③ 计划开场白　如何进门切入主题，好的开始是成功的一半。

2. 外部准备

① 仪表准备　"人不可貌相"是用来告诫人的话，而"第一印象的好坏90%取决于仪表"，上门拜访要成功，就要选择与个性相适应的服装，以体现专业形象。通过良好的个人形象向顾客展示品牌形象和企业形象。

② 资料准备　"知己知彼，百战不殆！"要努力收集到顾客资料，要尽可能了解顾客的情况，并把所得到的信息加以整理，装入脑中，当作资料，在以往的电话沟通中判断客户的性格类型。客户资料是反映客户基本情况的信息资料，关系到推销人员设计和确定约见客户的计划和策略，是进一步接近客户、进行推销洽谈的主要依据。因此，对目标客户资料进行搜集整理和分析是接近客户前的基础性准备工作。化工市场营销主要是组织市场营销，由于组织型客户的业务范围广，购买产品的数量大，而且购买决策人与购买执行人往往是分离的，使组织型客户的购买行为变得更为复杂，因此涉及的问题与购买决策时考虑的问题也比较多，推销员应从以下方面着手准

备组织型客户资料（企业的名称、商标、地点、电话、所有者、经营管理者、法人代表、创业时间、组织形式、业务种类等；生产经营规模、服务区域、生产及推销能力、设备技术水平、企业的市场营销组合、市场竞争以及企业发展方向等；推销活动状况、存在的问题、信誉与形象、信用状况、交易条件、采购对象的选择及购买的途径、购买周期、购买批量、结算方式等；人事状况、人事关系以及关键人物的职权范围与工作作风等）。

③ 工具准备　"工欲善其事，必先利其器"，一位优秀的营销人员除了具备锲而不舍的精神外，一套完整的销售工具是绝对不可缺少的战斗武器。中国台湾地区企业界流传的一句话是"推销工具犹如侠士之剑"，凡是能促进销售的资料，销售人员都要带上。调查表明，销售人员在拜访顾客时，利用销售工具，可以降低50%的劳动成本，提高10%的成功率，提高100%的销售质量！销售工具包括公司宣传彩页、项目照片、名片、方案（电子版和打印版）、笔记本、笔、价格表、宣传品等。

④ 时间准备　如提前与顾客预约好时间应准时到达，到得过早会给顾客增加一定的压力，到得过晚会给顾客传达"我不尊重你"的信息，同时也会让顾客产生不信任感，最好是提前5～10分钟到达，做好进门前准备。

3. 内部准备

① 信心准备　事实证明，营销人员的心理素质是决定成功与否的重要原因，突出自己最优越个性，让自己人见人爱，还要保持积极乐观的心态。

② 知识准备　上门拜访是销售活动前的热身活动，这个阶段最重要的是要制造机会，制造机会的方法就是提出对方关心的话题。拜访组织型客户要求推销员在出行前做好充分的自我准备工作，让自己成为产品专家，不同的推销人员有不同的表现，有的销售业绩很好，有的业绩平平，这里最重要的一个原因是对产品的了解程度不同。在向客户介绍产品的过程中，推销员一定要比客户更加了解产品，熟悉客户使用的工艺流程情况，了解客户的主要需求。如推销工业原料就要让自己成为产品应用工程师，推销化妆品就要让自己成为美容顾问。所以在推销准备阶段，需要针对自己的产品，弄清楚如何使用产品能达到最好效果？为什么？理由是否充分？本产品与替代品和竞争品相比最有优势的特性是什么？

成为产品专家的途径有很多，都需要依靠自己主动去争取：要积极向同行学习，从同行优秀业务员身上可以获取经验，这是一种比较快的积累经验的方式；可以从你的客户那儿学习，得到这样经验的好处是，最具有说服力，在以后的推销过程中，客户很容易将你当成一个行家；产品知识可以从书本上学习，不断增加自己对产品的理论知识，可为你在给客户介绍产品时增加可信度。

许多人总是羡慕那些成功者，认为他们总是太幸运，而自己总是不幸。事实证明——好运气是有的，但好运气问题偏爱诚实且富有激情的人！

第二节　推销洽谈与成交

一、推销洽谈的任务

要想有效地激发顾客的购买欲望，促成顾客采取购买行动，推销人员在洽谈前就必须明确推销洽谈任务。洽谈者只有明确了洽谈任务，才能把握洽谈节奏与方向，才能在洽谈中把握分寸，保证洽谈的顺利进行。具体来说，推销洽谈的任务主要包括以下几方面。

1. 积极寻找顾客的需要

现代推销是市场营销的方法与手段。推销人员在洽谈之前,也必须尽量设法找出顾客的真正需要,投其所好地开展推销活动。有的推销人员赢得了洽谈的机会后,只是从自身企业的角度去介绍自己产品的特点、自己的价格政策或对顾客的优惠措施,唯独不去思考、判断此刻顾客在考虑什么,顾客最关心的是什么。往往说了半天后,顾客会不耐烦地说:"如果我需要你的产品,我会跟你联系的,再见。"其实,推销洽谈的最根本目的就是满足消费者(顾客)的需求,推销人员要善于让顾客发表见解,从他们的话语中了解他们真正所需,这样才能增加成功的机会。以下老太太买李子的案例中,我们将发现由于卖家对顾客需求了解程度不同直接影响到各自推销的成果。

> **案例**
>
> 一位老太太每天去菜市场买菜买水果。一天早晨,她提着篮子,来到菜市场。
>
> 遇到第一个小贩,卖水果的,问:你要不要买一些水果?老太太说你有什么水果?小贩说我这里有李子、桃子、苹果、香蕉,你要买哪种呢?老太太说我要买李子。小贩赶忙介绍自己的李子,又红又甜又大,特好吃。老太太仔细一看,果然如此。但老太太却摇摇头,没有买,走了。
>
> 老太太继续在菜市场转。遇到第二个小贩。这个小贩也像第一个一样,问老太太买什么水果?老太太说买李子。小贩接着问,我这里有很多李子,有大的,有小的,有酸的,有甜的,你要什么样的呢?老太太说要买酸李子,小贩说我这堆李子特别酸,你尝尝?老太太一咬,果然很酸,满口的酸水。老太太受不了了,但越酸越高兴,马上买了一斤李子。
>
> 但老太太没有回家,继续在市场转。遇到第三个小贩,同样,问老太太买什么?(探寻基本需求)老太太说买李子。小贩接着问:你买什么李子?老太太说要买酸李子。
>
> 但他很好奇,又接着问:别人都买又甜又大的李子,你为什么要买酸李子?老太太说,我儿媳妇怀孕了,想吃酸的。小贩马上说,老太太,你对儿媳妇真好!儿媳妇想吃酸的,就说明她想给你生个孙子,所以你要天天给她买酸李子吃,说不定真给你生个大胖孙子!老太太听了很高兴。
>
> 小贩又问:那你知道不知道这个孕妇最需要什么样的营养?老太太不懂科学,说不知道。小贩说,其实孕妇最需要的是维生素,因为她需要供给这个胎儿维生素。所以光吃酸的还不够,还要多补充维生素。
>
> 他接着问:那你知道不知道什么水果含维生素最丰富?老太太还是不知道。小贩说,水果之中,猕猴桃含维生素最丰富,所以你要是经常给儿媳妇买猕猴桃才行!这样的话,确保你儿媳妇生出一个漂亮健康的宝宝。老太太一听很高兴啊,马上买了一斤猕猴桃。当老太太要离开的时候,小贩说我天天在这里摆摊,每天进的水果都是最新鲜的,下次来就到我这里来买,还能给你优惠。从此以后,这个老太太每天在他这里买水果。
>
> **问题**:该案例中三个小贩的差别体现在哪里?说明了什么道理?
>
> **案例分析**:在这个故事中,第一个小贩急于推销自己的产品,根本没有探寻顾客的需求,自认为自己的产品多而全,结果什么也没有卖出去。第二个小贩有两个地方比第一个小贩聪明:一是他第一个问题问得比第一个小贩高明,是促成式提问;二是当他探寻出客户的基本需求后,并没有马上推荐商品,而是进一步纵深挖掘客户需求。当明确了客户的需求后,他推荐了对口的商品,很自然地取得了成功。第三个小贩是一个销售

> 专家。他的销售过程非常专业，他首先探寻出客户深层次需求，然后再激发客户解决需求的欲望，最后推荐合适的商品满足客户需求。他的销售过程主要分了六步，第一步：探寻客户基本需求；第二步：通过纵深提问挖掘需求背后的原因；第三步：激发客户需求；第四步：引导客户解决问题；第五步：抛出解决方案；第六步：成交之后与客户建立客情关系。

2. 介绍产品信息

现代推销的重要目的之一是让顾客了解自己的产品，最终实现购买行为。所以推销人员就要根据不同顾客的需求，适宜地将产品的信息传递给对方，如企业生产情况、产品功能、商标、质量、价格、服务、销售量等。一般来讲，顾客面对不止一个推销人员，市场上肯定存在竞争关系，要重点传递顾客最关心、最重视的产品或服务信息，传递本企业产品的特征与优于其他同类产品的信息，才能提高成功的概率。当然推销人员在传递信息时必须客观真实、实事求是，才能赢得顾客的最终信任。

3. 处理顾客异议

在推销过程中，顾客难免会提出一些问题。如何恰当处理这些问题是推销成功的关键，切忌欺骗顾客。只有客观真实地说明问题，巧妙地把产品的核心优点与存在问题科学比较，突出差异优势，才能说服顾客，打消顾客疑虑。如顾客认为产品的样式不好，此时推销人员明知道这问题确实存在却搪塞或辩解，只能增加顾客对推销人员的反感，对公司产品的不信任。相反，如果推销人员换一个角度去回答可能效果会不同。例如，他可以这样回答："哦，的确我们公司产品样式单一，我也发现了这个问题，但由于这种产品的核心技术跟其他同类公司不一样，所用的材料不同，这样做的优点在于……因此样式只能这样了。"这样的回答才能消除顾客心中的疑虑。因此，推销人员在诚实守信的基础上，掌握适当的语言技巧，才能消除顾客的异议。

4. 有效促使顾客采取购买行动

推销洽谈的最终目的是要说服顾客采取购买行动。有时由于顾客选择机会很多，难免会犹豫不决，出现反复行为，甚至会产生复杂的心理冲突，但最终会作出购买或不购买的决策。在洽谈过程中，推销人员必须准确把握顾客购买决策的心理冲突，站在顾客的角度，有理有据地为他们分析利弊关系，通过优质的产品、良好的信誉、知名的品牌、完善的售后服务，最终促使其尽快作出购买决策。

> **案例**
>
> 小黄是某品牌服装门店的实习生，一天店里来了一位女顾客，在小黄的认真介绍下，最终选了一条今年新款的裙子，当这位女顾客正准备去付款的时候，小黄想趁机多推销几件，就拉这位女顾客看旁边的特价区，结果这位顾客看到一件和她要买的那款产品毛料差不多，但款式稍老的衣服时就问几折，小黄连忙说现在这件衣服打三折，很划算的。听罢这位顾客皱了下眉，竟然说："我买的这款太不划算了，才七折，我还是等你们季末打折时再来买吧！"最终，这位顾客什么都没买，走了。在一边看的店长立马把小黄叫到一边，与小黄进行沟通。（资料来源：根据学生实际经历编写）
>
> **问题**：你猜店长会对小黄说点什么呢？
>
> **案例分析**：使顾客作出购买决策行为的动因可能仅仅是非常微小的一件事情，或是一时的想法，推销人员必须周密考虑，否则一个很小的失误就很可能使顾客改变主意。

二、推销洽谈的内容

推销洽谈涉及面很广,内容丰富。不同商品的推销有其不同的洽谈内容,但基本内容是大致相同的,主要有以下几个方面。

1. 商品品质

商品品质是商品内在质量和外观形态的综合,是顾客购买商品的主要依据之一,也是影响价格的主要因素。所以,商品品质是推销洽谈的主要内容之一,推销人员必须力争全面地向顾客介绍推销品的质量、功能和外观特点,让顾客对推销品有一个全面的了解,也可以把商品获得的品质标准(如国际标准、国家标准、部颁标准,通过了 ISO9001、ISO9002、ISO1400 国际认证等)介绍给顾客。

2. 商品数量

商品数量是指按照一定的度量衡来表示商品的质量、个数、长度、面积、容积等的量。成交商品数量的多少直接关系到交易规模以及交易价格。在推销洽谈中,买卖双方应协商采用一致的计量单位、计量方法,通常情况下是将数量与价格挂钩的。成交数量大时,通常商品的价格都会有一定的优惠。

3. 商品价格

成交价格的高低,直接影响交易双方的经济利益,所以价格是推销洽谈中最重要的内容,也是洽谈中极为敏感的问题。推销人员应认识到,价格低的商品不一定畅销,价格高的商品也不一定没有销路。因为任何顾客对商品价格都有他自己的理解,顾客对价格有时斤斤计较,有时又不十分敏感,主要取决于顾客需求的迫切程度、需求层次、支付能力和消费心理等。在价格洽谈中,推销人员要处理好三个问题:①推销人员要掌握好价格水平;②先谈商品的实用性,后谈价格;③推销人员要向顾客证明自己的报价合理。

4. 销售服务

推销人员应从自己企业的实际出发,本着方便顾客的原则,为其提供优良的服务。所涉及的服务项目通常有按时交货、维修、运送、安装、养护、技术指导、提供零配件等。在洽谈过程中,推销人员和企业应尽量满足顾客的正当要求,以解除顾客的后顾之忧。

5. 保证条款

保证性条款的主要内容是担保。在商品交易活动中,卖主对售出的商品要承担某种义务,以保证买方的利益,这种卖方的义务和责任称为担保。对于一项日期较长,数量、金额较大,风险较大的商品交易,权利方都要求义务方提供担保。为限制卖方售货后不执行担保行为,有必要洽谈保证条款。

为了预防意外情况和随机因素对合同执行的影响,应就合同的取消条件以及履约和违约等有关权利、义务进行洽谈,并对合同纠纷中引起的诉讼及处理办法进行协商,以免引起不必要的麻烦。

三、推销洽谈的原则

推销洽谈的原则是指推销人员具体从事推销洽谈的准则。为了达到推销目的,实现洽谈的目标,推销人员可采用灵活多样的方法和技巧说服顾客。但无论推销人员采取何种方法,在推销洽谈中都必须遵循以下原则。

1. **针对性原则**

针对性原则是指推销洽谈应该服从推销目标和任务，做到有的放矢。

(1) 针对顾客的动机特点开展洽谈 推销洽谈应该从顾客的动机出发，并加以引导。顾客需要什么，推销人员就推销什么。按照顾客的渠道分类：中间商的购买动机是市场上畅销对路、物美价廉；最终消费者的购买动机是多种多样的，如有求实、求廉、求新、求美、求异、嗜好等。因此推销人员应该以顾客需求动机为基础，进行有效的洽谈。

(2) 针对不同顾客的心理特征开展洽谈 不同的顾客具有不同的个性心理特征。如有的内向，有的外向；有的随和，有的顽固；有的自卑，有的自傲；有的慎重，有的草率；有的冷淡，有的热情。推销人员只有针对不同个性心理的顾客采取不同的洽谈策略，才能取得实效。

(3) 针对顾客的敏感程度开展洽谈 不同的顾客对产品的敏感程度不一样，例如，有的顾客对价格特别敏感，有的顾客对产品的质量非常敏感。推销人员在开展洽谈的过程中，就必须根据顾客的特点，设计合理的洽谈方案，增强产品的竞争能力，从而力争洽谈成功。

> **案例**
>
> 专门推销建筑材料的小李，一次听说一位建筑商需要一大批建筑材料，便前去谈生意，可很快被告知有人已捷足先登了。他还不死心，便三番五次请求与建筑商见面。那位建筑商经不住纠缠，终于答应与他见一次面，但时间只有5分钟。这位推销员在会见前就决定使用"趣味相投"的谋略，尽管此时尚不知建筑商有哪些兴趣和爱好。当他一走进办公室，立即被挂在墙上的一幅巨大的油画所吸引。他想建筑商一定喜欢绘画艺术，便试探着与建筑商谈起了当地的一次画展。果然一拍即合，建筑商兴致勃勃地与他谈论起来，竟谈了1个小时之久。临分手时，允诺他承办的下一个工程的所有建筑材料都由小李的公司供应，并将小李亲自送出门外。
>
> **问题**：你认为推销员小李的成功之处在哪里？
>
> **案例分析**：推销员小李的成功在于对顾客个性心理（这里主要是指个人兴趣和爱好）的洞察。然后投其所好，为洽谈赢得了一个良好的开局。

2. **鼓动性原则**

鼓动性原则是指推销人员在推销洽谈中用自己的信心、热心和诚心，以自己的丰富知识有效地感染顾客，说服和鼓动顾客采取购买行动。

作为一名推销人员，始终要抱定成功的信念，相信自己的产品和服务，热爱自己的事业、自己推销的产品和自己的顾客。同时在推销洽谈中要表现出专家的风范，用广博的知识去说服和鼓动顾客，更要善于用具有感染力和鼓动性的语言去生动形象地传递信息，打动顾客的心。

3. **倾听性原则**

倾听性原则是指推销人员在推销洽谈过程中，不要只向顾客传递推销品信息，而更要注意倾听顾客的意见与要求。为了达到推销的目标，推销人员切忌滔滔不绝从企业自身的角度去介绍产品，要善于倾听，善于观察顾客的需求。其实，这也是一种推销的原则。许多成功的推销经验告诉我们，有时推销人员说得越多反而越会使顾客产生反感情绪，相反，尽量让顾客去表达自己的意愿，少说多听有时会取得意想不到的效果。

4. **参与性原则**

参与性原则是指推销人员在推销洽谈过程中，积极地设法引导顾客参与推销洽谈，促进信息双向沟通。推销人员要与顾客打成一片，使顾客产生认同感和归属感，以提高推销效率。有时推销人员还要设法引导顾客积极参与洽谈过程。例如，引导顾客发言，请顾客提出和回答问题，认真听取顾客的意见，让顾客试用推销品等。这些活动都能使顾客参与推销活动，使顾客产生满意感，从而充分调动顾客的积极性和主动性，创造有利的洽谈气氛，提高推销洽谈的成功率。

5. 诚实性原则

诚实性原则是指推销人员在推销洽谈过程中切实对顾客负责，真心诚意与顾客进行推销洽谈。如实向顾客传递推销信息，这是现代推销人员的起码准则。应当做到以下几点。

(1) 推销人员在出示有关证明文件时，不能伪造证明，欺骗顾客。

(2) 推销人员推销的推销品必须与企业产品完全一致。

(3) 推销人员在介绍产品时，要诚实守信，不能用假话欺骗顾客。

6. 平等互利原则

平等互利原则是指推销人员与顾客要在平等自愿的基础上互惠互利达成交易。贯彻平等互利原则，要求推销人员在推销活动中尊重顾客，不以势压人，不以强凌弱，不把自己的意志强加给顾客。同时，推销人员应向顾客推销对顾客有用的商品，通过满足顾客的需要来谋求实现双方的共同利益。

7. 守法原则

守法原则是指在推销洽谈及合同签订过程中，要遵守有关的政策、法律、法规和惯例。遵循守法原则表现在守法和用法两方面。在推销洽谈过程中，推销人员不能有意或无意违反法律法规。在自己的权益受到侵犯时，要利用法律武器保护自己，依法追究对方责任。

案例

1993年，一场经济危机对美国造成了巨大冲击，全国上下一片萧条。

此时，位于美国加利福尼亚州的哈理逊纺织公司同样蒙受了重大冲击，更为不幸的是，就在这时公司又遇到了火灾。公司的绝大部分财产被这场大火化为灰烬。为此，公司所雇用的数千名员工被迫回家，悲观地等待公司破产的消息和失业风暴的来临。

谁知，员工们在经历了无望而又漫长的等待之后，却意外地接到了公司董事长亚伦·博斯发给每个员工的一封信，宣布向公司员工继续支付一个月的薪金。在这种情况下，能有这样的消息传来，令员工们深感意外。在万分惊喜之余，员工们纷纷打电话给董事长亚伦·博斯，向他表示感谢。

一个月后，正当员工们陷入下个月的生活困难时，他们又接到了公司董事长发来的第二封信，再向全体员工支付一个月的薪金。员工们接到信后，已不光是感到意外和惊喜，而是热泪盈眶。可许多人却不理解，亚伦·博斯的一位朋友还打电话给他，建议他别感情用事，批评他缺乏商业头脑。

此时，失业大潮正席卷全国，人们普遍为生计发愁。作为噩运当头的哈理逊纺织公司的员工，能得到如此照顾，无不满心感激。第二天，这些员工怀着"给我滴水之恩，定当涌泉相报"的心情，自发地组织起来，涌向公司义务清理废墟，擦拭机器，有些员工还主动去联络一度中断的资源。员工们纷纷使出浑身解数，昼夜不停地卖力工作，自己当公司的主人，恨不得一天干两天的活儿。三个月后，奇迹出现了，公司重新运转起来。就这样，这家纺织公司很快就起死回生了。如今，哈理逊纺织公司已名列全美纺织企业榜首，成了美国最大的纺织品公司，分支机构已遍布了世界各地的六十多个国家和地区。

问题： 推销人员在推销洽谈中如何做到诚信？

> **案例分析**：任何形式的灾难都是人的灾难，而人的最大灾难就是失去了诚实和信用。一旦化解了人的灾难，建立了诚信立业、诚信立世的思想，希望也就来临了——就具有让企业起死回生的智慧和力量。

四、推销洽谈的程序

推销洽谈是一个循序渐进的过程。正式的推销洽谈必选择一定的程序进行，要加强洽谈的计划性，使推销洽谈的各个阶段或环节能有机地结合起来，增强和提高谈判的整体效果。

(一) 推销洽谈的准备阶段

推销洽谈是一项复杂的推销业务工作，它受众多可控与不可控因素的影响，特别是一些规模较大、涉及问题比较多或技术性较强的推销洽谈，局面会更加复杂多变。因此，推销洽谈双方要有效地应对这种局面，就必须进行充分的准备，才有可能有效地实现推销洽谈的预期目的。

1. 洽谈方案准备

推销洽谈方案是推销人员在充分了解产品、市场、顾客的基础上，制订的科学、可行的推销谈判计划，是事先对洽谈过程的规划和安排。它对于谈判活动的顺利展开、进行具有重要的指导意义。推销洽谈方案一般应包括以下内容。

(1) 推销洽谈的目标 推销洽谈的目标是谈判方对洽谈所要达到的结果的设定，是指导推销洽谈的核心，是制订推销洽谈方案时首先要明确的事项。在整个推销洽谈活动中，洽谈策略的设计、实施和运用及其他工作，都应以谈判目标为依据。衡量一个目标的优劣，主要是看目标本身的含义是否具体明确、是否便于衡量以及在可行前提下利益实现的程度如何等。最好用数字或简短的语言体现出来，如"在报价有效期内，如无意外风险因素，拟以12%的预期利润率成交"。推销洽谈目标不仅是结果性目标，也可以是过程目标。例如得到潜在顾客下次允许进行展示方案的承诺。另外，谈判的目标并不是一成不变的，它可以根据交易过程中各种价值和风险因素做适当的调整和修改，为增加目标的指导作用，推销洽谈的目标一般有三个层次。

① 最优目标。这是通过洽谈达到的最理想的目标，能最大限度地满足谈判方的利益和需求，如最优价格目标、最优销售量目标、长期合作目标等。这一类目标在实际推销洽谈中很少有实现的可能，一般作为谈判的起点，随着谈判的进展极有可能逐渐后退。最优目标作为己方利益和对谈判要求的集中概括，为谈判者的行动指明了方向。

② 可接受目标。这是比较实际的、有实现可能的谈判目标，在特定力量对比下最大限度地满足了自己的利益。因此，要正确地选择、制定洽谈目标；最好是使其保持一定的弹性，在实际推销洽谈中，只要环境允许，谈判方要力争实现这一目标，不要轻易放弃。

③ 最低目标。这是推销洽谈中必须保证达到的最基本的目标，是洽谈成功的最低界限。如最低或最高价格、分期付款的次数和期限、交货期限等。只有实现这一目标，谈判方才能获得一定的利益。最低目标是一个下限目标，是宁愿谈判破裂也不能放弃的要求，因此，也称其为底盘或底线。

谈判目标的确定过程，是一个不断优化的过程。对于多重目标，必须进行综合平衡，通过对比、筛选、剔除、合并等手段减少目标数量，确定各目标的主次和连带关系，使目标之间在内容上保持协调性、一致性，避免互相矛盾。谈判之前一定要把目标写下来，并根据优先等级做相应的排序。目标要分清轻重缓急，哪个是最重要的目标，哪个是次要目标，把最重要目标、实际需要目标、可接收目标和最低目标一一排列。列出目标的优先顺序后,还要分清哪些可以让步,哪些不能让步,同时要简要地描述理由。实验表明,一个人的最高目标定得越高,最终结果就会越好。

在确定己方的需求后接下来要明确对手的需求,包括价格、数量、质量、交货期、付款方式等。了解对方最关注的是什么,对手列出的目标与己方列出的目标必然有一定的差距,怎样才能达成共识呢?就需要双方进行沟通和交流,在沟通和交流之前,一定要确定、设定洽谈目标。

(2) 推销洽谈的主要策略 推销洽谈的主要策略是遵循洽谈原则,根据己方具体的谈判目标,在充分了解和分析对方的情况下,为了实现己方各级谈判目标而制定的措施和对策。谈判策略的正确选择和运用,可以使谈判方在洽谈中由被动变主动,出奇制胜,实现谈判的目标。同时,通过制定洽谈策略,也能了解对方的一些情况,识别对方的谈判策略,成功地保护自己的利益。针对不同类型的谈判对手可以采用不同的谈判策略,如表5-1所示。

表5-1 对不同类型的谈判对手采用的谈判策略

对手类型	谈判策略	目的
强硬型	以柔克刚,软硬兼施,制造竞争局面	避其锋芒,改变力量对比,尽量保护自己,满足自己的利益
不合作型	感化,制造僵局,搅和	求同存异,利益共享
阴谋型	揭穿诡计,拖延时间,利用权威施压	使其招招落空,无计可施
合作型	润滑、缓冲、私下接触,适度开放	互利互惠

(3) 推销洽谈的内容 推销洽谈的内容是谈判的主要议题,内容十分广泛。不同的推销洽谈,其具体内容也有所差异。推销洽谈的内容一般包括商品、价格、质量、服务、结算以及其他方面等。

(4) 推销洽谈的地点和期限 洽谈的地点不同,洽谈双方在洽谈中所处的地位也不一样,各自承担的责任与费用开支也有差异,故谈判地点也是谈判方案中需要确定的一项重要内容。一对一的洽谈,洽谈场所不需要太大,家具也不需要太多,以创造亲密对等的气氛为主。多对多洽谈场所需要大一些的房间,要准备供双方洽谈小组进行洽谈的长桌,在安排座位时应该特别注意双方主谈人的位置应处于正中。此外,如有可能,可以安排一些沙发供洽谈间歇时休息。谈判期限是指谈判方从着手进行洽谈准备到谈判结束的时间。由于谈判所涉及的议题一般具有时效性,因此,在推销洽谈方案中确定谈判期限,对于掌握谈判进程、提高谈判效率、适时评估谈判的得失非常必要。

> **案例**
>
> 美国人科肯受雇于一家国际性公司,并担任很重要的管理职位,不久后他向上司请求,想见识下大场面,要求出国进行业务谈判,使自己成为一名真正的谈判者。机会终于来了,上司派他去日本。他高兴得不得了,认为这是命运之神给他的好机会。他决心要使日本人全军覆没,然后再进攻其他国际团体。
>
> 一踏上日本,两位日本朋友立即迎了上来,护送他上了一辆大型轿车。他舒服地靠在轿车后座的丝绒椅背上,日本人则僵硬地坐在前座的两张折叠椅上。
>
> ——"为什么你们不和我坐一起?后面很宽敞。"
>
> ——"不,你是一位重要人物。你显然需要休息。"
>
> ——"对了,你会说日语吗?在日本我们都说日语。"
>
> ——"我不会,但我希望能学几句。我带了一本日语字典。"

——"你是不是定好了回国的时间？我们到时可以安排轿车送你回机场。"
——"决定了，你们想得真周到。"

说着他把回程机票交给了日本人，好让轿车知道何时去接他。当时他并没有在意，可日本人就知道了他的谈判期限了。

日本人没有立即安排谈判，而是让这位美国朋友花了一星期游览了整个国家，从日本天皇的皇宫到东京的神社都看遍了。不仅介绍日本的文化，甚至让他了解日本的宗教。每天晚上还花四个半小时，让他跪在硬板上，接受日本传统的晚餐款待。当他问及何时开始谈判时，日本人总是说，时间还很多，第一次来日本，先好好了解下日本。

到了第十二天，他们开始了谈判，并且提早完成去打高尔夫球，第十三天，又为了欢迎晚会而提前结束。第十四天早上，重新开始正式谈判，就在谈判紧要关头时，时间已不多了，要送他去机场的轿车到了。他们只好上车继续商谈。就在轿车抵达终点的一刹那，他们完成了这笔交易。结果这次谈判科肯被迫向日本人作出了很大的让步，而自己惨败而归。

问题：请用商务谈判的原理分析美国人科肯这次谈判失败的原因。

案例分析：本次谈判失败的原因是他掉入了日本人设置的时间陷阱，即利用时间的紧迫性。时间是永远不会停止的，无论我们做什么事，时间会永远向前走。所以我们必须清楚了解事件的转变以影响谈判的进行。一般来说，谈判也应该是有时间限制的。作为谈判者要记住，只要你在结束前达到目的，你就永远不要觉得太迟。因为大多数的同意和决定都是在接近截止时限才发生的。假如你知道我的期限，而我不知道你的期限，那你肯定能在谈判中赢得胜利。当你看到别人坐立不安时，便可以拒绝做任何让步。

（5）谈判人员 推销洽谈方案应对谈判负责人及其小组成员作出明确的规定，同时应明确各成员在洽谈中的角色、职责权限，便于在谈判中明确分工、取长补短、团结协作。

2. 人员准备

推销洽谈的人员是洽谈方案的具体执行者，是企业利益的维护者。选择优秀的谈判人员并加以恰当配备，组成优化的谈判班子，是推销洽谈成功的重要组织保证。

（1）谈判人员的选择 推销洽谈从一定的角度来讲是人才的对抗，是谈判人员知识、能力、品质等综合素质的较量。优秀的谈判人员应具备的主要条件包括：具有良好的思想素质和优秀的品质；具有高度的原则性、责任感和纪律性，遵守法律和社会公德；具有廉洁奉公、不谋私利的高尚品格；具有宽广的社会知识面与较深的专业知识，知识面越宽，谈判中的应变能力越强，专业知识越深，越能适应谈判的需要；具有优良的心理素质。推销是一种短兵相接、为各自利益需求而战的激烈角逐，它不仅是谈判人员知识、技巧的较量，也是其意志、毅力和胆识的较量，能在错综复杂的谈判局面中做到从容不迫、思维缜密、灵活应对，这与谈判人员优良的心理素质密切相关。另外，谈判人员还应具有较好的能力素质，如善于观察、勤于记忆、富有推理判断及思辨能力，以及较好的语言、文字表达能力等。

（2）谈判人员的配备 要组成一支高效而强有力的谈判团队，关键是对经过精心挑选和培养的谈判人员进行优化组合，使谈判班子形成一个群体优化的整体。在组建谈判小组时，要做到谈判人员之间权责清晰、分工明确、知识结构和性格结构配合良好，还要考虑费用与成本的经济性以及整体配合的精干与高效等问题。此外，推销方如果已经知道对方洽谈人员的职务、年龄等情况，最好是派出与对方同等职务、年龄相近的洽谈人员。

3. 信息资料准备

在推销洽谈中，要在广泛收集有关谈判信息资料的基础上，通过对信息的加工处理，掌握大量的信息资料，为制定科学可行的谈判方案和谈判策略提供依据，为谈判成功打下基础。收集信息的途径与渠道多种多样，有关谈判的信息资料也十分广泛，关键是从实际出发，及时收集那些适用而又有针对性的信息资料，如洽谈对方的经济实力、利益需求、谈判实力等方面的信息，相关的市场信息、环境信息及其他竞争者的信息等。掌握的信息越充分，谈判成功的把握也就越大。

（二）推销洽谈的开局阶段

推销洽谈的开局阶段是指谈判各方走到一起直到提出各自的基本要求、立场的过程。在这一阶段，谈判各方要处理好几个环节：建立恰当的谈判气氛、明确谈判的议题、初步表达自己的意向和态度。

西方学者把推销洽谈开局阶段的谈判事项描述为"4P"：目标（purpose），指谈判要解决的问题，要达到的目的；计划（plan），谈判的规则，讨论问题的顺序，是双方共同遵守的规则；进度（pace），谈判的时间安排，即谈判的时间表；个人（personalities），介绍参加谈判的每一个成员，包括他们的姓名、职务以及在谈判中的角色、地位。

推销洽谈开局的气氛在很大程度上受到见面最初几分钟内所发生事情的影响，谈判各方相见的一瞬间是决定谈判气氛的关键阶段。它能决定谈判气氛是温和、友好还是紧张、强硬，是沉闷、冗长还是活跃、顺利以及整个谈判的进程如何。因此，推销人员应对开局阶段高度重视。推销人员作为谈判的主体，在形成良好的洽谈气氛中需要充分发挥自己的主观能动性。为了实现交易，洽谈应建立在谋求一致、互惠互利的基础上，洽谈气氛应是和谐、坦诚、友好和富有创造性的。创造良好的洽谈气氛，推销人员一定要讲好开场白，应注重自己的形象给对方留下良好的第一印象，要运用合适的有声语言、丰富的目光和形体语言与对方进行充分的沟通和交流，达到相互了解、理解。

在建立了良好的谈判气氛后，双方的话题就要转移到谈判的有关事项上来，如谈判的主要议题、具体安排等。在正式谈判开始后的开场白中，双方要就有关的谈判事宜进行重申，以便达成共识，使谈判沿着预定的、明确的方向进行。

当谈判双方就有关的洽谈事项达成共识后，双方正式进入了谈判的议题。在这一阶段，谈判双方要进行开场陈述，各方将自己的立场、要求作全面的、粗略的叙述，同时听取对方的陈述。陈述的主要内容有己方对有关问题的理解、己方的利益、己方为了合作可以采取何种努力、己方的立场等。开场陈述一般采用书面、口头或书面与口头相结合的形式，进行全面的陈述，点到为止，不深谈；陈述也只是原则性、非具体的。陈述时要简明扼要，使对方能很快理解并提出问题，从而开展交流与沟通。

（三）推销洽谈的报价阶段

报价阶段是推销洽谈双方分别提出达成协议的具体交易条件，又称发盘，是开局阶段开场陈述的具体化，它涉及谈判各方的基本利益。

谈判一方在向另一方报价时，首先应弄清楚报价时机与报价原则。就惯例而言，一般由卖方先报价。但最好是在对方对推销品的使用价值有所了解后才报价；对方询问价格时是报价的最佳时机；报价应遵循最高可行价原则，即出价既要尽可能高，以最大限度地实现己方的利益，又要有被对方接受的可能性，对方无法接受的漫天要价是毫无意义的。在报价时应做到：表达清楚、明确；态度坚定、果断；对报价不加解释和说明。

（四）推销洽谈的磋商阶段

推销洽谈的磋商阶段又称讨价还价阶段，是指谈判双方为了各自的利益、立场，寻求双方利益的共同点，并对各种具体交易条件进行切磋和商讨，以逐步减少彼此分歧的过程。在此阶段各方都极力阐述自己的立场、利益的合理性，施展各自的手段和策略，企图说服对方接受自己的主张、意见或作出一定程度的让步。此阶段是各方利益矛盾的交锋阶段，也是推销洽谈过程中相当关键的阶段。

在这一阶段，谈判双方的分歧在所难免，它是影响双方顺利达成交易的障碍。因此，双方要积极采取各种有效的策略和方法，谋求分歧的解决办法。积极的、充分的、恰到好处的妥协与让步是解决彼此分歧、达成协议的一种基本技巧和手段。妥协与让步从根本上来讲就是以退让的方式来实现进取的目的。因此，在任何情况下的妥协、退让都应是积极的，应与己方特定的洽谈目标相联系，都应是调动对方趋向己方以实现己方利益的手段。在没有真正把握对方意图和想法的时候，不可轻易作出妥协让步。让步应坚持的基本原则是：不作无利益的让步，不作同等幅度的让步，不过早地让步，每次让步的幅度不宜太大、太快。

由于每个让步都要牺牲自己的部分利益，而给对方带来某种好处，怎样才能以最小的让步换取谈判的成功是谈判者研究的重要内容。美国谈判专家嘉洛斯总结自己的经验，把让步的选择分为四个方面：让步时间的选择、让步对象的选择、让步方法的选择、让步来源的选择。

让步的时间与谈判的顺利进行程度有关。只要能满足对方的要求，促使谈判的顺利进行，什么时间都可以。在这里，选择的关键是让对方马上就能接受，而没有犹豫不决的余地。因此，尽快让步和拖延让步时间都是可行的。但从总体来说，只要谈判的时间允许，适当拖延让步时间是有利的。

让步的对象即让步的受益人。对方参与谈判的人员虽然是代表一个单位参加的，但内部利益上却存在差别。一般来说，让步的受益人有四种类型：①对方公司。那些关于价格的让步多数是给对方公司的让步。②对方公司的某个部门。如公司中的某个工厂、某个事业部等。当谈判的履约与不同的部门有关时，让步的对象就可能是不同的部门。③某个第三者。当谈判的成交与某个第三者有关时，该第三者就成为自己的让步对象。④谈判者本人。如让谈判者在今后工作中更容易开展工作，这是以谈判者本人作为让步的受益人。至于自己在让步中选择谁作为让步对象，主要取决于所选让步对象对谈判结果的作用，即要选择那些自己用较少的让步可以换取对方较多让步或自己的较少让步就能促使谈判成功的受益人作为让步对象。

让步的方法是指对方从哪里可以得到自己的让步。由于让步的内容可以使对方满足或者增加对方的满足程度，因而可以采用不同的方法让给对方。可以在谈判桌上作出让步，也可以在谈判桌下作出让步；让步的内容可以与本次谈判的议题有关，也可以与本次谈判的议题无关；让步可以由谈判者作出，也可以由与谈判无关的其他人作出。可见，让步可以是直接的，也可以是间接的。究竟是采用直接的让步还是间接的让步，要在总体上有利才行。

让步的来源是指自己在谈判中作出让步的费用由谁来承担。同让步的受益人一样，承担让步成本的也有四种类型，即谈判者所代表的公司、本公司中的某个部门、某个第三者和谈判者本人。让步费用的承担是与谈判利益的所得密切相关的，谁获得谈判的利益，谁就应该承担让步的费用。

（五）推销洽谈的成交阶段

推销洽谈的成交阶段是谈判的最后阶段。当谈判双方进行实质性的磋商后，经过彼此的妥协、退让，意见逐步统一，趋势逐步明朗，重大分歧基本消除，最终双方就有关的交易条件达成了共识，推销洽谈就进入了成交阶段。

在这一阶段，当洽谈双方都产生了成交的愿望，而又都不愿意直接说出来时，可用声明或行为向对方发出成交的信号。当买方明确表示愿意成交时，推销方应对最后成交的有关问题进行归纳和总结，以扫清办理签约手续时的障碍。最后归纳总结的内容通常包括：涉及交易的所有条款是否谈妥；是否有遗留问题以及有关遗留问题的处理；最后的让步项目以及让步幅度；最后的成交价格；双方的履约责任等。

在归纳总结双方的共识后，紧接着就要签订协议。协议的条款要具体、明确、规范、严密，价格、数量、质量要准确，支付方式、交货期限、售后服务及履约责任要明确，标的名称要标准化、规范化。协议起草之后，谈判双方都要对协议的每一个项目进行认真审核，以免因一时的疏忽而影响协议的正常履行，甚至造成无法挽回的损失。当谈判协议审核通过之后，洽谈各方都要履行正式的签约手续。各方在洽谈中所获得的利益只有用明确的书面形式确定下来，才能受到法律法规的保护。签约成交是推销洽谈的最终成果。与顾客达成交易是值得庆贺的事情，但推销人员切忌得意忘形，以免引起对方的误解和怀疑。实际上，任何成功的推销洽谈，谈判各方都获得了某些利益或某种程度的满足。因此，签约后，推销人员要真诚地肯定、称赞对方的合作，恰当地祝贺对方交易成功。这样可以给对方留下良好的印象，为今后与对方进一步合作打下良好的基础。

五、推销洽谈的策略

推销洽谈是一种合作性和冲突性相结合的复杂过程，是洽谈各方综合能力和素质的大比拼，是各方利益的直接交锋，是竞争中的合作和合作中的竞争。为了达到推销产品的目标，既要坚持原则，又要保持一定的灵活性。为实现洽谈目标，必须掌握一定的洽谈策略、方法和技巧。策略是谋事的计策和方略。推销洽谈策略是指推销人员在推销洽谈中为了达到推销目标所采取的计策和方略。推销洽谈的策略很多，在商务谈判中有详细的阐释，概括起来主要有以下几种可供参考。

（一）先发制人策略

先发制人策略是指在洽谈中由己方先提出有关交易条件和合同文本草案的策略。使对方很难另起炉灶，而只能在己方已提出的这一方案基础上提出自己的意见。先发制人要求知己知彼，熟悉行情，了解双方的力量对比。同时，提出的条件要适度，过高容易吓跑对方，过低则失去一定的利润。这种策略在卖方来说，多用在大企业对小买主；在买方来说，多用在供过于求，许多卖主对一个或少数几个买主的情况。先发制人并不意味着就是一口说死，不可改变，提出方案的一方还要准备应变方案，即哪些条件是可以让步的，哪些条件是不能让步的，让步可以让到什么程度等。如果对方采取这种策略，己方不应为其所动，不能被对方牵着鼻子走，应该坚信，任何条件都是可以通过洽谈改变的，所以要按照己方原定的洽谈方针进行洽谈，不能被对方方案束缚住自己的手脚，而不敢提出自己的方案或条件。

（二）不开先例策略

不开先例策略，是指在洽谈中，如果推销方占有一定优势，推销人员为了坚持和实现自己所提出的交易条件，以没有先例为由来拒绝让步促使对方就范，接受自己条件的一种强硬策略。在谈判中，当双方产生争执时，拒绝是一般推销人员不愿采用的。因此，人们都十分重视研究怎样回绝对方而又不伤面子、不伤感情，不开先例就是一个两全其美的好办法。

例如，"贵公司的这个报价，我方实在无法接受，因为我们这种型号产品售价一直是××元，如果此例一开,我们无法向上级和以往的交易伙伴交代"。或者说"××公司是我们十几年的老客户,我们一向给他们的折扣是15%,因此,对你们来讲也是一样。如果此例一开,对别的用户就没有信用可言了,也不公平,以后打交道就难办了。希望贵公司谅解"等,以回绝对方的要求。

(三) 避免争论策略

在推销洽谈的过程中,谈判双方为了谋求各自的利益,在一些问题上不可避免地产生分歧。分歧出现以后,保持冷静,积极寻求解决的方法,应尽可能地避免争论。因为争论不仅于事无补,而且只能使事情变得更糟。最好的方法是采取下列态度进行协商。

1. 婉转地提出不同意见

见在谈判中,当你不同意对方意见时,切忌立即直接提出自己的否定意见,这样不但会使对方在心理上产生抵触情绪,而且促使他千方百计地维护自己的观点。如果要表明己方的不同意见,最好的方法是在对方陈述完毕之后,先表示同意对方意见,承认自己在某些方面的疏忽,然后提出对双方有分歧的意见进行重新讨论。如果你对对方提出的意见不太理解,建议用"提问——倾听——欣赏——建议"的顺序提不同意见,通过提问,了解对方想法的背景和出发点,之后仔细倾听并对对方的意见表示赞赏,再提出自己的建议。这样,双方就会心平气和地重新讨论,谈判也会收到双方都比较满意的结果。

2. 分歧的产生致使谈判无法再进行下去,应马上休会

如果在洽谈中,某个问题成了绊脚石,使洽谈无法再顺利地进行,这时,应马上提出休会。如果继续下去,双方为了捍卫自己的原则和利益,就会各持己见,使谈判陷入僵局。休会的策略是给那种固执型谈判者提供请示上级的机会,以期待对方态度的改变,同时,也为己方创造养精蓄锐的机会。

(四) 黑白脸策略

黑白脸策略又称软硬兼施策略,是指在推销洽谈过程中,利用对方既想与你合作,但又不愿与有恶感的对方人员打交道的心理,由两个人分别扮演"黑脸"和"白脸"的角色,诱导对手妥协的一种策略。这里的"黑脸"是强硬派,在洽谈中态度坚决,寸步不让,咄咄逼人,几乎没有商量的余地。这里的"白脸"是温和派,在谈判中态度温和,拿"黑脸"当武器来压对方,与"黑脸"积极配合,尽力撮合推销成功,以致达成于己方有利的协议。

使用这种策略,在洽谈初始阶段,先由唱"黑脸"的人出场,他通常苛刻无比,态度强硬,让对手产生极大的反感。当洽谈进入僵持状态时,"白脸"人又出场,他表现出体谅对方的难处,以合情合理的态度照顾对方的某些要求,并放弃自己一方的某些苛刻条件和要求,作出一定的让步。实际上,他作出这些让步之后,所剩下的那些条件和要求,恰恰是原来设计好的必须全力争取达到的目标。

需要注意的是,黑白脸策略往往在对手缺乏经验,对手很需要与你达成协议的情境下使用。实施时,扮演"黑脸"的,既要表现得态度强硬,又要保持良好的形象、处处讲理;扮演"白脸"的,应是主谈人,他一方面要善于把握谈判的条件,另一方面也要把握好出场的火候。如果一个人实施黑白脸策略,一般在第一现场的人扮演"白脸",而让背后的人扮"黑脸",但背后的人最好是对方找不到的人,即虚拟的"黑脸",如告诉潜在客户:"我理解你的难处,我也想帮你,但公司制度不允许通过你的条件。"或者"公司办公会讨论通过不了,我也实在没办法!"最好不要说具体哪个人不同意。

（五）留有余地策略

留有余地策略要求谈判人员对所要陈述的内容需留有余地，以备讨价还价之用。

在实际谈判中，不管谈判一方是否留有余地，另一方总是认为对方会"留一手"；即便报价分文不取，对方也会不相信，总要与之讨价还价一番。因此，为了使谈判顺利开展，报价时须留有余地，以备讨价还价之需。同样，对方提出的一些要求，即便能百分之百地满足对方，也不要立即一口承诺，要让对方觉得是经过讨价还价、是在谈判对手作了让步后才实现的。这样既可以满足对方的心理，又是作为己方要求对方在其他方面作出让步的筹码。这一策略从表面上看好像与开诚布公相抵触，但也并非是绝对的。两者的目标是一致的，都是为了达成协议，使谈判双方都满意，只是实现目的的途径不同而已。

> **小知识**
>
> ### 与你不能失去的客户如何谈判
>
> "我很喜欢你们的产品，但是你们要价不符合行情。我们通常只能付你们所报价格的一半。"
>
> "有公司打算免费奉送服务合同。如果你做不到这一点，那你就连谈成生意的机会都没有了。"
>
> "老实说，我想我们已经达成了一笔相当不错的交易，但现在你该去见见我的老板。如果你觉得我很难对付……"
>
> "告诉你：如果你能把要价再降20%，这笔生意就是你的了。你一进我们的部门，你知道，整个公司都盯着这笔生意。这次的数量非常大！"
>
> "我甚至连付款安排都不能和你谈，公司在这方面的政策是缄口不谈。"
>
> "瞧这儿，看看这价钱，你在浪费我的时间！我觉得这已经是个很认真的报价了！"
>
> 这可不是假想出来的故事。为了赢得顾客的信任和友好，你已经付出了大量时间，已经作好了需要满足型的销售、关系型的销售、咨询型的销售以及顾客至上型的销售，你的话语娓娓动听，不乏诙谐。但是，就在你距离自己的目标越来越近时，你的好朋友，你的顾客突然变得贪得无厌了，他要求价格再降低些，他想榨尽你的利润，然后带着他得到的好处扬长而去。给你留下的选择糟糕了：要么赔钱做生意，要么就彻底放弃。
>
> 当然，这种尴尬局面并不新鲜。每天都会有生意谈崩的时候。但是，依靠长期客户关系来维系的生意尤其希望避免出现类似情况：要么成交，要么一拍两散，因为，如果你在一笔赔本的买卖上出尔反尔，你将来的生意也会受到影响。即使销售人员的工作做得尽善尽美，可还是有些顾客要采取强硬的对策。就因为前提条件是要求做出让步只是举手之劳。销售人员可以一直说不，他们仍然能够做买卖。但是，也有一些销售人员（尤其那些没有办事经验的销售人员）甚至在面对顾客的无理要求时，竟然也表示了接受。精明的买家甚至会诱使老练的销售人员以感情因素为基础，而不是按照生意经达成交易。那么又该如何保障自己的利益，如何做成这笔生意，如何在顾客试图拿走你的利润的情形下，维系你们之间的关系呢？
>
> 针锋相对、兵戎相见并不是解决问题的办法，除非你是满足顾客一切需求的唯一人员（而且在那个案例中最好确保你没有丧失控制权）。放弃这场争斗更不是什么好主意，不过，离开这位蛮不讲理的顾客倒是可行的。
>
> 忍让和妥协都不是解决问题的办法，很惊讶吧。通常10%的价格折扣对销售人员取得的佣金无关紧要，因此，销售人员会很爽快地答应下来。但是，这种轻易的让步不仅

会消减公司的盈利，而且会纵容顾客在未来的讨价还价中索取一些免费的东西。

妥协（做出让步，迁就顾客）可能会节约一点时间，但是，由于它没能完全满足双方的要求，所以它不是人们常说的双赢方案。竞争对手会利用有创意的、能令双方都感到满意的方法抢走这笔生意。

对待咄咄逼人，但又十分重要的顾客，你的反应该是具有肯定意义的消极对待。既不与之争斗，也不要让顾客占了你的便宜。不能屈服，更不能反击。可以回避、躲让、搪塞，但是还要坚持原则。千万别把门都关死了，一直保持总有新的大门在敞开。试着把你的顾客引入有创意的伙伴关系中来，这样，你们就可以为了找出新意的解决办法而共同工作，这种解决办法绝不会在你的竞争对手处获得。

有8条关键性的战略可以把顾客从态度强硬的思想状态中拉出来，带他进入创造性的思维空间。

（1）做好谈判前的准备工作，时刻分清自己能够接受的最低价码，并且多创造些谈判期间可以利用的变量因素　所有人都会有最低价码。无论你是同俄罗斯的军火商谈判军火生意，还是与联合汽车工会（UAW）的人商洽一份劳务协议，或者是一份你急欲获得的合同，你都需要有个最低价码，即价格、条款、付款周期因素的综合，它代表了你最低可以接受的条件范围。少了其中任意一项，你就无法与人谈判。

增添变量因素的数目同样至关重要。可以利用的变量因素越多，你能提供的选择也就越多；你的选择越多，获得交易的机会就越大。在与重要的顾客打交道时，最紧要的就是避免出现或者成功、或者一拍两散的局面，尽量让谈判继续下去，以从中找到可行的解决方案。很多销售人员认为，价格是自己所拥有的唯一变量因素，如此狭隘的想法极其危险。虽然价格是最易引起买卖双方利益冲突的部分，但仅仅考虑价格只会增添买卖双方的敌视态度，消减可获得的利润，或者是二者兼有。

应该把目光集中到顾客与你的共同利益上来。例如，负责销售消费品的人员在与零售商洽谈时，可以多谈些有效使用广告费（有零售商的，也有生产商的）来促销的话题。在讨论中加入营销计划，销售人员便可以在稍后即将谈到的价格中找到它的价值所在（例如，物流供应商除价格外，还有信息反馈、安全可靠性、后期更深层合作可能性、增值服务、销售网络扩张等辅助客户价值）。

销售人员的工作就是从商品和服务中找出特殊部分，该部分可以在不损害卖家利益的情况下增添顾客所能得到的价值。例如，汽车零配件供应商让顾客自己选择是自行完成产品的研发设计，还是交由供应商来做，从而为供应商建立起自己的研发力量。有了这项选择，供应商就可以把话题由价格引到产品发展过程中的价值增值问题上来。由此，供应商的收入和利润获得了显著增加。

对于无差别的产品，你可以关注它的服务，从而增添变量因素。例如，运输业务的销售人员照例应该根据业务量的折扣、保险支付方式、搭配销售（如提供运输中转仓）、信息分析与反馈、代收款、车身广告，甚至对客户固有车辆的租赁经营等考虑付款周期的选择。无论什么行业，掌握的变量因素越多，成功的概率就越大。

（2）当你受到了攻击，别着急，先听一听　尽可能多地从顾客身上收集信息。顾客一旦陷入一种思维，争辩根本无法令他动摇，不过，智慧可以做到。在这种情形下，劝说的最好办法就是聆听。

当受到攻击时，大部分人的本能反应便是保护自己，或者反戈一击。对于正在谈判过程中的销售人员来说，两种做法都会激起火药味儿很浓的对峙。与最初的直觉相反，最好的反应应该是让顾客谈下去，原因如下：首先，新的信息可以扩大活动的空间，增添变量因素数目；其次，不加防范地聆听有助于化解怒气；第三，如果你是在聆听，你就没有做出任何让步。

（3）时刻关注需要讨论的问题　谈判会令人变得不知所措。顾客经常会因为没能取得进展而沮丧。他们会不时地返回已达成的协议上来。有时，他们还会在最后的时刻挑起事端。一个避免此类问题的有效办法便是总结一下业已取得的成果，并对仍需讨论的问题做一个概要的说明。时常进行扼要的总结的确有助于保持发展的势头，而且可以让顾客确信你在聆听他的谈论。

最好的谈判专家甚至能够通过将反对意见转换成为需要解决的问题来缓和最直言不讳的驳斥。技巧就在于保持头脑冷静，注意顾客的语言及语调，并且耐心等到你已取得的进展。

（4）确定公司的需求　高效的销售人员总是关注客户的利益，而不是自己的利益。他们学会了完全从客户的角度看待问题，从而能够从客户的需求中获得不同寻常的理解。但是，对客户予以太多的同情会对销售人员不利，因为销售人员在讨价还价时必须时刻关注两个焦点——客户的利益和本公司的最佳利益。最佳的谈判立场并不是一味地强调满足客户，而是关注问题的解决，寻求令双方都满意的答案。不能确定自己公司利益的销售人员极有可能作出无畏的让步。

确定风格同样非常重要。切勿采取具有挑衅性质的风格。销售人员应该通过强调双方的共同利益而建立起共同的基础，避免使用火药味儿很浓的语言，鼓励对有争议的问题进行讨论。

（5）致力于追求对买卖双方均有益处的解决方案　如果好斗的顾客感觉到销售人员已经在自己的观点上站稳了脚跟，获得交易的成功概率就会大为降低。建议一些假设的解决方案会是个比较好的办法。请比较一下推销商业贷款时的两种不同办法。

"我要告诉你，如果你能把欧洲分部的货币交换业务全部交给我们，我们将按最低贷款利率加1的优惠批准这笔贷款。"

"你刚才提到你们公司在欧洲分部的货币交换买卖。假如你能将这笔生意全部交由我们完成，我们会大幅降低向你提供的新贷款的定价。"

第一种方式很有可能从好争斗的顾客处得到与意愿相关的回答。它使得坐在谈判桌两侧的双方代表无法达成一致。第二种方式邀请顾客一同帮助出谋划策。一同寻找解决方案的客户很乐意按照他们所喜爱的方式达成协议。

一些销售人员在认定某些问题时斩钉截铁，却忽视了整笔交易是否还有合理性，从而犯下错误。这正好落入了那些咄咄逼人，意欲一口吞下所有的顾客的掌握之中。要想再做让步，势必很难。我们应该试探性地对问题做个小结。"假如我们能在Y问题和Z问题上达成适当的协议，我们就同意做某交易。"

（6）把最棘手的问题留在最后　当你手头有一堆的问题要谈判时，千万不要从最难的问题入手，即便以这个问题为开端与对手展开谈判十分合理，也不要这样做。可是，为什么在最棘手的问题都还不知道能否解决的情况下，还要在细枝末节的问题上下功夫呢？

有两点原因。首先，解决相对简单的问题可以为事情继续发展下去创造势头。假设你在与一位客户打交道，这位客户一心准备在关键问题上将你击败。你如果能以竞争性不强的问题做开端，并找出一些有创造性的解决方案，就能令客户发现挖掘新的解决方案的意义所在。

其次，通过讨论简单的问题可以发现更多的变量因素。在你的谈判进入核心阶段时，这些因素会起一定的帮助作用。

（7）起点要高，让步要慢 好斗的顾客总想从谈判的投入中得到回报。如果知道顾客想要讨价还价，你就可以从一些你能做出让步的方面开始下手。很显然，玩游戏都要付出代价。你不但要引导顾客提出要求，还要教会他们在关于钱的问题上千万不能放松警惕。不过，当顾客的确要为所欲为时，你便别无选择。

大量研究表明，高期望值可以带来理想的谈判结果，而低期望值恰好相反。这就是为什么销售人员不能被每一个问题上都要讨价还价的顾客吓到。在谈判开始之前，一旦他们降低了自己的期望值，他们也就在自己的脑海中做出了第一步让步。顾客接下来就会携着这些尚未成熟的让步与他应得的部分直逼下去。

关键一点是时刻都要让你的让步有所回报，并且了解它的经济价值有多大。请记住，任何让步对买卖双方都会产生不同的价值，所以开始做出的让步一定要让顾客认为价值很大，而实际上对公司来说并不造成任何成本上升。

（8）不要陷入感情敲诈的圈套中 买家时常利用感情因素（通常是愤怒）使销售人员乱了阵脚，从而做出他们并不情愿的让步。有些人把愤怒当作预谋好的策略；还有些人是真的生气。这种感情是否真实并不重要，关键是销售人员应该如何应对。

三种技巧在对付利用发火作为惯用伎俩的顾客非常有用，那就是回避、聆听或公开表达对顾客怒气的意见，告诉他你认为这样不会产生任何结果，并且建议他关注明确的、不夹杂感情色彩的问题。

（六）避实就虚策略

该策略是指在谈判过程中，为达到某种目的或实现某种需要，有意识地将洽谈议题引导到一些无关紧要的问题上，以此转移对方的注意力，最终实现自己的目标。如在谈判中，对方最关心的是价格，而己方最关心的是交货时间。这时，谈判的焦点不宜直接放到价格和交货时间上，而是放到运输方式上。在讨价还价时，你方可以在运输方式上作出让步，而作为双方让步的交换条件，要求对方在交货时间上作出较大的让步。这样，对方感到满意，你方的目的也达到了。

（七）沉默策略

这种策略主要是给对方造成心理压力，使之失去冷静，不知所措，甚至乱了方寸，发言时就有可能言不由衷，泄露出己方想急于获得的信息。同时还会干扰对方的谈判计划，从而达到削弱对方力量的目的。

有效地发挥沉默策略的作用，应注意以下两个方面的问题。

1. 事先准备

首先，要明确在什么时机运用该策略。比较恰当的时机是在报价阶段。此时，对手的态度咄咄逼人，双方的要求差距很大，适时运用沉默可缩小差距。其次，如何约束己方的行为反应。在沉默过程中，行为语言是唯一的反应信号，是对手十分关注的内容。所以，事先要准备好在沉默时应使用哪些行为语言。如果是多人参加小组谈判，还要统一谈判人员的行为语言。

2. 耐心等待

只有耐心等待，才可能使对方失去冷静，形成心理压力。在等待的过程中可以做些记录。记录在这里可以起到双重作用：首先它纯是做戏；其次，记录可以帮助你掌握对手所讲的内容，有助于己方分析对手所讲问题的目的,致使沉默超出本身的作用。

(八) 最后期限策略

通过制定最后的谈判期限,借以向对方施加压力,以达到预定的目的,这种谈判技巧和手段,称之为最后期限策略。

大多数的谈判,基本上都是到了谈判的最后期限或者临近最后日期时才达成协议的。在整个谈判过程中,谈判各方总是在不断地向对手讨价还价,谈判的最后期限还没有到来,谁都不肯先放弃,以期争得更多的利益。从谈判者的心理角度分析,之所以这样做的原因:一方面是为了尽到谈判者的责任,要善始善终;另一方面也是为了在有限的时间里尽可能地争取到一个更好的谈判结果。针对谈判者的这一心理,在谈判过程对于某些一时难以达成一致的问题,不必操之过急地强行解决,而要善于运用最后期限策略。在最后谈判期限不可避免地来临之时,谈判者迫于这种期限的无形压力,就会放弃自己的最后努力,甚至会迫不得已地改变自己原先的主张,以尽快求得问题的解决。

(九) 剥笋策略

一个毛笋的外壳不可能一下子剥个精光,只能一片一片地剥去。在推销洽谈的过程中,谈判各方为了实现己方的最大利益,经常会发现对方不愿意也不可能全部答应己方的所有要求,只能一点一点磋商和争取,步步为营,最终达到预期的目的。这一谈判策略在谈判中被广泛地应用,在西方被人们称之为"意大利香肠"策略。

(十) 先苦后甜策略

先苦后甜策略,是指在洽谈中先用苛刻的条件使对方产生疑虑、压抑等心态,以大幅度降低对手的期望值,然后在实际谈判中逐步给予优惠或让步,使对方的心理得到了满足而达成一致的策略。

该策略使用的基本原因在于:人们对外界的刺激总是先入为主,如果先入刺激为甜,再加一点苦,则觉得更苦;相反,若先入刺激为苦,再加一点甜,则觉得更甜。该策略就是用"苦"降低对方的期望值,用"甜"满足对方的心理需要,因而很容易实现谈判目标,使对方满意地签订合同,使己方从中获取较大利益。

注意:在实际应用中,先苦后甜的应用是有限度的,在决定采用时要注意"过犹不及"的格言,也就是说所提出的条件不能过于苛刻,要掌握分寸。

六、推销洽谈的方法

推销洽谈是一项专业性和艺术性都很高的工作。在做好洽谈的各项专业准备工作的前提下,推销洽谈人员还必须针对不同的谈判对象和情境,恰当地掌握和运用洽谈的各种方法。推销洽谈的方法可以分为诱导法、提示法和演示法三种。

(一) 诱导法

所谓诱导法,是指推销人员在推销洽谈时,为了引起顾客的兴趣,激发顾客的购买欲望,从谈论顾客的需要与欲望出发,巧妙地把顾客的需要与欲望同推销品紧密地结合起来,诱导顾客明确自己对推销商品的需求,最终说服其购买的方法。这种方法在推销谈判中最能引起顾客的兴趣,有利于营造一种融洽的气氛,有利于最终说服顾客。

运用这种方法,推销人员必须注意以下三个方面。

① 推销人员必须在推销洽谈的准备阶段了解顾客的需要与愿望。如果在推销洽谈前不清楚顾客的需要与愿望,推销人员则要在与顾客的接触中,如通过聊天、提问等方法,发现顾客的需

要与愿望。

② 明确指出顾客的需要与愿望。

③ 把顾客的需要与愿望同推销品紧密地联系起来。

(二) 提示法

提示法是指推销人员通过言语和行动，提示顾客产生购买动机，促使其作出购买决策，作出购买行为的推销洽谈方法。提示法可分为直接提示法、间接提示法、动意提示法、明星提示法、逻辑提示法、积极提示法、消极提示法和联想提示法等。

1. 直接提示法

所谓直接提示法是推销人员开门见山，直接劝说顾客购买其所推销的产品。这是一种被广泛运用的推销洽谈提示方法。这种方法的特征是推销人员接近顾客后立即向顾客介绍产品，陈述产品的优点与特征，然后建议顾客购买。因而这种方法能省时间，加快洽谈速度，符合现代人的生活节奏，所以很具有优越性。

在运用直接提示法时应注意以下几点：①提示要抓住重点；②提示的内容要易于被顾客理解；③提示的内容应符合顾客的个性心理。

2. 间接提示法

间接提示法是指推销人员运用间接的方法劝说顾客购买产品，而不是直接向顾客进行提示。例如，可以虚构一个顾客，可以一般化的泛指。使用间接提示法的好处在于可以避免一些不太好直接提出的动机与原因，因而可以使顾客感到轻松、合理，从而容易接受推销人员的购买建议。

运用间接提示法的一般步骤如下。

① 虚构或泛指一个购买者，不要直接针对面前的顾客进行提示，从而减轻顾客的心理压力，开展间接推销。

② 使用委婉温和的语气与语言间接地讲述购买动机与购买需求，尤其是对于一些比较成熟、自认为聪明、自视清高的顾客。

③ 主要是在洽谈后期采取直接提示法，以更好地把握机会。

> **案例**
>
> 一位推销成套设备的推销员指着某商报上的一篇关于一些企业进行设备更新的新闻报道对顾客说："你听说了吗？一个企业购买了这种产品之后，取得了很好的效益，其他一些企业都在考虑购买呢！连报纸都刊登了，看来不买是有点赶不上形势了。"推销员既陈述了推销主题，又以关怀的口吻间接提示顾客购买推销品，使顾客没有了来自推销本身的压力，却有了来自满足自己需求的迫切感。
>
> **问题**：在应用间接提示法时，应该注意什么？
>
> **案例分析**：在运用间接提示法时，推销人员应根据不同类型的顾客，不同的购买动机，有针对性、区别地使用。

3. 动意提示法

动意提示法是指推销人员建议顾客立即采取购买行动的洽谈方法。当一种观念、一种想法与动机在顾客头脑中产生并存在的时候，顾客往往会产生一种行为的冲动。这时，推销人员如果能够及时地提示顾客实施购买行动，效果往往不错。例如，当一个顾客觉得某个产品不错时，推销人员觉察到并及时提示顾客："这种款式很好卖，这是剩下的最后一件了。"只要提示得及时合理，效果一般不错。

在运用动意提示法时应注意以下几点。

① 动意提示的内容应直接叙述顾客的主要购买动机。

② 为了使顾客产生紧迫感也即增强顾客的购买动机，语言必须简练明确。

③ 应区别不同的顾客，对于那些内向、自尊心强、个性强等特征的顾客最好不用动意提示法。

4. 明星提示法

明星提示法是推销人员借助一些有名望的人来说服、动员顾客购买产品的方法。明星提示法迎合了人们求名的情感购买动机，另外由于明星提示法充分利用了一些名人、名家、名厂等的声望，可以消除顾客的疑虑，使推销人员和推销产品在顾客的心目中产生明星效应，有力地影响了顾客的态度，因此，推销效果比较理想。

在应用明星提示法时应当注意以下几点。

① 提示所指的明星（名人、名家等）都必须有较高的知名度，为顾客所了解；对于生产资料市场的推销，所提示的名厂，亦应该是该行业真正的市场领导者。

② 所提示的明星必须是顾客公认的，而且是顾客所崇拜尊敬的。因为不同的名人有不同的崇拜者，不同的目标市场消费者群亦有不同的崇拜明星，推销人员在使用明星提示法时，应注意向不同的顾客提示不同的明星，不被顾客接受的明星反而使推销效果大打折扣，甚至事与愿违。

③ 所提示的明星与其所使用及消费的产品都应该是真实的。为此，应事先做好向明星的推销工作。

④ 所提示的明星与所推销的产品应有必然的内在联系，从而给推销洽谈气氛增加感染力与说服力。

5. 逻辑提示法

逻辑提示法是指推销人员利用逻辑推理劝说顾客购买的方法。它通过逻辑的力量，促使顾客进行理智思考，从而明确购买的利益与好处，并最终作出理智的购买抉择。逻辑提示法符合购买者的理智购买动机。

在运用逻辑提示法时应注意以下几点。

① 逻辑提示法的适用顾客必须具有较强的理智购买动机。市场营销学研究证明，顾客的购买动机因各种原因而大致分为三大类：理智型、情感型、惠顾型。只有那些文化层次较高、收入一般或财力较薄弱、倾向于条理化思维、意志力强的顾客才可能具有理智型动机，因而可以对他们运用逻辑推理提示法。而倾向情感型购买动机与惠顾型购买动机的顾客，则不适用这种方法。

② 要针对顾客的生活与购买原则进行推理演示。在同属于理智型购买动机的顾客群内，不同身份、不同职业的人有不同的动机内容、不同的逻辑思维方式、不同的购买推理逻辑与准则。因此，推销人员应尽最大可能分析了解顾客的个性倾向、人生哲学；了解顾客思考问题的方法、模式与标准；了解顾客具体的购买动机与购买逻辑，从而说服顾客购买。

③ 做到以理服人。不符合科学伦理的强词夺理是不能服人的。逻辑推理之所以有力量，也就是因为它是科学的，符合与强调科学伦理的。

④ 掌握适当的推销说理方式，发挥逻辑的巨大作用。

⑤ 洽谈过程中应做到情理并重。人总是有情有义有欲望的，因此，推销人员应该把科学的却显得有点干巴巴的逻辑推理与说服艺术结合起来，对顾客既晓之以理，又动之以情，促使顾客的购买行为合理化，从而使顾客较快地采取购买行为。

> **小知识**
>
> 下面两段逻辑提示就很有说服力。
>
> "现在市场竞争激烈，各企业都希望降低生产成本，我们这种材料能降低生产成本，提高贵厂产品的市场竞争力，贵厂应该采用这种新型材料。"
>
> "目前市场不景气，各企业都在努力开拓市场，找一家有实力、有水平的广告公司协助策划宣传是应该的、有利的。"

6. 积极提示法

积极提示法是指推销人员用积极的语言或其他积极方式劝说顾客购买所推销产品的方法。所谓积极的语言与积极的方式，可以理解为肯定的正面的提示、热情的语言、赞美的语言等会产生正向效应的语言。例如，"欢迎参加我们社的旅游团，既安全又实惠，所看景点又多又好""你看，这是摩托车手参加比赛的照片，小伙子们多神气！他们戴的是我们公司生产的头盔。"

在运用积极提示法时应注意以下几点。

① 可以用提示的方式引起顾客注意，先与顾客一起讨论，再给予正面的、肯定的答复，从而克服正面语言过于平淡的缺陷。

② 坚持正面提示，绝对不用反面的、消极的语言，只用肯定的判断语句。

③ 所用的语言与词句都应是实事求是的，是可以证实的。

7. 消极提示法

消极提示法是指推销人员不是用正面的、积极的提示说服顾客，而是用消极的、不愉快的，甚至是反面的语言及方法劝说顾客购买产品的方法。例如，"听说了没有，过了60岁，保险公司就不受理健康长寿医疗保险，到那时要看病可怎么办？"用的就是消极提示法。

消极提示法包括遗憾提示法、反面提示法等，它运用了心理学的"褒将不如贬将、请将不如激将"的道理，因为顾客往往对"不是""不对""没必要""太傻了"等词句的反应更为敏感。因此，运用从消极到不愉快，乃至反面语言的提示方法，可以有效地刺激顾客，从而更好地促使顾客立即采取购买行为。但消极提示法比较难以驾驭和把握，实施时应注意以下几点。

① 明确适用对象。反面提示法只适用于自尊心强、自高自大、有缺陷但不愿让人揭短、反应敏感、爱唱反调的顾客，而对于反应迟钝的顾客不起作用。但是对于特别敏感的顾客又会引起争执与反感。因此，分析顾客类型选准提示对象成为成功运用这个方法的关键。

② 刺激要适度。语言的运用要特别小心，做到揭短而不冒犯顾客，刺激而不得罪顾客，打破顾客心理平衡但又不令顾客恼怒。

③ 提示要针对顾客的主要购买动机。推销人员应在反面提示后，立即提供一个令顾客满意的解决方案，使推销人员的坦率、善意与服务精神打动顾客，形成良好的洽谈氛围，将洽谈引向交易。

8. 联想提示法

联想提示法是指推销人员通过向顾客提示或描述与推销有关的情境，使顾客产生某种联想，进而刺激顾客购买欲望的洽谈方法。

> **案例**
>
> 一位推销灯光设备的推销员对顾客说："这些光彩夺目的灯光设备，在白天您可能感觉不到它的好处，但是夜幕降临时，可以使所有的行人都看到贵店的橱窗。如果不安装这些灯光设备，即使人们从你的橱窗外面经过；也注意不到橱窗里的展品。反之，安装了这些灯光设备之后，会使贵店的外观比对面的商店显得更舒适、温馨。耀眼的灯光照

> 射在橱窗内的展品上，行人都会清楚地看到。您想一想，要是这些灯光设备能为您吸引成千上万的顾客，那您能多做多少生意啊！"
> **问题**：案例是如何达到强化顾客购买欲望的？
> **案例分析**：这一方法中，推销人员向顾客勾画出梦幻般的情境，让顾客去想象，使产品更具有吸引人的魅力，从而达到强化顾客购买欲望的良好效果。

联想提示法要求推销人员善于运用语言的艺术去表达、描绘，避免刻板、教条的语言，也不能采用过分夸张、华丽的辞藻。这样，提示的语言方能打动顾客，感染顾客，让顾客觉得贴切可信。

（三）演示法

日本丰田汽车公司一个不可动摇的原则是："一个优秀的推销人员不只靠产品说话，而且要善于利用各种推销工具。"通常，顾客是听凭推销人员对产品的介绍来购买产品的，如果推销人员备有促进推销的小工具，则更能吸引顾客，激发他们的兴趣和好奇心，引发他们的购买欲。并且人们有"耳听为虚、眼见为实"的心理，演示法正是很好地抓住了人们的这种心理。

演示法又称直观示范法，是推销人员通过实际操作推销产品或者辅助物品或服务，如让顾客通过视觉、味觉、嗅觉和触觉直接感受推销品信息，最终促使顾客购买推销品的洽谈方法。演示法主要有以下几种。

1. 产品演示法

产品演示法是指推销人员通过直接向顾客展示产品本身说服顾客购买的洽谈方法。推销人员通过对产品的现场展示、操作表演等方式，把产品的性能、特色、优点表现出来，使顾客对产品有直观的了解。从现代推销学原理上讲，推销品本身就是一个沉默的推销人员，是一个最准确、最可靠的产品信息来源，再生动的描述与说明，都不能比产品自身留给消费者的印象更深刻，可谓百闻不如一见。

产品演示法的作用有两个方面：一是形象地介绍产品，有助于弥补言语对某些产品，特别是技术复杂的产品不能完全讲解清楚的缺陷，产品演示法通过产品本身生动形象地刺激顾客的感觉器官，使顾客从视觉、嗅觉、味觉、听觉、触觉等感觉途径形象地接受产品，起口头语言介绍所起不到的作用；二是起证实作用，产品演示法可以制造一个真实可信的推销情境，直观了解胜于雄辩。

运用产品演示法时应注意以下几点。

① 做好演示前的准备。包括场地选择和布置，道具准备；演示过程进行专门的设计，达到演示最佳水平；推销人员最好提前反复演练，让自己专业化。

② 重视演示中的互动沟通。演示过程为顾客提供最佳的沟通时机，一方面引导顾客认识需求，如卖豆浆机的推销员，在演示开始可以问顾客："你是否觉着自己做豆浆是件很麻烦的事情？""又担心外面的豆浆不安全？"另一方面，在演示的过程中及时把握潜在顾客的反馈信息。问顾客："你是不是觉得我刚才的操作很简便？"或"你是不是觉得我刚才榨的豆浆味道不错？"最后还要积极鼓励顾客参与演示，使顾客亲身体验产品的优点，从而产生认同感与占有欲望。

③ 尽量针对顾客具体需要逐步演示产品的各个方面。

④ 产品演示应该与商品介绍相结合，也就是最好是边演示边讲解，并注意演示的气氛与情境效应。

⑤ 给示范动作增添喜剧性，从而增加顾客的印象，演示时要重点突出推销品的特殊功能与主要的差别优势，以取得良好的演示效果。

⑥ 注意演示时的肢体语言。例如，自信的眼神、真诚的微笑、引导顾客的不同的手势、吸引注意力的语气。

但是，产品演示法的运用也有一定的局限性，对于过重、过大、过长、过厚的产品以及服务性产品等，不适合采用实际产品现场演示法，但可以采用产品模型或样本演示的方式。随着信息技术的发展，有些企业将自己的产品做成动画形式进行展示也是不错的选择。

> **案例**
>
> 人们在车站、码头、街口等处常可以见到这样的情境：一些推销人员站在显眼处，从口袋里掏出一瓶脏油水倒在手帕上，顿时把一块干净的手帕弄得很脏，但还不罢休，又把手帕扔在地上，用鞋底来回搓、踩，然后卖货人拾起脏手帕，又掏出另一瓶什么清洁剂倒一点在手帕上搓了几下，放在一碗清水（先喝了一口，证明无其他物质）里洗了洗，取出来又是一块洁白的手帕。
>
> **问题**：推销人员用到什么方法达到说服的效果？
>
> **案例分析**：在上述案例中，推销人员用事实证明了推销品的功能和真实可信，这是语言提示所无法表述的信息。

2. 文字与图片演示法

文字与图片演示法是推销人员展示以赞美与介绍产品的图片或文字等劝说顾客进行购买的方式。在不能或不便直接展示产品的情况下，推销人员通过向顾客展示推销品的文字、图片、图表、音像等资料，能更加生动、形象、真实可靠地向顾客介绍产品。在借助音像影视设备来展示产品时，会做到动静结合、图文并茂，收到良好的推销效果。

> **案例**
>
> 小李是一家家庭装饰公司的销售员，在接待顾客时，小李总是首先询问顾客对房间装饰的总体想法，了解各房间尺寸，然后通过电脑软件将装饰后的效果显示在电脑屏幕上让顾客看。由于顾客能够在房屋未完成装饰前就看到装饰后的效果，因此顾客很容易接受小李的建议，往往在与小李的洽谈中就签订了装饰协议。
>
> **问题**：该案例对推销人员推销不能或不便直接展示或用语言难以说明的产品时有何启发？
>
> **案例分析**：在不能或不便直接展示或用语言难以说明的产品的情况下，推销人员要根据洽谈的实际需要，广泛收集相关的文字、图片资料，展示给顾客，如案例中通过电脑软件将装饰后的效果显示在电脑屏幕上让顾客看，这样能收到良好的推销效果。

七、推销洽谈的技巧

推销洽谈的技巧巧妙运用可以起到事半功倍的作用，能够顺利化解僵局，最终使双方达成一致。

（一）倾听技巧

倾听技巧就是在推销洽谈的过程中，推销人员不要一味地口若悬河，不给顾客表达自己思想的机会，而要善于倾听的一种策略。在推销谈判中，倾听能发掘事实真相，探索顾客的真实想法，并且通过倾听能够赢得顾客的好感，容易判断顾客的意图，减少推销中的失误。所以，听往往比说还重要。

推销人员在倾听顾客谈话时要做到以下几点。

① 听时要专注，保持良好的精神状态。避免急于表现、急于反驳或者先入为主等原因随意打断对方的谈话。

② 听时要鉴别。要善于听出顾客言语中所蕴含的观念和用意，若顾客故意含糊其词，则可以要求对方解释清楚。在听的时候也要注意观察，确定说话人的眼睛、身体和脸传递出的信号是否与他的声音、语言一致。如果不一致，要仔细弄清楚。

③ 使用开放性动作给予反馈。如果想博得说话者的好感，最好让对方知道自己在听，在认真地听，将倾听信息反馈给说话者，从而将尊重、鼓励说话者的信息传递出来。具体表现在：目光交流、真诚的微笑、不时地点下头给说话者以鼓励，给予对方理解其观点的信息。但要注意这样的动作不要过频，注意适可而止。

④ 适度追问、复述和沉默。追问的目的是鼓励说话者以寻求更多的信息。追问时注意在理解对方信息的基础上提问，注意追问时机，过早追问会打断对方的思路，而且不礼貌；过晚追问会被认为精神不集中或未被理解，也会产生误会。复述是指准确间接地重新表达对方的意见，这样做不仅可以检验自己是否正确理解了说话者的意图，还可以鼓励对方对他的表达做更为详细的解释，且表现出自己在仔细倾听。首先复述不要打断别人，等耐心听人说完再复述，否则容易引起别人反感。其次，要弄清对方的中心思想。复述是对倾听的内容加以组织而不是评价对错，当倾听者忍不住把别人的话归入"不正确"之类时，可以先要求对方澄清细节之后再下结论。如果对方提不出所有的实证，不要质问与反驳，那样会堵住所有的交流渠道，尤其公众场合更要注意这一点。再次，可以重复几个关键词，总结中心思想。这看似简单却很难做到。总结不当，就可能误解别人的意思。因此，可以用委婉的复述来达到目的，弄清对方到底在谈论什么，并让对方明白倾听者的友善，也给对方留有余地来缓和气氛。当倾听者沉默寡言但保持良好的目光接触且不时点头或以微笑相回应时，说话者的感觉是倾听者对我支持或者信任。当倾听者长时间沉默不语，但目光较长时间固定且表情与说话者所要表达的情感相符合时，十有八九倾听者被打动了。沉默有诸多有益的作用，尤其对方说话刻薄，自己情绪不好时，沉默可以给双方思考时间，促进思考和反省，但也有消极的作用，需灵活把握。

（二）提问技巧

销售中最好的沟通方式就是把你想说的话设计成问题，抛给顾客，然后顾客通过回答你的问题，自己说出他想要的东西，也就是让顾客自己说服自己，自己成交自己。像主持人一样"抛砖引玉"，我们拜访顾客前设计好的问题就是"砖"，拜访顾客时就可以结合当下的情景抛出问题，引导顾客说出他的需求的那块"玉"。即通过向潜在顾客提问，实现下列目标。

① 加深对潜在顾客可能的需求、问题、麻烦和愿望的了解。

② 继续推动潜在顾客进入一种能更深入了解、看见和感受自己需求、问题、麻烦和愿望的状态。

③ 让潜在顾客用自己的语言描述需求和问题，以便推销人员在随后发表的建议中转引。

具体如何操作呢？推销人员可以在拜访顾客之前，或在即将展开一场洽谈之前，先试试"设计问题"。问题可以包括几类。

1. 根据自己的优势和潜在顾客的需求设计的开放性问题

推销人员首先总结出个人、公司、产品的独特优势，但这些优势带来的好处不一定是全部顾客需要的,"放之四海而皆准"的东西是没有价值的。例如,你认为大公司能给顾客带来影响力,而这个顾客在当地已经是老大了,他喜欢和小公司合作,享受那种受尊重、受重视的 VIP 感觉,所以你的大公司有实力这个好处在他的面前没有价值了。关键是要从客户的痛点中,找出那些与我们的独特优势相匹配的痛点。把我们的优势跟顾客的痛点搭一座桥梁,用开放式问题把它们连起来。之所以要使用开放性的问题,是因为这样的提问方式不会让客户产生厌烦的情绪,让顾客透露自己更多的想法,同时确认顾客是否存在这个需求,你才可以有的放矢。

2. 加强潜在顾客需求的假设性杠杆问题

如果客户有与我们相关的需求,就要用"杠杆式"假设性问题,进一步放大加强需求的重要性和紧迫性。这样你所拥有的独特优势才有价值,否则没有价值。创建这类问题的方法很简单:列一个因未使用你的产品可能导致的损失或问题的清单,然后为每个损失或问题想一个问题,各个问题必须具体、形象,能让潜在客户即刻感受到遭遇该损失或问题的痛苦。可以使用下列提问句式。

"……那时,您会怎么做?"

"……那时,您会如何处理?"

"……跟我讲讲是否您有这样的时刻……"

"……时,会受到什么影响?"

"您会因为……而感到尴尬吗?"

3. 蕴含价值的问题

类似地,可以通过讲述你曾帮助人解决的某个问题,向潜在客户渗透产品或服务的一个好处,然后询问潜在顾客是否也有类似经历。

"我的大部分顾客都曾遇到过无法按时收到货物的情况,您是否也有类似经历呢?"

"很多人觉得既然信息已经存储在计算机内,还要每天都填写同样的表格很麻烦,您的员工对重新录入数据的看法是怎样的?"

这样的问题会让听者在脑海中描述出一幅故障画面,能让他们生动地看到和感觉到问题导致的不便。如果他们认可问题存在,那么就正好可以毛遂自荐帮他们解决问题。引入第三方例子可以起到关键作用,效果要远远好于直接告诉潜在顾客你可以解决他们的问题。

4. 信息深挖性问题

当提问时,你听到的第一个答案仅仅是"冰山理论"中冰山的尖角,隐匿于水平面以下的东西才是精华,是你真正能利用的资源,也是隐藏在第一个答案背后的真实理由。人们不买东西是因为他们告诉你的第一个答案,而他们购买东西是因为第一个答案背后的理由。推销人员只有获得背后的信息才能帮其揭开潜在顾客或顾客的真正需求,才是我们需要用来帮助他们购买产品或服务的信息。例如,推销人员问潜在顾客:"您在评价服务方案时参照的标准是什么?"潜在顾客:"我们非常看重服务方案中准时送达设计这一项。"推销人员可以先不说:"哦,让我告诉你我们公司在准时送达这一项的表现。"而改为说:"请告诉我为什么您认为这是最重要的因素好吗?""您期望的东西是什么样的?""除了这一项还有您认为很重要的吗?"也就是如果能这样继续深挖问题,连续多问几个问题,更深层次、更具体清晰、更全面挖掘和放大潜在顾客的烦恼感觉,就能收集到更好的信息,帮助自己精准定位潜在顾客的需求,成功激发对方更多情感,从而提高卖出产品的成功概率。

> **小知识**
>
> 尼尔·雷克汉姆先生的 SPIN 销售法是在 IBM 和 Xerox 等公司的赞助下通过对众多高新技术营销高手的跟踪调查提炼完成的。SPIN 销售法其实就是情景性（situation）、探究性（problem）、暗示性（implication）、解决性（need-payoff）问题四个英语词组的首位字母合成词，该方法指在营销过程中职业地运用实情探询、问题诊断、启发引导和需求认同四大类提问技巧来发掘、明确和引导客户需求与期望，从而不断地推进营销过程，为营销成功创造基础的方法。
>
> 根据研究显示，成功的销售人员所采用的 SPIN 推销模型程序大致如下。
>
> ① 利用情况性问题（situation questions）（例如先生从事什么职业？……）来了解客户的现有状况以建立背景资料库（收入、职业、年龄、家庭状况……），从业人员透过资料的搜集，方能进一步导入正确的需求分析。此外，为避免客户产生厌烦与反感，情况性问题必须适可而止的发问。
>
> ② 销售人员会以难题性问题（problems questions）（如你的保障够吗？对产品内容满意吗？……）来探索客户隐藏的需求，使客户透露出所面临的问题、困难与不满足，由技巧性的接触来引起准客户的兴趣，进而营造主导权使客户发现明确的需求。
>
> ③ 销售人员会转问隐喻性问题（implication questions）使客户感受到隐藏性需求的重要与急迫性，由从业人员列出各种线索以维持准客户的兴趣，并刺激其购买欲望。
>
> ④ 一旦客户认同需求的严重性与急迫性，且必须立即采取行动时，成功的从业人员便会提出需求—代价的问题（need-payoff questions）让客户产生明确的需求，以鼓励客户将重点放在解决方案上，并明了解决问题的好处与购买利益。然而，并不是所有销售情况都会遵照 SPIN 推销模型的发问顺序，例如，当客户立即表达明确的需求时，销售人员可以立即问需求—代价的问题；有时候销售人员在询问隐喻性问题以探索隐藏性需求的同时，需辅以情况性问题来获取客户更多的背景资料。但是大致而言，多数的销售拜访会遵循 SPIN 模型的发展。

（三）回答技巧

在推销洽谈中，对于顾客的提问，推销人员首先要坚持诚实的原则，给予客观真实的回答，赢得顾客的好感和信任。但是，有时顾客为了自己的利益，提出一些难题或者是涉及企业秘密的问题，推销人员就应该使用一些技巧来回答。回答顾客提问时有以下技巧：①谈之前应做好准备，预先估计对方可能提出的问题，回答要言简意赅，通俗易懂，有条有理。②对不便回答的问题，应使用模糊语言或回避问话中的关键问题或转移话题等；也可采取反攻法，要求对方先回答自己的问题，或者找借口，找些客观理由表示无法或暂时无法回答对方问题。③倘若对方言辞激动、情绪激昂，为避免直接的冲突，推销人员要用幽默的语言，委婉含蓄地表达，避免出现僵局，使洽谈破裂。

有些擅长应答的谈判高手，其技巧往往在于给对方提供的是一些等于没有回复的答复。以下便是一些实例：

"在答复您的问题之前，我想先听听贵方的观点。"

"很抱歉，对您所提及的问题，我并无第一手资料可作答复，但我所了解的粗略印象是……"

"我不太清楚您所说的含义是什么，请您把这个问题再说一下。"

"我的价格是高了点儿，但是我们的产品在关键部位使用了优质进口零件，延长了产品的使用寿命。"

"贵公司的要求是可以理解的,但是我们公司对价格一向铁腕政策。因此,实在无可奈何。"

第一句的应答技巧,在于用对方再次叙述的时间来争取自己的思考时间;第二句一般属于模糊应答法,主要是为了避开实质问题;第三句是针对一些不值得回答的问题,让对方澄清他所提出的问题,或许当对方再说一次的时候,也就寻到了答案;第四句和第五句,是用"是……但是……"的逆转式语句,让对方觉得是尊重他的意见,最后话锋一转,提出自己的看法,这叫"退一步而进两步"。

(四) 僵局处理技巧

在推销洽谈中,经常会出现推销人员与顾客互不相让的僵持局面,使洽谈无法进行下去,甚至导致洽谈不欢而散,无法取得交易的成功。形成僵局的原因很多,只要我们掌握一些处理僵局的技巧,问题就会迎刃而解。

(1) 要尽量避免出现僵局　推销人员是卖家,在买方市场的环境中,卖家更应积极主动设法避免僵局的出现,有时需要暂时放下既定目标,在原则允许的前提下,小范围地妥协退让,这也是一种高姿态的表现,这样做可以避免僵局的出现。此外,一旦推销人员发现现场气氛不对或者对方略有不满时,应该尽量寻找轻松和谐的话语,对于实在不能让步的条件可以先肯定顾客的部分意见,在大量引用事实证据的基础上谦虚、客气地列出问题的客观性来反驳对方,使其知难而退。

(2) 要设法绕过僵局　在洽谈中,若僵局已形成,一时无法解决,可采用下列方法绕过僵局:暂时放下此问题,避而不谈,待时机成熟之后再商定;在发生分歧,出现僵局时,推心置腹交换意见,化解冲突;邀请有影响力的第三者作为公立方调解。

(3) 打破僵局　在僵局形成之后,绕过僵局只是权宜之策,最终要想办法打破僵局。打破僵局的方法有:①扩展洽谈领域。单一的交易条件不能达成协议,把洽谈的领域扩展,如价格上出现僵局时,可将交货期、付款方式方面适当让步。②更换洽谈人员。在洽谈陷入僵局时,人们为了顾全自己的面子和尊严,谁也不愿先让步,这时,聪明的推销团队会暂时停止洽谈,更换另外的推销人员再次进行洽谈。③让步。在不过分损害己方利益时,可以考虑以高姿态首先做一些小的让步。

八、成交与签订销售合同

当业务洽谈大获全胜时,推销员也不能认为达成交易已成定局,不能露出得意的样子。因为洽谈与达成交易还是有一定距离,这其中的许多情况都是变化的。常言道:"煮熟的鸭子也会飞",而成功的洽谈仅是实现交易的"雏鸭"阶段。除非交易已经得到了顾客的确认,否则推销员就不能高兴得太早。因此,推销员有必要向顾客复述一遍双方达成的协议的全部内容。在重复的过程中,顾客可能会提出一些反对意见。对此,推销员要认真地给予解释,打消顾客的疑虑,最终实现商品销售的目的。

1. 成交信号的识别

成交信号是客户通过语言、行为、感情等表露出来的购买意图信息。客户的成交意图有些是有意表示的,有些则是无意流露的,后者则更需要推销人员及时发现。对于推销人员来说,准确地识别成交信号,把握时机促成交易是相当重要的。客户成交信号通常可分为语言信号、动作信号和表情信号三种。当客户有心购买时,从其语言中可以得到判定,客户语言成交信号是最直接的,假如出现如下情况,那就表明客户产生了购买意图。

① 询问有关产品的更多细节。

② 要求详细说明使用时的要求、注意事项以及产品的维修等售后服务。
③ 给予一定程度的肯定或赞同。
④ 讲述一些参与意见。
⑤ 请教使用产品的方法。
⑥ 打听有关产品的详细情况（价格、运输、交货时间、地点等）。
⑦ 提出一些新的购买问题。
⑧ 表达一些更直接的异议。

客户的语言、表情和一举一动都能表明他在想什么。从客户所表现出的成交信号上，完全可以判断出他是急于购买，还是抵制购买。当成交信号发出时，应及时捕捉，并迅速提出成交要求。

2. 促成交易的方法

在推销洽谈的最后阶段，推销人员除应密切注意成交信号外，还应学会运用不同的成交方法促成交易的达成。所谓促成交易的方法是指在最后成交过程中，推销人员抓住适当的时机，启发客户做出购买决定、促成客户购买的推销技术和技巧，常见方法有优惠成交法、假定成交法、循循善诱法、请求成交法、机会成交法等。以下重点介绍优惠成交法、假定成交法、请求成交法。

优惠成交法是推销人员向客户提供各种优惠条件来促成交易的一种方法。这种方法主要是利用客户购买商品的求利心理动机，通过让利推销，促使客户成交。采用优惠成交法，既使客户感觉得到了实惠，增强了客户的购买欲望，同时又改善了买卖双方的人际关系，有利于双方长期合作。但是，采用此法无疑会增加推销费用，降低企业的利润，运用不当还会使客户怀疑推销产品的质量和定价。因此，推销人员应合理运用优惠条件，遵守国家有关政策、法规，并做好产品的宣传解释工作。

假定成交法是推销人员假定客户已经做出购买决策，只需对某一具体问题做出答复，从而促使客户成交的方法。假定成交法不谈及双方敏感的是否购买这一话题，减轻客户购买决策的心理压力，以"暗度陈仓"的方式，自然过渡到实质的成交阶段，假定成交法是一种积极的、行之有效的方法，它自然跨越了敏感的成交决定环节，便于有效地促使客户做出决策，能够适当减轻客户决策的压力，有效地节省推销时间，提高推销效率。但是，如果使用的时机不当，会阻碍客户的自由选择，会产生强加于人的负效应，引起客户反感，因此推销人员运用假定成交法时，应尽量创造和谐融洽的洽谈气氛，注意研究观察客户的购买心理变化，捕捉客户的成交信号，然后采用此法促成交易。如果客户对推销品兴趣不浓或还有很多的疑虑时，推销人员不能盲目采用此法，以免失去客户。

请求成交法是推销人员直接要求客户购买产品的一种成交技术。在洽谈出现以下三种情况时可以果断地向用户请求成交。①洽谈中客户未提出异议。如果洽谈中客户只是询问了产品的各种性能和服务方法，推销员都一一作了回答后，对方也表示满意，但却没有明确表示购买，这时推销员就可以认为客户心理上已认可了产品，应适时主动向客户提出成交。②客户的担心被消除之后。洽谈过程中，客户已对商品表现出很大的兴趣，只是还有所顾虑，当通过解释已经解除了顾虑并取得了客户认同时，就可以迅速提出成交请求。③客户已有意购买，只是拖延时间，不愿先开口。此时为了增强其购买信心，可以巧妙地利用请求成交法以适当施加点压力，达到直接促成交易的目的。请求成交法的优点在于若能正确运用的话，能够有效地促成交易。因为从客户心理来看，客户一般不愿主动提出成交要求。为了有效地促成交易，就要求推销人员把握时机，主动提议，说出客户想说又不愿说的话，从而促成交易，采用请求成交法，可以避免客户在成交的关键时刻故意拖延时间，贻误成交时机，从而有利于节约推销时间，提高推销活动效率。

3. 签订销售合同

成功的推销员不仅要善于说服客户，促成交易，而且要学会准确、慎重地签合同，把购销关系以合同的形式确定下来。销售合同是指出卖人转移标的物的所有权于买受人，买受人支付价款的合同。推销员与客户订立销售合同后，才算真正意义上的成交，销售合同具有法律效力。为保证销售合同当事人的目的得以实现，企业获得较好的经济效益，就需要明确合同订立的原则。合同订立除了必须遵守合同法的基本原则外，还应遵循如下基本原则。

① 销售合同主体必须有法定资格　《合同法》第九条规定："当事人订立合同，应当具有相应的民事权利和民事行为能力。"也就是说，当事人应当具有相应的主体资格。

② 当事人的委托代理人必须有法定资格　在现实生活中，有些当事人由于各种原因，往往需要委托代理人来订立合同。委托代理是指代理人根据被代理人的授权，在代理人与被代理人之间产生的代理关系。当事人委托代理必须依法进行。

③ 销售合同的形式必须符合法定形式　合同形式是指体现合同内容的、明确当事人权利义务的方式，它是双方当事人意志表示一致的外在表现。合同的形式有书面形式、口头形式和其他形式。其中，书面形式合同有利于督促当事人全面认真履行合同，发生争议时也便于分清责任和举证。

销售合同的内容包括以下八个方面。

① 当事人的名称和住所　签订合同时，自然人要写上自己的姓名，法人和其他组织要写上单位的名称，还要写上各自的住所。

② 标的　标的是指合同当事人权利和义务共同指向的对象。标的是订立合同的目的和前提，也是一切合同都不可缺少的重要内容。

③ 数量　数量是确定合同当事人权利义务大小的尺度。订立合同必须有明确的数量规定，没有数量，合同是无法履行生效的。

④ 质量　质量是标的物的具体特性，也就是标的内在质量和外观形态的综合，是满足人们的生活需要或生产需要的属性。质量条款由双方当事人约定，必须符合国家有关规定和标准化的要求。

⑤ 价格或报酬　价格或报酬是指作为买受人的一方向交付标的一方支付的货币，它是有偿合同的主要条款。

⑥ 履行期限、地点和方式　履行期限是合同履行义务的时间界限，是确定合同是否按时履行或延期履行的标准，是一方当事人要求对方履行义务的时间依据。履行地点是当事人按合同规定履行义务的地方，即在什么地方交付标的。履行方式是指当事人交付标的的方式，即以什么方式来完成合同规定的义务。

⑦ 违约责任　违约责任是指当事人一方或双方，出现拒绝履行或者延迟履行、不适当履行或者不完全履行等违约行为后，对过错方追究的责任。违约责任的具体条款，当事人可以依据《合同法》在合同中进一步约定。

⑧ 解决争议的方法　我国目前有四种解决合同争议的方法：一是当事人自行协商解决；二是请求有关部门调解；三是请求仲裁机关仲裁；四是向人民法院提出诉讼。合同当事人可以在合同上注明可以采取的解决争议的方法。

除此之外，销售合同还应包括包装方式、检验标准和检验方法等条款。

第三节　售后管理与服务

销售，是一个连续的活动过程，只有起点，没有终点。成交并非是推销活动的结束，而是下次推销活动的开始。在成交之后，推销员要回收货款，向顾客提供服务建立客情，以努力维持和吸引顾客，甚至常常要处理客户异议。推销的首要目标是创造更多的顾客而不是销售；因为有顾客，才会有销售；顾客越多，销售业绩就越大；拥有大批忠诚的顾客，是推销员最重要的财富。推销员要创造出更多的顾客，一个重要途径是确保老顾客，使现有的顾客成为你忠实的顾客。确保老顾客，会使你的生意有稳固的基础。能否确保老顾客，则取决于推销员在成交后的行为。

一、货款回收

市场销售工作的最终目的在于回收货款，如何在销售过程中彻底地收回货款完成销售，增加销售收入，最终实现企业利润？

呆账是一个企业最为头痛的问题，它影响着整个企业的经营和发展。如何防止呆账，主要需要业务人员在洽谈、订货、送货时，应重点观察，收集和了解客户的以下几个方面的信息：了解管理者的人品（性格、家庭生活情况以及下属的情况）；收集客户的资产情况资料（收集其不动产、业务银行及库存量等资料）；了解客户的现状（预计需求量、职工人数和经营状况、经营年限、家庭状况和职工勤务状态）。业务员在销售过程中必须充分、细致、全面地了解客户情况，做到未雨绸缪，这样才能确保货款的回收，减少呆账的发生，最终实现销售。

1. 做好货款回收的准备工作

货款回收是一项很棘手的工作，因此，在货款回收的准备工作中推销人员需要掌握以下几方面。

① 准备齐全发票、签收单等收款凭证。
② 确保账目清楚（附上货物清单明细），向客户发出货款征询函，要求客户盖上印章。
③ 确认好与付款相关的关键人员，向关键人物催款。

2. 不良货款的成因分析

(1) 卖方原因

① 缺乏法律凭证，要账讨债无门　由于企业在进行赊销、寄库代销、委托代销、先发货后付款等商业信用时，没有严格办理有关手续，因而缺少有法律效力的凭据。

② 对客户缺乏资信调查　有些当事人在交易中感情用事，对客户缺乏了解和资信调查，信誉不良的企业乘虚而入。

③ 进入赊销陷阱　有以下几方面因素。其一，市场竞争激烈。在产品销售难以胜出对手时，便使出"赊销"这个杀手锏，作为拉拢客户的手段。其二，急功近利。有的企业领导好大喜功，盲目扩大销售额，销售员迫于压力，哪怕赊销会带来回款的风险也只好豁出去了。其三，当事人心太软。有些销售员也深知赊销的后果，但经不住客户的软磨硬缠，最后放弃了原则。

④ 货款回收制度不健全　由于货款回收管理松懈，对业务员回款缺乏一定的风险责任约束，容易使业务员认为货卖出去了就万事大吉，货款能否收回则无关痛痒。甚至有的业务人员贪赃枉法，营私舞弊，伙同债务人诈骗货款，从中渔利。

(2) 买方原因

① 经营状况不佳　有些客户经营无方，企业每况愈下，入不敷出，无力还款。值得注意的是有的企业经营状况不佳由来已久，"拆东墙补西墙"，不能还款是司空见惯。

② 资金周转不佳　有些企业在交易前一直稳健经营，颇有资金实力，可是由于某种原因一时资金周转不畅。

③ 客户发生了意想不到或不可抗拒事故，因此无力偿还货款。

④ 故意拖欠。

(3) 买卖双方原因　买卖双方的原因主要源于合同纠纷。这种不良货款有两种情况：一是由于销售人员在业务洽谈或签订合同时疏忽大意，造成有关条款在执行中的争议而影响了货款的回收；二是由于买卖某一方违反合同规定造成纠纷，从而影响了货款回收。

3. 催付货款的方法

(1) 选择合适的催付款时机　应在约定的付款日前，向客户通知付款，要求其在约定时间付款。

(2) 事先约定确切付款时间和方式　在洽谈、订货、签订合同与交货时，一定与客户确定在某个具体日期，以现金或支票的形式付款。

(3) 反复督促付款　如客户无意付款或有意延迟付款，销售人员应反复以各种形式通知客户，并做好记录，以备后用。

(4) 催付货款应以攻心为主

① 以各种形式，让客户养成按期付款的习惯。

② 提示客户，激发其自尊心。如"某某客户已经支付了货款"等。

③ 让客户产生同情心。向客户说明本企业资金周转的困难，销售人员的苦衷与责任等。如"销售人员应让客户知道，自己的工资是与货款挂钩的，如不按期全额收回货款的话，自己将被扣掉多少元的工资。"

④ 激发客户的公正心。在每一个商界人士身上都潜藏着公正交易的商业道德。

⑤ 向客户反复说明按期付款的益处。如企业形象、信用等。

⑥ 适当地给客户以压力。如"本公司规定如不按期全额付款的话，将取消全部促销政策等。"

⑦ 收到货款后应客气言谢。

4. 拖欠货款的清收手段

(1) 建立客户货款回收管理台账　目前许多企业货款回收是以财务应收账款为依据的，而销售部门缺乏明细的台账，一旦产生疑问，需要去财务核对。企业应通过联网建立货款回收明细台账。

(2) 滚动清欠方法　采用滚动清欠方法以保持应收账款的时效性，避免坏账。国际上对应收账款二年以上视为坏账，在我国较难做到。但我国法律也规定欠款有两年的追索权，因而必须加强回收，以防账龄老化造成呆账。对于有大量老欠账的企业，可以加大力度催讨，并采取下顶上的滚动清算法，以减短账龄。即拿现款先顶老账，提货记新账，但新欠款要有一定保证。

(3) 利用账龄分析监督货款回收　为尽快收回款项，减少坏账损失，在日常管理中应编制账龄分析表，随时掌握账款的回收情况，便于监督。通过账龄分析可以了解到有多少欠款尚在信用期内，有多少欠款超过了信用期，超过时间长短的款项各占多大比例，有多少欠款可能成为坏账。

(4) 对违约客户进行预报　企业销售管理人员应经常走访客户，及时发现危险征兆并做预警报告。对违约客户更要加强跟踪，及时做出预警处理，防止发生严重拖欠。把应收货款划分为未付款、拖欠款和呆坏账，对拖欠款和呆坏账分别预警提示，尤其对超过资信额度和资信期限的黑客户发出特别预警并停止业务。

5. 销售人员判断不良客户的方法

(1) 经营状况恶化　主要表现在失去了主要的销售客户；频繁地变换供货客户；投资状况恶

化；营销气氛恶化，经营秩序混乱；管理者经常不在企业；管理者长期患病休息；库存大幅度增减；出现购货囤积倾向；出现低价抛售苗头；处理库存积压品等。

（2）资金状况恶化　主要表现在资金平衡情况恶化；货款的支付状况发生恶化；债务支付期限延误；要求取消订货预付款或保证金；开始利用高息贷款；经常变换业务银行；从其他企业有关人员口中听到该客户不按期付款等。

（3）货款支付上的恶化　主要表现在支付货款总额中，现金所占比重明显减小；由支票改为期票支付；在支付期后支付货款；期票期限延长；变换支票或期票的办理银行；对催付货款通知回复无诚意；对再三催付货款无回音；催收货款通知无法投递被退回等。

二、建立客情关系

客情关系是产品、服务提供者与其客户之间的情感联系。从某种意义上来说，客情关系是公共关系和关系营销的一个分支，是产品、服务提供者在市场活动中，伴随客户关系建立、发展和维护所必然产生的情感联系。伴随市场人员的业务活动，对单一客户而言，客情关系与其他营销手段一样，会逐步发展并对营销结果产生影响。客情关系的好坏，直接影响到客户及其关系群体的消费决策。产品、服务提供者整体的客情关系好坏，直接影响企业的营销结果。

1. 建立健全的客户档案和监测客户信息

保持住一个老客户比物色两个新客户还要重要得多。要进行有效的客户关系管理，首先要对客户有一个充分的了解，能及时了解客户的各种变化，能够科学地将各种相关资料记录、分析、整理、归类，也就是要建立客户档案。客户的信息也不是一成不变的，要同时监测客户信息，监测客户信息主要包括如下几方面。

（1）监测客户价值　客户价值即客户对企业的价值贡献度。客户的价值既包括成交额，还包括其对需求的贡献。由于不同的客户在潜在购买力、信用等级、利润贡献等方面是不一样的，因此，企业必须对客户进行动态的价值监测与分析。

（2）监测客户基本情况　客户的基本情况如果发生变化，可能会影响到经营状况，所以推销人员必须监测客户的基本情况。

（3）监测客户经营情况　客户经营情况包括经营方针、业务状况、营业种类、进货对象、营业性质等内容，这些内容对于推销人员是很重要的，它直接关系到客户的财务、资信及客户价值。通过监测客户的经营情况，可以分析得出客户的购买需求及购买决策，利于展开推销工作。

（4）监测经营者的变化情况　客户的法人、高层管理人员对企业发展战略、经营方针拥有决策权，直接关系到企业的兴衰存亡。推销人员监测经营者个人情况及变更情况，有利于推销人员准确、快捷地做出判断，有针对性地开展推销工作。

（5）监测客户财务状况　财务状况是企业生产经营活动的成果在财务方面的反应，也是企业在一定期间内经济活动过程及其结果的综合反应。推销人员通过监测客户的财务状况，可以分析出客户的生产经营情况，资金周转是否正常，是否具备良好的支付力，这些内容对于开展推销工作及回收货款都是至关重要的。

（6）监测客户信用状况　客户信用状况直接关系到交易效益和交易安全，推销人员在推销工作中，必须对客户的信用状况进行全面调查、深入监测，根据监测结果，对客户实施对应的信用管理。

2. 如何维护客情关系

（1）保持与顾客的定期联系　推销员应多长时间拜访顾客一次，笼统地讲是毫无意义的。推销员在确定这一问题时，根据不同顾客的重要性、问题的特殊性、与顾客熟悉的程度和其他一些因素，来确定不同的拜访频率。推销员可以根据顾客的重要程度，将顾客分为 ABC 三类。对 A 类顾客，每周联系一次；B 类顾客，每月联系一次；C 类顾客，至少半年应接触一次。推销员与顾客联系的方法也可以是多种多样的，除了亲自登门拜访外，给顾客打电话、写信、寄贺年片，都是与顾客沟通的好方法。

（2）正确处理顾客抱怨 抱怨是每个推销员都会遇到的，即使你的产品好，也会受到爱挑剔的顾客的抱怨。不要粗鲁地对待顾客的抱怨，其实这种人正是你永久的买主。松下幸之助说："顾客的批评意见应视为神圣的语言，任何批评意见都应乐于接受。"正确处理顾客抱怨，具有吸引顾客的价值。正确处理顾客抱怨可以提高顾客的满意程度、增加顾客认牌购买倾向，获得丰厚利润。

倾听顾客的不满，是推销工作的一个部分，并且这一工作能够增加推销员的利益。对顾客的抱怨不加理睬或对顾客的抱怨错误处理，将会使推销员失去顾客。处理顾客抱怨通常应注意以下几个问题。

① 感谢顾客的抱怨 顾客向你投诉，使你有机会知道他的不满，并设法予以解决。这样不仅可以赢得一个顾客，而且可以避免他向亲友倾诉，造成更大的伤害。

② 仔细倾听，找出抱怨所在 推销员要尽量让顾客畅所欲言，把所有的怨愤发泄出来。这样，既可以使顾客心理平衡，又可以知道问题所在。推销员如果急急忙忙打断顾客的话为自己辩解，无疑是火上浇油。

③ 收集资料，找出事实 推销员处理顾客抱怨的原则是：站在客观的立场上，找出事实的真相，公平处理。顾客的抱怨可能有夸大的地方，推销员要收集有关资料，设法找出事实真相。

④ 征求顾客的意见 一般来说，顾客的投诉大都属于情绪上的不满，由于你的重视，同情与了解，不满就会得到充分宣泄，怒气消失。这时顾客就可以毫无所求，也可能仅仅是象征性地要一点补偿，棘手的抱怨就可圆满解决。

⑤ 迅速采取补偿行动 拖延处理会导致顾客产生新的抱怨。

（3）向顾客提供服务 推销是一种服务，优质服务就是良好的销售。只要推销员乐于帮助顾客，就会和顾客和睦相处；为顾客做一些有益的事，就会造成非常友好的气氛，而这种气氛是任何推销工作顺利开展都必需的。服务就是帮助顾客，推销员能够提供给顾客的帮助是多方面的，并不仅仅局限于通常所说的售后服务上。如可以不断地向顾客介绍一些技术方面的最新发展资料；介绍一些促进销售的新做法等。这些虽属区区小事，却有助于推销员与顾客建立长期关系。

三、顾客异议及处理

顾客异议又叫推销障碍，是指顾客针对推销人员及其在推销中的各种活动所做出的一种反应，是顾客对推销品、推销人员、推销方式和交易条件发出的怀疑、抱怨，提出的否定或反对意见。在实际推销过程中，推销人员会经常遇到："对不起，我很忙""对不起，我没时间""对不起，我没兴趣""价格太贵了""质量能保证吗？"等被顾客用来作为拒绝购买推销品的问题，这就是顾客异议。

（1）顾客异议产生的原因 来自顾客方面的原因有顾客本能的自我保护、顾客对商品不了解、顾客缺乏足够的购买力、顾客已有较稳定的采购渠道、顾客对推销品或推销企业等有成见、顾客的决策有限；来自推销品方面的原因有推销品的质量、推销品的价格、推销品的品牌及包装、推销品的销售服务；还有来自推销人员方面的原因和企业方面的原因。

（2）顾客异议的几种类型

① 需求异议 需求异议是指顾客认为不需要产品而形成的一种反对意见。它往往是在营销

人员向顾客介绍产品之后,顾客当面拒绝的反应。如一位女顾客提出:"我的面部皮肤很好,不需要用护肤品""我们根本不需要它""这种产品我们用不上""我们已经有了"等。这类异议有真有假。真实的需求异议是成交的直接障碍。营销人员如果发现顾客真的不需要产品,那就应该立即停止营销。营销人员应认真判断顾客需求异议的真伪性,对虚假需求异议的顾客,设法让他觉得推销产品提供的利益和服务符合顾客的需求,使之动心。

② 财力异议　财力异议是指顾客认为缺乏货币支付能力的异议。如"产品不错,可惜无钱购买""近来资金周转困难,不能进货了"等。一般来说,对于顾客的支付能力,营销人员在寻找顾客的阶段已进行过严格审查,因而在营销中能够准确辨认真伪。对于作为借口的异议,营销人员应该在了解真实原因后再处理。

③ 价格异议　价格异议是指顾客以推销产品价格过高而拒绝购买的异议。无论产品的价格怎样,总有些人会说价格太高、不合理或者比竞争者的价格高。如"太贵了,我买不起""我想买一种便宜点的型号""我不打算投资那么多,我只使用很短时间""在这些方面你们的价格不合理"以及"我想等降价再买"。当顾客提出价格异议,表明他对推销产品有购买意向,只是对产品价格不满意而进行讨价还价。当然,也不排除以价格高为拒绝营销的借口。

④ 产品异议　产品异议是指顾客认为产品本身不能满足自己的需要而形成的一种反对意见。如:"我不喜欢这种颜色""新产品质量都不太稳定"。还有对产品的设计、功能、结构、样式、型号等提出异议。产品异议表明顾客对产品有一定的认识,但了解还不够,担心这种产品能否真正满足自己的需要。推销人员一定要充分掌握产品知识,能够准确、详细地向顾客介绍产品的使用价值及其利益,从而消除顾客的异议。

⑤ 推销员异议　推销员异议是指顾客认为不应该向某个推销员购买推销产品的异议。有些顾客不肯买推销产品,只是因为对某个营销员有异议,他不喜欢这个推销员,不愿让其接近,也排斥此推销员的建议。但顾客肯接受自认为合适的其他推销员。推销员对顾客应以诚相待,与顾客多进行感情交流,做顾客的知心朋友,消除异议,争取顾客的谅解和合作。

⑥ 购买时间异议　由于营销的环境、客户及营销方法等不同,导致顾客表示异议的时间也不相同。一般来说,顾客表示异议的时间有以下几种。

a. 首次会面　营销人员应预料到顾客开始就有可能拒绝安排见面时间。如果这个顾客非常具备潜在顾客的条件,推销人员应事先做好心理准备,想办法说服顾客。

b. 产品介绍阶段　在这一阶段,顾客很可能提出各种各样的质疑和问题。事实上,营销人员正是通过顾客的提问去了解顾客的兴趣和需求所在。如果顾客在营销介绍的整个过程中一言不发、毫无反应,推销人员反而很难判断介绍的效果了。

c. 试图成交阶段　顾客的异议最有可能在推销人员试图成交时提出。在这一阶段,如何有效处理顾客的异议显得尤为重要。如果推销人员只在前面两个阶段圆满地消除了顾客的异议,而在最后关头却不能说服顾客,那一切的努力都将付诸东流。

为了避免在成交阶段出现过多的异议,推销人员应该在准备营销介绍时就主动回答顾客有可能提出的异议,为成交打下基础。如果在试图成交阶段顾客的异议接二连三,就说明在前面推销介绍阶段存在的漏洞太大。

(3) 处理顾客异议的方法

① 转折处理法　转折处理法,是推销工作的常用方法,即营业员根据有关事实和理由来间接否定顾客的意见。应用这种方法是首先承认顾客的看法有一定道理,也就是向顾客做出一定让步,然后再讲出自己的看法。此法一旦使用不当,可能会使顾客提出更多的意见。

② 转化处理法　转化处理法,是利用顾客的反对意见自身来处理。顾客的反对意见是有双

重属性的,它既是交易的障碍,同时又是一次交易机会。推销员要是能利用其积极因素去抵消其消极因素,未尝不是一件好事。这种方法是直接利用顾客的反对意见,转化为肯定意见,但应用这种技巧时一定要讲究礼仪,而不能伤害顾客的感情。

③ 以优补劣法 以优补劣法,又叫补偿法。如果顾客的反对意见的确切中了产品或公司所提供的服务中的缺陷,千万不可以回避或直接否定。明智的方法是肯定有关缺点,然后淡化处理,利用产品的优点来补偿甚至抵消这些缺点。这样有利于使顾客的心理达到一定程度的平衡,有利于使顾客做出购买决策。

④ 合并意见法 合并意见法,是将顾客的几种意见汇总成一个意见,或者把顾客的反对意见集中在一个时间讨论。总之,要起到削弱反对意见对顾客所产生的影响。但要注意不要在一个反对意见上纠缠不清,因为人们的思维有连带性,往往会由一个意见派生出许多反对意见。摆脱的办法是在回答了顾客的反对意见后马上把话题转移开。

⑤ 反驳法 反驳法,是指营业员根据事实直接否定顾客异议的处理方法。理论上讲,这种方法应该尽量避免。直接反驳对方容易使气氛僵化而不友好,使顾客产生敌对心理,不利于顾客接纳营业员的意见。但如果顾客的反对意见产生于对产品的误解,而你手头上的资料可以帮助你说明问题时,不妨直言不讳。但要注意态度一定要友好而温和,最好是引经据典,这样才有说服力,同时又可以让顾客感到你的信心,从而增强顾客对产品的信心。反驳法也有不足之处,这种方法容易增加顾客的心理压力,弄不好会伤害顾客的自尊心和自信心,不利于推销成交。

⑥ 冷处理法 对于顾客一些不影响成交的反对意见,推销员最好不要反驳,采用不理睬的方法是最佳的。千万不能顾客一有反对意见,就反驳或以其他方法处理,那样就会给顾客造成你总在挑他毛病的印象。当顾客抱怨你的公司或同行时,对于这类无关成交的问题,都不予理睬,转而谈你要说的问题。在实际推销过程中80%的反对意见都应该冷处理。但这种方法也存在不足,不理睬顾客的反对意见,会引起某些顾客的注意,使顾客产生反感。且有些反对意见与顾客购买关系重大,推销员把握不准,不予理睬,有碍成交,甚至失去推销机会。

第四节 化工网络营销

网络营销指基于PC互联网、移动互联网平台,利用信息技术与软件工程,满足商家与客户之间交换概念、交易产品、提供服务的过程;通过在线活动创造、宣传和传递客户价值,并对客户关系进行管理,以达到一定营销目的新型营销活动。互联网让我们不再局限于某个事物的边界,在网络上进行营销的可能是一家企业,也可能是一个经销商,在这里,生产者与消费者的界限不再明显,产品与服务也同样如此。随着互联网被越来越广泛的应用,网络营销的作用也越来越突出。原来面对面谈判的营销方式逐步变成了由计算机远程操作完成的数字化活动方式,并且在信息获取、发布等方面都有了根本的变化。互联网将全球联系在一起,企业的网络营销行为,面向的是全球客户,网络营销正以出人预料的速度快速发展。网络营销已成为全球企业的共识,化工企业如何在巨大的网络市场中通过有效的营销活动打开市场,成为网络营销的胜利者,是值得每个化工企业考虑的问题。

一、化工行业企业网络营销开展情况分析

1. 化工行业网络状况

随着互联网应用的普及,化工行业对网上信息的获取已成为当前最主要的信息来源之一,据不完全统计,目前网上中文化工信息网站数量达600个以上,化工企业网站达10000个以上,化

工行业上网用户已达100000人以上。

　　据统计，约有75％的化工企业建设有自己的企业网站，其中，化工大省江苏省的化工企业上网数量最多，其次为广东、浙江、山东和上海。相当多的化工企业对于互联网和网络营销有了较为基本的认识，都希望通过建设企业自己的网站，开展网络营销来拓宽企业的营销渠道和市场宣传平台。大部分的化工企业网站功能较为单一，多数为静态网页，以公司介绍、产品介绍、联系信息等为主要内容。30％的网站没有功能应用，40％的网站拥有在线订单功能，20％的网站提供了在线留言反馈表单。此外，有20％的网站提供了动态产品展示系统，10％的网站提供了在线招聘和会员注册功能。大多数网站日访问量较低，说明网站推广力度不够，现有的网站推广手段效果不明显，部分网站做过网络营销优化和推广，取得了一定的效果。有80％的化工类企业网站注册和购买了网络实名产品，说明网络实名产品受到普遍的关注和欢迎。有关机构以新浪、搜狐、Yahoo搜索等门户搜索引擎和google、百度两大智能搜索引擎为调查基础，来调查化工类企业网站登录搜索引擎的情况。调查发现，90％的企业网站均被google和百度收录，80％的化工企业网站登录搜狐分类目录式搜索引擎，60％的网站已经登录新浪搜索引擎，40％的网站已经登录Yahoo搜索引擎。此外，约有不到30％的化工企业网站购买了各类门户网站的推荐登录、固定排名等产品。大部分化工企业网站未进行网络广告投放这一网络营销活动，小部分化工网站进行了诸如互换广告、投放文字链接、图片广告等形式的网络广告，投放载体集中在化工行业信息网站。通过B2B电子商务平台开展企业的网络营销活动，是多数化工类企业的选择。有50％的化工类企业将企业和产品信息登录到了化工行业门户网站——中国化工网，有70％的化工类企业选择阿里巴巴为其网络营销信息平台，其中部分企业成为阿里巴巴的诚信通收费会员用户。

2. 化工行业网络营销状况

　　（1）以行业信息平台为重要载体　以中国化工网、中国化工信息网等为代表的近400家国内化工行业信息平台近年来快速发展，为庞大的化工企业群体提供了网络商务信息和网络营销的平台。大多数化工企业建设有企业网站，而开展网络营销的化工企业数占到了化工企业总数的80％以上，多数企业通过行业信息平台来开展网络营销活动。

　　（2）B2B服务成为化工行业网络营销的重要目标　化工行业企业面向的用户同样是企业，甚至在化工行业内部，不同领域的企业互相都是潜在的买家和卖家。对于化工企业来说，B2B服务被放置到网络营销中尤为重要的位置。大宗交易、价格行情变化大、产品种类繁杂、同质化现象普遍等是化工企业开展B2B服务的主要特征。

　　（3）搜索引擎类网络营销产品尚待普及　在已经有网站的化工类企业中，虽然大部分都进行了搜索引擎登录工作，但仅仅是普通登录而已，众多的搜索引擎类产品并未被化工类企业广泛采用。

二、当前化工产品网络营销存在的问题

1. 企业营销观念问题

　　许多企业对网络营销的重要性还没有一个清醒的认识，还不能正确理解网络营销的真正内涵。有些企业在片面的目睹一些网络经营亏损的现象后，更是失去了网络营销的信心，觉得网络营销的风险极大。其实，企业完全可以通过网络的影响力来提升其社会影响力，通过网站链接、网络广告、电子书等。如免费电子邮箱服务商通常在电子邮件内容尾部附上免费邮箱的推广语言，又如利用FLASH、视频信息等多种形式的推广方法，在用户之间进行传播。与传统促销手

段如电视广告、报纸广告、人员促销及其他各种促销活动相比，网络促销手段不仅费用低廉，方便快捷，而且通过用户与用户之间的传播，而将传播呈无限放大趋势，而网上销售是也是其网络营销发展到一定阶段的必然结果，更加重视企业与客户之间的沟通，并不断的对外发布信息等，这些都属于网络营销。

2. 化工产品的特性

相对于一般产品而言，化工产品的储存、物流配送方面要求较高，许多产品配送装运设备的要求都要与一般产品相区分，尤其是在液体产品包装的分类、储存的温度等方面不得有半点马虎。

3. 有限的受众

近年来中国网络的普及似乎使得每一个人都在享受互联网带来的生活便捷，然而事实上还有很大一部分人没有接触到网络。因此，在营销中如果过分强调依赖互联网有时会反而使企业陷入困境。另外还有消费观念的差异，网民们大多将互联网看作是获得信息的渠道，而对于购物消费，他们仍然习惯于传统的购买方式。

三、化工企业网络营销的发展措施

1. 化工行业网络营销定位

（1）面向企业用户进行推广 化工行业企业网络营销开展首先需要明确定位，根据自身的产品特点，面向企业用户进行推广。

（2）围绕产品进行营销推广 将化工企业的产品利用网络营销推广出去，是化工企业上网的主要目的。通过网站产品展示、产品信息发布、产品关键词广告投放、产品在线洽谈等多种途径，面向企业用户和个人消费者，围绕产品进行营销推广是化工行业网络营销的基本定位。

2. 化工行业网络营销的有效措施

（1）加强网络营销平台建设 网络平台是企业进行网络营销的基础，加强平台的建设，是网络营销取得成功的基本保证。企业要加强自身网络营销平台建设，全面提升企业网络营销能力。同时，要善于借助第三方网络营销平台，扩大企业的网络营销深度与广度。

（2）加强品牌培养意识 面对网络营销这种全新的营销模式，企业要改变观念，建立以市场占有率为主的市场竞争策略，只有建立了自己的品牌，并通过质量改善与科技创新成为网民心中的名牌，才能吸引更大的企业用户或者个人消费者群体，从而取得更好的营销效果。企业在网络营销的过程中，必须牢牢地抓住消费者的需求，从而持久树立企业品牌形象。

（3）加强渠道细化工作 网络营销通过网络吸引消费者，达成交易意向，但网络营销的交易行为最终是要销售有效落地，需要对分销渠道进行必要的细化，以提高客户管理的水平。在网络营销中，企业面对的是分布于全球各个角落的众多消费者，其地域特征与群体特征在网络营销中趋于模糊，传统的销售渠道需要向扁平化发展，从而将企业的渠道进行良好的细分，为企业的网络营销提供明确的市场目标，促进企业网络营销的发展。

（4）建设网络营销队伍 企业要做好网络营销这一全新的营销活动，人才队伍的建设与储备是成功关键。一方面，要积极引进从事网络营销的人员加入营销队伍中来，快速提升企业网络营销水平。另一方面，要加强企业员工的电子商务知识与现代信息技术的应用能力，在推进企业信息建设的同时，加强员工队伍的信息化素质培养，为企业的网络营销提供人才支持。

3. 化工行业网络营销推广策略

化工产品专业性强，结合化工企业产品的专业性，化工企业可归纳和强化本企业的产品特质，通过注册产品名称网络实名、投放产品关键词广告等形式，吸引有效的访问群体。化工产业市场往往不直接面对个人消费者，面向企业的这一特点决定了企业在开展网络营销时应当做针对性的推广活动，如：投放行业门户网站网络广告，加入各类化工行业信息平台等，面向企业和经销商客户进行营销推广。化工企业产品多雷同，同质化现象普遍。越来越多的化工企业意识到不能仅仅靠规模与价格来参与竞争，打造企业自身的品牌形象、提升产品附加值也成为企业开展网络营销的目的之一。精心开展网站策划、设计与制作，进行网站推广的系列网上网下活动，宣传企业品牌和形象，成为化工企业开展网络营销的高级形式。

(1) 博客推广 包括主流门户网站的博客、微博等，即时发布一些有趣的新闻、公司动态、行业发展信息，也可以是目标客户群感兴趣的相关新闻。通过自定义友情链接等，可以将公司网站加入其中，方便客户进行点击浏览。在微博维护中，加入一些与公司产品有关的群可以让更多的人知道公司微博、网站，及时更新博客内容，哪怕只是一个产品图片、产品介绍、花边新闻等。增加博客搜索引擎的偏好度，搜索引擎喜欢新的内容，网页越常更新，搜索引擎便越常造访，如此可以让公司的微博经常被列入搜索的结果中。一旦让搜索引擎信赖，不断更新内容，便能提高公司微博在搜索结果中的排名，达到更好的微博推广效果。要在博客上放置一些有含量的信息比如说某行业新产品开发、产品的价格变动表等，这样才会使感兴趣的潜在消费者一直光顾。

(2) 论坛推广 选择一些与公司产品、行业相关的论坛，注册登录发帖，其主要是在论坛上发帖子，包括使用心得、产品选购、公司评价、求助信息等软文，让别人了解公司，了解公司有哪些产品。

(3) 搜索引擎推广 搜索引擎推广主要采用的是关键词推广。在有针对性的公司网站优化后，便可开始全方位的外部推广，即开始向国内外搜索引擎及各大分类网站提交收录，国内网站80%以上流量来自各大搜索引擎，在等待各大搜索引擎收录的同时，主动向主流搜索引擎提交网站搜录申请，争取更多的搜索来源，注意提交的内容必须规范，包括网站地址、图片logo、描述等。

(4) 注册商铺推广 化工企业自身网站一般投入少，信息量小，在重点选择几个网络营销平台应用的基础上，需要在行业相关网站上的商铺多注册信息，定期发布产品供应信息。特别是在访问量较大的网站进行注册，比如中国化工网、中华化工网、中国涂料在线、中国化工助剂信息网、中国制造网等。通过有效的网络推广，在各类相关网络平台上发布公司信息，可以积累更多的公司的信息及动态，为用户通过搜索引擎获取信息提供了机会，而且拓宽了公司网络营销的市场覆盖面。

(5) 贴吧及部分交流群推广 包括百度贴吧、百度知道、百度图片、雅虎知识堂、QQ空间、微信朋友圈及交流群组等及时性的推广渠道，这些宣传渠道与公司网站推广相比成本更低、效果更好，百度贴吧、百度知道等推广更容易被百度搜索引擎所收录，并使得搜索排名更加靠前。

(6) 投放网络广告 投放网络广告是行之有效的一种网络推广方法，可以为公司网站带来较高的浏览量。网络广告需要大量的资金投入，所以要慎重，广告投放一定要有目标性，不仅要带来浏览量，还要有一定的客户转化率，产生实实在在的市场效益。

网络营销目的是提高公司企业宣传效果、提升品牌知名度、拓展公司业务，为公司的总体营销战略发展起到推动作用。尽管在实施化工产品销售电子商务的过程中还存在这样那样的困难，但是只要充分把握网络营销的特点，掌握其基本原理，大胆尝试，在相关电子商务网络平台对自身网站进行宣传、推广，就能在现在信息化和网络化的企业竞争中获得一定的生存空间。网络营销作为化工产品销售的新途径一定会取得良好的发展。

 复习思考

一、名词解释

推销准备　推销洽谈　促成交易　推销管理

二、简答题

1. 列举熟悉公司业务所包括的重要方面。
2. 列举销售员在谈判中容易犯的错误。
3. 列举销售员化解客户异议方法。
4. 简要分析销售员业绩大起大落的原因。

三、论述题

1. 简述销售员回款的九大技巧。
2. 试论销售员应该如何应对不同类型的客户。

◀ **推销实战** ▶

拓展训练一：顾客需求调研

【目的】

通过本章练习，使学生掌握并能够灵活运用寻找客户的方法；通过调研充分了解客户需求。

【要求】

1. 根据授课所在地区经济发展的特点，选择一个化妆品作为推销品。
2. 利用网络资源寻找潜在的目标客户。
3. 即时记录网络资料。
4. 充分了解顾客的需求。

【步骤】

1. 根据本地的经济发展特点，选择一个化妆品作为推销品。
2. 选择有网络资源条件的场所，要求学生对化妆品资料进行收集。
(1) 推销化妆品的基本情况，产地、品牌、主要功能、主要特点或优点；
(2) 推销化妆品的主要顾客群体情况；
(3) 推销化妆品的主要销售渠道和价格；
(4) 推销化妆品在本地区的市场占有情况和主要竞争对手；
(5) 了解一些竞争对手的情况；
(6) 其他资料。
3. 整理记录的网络资料，总结客户需求总体情况。
4. 同学之间互相交流，取长补短。

【评价】

1. 检查学生的记录资料。
2. 教师点评学生作业。

拓展训练二：顾客资料整理

【目的】

掌握各种寻找客户的方法，理解各种寻找客户方法的含义、优缺点和应注意的问题。

【要求】

1. 至少用三种以上的方法寻找顾客。
2. 做寻找顾客工作日志。
3. 制作顾客资料卡。

【步骤】

1. 将全体学生分成若干小组，每组4~6人，选出一名同学担任组长，负责本组的组织工作。
2. 每个小组选择一种产品作为推销品，并了解产品的主要特点。
3. 根据产品特点，确定寻找客户的方法。寻找方法应在三种以上。
4. 小组讨论，寻找客户的方法如何选择，如何应用。
5. 应用每种方法寻找客户，并记录工作日志。记录每种方法应用的时间、效果。
6. 总结工作日志内容，提出对各种方法的使用情况评价。
7. 对找到的客户信息进行筛选和分析。
8. 由组长收齐每人的工作日志和客户审查报告，交给实训指导教师。
9. 教师依据评分标准打分，并根据实训情况，讲解实训中存在的问题。

【评价】

1. 把客户资料做成卡片。
2. 教师点评。

项目评价表

评价项目	评价要求	分值	得分	评语
寻找方法	用三种以上方法寻找顾客	10		
工作日志	内容记载全面、认真	20		
评价方法	方法运用得当，能根据推销品的特点，确定相应的目标顾客	30		
审查报告	审查项目全面，报告叙述过程具有逻辑性，结论合理	40		

拓展训练三：成交洽谈

【目的】

通过本项目的练习，掌握并灵活运用有效成交的策略及主要成交方法，促成交易；运用成交后的收款技术；掌握与顾客保持良好关系的方法。

【要求】

1. 各小组的同学自行设计推销的成交方案。
2. 评出最有方案进行成交项目实施。

准备或模拟准备以下商品：打印纸、快译通、电话机、名片、所要推销的商品等。

【步骤】

1. 成交准备阶段

(1) 学生随机分6组，组内自选组长，组织活动由组长负责。

(2) 各组每个成员交出一份成交方案。
(3) 确定组内最优方案。
(4) 按最优方案,进行推销成交的准备。各小组准备推销所需工具,如打印纸、快译通、电话机、名片、所要推销的商品等。
(5) 各小组由小组长抽签,决定出场顺序。
(6) 准备录好视频,各小组的模拟成交要全程录制。

2. 项目实施阶段

以小组为单位采用分角色扮演法,结合具体推销活动运用各种成交方法促成交易,然后对全过程进行记录。

(1) 第一小组准备布置推销成交的场景与所需工具。
(2) 第一组实施项目。要注意结合实际情况,选择最佳的成交方法。要注意成交时的语言、动作和神态。
(3) 第一组结束,其他小组与教师根据评分表进行评价和打分。第二组布置该组的项目实施场景。
(4) 第二组实施洽谈。洽谈结束其他小组与教师根据评分表进行评价和打分。
(5) 依次类推,洽谈演示全部结束。

3. 对视频的全过程进行播放,由学生对每一小组的表演进行评价,找出其不足之处。
4. 由学生和任课教师进行点评。
5. 学生填写项目实施手册。

【评价】

1. 检查同学们设计的推销文案。
2. 由教师组成评价小组,对学生的模拟成交过程进行评价。

项目评价表

	评价项目	评价要求	分值	得分	评语
方案	操作程序与步骤	计划周密;工具齐全;模拟准确;报价合理;总结及时	20		
	文字表达	流畅,用词准确	10		
	方法运用	合理,符合场景设计	10		
模拟成交	礼仪	符合推销人员的礼仪要求	10		
	语言	语言流畅	20		
	信号识别	能准确识别顾客的各种成交信号			
	方法	成交方法运用准确,富有成效	20		
	技巧	技巧应用灵活	10		

参 考 文 献

[1] 吴健安，聂元昆. 市场营销学. 北京：高等教育出版社，2019.
[2] 尹冬梅，张明韬. 市场营销实务. 西安：西安电子科技大学出版社，2019.
[3] 郭国庆. 市场营销学通论. 7版. 北京：中国人民大学出版社，2017.
[4] 菲利普·科特勒，凯文·莱恩·凯勒，等. 营销管理. 卢泰宏，译. 北京：中国人民大学出版社，2016.
[5] 张苗荧. 市场营销策划. 3版. 北京：北京师范大学出版社，2018.
[6] 杨毅玲. 市场营销策划实务. 北京：电子工业出版社，2017.
[7] 刘黎红，乔德阳. 药品市场营销技术. 北京：化学工业出版社，2018.
[8] 熊远钦. 化工产品市场营销. 北京：化学工业出版社，2012.
[9] 童孟良. 化工商品学. 北京：化学工业出版社，2010.
[10] 张娇静，宋军，高彦华，等. 石油化工产品概论. 2版. 北京：石油工业出版社，2019.
[11] 赵宁. 化工产品营销实务. 2版. 北京：科学出版社，2019.
[12] 谢和书，陈君. 推销实务与技巧. 3版. 北京：中国人民大学出版社，2018.
[13] 李红梅. 现代推销实务. 北京：电子工业出版社，2018.
[14] 赵丽炯. 现代推销技术项目教程. 武汉：武汉理工大学出版社，2018.